M000008202

R²

Reflexione y Reaccione

Consejos Prácticos
para ser un
Líder Efectivo

Yolanda Lacoma & Martin Sutherland

Talent Analytics International •
18 Kilmalum Drive • Blessington Manor • Blessington
Co. Wicklow • Ireland

Imprimido por:
Create Space
100 Enterprise Way,
Suite A200,
Scotts Valley,
CA 95066

© *Copyright 2009 por Yolanda Lacoma y Martin Sutherland. TODOS LOS DERECHOS RESERVADOS. Este trabajo ha sido registrado por Yolanda Lacoma y Martin Sutherland para Talent Analytics International.*
Este trabajo no puede ser utilizado, reproducido o transmitido de ninguna forma o bajo ninguna condición sin autorización previa de:
Talent Analytics International
18 Kilmalum Drive
Blessington Manor
Blessington
Co. Wicklow
Ireland.
+1 281 419 7617 (Oficina EEUU)
peopletreegroup.com

ISBN 1-4536-6042-43

Editora: Helena Nell
Diseño Gráfico: Quentin Duncan
Producción: Patricia y Hugh Sutherland
Diseño Portada: Quentin Duncan

Contenido

Contenido

Agradecimientos

Mi primer agradecimiento es para Katherine Fitzgerald una mujer brillante.

Durante el periodo de desarrollo de este libro, Martin Sutherland, mi asociado de negocios y crítico más fuerte, me ayudó a dar forma al contenido de una manera coherente. Le estoy enormemente agradecida ya que su retroalimentación a tenido un gran impacto en el resultado final de este libro.

Helena Nell, la editora, hizo un trabajo heroico en limpiar mis escritos. Ella ha sido paciente, incansable y meticulosa en pulir cada capítulo y dejar el libro preparado para su impresión.

Siendo este mi primer libro, fui muy ingenua al pensar que solo tenía que escribirlo. ¡Qué confundida estaba! Pat y Hugh Sutherland me ayudaron a tomar decisiones críticas en cuanto al formato, márgenes, tipos de letra y todo lo necesario para crear el libro que tienes entre manos.

Iraide Limia, mi amiga y colega de trabajo compartió algunas de sus ideas para el libro y siempre estuvo ahí para darme un empujón cuando lo necesité.

Mi hijo, Ander Limia, me ayudó a encontrar las citas para cada capítulo. Más importante aún, su madurez y su independencia contribuyeron a que yo pudiera dedicarme a este libro por completo sin tener que preocuparme de tener un adolescente en casa.

Edwin Momberger no solo ayudó con algunas partes del proceso de producción sino que también me hace la vida un poquito más fácil en mi día a día.

Me gustaría agradecer también a Zulma Bianchi y a Isabel Antolín por su excelente trabajo de traducción en la versión en español.

Gracias a Quentin Duncan por sus manera increíble y creativa de transformar mis ideas en imágenes.

Me encantaría agradecer a todos mis clientes alrededor del mundo quienes me han elegido como su coach ejecutiva. Sus preguntas y comentarios me han desafiado y fortalecido a la misma vez. Su trabajo y sus experiencias personales han sido mi inspiración real para escribir este libro, y su simple sugerencia de "por favor, escribe algo práctico" ha sido el mejor consejo que he recibido nunca.

Durante el periodo en el que escribí este libro, sufrí algunos problemas serios de salud que me dejaron grandes daños físicos y emocionales. Doy las gracias a este libro por mantenerme distraída cuando solamente empezar y terminar un día parecía una tarea imposible.

Consejos Prácticos
para ser un
Líder Efectivo

Este libro es primordialmente un manual de referencia – el manual que alguien buscaría cuando necesita saber porqué su desempeño no es óptimo. Cuando lo que pensaba que funcionaría no funciona, cuando los consejos de la gente a su alrededor no le ayudan, cuando necesita una solución simple a un gran problema, este libro le brindará la respuesta.

Dicho esto, usted se preguntará: ¿por qué un título como R^2? ¿qué significa exactamente el Genoma del Talento?

La primera pregunta es fácil de contestar.

¿Por qué "R^2 – Consejos prácticos para ser un líder efectivo?

La ilustración de la portada del libro representa una frase a menudo utilizada en lengua inglesa– esta persona encaja en su puesto como intentar meter una estaca cuadrada en un agujero redondo.

Si hay algo de lo que estamos seguros tras décadas de estudios en psicología y en recursos humanos, es que no hay una única manera de abordar cada uno de los desafíos a los que tendrá que enfrentarse como líder. Los líderes exitosos encuentran maneras de adaptarse a cada reto, independientemente de sus fortalezas y debilidades innatas. Son capaces de mutar en cualquier forma necesaria para conseguir que el trabajo se haga. Esto lo consiguen aplicando el principio R^2: reflexionar y entonces reaccionar. Los seres humanos tenemos una capacidad de adaptación increíble, y la mayoría de las limitaciones a las que nos enfrentamos son autoimpuestas. Estas limitaciones están basadas en cómo pensamos, sentimos y somos dirigidos por paradigmas, pasadas experiencias, así como por valores y creencias. Existen patrones comunes de pensamientos y sentimientos que nos impiden ser eficientes. Identificar estos patrones y reconsiderarlos nos ayudará a ver el mundo de otra manera. Una nueva y diferente percepción nos ayudará a reaccionar de manera diferente y más efectiva.

Esta filosofía subyacente de que podemos reorganizar nuestro mundo mucho más allá de lo que pensamos es la que responde a nuestra segunda pregunta.

¿Qué es el Genoma del Talento?

Un genoma es "toda la información genética, todo el complemento genético, todo el material hereditario que posee un organismo". En otras palabras, es todo lo que posiblemente podemos ser.

Los genetistas solían creer que si pudiésemos hacer una representación de los genes contenidos en el núcleo de cada célula y completar cada ramal de sustancias químicas denominadas ADN, podríamos predecir exactamente el tipo de persona que un individuo podría ser: sus rasgos, las enfermedades que podría desarrollar, su inteligencia, etc.

Ese era el objetivo del Proyecto del Genoma Humano, un proyecto de 13 años de duración y 3 billones de dólares para identificar de 20 000 a 25 000 genes siguiendo la secuencia de los 3 billones de pares de componentes químicos básicos que componen el ADN humano. El proyecto fue completado en 2003, el mismo año en que nosotros empezamos a trabajar en el Genoma del Talento.

Sin embargo, en lugar de liberar un anteproyecto de cada individuo, ha resultado que, de alguna manera, podemos elegir el activar o desactivar determinados genes. Éste es un nuevo campo llamado epigenética. Así, lo que parecía una prescripción determinista de quien seríamos, acabó convirtiéndose en un marco relativamente adaptable de quién podríamos llegar a ser.

La idea está perfectamente recogida en la siguiente cita: "La diferencia fundamental entre el antiguo código genético del ADN y la nueva visión epigenética es que la anterior noción lleva consigo determinismo genético - la creencia de que los genes predeterminan y controlan nuestros rasgos psicológicos y de comportamiento - mientras que la epigenetica reconoce que nuestra percepción del entorno , incluida nuestra propia conciencia , controlan activamente nuestros genes. A través de mecanismos epigenéticos la conciencia aplicada puede ser usada para darle forma a nuestra biología y hacernos dueños de nuestras propias vidas." B.H. Lipton, Embracing the Immaterial Universe, 2009.

Nuestro objetivo fundamental con el modelo de competencias del Genoma del Talento fue identificar los bloques básicos de comportamiento humano (genes), entender cómo son esos comportamientos (la expresión del gen) y encontrar la manera de modificar ese comportamiento (terapia de genes) para reducir los efectos negativos (enfermedad).

Este libro no contempla un solo comportamiento que no pueda cambiarse, sin embargo, algunos comportamientos serán mucho más difíciles de modificarse que otros. Un comportamiento puede ser complejo, por ejemplo, manejar negociaciones, mientras otro, la compostura, por ejemplo, a pesar de ser simple de entender, es muy difícil de cambiar y tiene el potencial de tener un impacto importante en la efectividad de la persona si no es un comportamiento efectivo.

Hay solamente 4 bloques de construcción del ADN humano que explican toda la variedad que vemos en nuestras especies, pero es cómo están combinados y la secuencia en la cual se suceden lo que marca la diferencia. El Genoma del Talento está definido por 60 bloques de construcción, cada uno con una diferente combinación y orden secuencial.

Comprender los bloques de construcción le permite identificar sus estrategias de desarrollo- las suyas o las de otra persona- lo cual incrementará su posibilidad de éxito independientemente de si es una estaca cuadrada intentando encajar en un agujero redondo.

Yolanda Lacoma y Martin Sutherland
(Creadores del Genoma del Talento)

La Evolución del
Genoma del Talento
¿Porqué un modelo diferente?

Desarrollo vs Selección

La creación de modelos de competencias conductuales normalmente comienza con una perspectiva de selección o de desarrollo. Los modelos con menor número de competencias se han desarrollado normalmente con el propósito de selección, ya que es necesario limitar el número de preguntas que se pueden hacer en las entrevistas. Los modelos con mayor número de competencias generalmente se han desarrollado con la intención de mejorar el rendimiento.

El modelo del Genoma del Talento es un modelo basado en el desarrollo, ya que creemos que aporta una interpretación más amplia dentro de la complejidad del comportamiento del liderazgo efectivo. A la hora de manejar el proceso de entrevistas, hemos creado preguntas para cada agrupación de competencias, de manera que se simplifica el proceso y es posible abordar varias competencias simultáneamente.

Definiciones Largas vs Cortas

Durante nuestra experiencia en los últimos doce años utilizando competencias de comportamiento para evaluar individuos hemos observado la dificultad que experimentan los evaluadores cuando se utilizan demasiados aspectos conductuales para describir una sola competencia.

Las definiciones de las competencias del modelo del Genoma del Talento son deliberadamente más cortas para reducir la ambigüedad de demasiados aspectos, a la vez que enfatizan la característica principal de comportamiento que está siendo evaluado.

Precisión del Titulo

Tras haber estudiado el comportamiento del evaluador, hemos aprendido que una gran proporción de los individuos que dan retroalimentación no leen la definición entera y utilizan únicamente el titulo de la competencia para su hacer su valoración.

Los títulos de las competencias de nuestro modelo han sido específicamente creados para tener en cuenta este factor y utilizar un lenguaje fácil de entender capturando así la esencia de la definición en el título.

Lenguaje Actualizado

La mayoría de los modelos más omnipresentes tiene su origen en los años 80 y 90, tienen problemas para modernizarse y crear un lenguaje más actualizado.

El modelo de Genoma del Talento y sus definiciones utilizan un lenguaje más reciente y contemporáneo para explicar y describir comportamientos, teniendo en cuenta por ejemplo, la influencia de la tecnología en los últimos años, los comportamientos cambiantes y la cultura social.

Eliminación de las Redundancias

Este aspecto está relacionado con el uso de definiciones largas y modelos con menor número de competencias en los que las definiciones tienden a utilizar aspectos o conceptos que se solapan. Esto lleva al evaluador a tener una sensación de "déjà vu" o de ya haber evaluado anteriormente el mismo comportamiento.

Las competencias del Genoma del Talento, con sus definiciones más cortas y su focalización en las características principales, claras y sin ambigüedad, reducen esta sensación de redundancia.

Reduccionismo vs Emergencia

La mayoría de los modelos de competencias, especialmente los que están basados en reclutamiento y selección, tienden a agrupar demasiados conceptos en una sola competencia lo cual limita la habilidad de deconstruir, remezclar y explicar la diversidad y complejidad del comportamiento humano. Este enfoque suele ser reduccionista.

Nuestras competencias se han creado como un grupo de " bloques de construcción básicos" que pueden ser combinados para crear conceptos más complejos. Este enfoque reconoce que no se trata únicamente de la mezcla de las competencias, sino también de la fuerza, que finalmente es la que provoca que surja un determinado comportamiento. Por ejemplo, el hidrógeno y el oxígeno son gases en estado natural, pero cuando se combinan de una manera concreta (H_2O) crean agua con una serie de propiedades emergentes (líquido) que ninguno de los dos elementos posee individualmente.

Tiempo Empleado en la Evaluación

En la mayoría de los modelos de competencias, ya sea debido a las definiciones compuestas o a los diferentes niveles, se han registrado quejas de que el proceso de evaluación puede llegar a ser largo y pesado. Esto normalmente lleva al "recorte" del modelo, es decir, a no usar todas las competencias necesarias para la evaluación.

Hemos medido el tiempo empleado por los individuos que se han sometido a evaluaciones utilizando el número total de las competencias de nuestro modelo y la media oscila entre nueve y catorce minutos por evaluación. Esto no reduce en absoluto la calidad de la retroalimentación obtenida, ya que se ha constatado un nivel mucho más alto de consistencia entre los evaluadores.

¿Está el modelo integrado con otras herramientas/procesos?

• Estrategias para el desarrollo Para cada competencia se ha desarrollado una lista completa de consejos de desarrollo y orientación de coaches. Las recomendaciones son prácticas y fáciles tanto de leer como de poner en práctica.

• Preguntas para entrevistas
Para cada grupo de competencias se ha creado una serie de preguntas para las entrevistas lo cual permitirá al entrevistador indagar sobre varias competencias simultáneamente.

• Trasladable a otros modelos
El modelo del Genoma del Talento es transferible a otros modelos que se vienen utilizando y asimismo, podemos hacerlo extensible a modelos específicos de una compañía.

• Integración con las estrategias de negocio y las capacidades
Hemos desarrollado también el Genoma Organizacional, herramienta que traduce las estrategias de negocio en capacidades y competencias de liderazgo.

¿Cómo se creó el modelo?

• El objetivo del modelo fue crear una "tabla periódica del comportamiento humano", es decir, identificar un grupo de atributos de comportamiento que combinados de maneras diferentes determinaran la efectividad de un individuo en un contexto determinado.

• Este modelo ha creado un conjunto de atributos específicos, sin influencia cultural ni contextual , que pueden ser usados como "bloques de construcción" básicos para configurar la eficacia individual en cualquier contexto.

• Se han hecho referencias a 62 de los modelos de competencias más utilizados y basados en la investigación que se han correlacionado con el alto rendimiento en diversos contextos, por ejemplo niveles de liderazgo, industrias, tipos de trabajo y culturas.

Definiciones

Las definiciones de las competencias sirven como la brújula que identifica el comportamiento que usted desea alcanzar. Proporcionan un lenguaje específico para comunicarse con los demás, identificando las fortalezas (comportamientos efectivos, flecha horizontal), las áreas de mejora (comportamiento inefectivos, flecha hacia abajo), y también las fortalezas usadas en exceso (comportamientos usados en exceso, flechas hacia arriba) tanto para usted como para las personas que supervisa.

Instrucciones:

Lea las definiciones y familiarícese con las descripciones de los comportamientos efectivos, inefectivos y usados en exceso. Tómese tiempo para reflexionar sobre cómo le afectan las definiciones tanto a usted como a aquellas personas que supervisa.

Comportamientos usados en exceso

Como todos sabemos, el exceso de algo bueno puede convertirse en un área problemática. Por ejemplo, un individuo que es excesivamente sereno puede ser percibido como alguien distante, indiferente y falto de empatía.

Instrucciones:

Si usted ha identificado el "comportamiento usado en exceso" como el área en que necesita cambiar, vaya directamente al final del capítulo.

Una persona no puede ser "menos buena" en una competencia. Para encontrar el equilibrio, debe desarrollar los llamados estabilizadores de competencias que atenuarán la competencia usada en exceso. Identifique uno o dos de estos estabilizadores, busque el capítulo apropiado y siga las estrategias de acción que le llevarán al desarrollo.

(a)

Cómo utilizar este libro

Indicadores de Dificultad

El nivel de dificultad, a la hora de desarrollar ciertos comportamientos, está determinado por dos factores:

-El primer factor es lo difícil que será CAMBIAR. Algunas competencias están fuertemente asociadas con características de la personalidad o sistemas de creencias. Si estas características personales o sistemas de creencias son las que fundamentan el comportamiento, entonces lo normal sería tener un comportamiento efectivo. En caso contrario, el comportamiento efectivo será percibido como antinatural y provocará una fuerte respuesta emocional. El primer indicador- Facilidad de Cambio- le muestra lo difícil que será cambiar este comportamiento si no es su manera natural de actuar.

-El segundo factor es lo difícil que será APRENDER el comportamiento. Algunos comportamientos son complejos y suponen la consideración de muchas variables tales como el no recibir retroalimentación inmediatamente, el actuar con mínima información y el no tener una comprensión clara de la causa y efecto. Nadie nace con estos comportamientos bien desarrollados; perfeccionarlos requiere práctica. El segundo indicador-Facilidad de Aprendizaje- muestra cuánta práctica será necesaria para cambiar el comportamiento.

Auto-evaluación

Antes de empezar a desarrollar una competencia, asegúrese de que es realmente algo en lo que usted necesita trabajar. Cada competencia estará compuesta por un conjunto de pautas de comportamiento que están enumeradas en el recuadro "Autoevalúese". Si su respuesta a la mayoría de los comportamientos citados es "verdadero", indica que ésta no es una competencia en la que usted deba trabajar. Si por el contrario, su respuesta a varios de los comportamientos es "falso", ello indica que hay campo para mejorar y que el desarrollo de la competencia será tiempo bien empleado.

NOTA: Autoevaluarse es un punto de partida, pero tenga en cuenta que la autoevaluación está considerada como el método menos preciso. La retroalimentación obtenida de otros proporciona una imagen más rica y definida, lo que identificará áreas de desarrollo de manera más precisa. La metodología de retroalimentación de PeopleTree está diseñada para recopilar percepciones subjetivas de múltiples fuentes-personas que le conocen-incorporar esas visiones y buscar patrones de conducta consistentes. Estos patrones identifican tanto las fortalezas como las oportunidades de mejora. La metodología no prejuzga y reduce la subjetividad, al perfilar una visión equilibrada de cada persona. Para más información sobre cómo utilizar el proceso de evaluación de PeopleTree, contacte con PeopleTree Group a través de info@peopletreegroup.com.

La autoevaluación también se puede utilizar al final del periodo de desarrollo para medir su progreso. Cuantas más afirmaciones pueda señalar como verdaderas, mayor será el nivel de destreza que ha alcanzado en esa competencia.

Cómo utilizar este libro

Instrucciones:

Debe señalar las afirmaciones que cumpla la mayoría del tiempo. Sea tan honesto/a como pueda en sus respuestas. Si duda, pida retroalimentación a algún colega de confianza.

Estrategias de Acción

La Guía de Estrategias de Acción implica un método basado en tres pasos que ayuda a incrementar la posibilidad de cambio en el proceso de desarrollo:

(a) Identificación con una afirmación (pienso o siento ésto ahora);

(b) Cómo puedo pensar o sentir diferente (reflexionar); y

(c) Qué puedo hacer para cambiar (reaccionar)

Actuamos de la manera en que lo hacemos por muchas razones, y nuestros pensamientos y sentimientos sobre un tema en particular dirigen nuestro comportamiento. Cada afirmación que usted seleccione viene acompañada de una explicación que le ayuda a explorar tanto los riesgos de su percepción como la recompensa asociada al hecho de cambiarla.

Esto le ayudará a considerar otras formas de pensar o tener una perspectiva diferente (Reflexione).

Querrá echarle un vistazo a las acciones que se sugieren basadas en la afirmación con la que se identifica, e incorporar algunas de estas acciones a su comportamiento (Reaccione).

Instrucciones:

Seleccione la afirmación con la cual se identifica más o aquella que describa mejor sus sentimientos. Encuentre el número correspondiente y lea las estrategias de reconsiderar y reaccionar. Posiblemente se identifique con más de una afirmación; si esto sucede, seleccione las acciones que más se adapten a su entorno actual.

(c)

1. Obtiene Resultados

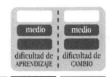

medio   medio

dificultad de   dificultad de
APRENDIZAJE   CAMBIO

"Los resultados que obtenga estarán en proporción
directa con el esfuerzo dedicado"

Denis Waitley

Comportamiento efectivo
Consigue resultados y alcanza sus
objetivos de negocio de forma
consistente

Comportamiento inefectivo
Puede que le falte la energía necesaria
para conseguir los resultados y puede
que no llegue a sus objetivos de
desempeño

Instrucciones

Lea las definiciones de la
izquierda. Si se siente
identificado/a con la
definición de comportamiento
inefectivo, diríjase a la
sección Estrategias de Acción
de este capítulo.

Si se siente identificado/a con
la definición de
comportamiento usado en
exceso diríjase a la sección
final del capítulo.

Comportamiento usado en exceso
Puede que intente conseguir
resultados poniendo en riesgo a
personas, procesos o procedimientos
que causen daños a la organización

Auto Evaluación

¿verdadero?	Defino metas claras para mí y conozco mis objetivos de desempeño
¿verdadero?	Quiero hacer las cosas bien y definir un estándar elevado para mí
¿verdadero?	Asumo que puedan producirse contratiempos
¿verdadero?	Sistemáticamente cumplo mis metas de desempeño
¿verdadero?	No permito que los obstáculos que encuentro me desanimen
¿verdadero?	Se cuándo dar un paso atrás y coger fuerzas antes de abordar tareas que parecen insuperables

Notas
**¿Está seguro/a de que
debe desarrollar esta
competencia?**

"Si la respuesta a la mayoría
de las afirmaciones de la parte
izquierda es "verdadero",
probablemente no sea
necesario que usted desarrolle
esta competencia."

1

Copyright © 2009 Yolanda Lacoma & Martin Sutherland

Estrategias de Acción

La mayoría de los comportamientos inefectivos tienen patrones o pensamientos emocionales ocultos. Al identificarlos, usted podrá definir las estrategias de acción específicas para mejorar este comportamiento.

① Postergo trabajar en cosas que no quiero hacer/Dejo cosas para último momento

② Dedico tanto tiempo a asegurarme de que obtengo los resultados "correctos" que al final no obtengo

③ Me siento exhausto/a/Me falta motivación

④ Me están adjudicando tantas tareas que no puedo cumplir mis objetivos

⑤ No soy bueno/a asumiendo riesgos/¿Qué pasa si no tengo éxito?

⑥ No tengo claro qué debo hacer/Las expectativas en el trabajo son ambiguas

Instrucciones

1. Lea y seleccione uno o más de los patrones de comportamiento inefectivo descritos a la izquierda.

2. En la sección de abajo, busque el número correspondiente que le ayudará a reconsiderar este patrón y a identificar acciones prácticas y específicas de mejora.

---

1 | **Postergo trabajar en las cosas que no quiero hacer/Dejo cosas para el último momento**

Reflexione

Si su tendencia es postergar las cosas hasta el último momento, será difícil producir resultados de calidad en forma constante. Ya es bastante difícil cumplir los plazos límite en circunstancias normales, pero resulta aún más difícil con la presión adicional provocada por las dilaciones. Su tarea no va a desaparecer si la ignora, y por muy desagradable que sea, su desafío es adoptar estrategias que le ayuden a mantenerse en la senda.

Sus hábitos de trabajo actuales pueden estar produciendo resultados, pero probablemente su desempeño pueda mejorar si deja de hacer las cosas en el último momento.

Reaccione

(a) Como regla general, primero haga las cosas que menos le gusta hacer. Tendrá que hacerlas de todos modos. A menudo dedica demasiada energía en tratar de evitar esas tareas, lo que le impide trabajar de forma productiva. Escriba cuáles son y pídale a un colega que le ayude a mantenerse en linea.

(b) Concéntrese en hacer las cosas que son más importantes, de este modo ocupará su tiempo de forma más inteligente. Si el tiempo le supera, por lo menos se habrá ocupado de las cosas que tienen mayor impacto. Sea específico/a en cuanto a cuáles son estas cosas y prepare una lista de prioridades. Confirme con la persona adecuada que su lista de prioridades es correcta.

2

Copyright © 2009 Yolanda Lacoma & Martin Sutherland

(c) Emprenda la tarea en cantidades aceptables. Trabaje en las tareas durante los intervalos que pueda tener entre sus compromisos y citas. Eso asegurará que la cantidad de trabajo es manejable y observará un mayor progreso.

(d) Anticipe que todo llevará más tiempo de lo que esperaba. Sea cual fuere la fecha límite, réstele tiempo para darse impulso para empezar. Recompénsese cada vez que cumpla con la fecha límite.

(e) Póngase a trabajar inmediatamente. Limite el tiempo entre recibir la tarea y empezar a trabajar en ella. No tomar acción durante demasiado tiempo puede afectar su motivación.

(f) Si se desempeña mejor o se siente motivado trabajando con otras personas, reclute colegas con los cuales pueda colaborar y que lo ayuden a ponerse en movimiento. Ellos también podrán ayudarlo a mantenerse en la senda, especialmente si su desempeño está vinculado al de otras personas.

2 | Dedico tanto tiempo a asegurarme de que obtengo los resultados "correctos" que al final no obtengo resultados

Reflexione

Querer hacer las cosas bien es un gran comienzo, pero poder concluirlas y obtener resultados es el objetivo primordial. Si usted es perfeccionista, estará constantemente ajustando las cosas para que estén ligeramente mejor. Pero hay un momento en el cual el valor de la mejora no es suficiente para justificar dichos ajustes. Aunque suene ilógico, saber cuándo dejar de mejorar le ayudará a mejorar su desempeño.

Reaccione

(a) Limite el tiempo que dedica a una tarea en particular. Defina momentos en los cuales se reunirá con su superior para obtener retroalimentación acerca del nivel de detalle al cual debería estar trabajando. Esto le ayudará a mantener sus expectativas acerca de sí mismo/a en un nivel realista.

(b) Redefina sus expectativas. Apunte a completar una tarea o función bien, no a hacerla perfecta.

3 | Me siento exhausto/a/Me falta motivación

Reflexione

Hay muchos motivos por los cuales se puede estar sintiendo exhausto/a. Tal vez ha estado manteniendo un ritmo poco realista, no encontrando suficientes maneras de descomprimirse, o tiene una carga de trabajo poco realista. Cualquiera que sea el motivo, es clave reconocer el agotamiento y no ignorarlo haciendo las cosas en la forma habitual. El agotamiento inevitablemente conduce a un mal desempeño.

3

Copyright © 2009 Yolanda Lacoma & Martin Sutherland

Reaccione

(a) Incorpore flexibilidad en su cronograma de modo que pueda abordar un proyecto determinado cada vez, y en el momento en que tenga sentido para usted. Muchas personas bloquean horarios específicos para trabajar en una tarea, pero si está exhausto/a, esto puede resultar contraproducente ya que su inspiración y motivación serán inconstantes — no pueden programarse. Aproveche los momentos en que se siente preparado/a para trabajar en un proyecto, incluso si es sólo por un corto período. Igualmente, pase a otra cosa si no está produciendo nada. Dedicar tiempo a algo sin obtener resultados le producirá frustración y aumentará las asociaciones negativas con la tarea que está realizando.

(b) Revise y recompense su progreso continuamente. Divida el proyecto en tareas más pequeñas y recompénsese cada vez que avance un paso.

(c) Sea honesto/a con su superior. Puede brindarle asistencia haciendo algo simple tal como ayudar a delegar parte de su trabajo. A menudo a la gente no le gusta informar a su superior acerca de los problemas porque no quieren que se vea como que no pueden manejar la situación. Inevitablemente, sin embargo, el agotamiento quedará evidente en su desempeño, por lo tanto actúe antes de que eso suceda.

(d) Genere algunos cambios — si se siente crónicamente exhausto/a puede ser el momento de buscar otra posición dentro de la compañía o intentar algo completamente nuevo. Dedique tiempo a investigar sus opciones y definir su meta.

---

4 | Me están adjudicando tantas tareas que no puedo cumplir mis objetivos

---

Reflexione

Típicamente, hay múltiples tareas y exigencias que requieren su atención en el trabajo y en su vida privada. En cualquier momento, una persona puede tener una larga lista de cosas pendientes que deben hacerse. La realidad es que, en el trabajo, poca gente puede darse el lujo de tener tiempo suficiente para hacer todo. Usar el tiempo de forma inteligente es especialmente crítico para producir resultados, y esto significa que debe reconocer las actividades no esenciales en su agenda diaria y limitarlas. El desafío no es trabajar más, sino trabajar de forma más inteligente.

Reaccione

(a) Concéntrese en hacer las cosas que son más importantes. Sea específico/a en cuanto a cuáles son estas tareas y prepare una lista de prioridades. Confirme con su superior que su lista de prioridades es correcta.

(b) ¿Qué actividades ocupan la mayor parte de su tiempo? Prepare una lista de sus actividades y asigne los tiempos aproximados que está dedicando a cada categoría. Luego divida las categorías en "esenciales" y "necesitan hacerse". ¿Cómo es su asignación de tiempos?

(c) ¿Está delegando de forma adecuada? ¿En qué tareas puede involucrar a otras personas?

4

Copyright © 2009 Yolanda Lacoma & Martin Sutherland

5 | No soy bueno/a asumiendo riesgos/¿Qué pasa si no tengo éxito?

Reflexione

Algunas tareas exigirán que ingrese en terreno desconocido y avance con valentía para obtener resultados. Si no se siente cómodo/a arriesgándose, se verá tentado/a a tomar el camino de menor resistencia, incluso si no es la mejor manera de obtener resultados.

Sin duda, experimentará fracasos en su carrera, pero recuerde, es más arriesgado para su carrera no asumir desafíos. Si no enfrenta los desafíos, tendrá menos oportunidades de demostrar su capacidad y agudizar sus habilidades y es probable que no se le confíen tareas más exigentes en el futuro.

Reaccione

(a) Lentamente eleve su nivel de comodidad con respecto al riesgo, aceptando tareas más pequeñas que requieran mayor entrega de su parte.

(b) Vea los errores como oportunidades para aprender y reflexionar. Cada vez que cometa un error, escriba una lista de los beneficios de haber cometido el error — los detalles específicos de lo que aprendió, a quién conoció en el proceso y así sucesivamente.

(c) Lea biografías de líderes de empresas o personas públicas que admire. Busque un tema común de toma de riesgos entre ellos.

(d) Tal vez usted se arriesgó más de lo que pensaba o se creía capaz. Documente sus logros. ¿Qué riesgos involucraron cada uno de esos logros? Escríbalos, independientemente de qué tan pequeño haya sido el riesgo. Pida ayuda a la gente que le conoce bien. El objetivo es demostrar que todas las carreras están basadas en una combinación de desafíos a los cuales constantemente se nos invita a responder. Probablemente usted ya haya asumido más riesgos de los que pensaba.

6 | No tengo claro qué debo hacer/Las expectativas en el trabajo son ambiguas

Reflexione

Un objetivo poco claro es difícil de alcanzar. Tal vez sea una persona de alto desempeño y con gran dedicación, pero si no comprende dónde concentrar sus esfuerzos o las expectativas que otros tienen de usted, su capacidad de alcanzar su máximo potencial se verá afectada. Si no está seguro/a de las expectativas puestas en usted, puede creer que su desempeño es adecuado, cuando en realidad, sus estándares tal vez están por debajo del promedio.

Por lo general tendemos a inflar nuestra percepción de nuestros logros y desempeño, por lo tanto es importante que tengamos un parámetro adecuado con el cual medirlos.

Copyright © 2009 Yolanda Lacoma & Martin Sutherland

Reaccione

(a) Si todavía no tiene un plan de trabajo, reúnase con su superior para desarrollar uno que defina sus metas y objetivos específicos para cada año.

Recuerde reevaluar su plan de trabajo ocasionalmente para realizar cualquier ajuste que sea necesario.

(b) Esté preparado/a para preguntar a su supervisor y a sus colegas acerca de su desempeño y si está cumpliendo sus expectativas.

(c) Acepte consejos de colegas que sean considerados/as personas de alto desempeño. Compare su estándar de trabajo con el de ellos/as — no confíe en su propia percepción. Use la evaluación hecha por ellos/as como parámetro para medir su nivel de logros.

Comportamientos usados en exceso

Los estudios de investigación han determinado que en ocasiones las fortalezas de una persona se pueden convertir en debilidades si se utilizan en exceso.

Para encontrar el equilibrio, usted debe desarrollar los llamados estabilizadores con el objetivo de atenuar el comportamiento usado en exceso.

Estabilizadores:	Comportamiento usado en exceso
22 Diplomático/a	Puede que intente conseguir resultados poniendo en riesgo a personas, procesos o procedimientos que causen daños a la organización
24 Empático/a	
26 Ético/a	
28 Justo/a	
30 Pensador Global	
34 Capaz De Escuchar	
43 Motiva A Las Personas	
47 Paciente	
58 Digno/a De Confianza	
59 Unifica A Las Personas	

Instrucciones

Si se siente identificado/a con la definición de comportamiento usado en exceso, elija alguno de los estabilizadores y diríjase a los capítulos correspondientes para buscar estrategias de acción que le ayuden a desarrollarlos.

Para más instrucciones diríjase a la sección de este libro: "Cómo utilizar este libro".

6

Copyright © 2009 Yolanda Lacoma & Martin Sutherland

2. Adaptable

"El viaje más importante que puede hacer en su vida es conocer a la gente a mitad de camino"

Henry Boyle

Comportamiento efectivo

Se adapta a los diferentes estilos de personalidad y a las necesidades de los demás

Comportamiento inefectivo

Puede que tenga solamente un estilo para interactuar con las personas y que no esté dispuesto/a a adaptarse a las necesidades emocionales de los demás

Comportamiento usado en exceso

Puede que se adapte muy fácilmente a los estilos interpersonales de los demás y que se le perciba como una persona impredecible o demasiado conformista

Instrucciones

Lea las definiciones de la izquierda. Si se siente identificado/a con la definición de comportamiento inefectivo, diríjase a la sección Estrategias de Acción de este capítulo.

Si se siente identificado/a con la definición de comportamiento usado en exceso diríjase a la sección final del capítulo.

Auto Evaluación

¿verdadero?	Puedo identificar los estilos adecuados que pueden funcionar mejor con diferentes personas
¿verdadero?	Puedo identificar el estilo necesario para trabajar en diferentes situaciones
¿verdadero?	Comprendo que hay más de una manera de actuar con la gente sin perder mi autenticidad
¿verdadero?	Me adapto a los demás de modo que puedan relacionarse conmigo
¿verdadero?	Me siento cómodo/a entre diversos grupos de gente

Notas

¿Está seguro/a de que debe desarrollar esta competencia?

"Si la respuesta a la mayoría de las afirmaciones de la parte izquierda es "verdadero", probablemente no sea necesario que usted desarrolle esta competencia."

7

Copyright © 2009 Yolanda Lacoma & Martin Sutherland

Estrategias de Acción

La mayoría de los comportamientos inefectivos tienen patrones o pensamientos emocionales ocultos. Al identificarlos, usted podrá definir las estrategias de acción específicas para mejorar este comportamiento.

(1) La gente debe aceptarme como soy

(2) Las diferencias no son tan importantes/ Simplemente supongo que los demás son como yo

(3) Simplemente no puedo llevarme bien con algunas personas

(4) Creo que cambiar mi comportamiento es lo mismo que ser manipulador/a

Instrucciones

1. Lea y seleccione uno o más de los patrones de comportamiento inefectivo descritos a la izquierda.

2. En la sección de abajo, busque el número correspondiente que le ayudará a reconsiderar este patrón y a identificar acciones prácticas y específicas de mejora.

---

1 | La gente debe aceptarme como soy

Reflexione

Usted no quiere ponerse en una situación comprometida por el bien de los demás. En la superficie, esto suena como un enfoque noble, que promueve la autenticidad. Pero apunta a un nivel de inflexibilidad que puede causarle muchos problemas en su vida personal y en su trabajo. En su punto más extremo, con esta actitud se arriesga a alienar a la gente.

El lugar de trabajo es cada vez más diverso. Puede contar con que estará expuesto/a a personas que son muy diferentes de usted. Incluso aquellas personas con formación similar tienen variadas personalidades y motivaciones. ¿Por qué no tomar la iniciativa y adaptarse de cualquier manera de modo que pueda comprender mejor a los demás y ser comprendido? También es posible que "su forma de ser" necesite mejora. Por ejemplo, puede considerarse una persona sincera y franca, pero sus colegas sensibles pueden percibirlo/a como casi maleducado/a o insultante.

Sería más productivo modificar su comportamiento levemente para adaptarse a los demás que esperar que acepten su forma de ser. Recuerde que su propia flexibilidad determinará cuán flexibles los demás se mostrarán con usted.

8

Copyright © 2009 Yolanda Lacoma & Martin Sutherland

Reaccione

(a) Observe mejor el comportamiento de los demás. Trate de imitar los comportamientos del grupo o de la otra persona. Por ejemplo, si la persona parece retraída y callada, modere su comportamiento. Baje la voz y sea reservado/a y sereno/a en lugar de enérgico/a y animado/a, hasta que la conozca mejor. La clave es prestar atención a la otra persona también, no solo a sí mismo/a.

(b) Investigue el grupo con el cual estará interactuando. Conocer la formación de la gente puede brindar mucha información acerca de sus estilos.

(c) Pregunte a los demás qué necesita hacer diferente para mejorar su relación con ellos.

(d) Sea honesto/a acerca de no estar seguro/a de si su estilo podría ser ofensivo de alguna manera. Esto se aplica especialmente si está trabajando con grupos de otras nacionalidades. La gente apreciará su preocupación.

(e) ¿Se ajusta su comportamiento a los valores o expectativas de la organización? Trate de definir cuáles son y considere si su comportamiento es adecuado.

2 | **Las diferencias no son tan importantes/ Simplemente supongo que los demás son como yo**

Reflexione

A primera vista, mucha gente puede parecer similar, especialmente si usted ha estado poco expuesto/a a personas de orígenes diferentes. Tendemos a proyectar nuestros valores y opiniones sobre los demás. La regla de oro implora que trate a los demás como le gustaría ser tratado/a, pero es mejor atenerse a la regla de platino: trate a los demás como a ellos/as les gustaría ser tratados/as. Pero para hacerlo, primero tiene que estar en condiciones y dispuesto/a a reconocer las diferencias entre la gente.

La investigación realizada por Birkman International durante los últimos 30 años ha demostrado que el comportamiento diario de la gente puede ser drásticamente diferente de sus necesidades, que generalmente están ocultas. Ser consciente de las diferencias entre la gente, se torna cada vez más importante a medida que avanza en su carrera cuando esa consciencia es esencial para manejar a otras personas. Los gerentes a menudo no son conscientes de la amplia gama de estilos interpersonales y de liderazgo que existen y de que estos estilos se ven influenciados por una variedad de factores tales como la personalidad, la cultura, y la genética. Los modelos de personalidad incluyen las cuatro funciones del ego descritas por Carl Jung: sensación, sentimiento, pensamiento e intuición, asi como las pruebas de personalidad de Myers-Briggs. El modelo Hex, por ejemplo, desarrollado por K. David Katzmire, es una expansión del modelo de cuatro estilos y es una de las numerosas teorías de la personalidad. Aumentar su consciencia de los diferentes estilos de la gente le ayudará a valorar la importancia de adaptarse a los demás para maximizar su efectividad y alcanzar sus metas.

Copyright © 2009 Yolanda Lacoma & Martin Sutherland

Reaccione

(a) Investigue diferentes estilos interpersonales para reconocer los tipos con los cuales interactúa.

(b) Considere la formación de la persona así como la disciplina o su campo de trabajo y de qué manera éstos pueden diferir de los suyos. Si está interactuando con contadores, por ejemplo, ellos pueden preferir mantener la conversación bastante estructurada y pueden querer que usted comparta más detalles que otras personas.

(c) Evalúe el estado emocional de la persona: triste, irritado/a, nervioso/a, etc. Es importante respetar el estado mental de la gente y adaptarse al mismo.

(d) Considere primero de qué manera la persona podría ser diferente de usted y sólo entonces busque similitudes. Esto le ayudará a evitar proyectarse en los demás.

(e) Las reacciones y el lenguaje corporal de la gente pueden ayudarle a guiar su comportamiento. Busque cambios en la expresión facial, el tono de voz, la postura. Puede adaptarse en consecuencia.

(f) Algunos/as de nosotros/as tenemos un talento natural para captar indicios acerca de los demás. Si piensa que no puede leer a otras personas, piense nuevamente. La clave es realmente observarlos/as —- cómo se comunican, su comportamiento, expresiones, lenguaje corporal. Los indicios acerca de la gente y quiénes son realmente son muy evidentes y usted, a su vez, puede usarlos para adaptarse a sus necesidades interpersonales. Simplemente eleve su nivel de consciencia.

(g) Dedique tiempo a conocer a la gente a nivel personal. No hay mejor manera de comprender a la gente que pasando tiempo con ellos.

3 | Simplemente no puedo llevarme bien con algunas personas

Reflexione

¿Es bastante flexible con la mayoría de las personas pero parece no poder adaptarse a una persona o grupo determinado? La flexibilidad es más fácil con aquellos con quienes compartimos algo en común, pero el desafío radica en permanecer flexible con las personas fuera de este grupo. No es necesario ser amigo/a de la gente para mantener una relación de trabajo productiva. La clave es adaptar su comportamiento lo suficiente para establecer una relación construida sobre metas comunes y respeto.

Reaccione

(a) Identifique los objetivos compartidos entre usted y la persona o grupo y use eso como puente hacia un terreno común.

(b) Dedique tiempo a conocer mejor a la persona para desafiar sus impresiones acerca de ella. Por lo general, las reuniones en entornos sociales, fuera de las presiones del trabajo, le dan una perspectiva nueva acerca de los demás, por lo tanto, trate de organizarlas, si es posible.

10

Copyright © 2009 Yolanda Lacoma & Martin Sutherland

(c) La falta de flexibilidad de su parte podría derivarse de un prejuicio hacia un grupo. Considere los prejuicios ocultos que puede estar albergando y trate de desafiar los supuestos sobre los cuales están basados.

(d) Reconozca el estilo interpersonal de la otra persona y sus fortalezas y aportes, incluso si es diferente del suyo. Por ejemplo, puede estar tratando con alguien que es audaz y conversador/a, muy diferente de usted. Pero estos rasgos pueden agregar valor real en el rol de ventas con el cual usted se siente incómodo/a.

Creo que cambiar mi comportamiento es lo mismo que ser manipulador/a

Reflexione

Ser capaz de manipular es diferente de la capacidad de adaptarse a los demás. Por definición, la manipulación implica control o influencia sobre alguien o algo, de una forma hábil y tortuosa. Implica cambiar o presentar algo en una forma que es falsa pero personalmente ventajosa. Por el contrario, la adaptabilidad representa una elección consciente de alcanzar metas mutuamente beneficiosas. Si es adaptable, no cambia su forma de ser. En cambio, es capaz de recurrir a su fuente individual de complejidad, experiencia y empatía para moldearse en formas que le ayuden a relacionarse con los demás. A su vez, otras personas se pueden relacionar con usted.

Reaccione

(a) Trate de ponerse en el lugar de la otra persona.

(b) Considere los pros de adaptar su comportamiento para ambos.

(c) Pregúntese si le gustaría que alguien haga lo mismo por usted. Muy probablemente apreciaría tal esfuerzo.

11

Copyright © 2009 Yolanda Lacoma & Martin Sutherland

Comportamientos usados en exceso

Los estudios de investigación han determinado que en ocasiones las fortalezas de una persona se pueden convertir en debilidades si se utilizan en exceso.

Para encontrar el equilibrio, usted debe desarrollar los llamados estabilizadores con el objetivo de atenuar el comportamiento usado en exceso.

Estabilizadores:	Comportamiento usado en exceso
1 Obtiene Resultados	Puede que se adapte muy fácilmente a los estilos interpersonales de los demás y que se le perciba como una persona impredecible o demasiado conformista
16 Decisivo/a	
17 Juicioso/a	
13 Tiene Coraje	
35 Gestiona El Conflicto	
12 Posee Confianza En Sí Mismo/a	
39 Gestiona El Tiempo	
58 Digno/a De Confianza	
48 Planifica El Trabajo	
50 Resuelve Problemas	

Instrucciones

Si se siente identificado/a con la definición de comportamiento usado en exceso, elija alguno de los estabilizadores y diríjase a los capítulos correspondientes para buscar estrategias de acción que le ayuden a desarrollarlos.

Para más instrucciones diríjase a la sección de este libro: "Cómo utilizar este libro".

Copyright © 2009 Yolanda Lacoma & Martin Sutherland

3. Ambicioso/a

"La inteligencia sin ambición es un pájaro sin alas"

Salvador Dalí

Comportamiento efectivo

Está motivado/a para avanzar en su carrera profesional

Comportamiento inefectivo

Puede que se niegue a aceptar nuevos retos o a tomar mayores responsabilidades exigidas por un nuevo trabajo

Comportamiento usado en exceso

Puede que se le perciba como ambicioso/a y que mire por sí mismo/a y no por el equipo

Instrucciones

Lea las definiciones de la izquierda. Si se siente identificado/a con la definición de comportamiento inefectivo, diríjase a la sección Estrategias de Acción de este capítulo.

Si se siente identificado/a con la definición de comportamiento usado en exceso diríjase a la sección final del capítulo.

Auto Evaluación

¿verdadero?	Confío en que puedo tener éxito en un papel o una posición distinta de la mía
¿verdadero?	Tengo claro lo que necesito hacer para obtener una promoción
¿verdadero?	Estoy tomando las medidas necesarias para lograr un avance en mi carrera
¿verdadero?	Soy consciente de las oportunidades disponibles para avanzar en mi organización
¿verdadero?	He conversado sobre mis planes futuros con mi jefe o mentor
¿verdadero?	Estoy interesado/a en obtener una promoción

Notas

¿Está seguro/a de que debe desarrollar esta competencia?

"Si la respuesta a la mayoría de las afirmaciones de la parte izquierda es "verdadero", probablemente no sea necesario que usted desarrolle esta competencia."

13

Copyright © 2009 Yolanda Lacoma & Martin Sutherland

Estrategias de Acción

La mayoría de los comportamientos inefectivos tienen patrones o pensamientos emocionales ocultos. Al identificarlos, usted podrá definir las estrategias de acción específicas para mejorar este comportamiento.

① No tengo lo que se necesita/No creo ser capaz

② No me siento motivado/a/No veo oportunidades de progreso en la organización

③ Realmente no pienso en el futuro/Me concentro en el éxito en mi posición actual/Me gusta lo que hago

④ Estoy demasiado exhausto/a para considerar una promoción

⑤ No quiero demasiada responsabilidad

⑥ Mi trabajo hablará por sí mismo/Obtendré una promoción cuando mi trabajo llame la atención

Instrucciones

1. Lea y seleccione uno o más de los patrones de comportamiento inefectivo descritos a la izquierda.

2. En la sección de abajo, busque el número correspondiente que le ayudará a reconsiderar este patrón y a identificar acciones prácticas y específicas de mejora.

---

 1 | ## No tengo lo que se necesita/No creo ser capaz

Reflexione

Es difícil ser ambicioso/a cuando usted no cree en sí mismo/a y en sus capacidades. ¿Por qué no hacerse cargo de sus fortalezas y debilidades y empezar a trabajar con lo que tiene? Sólo hay una garantía de que no va a tener éxito y es que no lo intente.

Asumir nuevos desafíos le permite poner a prueba su potencial, independientemente de que el desenlace sea un éxito o un error. Recuerde, usted es parte de un equipo y es improbable que le den nuevas responsabilidades sin algo de apoyo de su supervisor y sus colegas.

Es improbable que usted inicie un nuevo rol sabiendo todo al respecto y teniendo todas las capacidades necesarias para el trabajo. La mayoría de la gente estará de acuerdo en que aprendieron su nuevo trabajo mientras lo hacían y que no llegaron a la nueva posición equipados con todas las habilidades y experiencia necesarias.

La gente que demuestra ambición y voluntad para poner a prueba sus capacidades es por lo general, recompensada en una organización. No permita que le dejen atrás por tener dudas sobre su desempeño.

Copyright © 2009 Yolanda Lacoma & Martin Sutherland

Reaccione

(a) Visualice las cosas que desea en su vida y en su carrera a diario. Existe un movimiento, creciente en los últimos años, que cree en el poder de la visualización para "atraer" lo que necesitamos en nuestras vidas. Lea El Secreto de Rhonda Byrne.

(b) La afirmación positiva puede ayudarle a reprogramar su pensamiento. Esté alerta de los pensamientos negativos acerca de sí mismo/a e intente reemplazarlos con pensamientos positivos inmediatamente.

(c) Identifique algunas personas que admira por su confianza en sí mismas y hable con ellas acerca de sus opiniones sobre el mundo. Observe las diferencias en sus estilos de pensamiento.

(d) No dé a los errores más importancia de la que merecen. Escriba los peores escenarios y analícelos. A menos que su vida o la de otra persona esté en peligro, lo peor nunca es tan malo como usted podría pensar.

(e) Lea acerca de personas que han cometido errores pero que igualmente tuvieron éxito, tales como Thomas Edison. ¡Le llevó 10,000 fracasos crear la bombilla de luz!

(f) No necesita tener todas las respuestas. Trabaje en la parte de su plan que pueda y pida ayuda con el resto.

(g) Extienda su zona de seguridad. Usted está creando confianza cada vez que asume un nuevo desafío o tarea. Lleve la cuenta de los desafíos nuevos que ha superado.

(h) Comprenda cuáles serán sus desafíos si pasara a una nueva posición o rol. Ennumere las cosas que potencialmente le resultan incómodas. Podría ser manejar gente por primera vez, establecer contactos más de lo acostumbrado o aprender más acerca de un área técnica específica. Trate de que su lista sea lo más detallada posible. ¿Que elementos de su lista son desafíos imaginarios y cuáles son reales? Por ejemplo, puede no haber supervisado gente antes pero trabaja bien con otras personas, es accesible, paciente, maneja bien los conflictos, etc. Todos estos comportamientos apuntan a su posible éxito como gerente de otras personas.

(i) Aprenda más acerca de la posición en que está interesado/a reuniéndose con el titular o alguien con un rol similar. Averigüe qué consideran ellos como los mayores desafíos de la posición. Cuánto más sepa, mejor equipado/a estará para empezar el trabajo sin verse sorprendido por exigencias inesperadas.

(j) Si cree que realmente carece de las habilidades críticas para obtener una promoción, hable con su supervisor acerca de concebir un plan de desarrollo que involucre tareas y experiencias clave, que le ayuden a crear su conjunto de habilidades. Asegúrese de comunicar tanto su interés como su preocupación acerca de sus insuficiencias.

(k) No hay una cantidad exacta de preparación que garantice que usted está 100% listo/a para una posición. Si la oportunidad está disponible y usted quiere hacerlo, deje de pensar y tome acción.

(l) Si piensa que su falta de confianza en sí mismo/a está afectando su capacidad de funcionar y avanzar en su carrera, busque la ayuda de un coach o asesor profesional como parte de su plan de desarrollo. Un/a terapeuta capacitado/a puede ayudarle a desafiar patrones de pensamiento profundamente arraigados.

Copyright © 2009 Yolanda Lacoma & Martin Sutherland

Reflexione

¿Tiene una imagen vívida de lo que significa el éxito para usted? Es su responsabilidad dar un paso atrás de cuando en cuando para reconsiderar sus metas de carrera generales. Puede no sentirse motivado/a acerca de su tarea o proyecto actual, pero ninguna tarea dura para siempre. Saber cuál es la meta de su trabajo le facilita atravesar los momentos difíciles, porque la realidad es que gran parte de nuestros días de trabajo están llenos de actividades rutinarias y aburridas, si bien necesarias. La motivación es algo con lo cual uno/a a menudo tropieza cuando menos lo espera, por lo tanto siga avanzando y explore sus posibilidades día a día. Por lo general, en una organización hay muchas más oportunidades que las que usted conoce.

Reaccione

(a) Revise sus objetivos de carrera. ¿Sigue bien encaminado/a? ¿Su falta de motivación se debe a su tarea actual, a otra circunstancia temporal, o el problema es su posición en sí misma?

(b) Identifique las necesidades específicas que no están siendo cubiertas por su posición. Herramientas de evaluación tales como el método Birkman revisan las necesidades menos obvias de las personas que no son cubiertas en su ambiente de trabajo y en sus relaciones profesionales. Otros factores pueden ser más obvios, tales como el sueldo, la relación con su jefe, o la falta de tareas desafiantes. El sistema de gestión de talento de The PeopleTree Group tiene una encuesta de motivación que aborda áreas motivadoras.

(c) Hable con su supervisor acerca del rol que usted imagina para sí mismo/a y cómo puede crearse la oportunidad. Sea honesto/a — su supervisor puede estar pensando que usted está perfectamente satisfecho con su situación.

(d) Es importante mantener el empuje cuando uno/a no está motivado/a. Identifique tres acciones a realizar en el próximo mes que podrían ayudarle a recuperar el interés en su carrera.

(e) Trate de visualizarse haciendo algo nuevo. ¿Cuál sería su posición ideal en la organización? Tiene sentido crear una visión de su futuro y luego concentrarse estratégicamente en cómo llegar allí.

(f) Continúe buscando oportunidades dentro de la compañía estableciendo contactos y probando nuevos roles hasta que encuentre un proyecto, tarea o trabajo que le motive.

Copyright © 2009 Yolanda Lacoma & Martin Sutherland

Reflexione

La mayoría de la gente concentra sus esfuerzos en los temas de trabajo diarios y pueden rápidamente quedar tan enfrascados que no son capaces de ver el bosque más allá de los árboles. Aunque es una prioridad cumplir o superar sus objetivos de desempeño en la posición actual, es igualmente necesario mantenerse atento al futuro para asegurarse una carrera saludable y gratificante.

Manténgase al corriente de sus necesidades de desarrollo para posicionarse como un/a candidato/a visible y viable para una promoción. Incluso si disfruta su posición ahora, busque oportunidades para descubrir responsabilidades con las que podría disfrutar aún más.

Reaccione

(a) Implemente un plan para el avance de su carrera. Deje que su supervisor le ayude a identificar las competencias, experiencias y habilidades técnicas que necesitará para obtener una promoción.

(b) Tome la iniciativa para averiguar acerca de posiciones disponibles en su compañía.

(c) Manténgase informado/a acerca de las habilidades consideradas escasas en su industria. Las compañías hacen esfuerzos extra para retener empleados con estas habilidades.

(d) Trate de visualizarse haciendo algo nuevo. ¿Cuál sería su oportunidad soñada en la organización? Tiene sentido crear una visión de futuro y luego concentrarse estratégicamente en cómo llegar allí.

(e) Tómese tiempo para establecer contactos. Hablar con la gente y tener más exposición aumenta sus posibilidades de descubrir nuevas formas de elevar su visibilidad y avanzar en su carrera.

(f) Tome el crecimiento en pasos pequeños si no se siente cómodo/a con los cambios drásticos, o realmente no sabe qué paso tomar a continuación. Experimente con tareas nuevas que pongan a prueba habilidades diferentes. Tal vez le sorprenda descubrir otras cosas para las cuales realmente tiene talento. Encontrará que se siente más cómodo/a haciendo tareas diferentes cuanto más diversas se tornen sus experiencias.

(g) Consulte acerca de oportunidades de corto plazo en su compañía, tal vez en un departamento nuevo, si esto podría servirle de ayuda para avanzar hacia sus metas de largo plazo.

(h) Lea The Leadership Pipeline de Ram Charan y Stephen Drotter, que describe las competencias necesarias para funcionar con éxito a través de los diferentes niveles organizacionales.

Copyright © 2009 Yolanda Lacoma & Martin Sutherland

Reflexione

Puede estar sintiéndose exhausto/a y creer que una promoción sólo creará mayor desequilibrio en su vida. Pero hay mucha gente exitosa en posiciones de liderazgo que llevan vidas equilibradas. Puede haber factores específicos que estén influyendo en su situación y contribuyendo a su agotamiento, pero sin embargo, podrían dejar de representar un problema con una promoción. En forma similar, ciertos factores proecupantes, pero dentro de su control, podrían cambiar, pero no ha tenido tiempo de bajar el ritmo lo suficiente como para abordarlos. Por ejemplo, con una promoción puede tener acceso a mayores recursos para realizar negocios o podría delegar más. Puede ser capaz de negociar menos viajes o mudarse a oficinas que están más cerca de su hogar.

En lugar de negarse una buena oportunidad que pudiera estar disponible en el futuro cercano, invierta esfuerzo y energía en implementar cambios positivos que equilibren su vida con sus hábitos de trabajo. Su arduo trabajo le ha traído hasta acá y usted ha llamado la atención, por lo tanto use su talento para satisfacer sus necesidades.

Reaccione

(a) ¿Puede señalar las razones por las cuales se siente tan exhausto/a? ¿Qué cosas dentro de su control pueden cambiar y cuáles no? Se sorprenderá al ver cómo cambiar uno o dos factores responsables de su agotamiento, puede brindarle el espacio que necesita para re-energizarse. Obtenga retroalimentación de su familia, colegas o un coach acerca de cuáles podrían ser esos factores. A veces nos resulta difícil ver lo que parece obvio para las personas que nos rodean.

(b) ¿Es su carga de trabajo razonable y realista? Hable con la gente relevante acerca de su distribución de trabajo, si ello contribuye en gran medida a su agotamiento.

(c) Asegúrese de energizarse diariamente con ejercicio o con un pasatiempo que le ayude a dejar de pensar en su trabajo.

(d) ¿Qué aspectos de la oportunidad que se le ofrece le gustan y cuáles le desagradan? ¿Qué términos son negociables? Por lo general, hay formas de adaptar una promoción para que se ajuste mejor a sus necesidades.

(e) Observe a la gente exitosa en su organización que tiene trabajos exigentes pero que mantiene un equilibrio entre sus vidas profesionales y privadas. Aprenda cómo lo hacen.

(f) Tómese un respiro antes de tomar una decisión. Haga un intervalo en sus actividades para relajarse y pensar claramente. Cualquiera que sea su decisión al volver, estará basada en una mejor perspectiva.

Copyright © 2009 Yolanda Lacoma & Martin Sutherland

Reflexione

Tal vez no muestre interés en avanzar en su carrera debido a las responsabilidades adicionales que implica.

El avance en la carrera no necesariamente significa más trabajo, sino más bien un conjunto de responsabilidades diferentes.

Examine los costos emocionales, financieros y personales de no extenderse más allá de su nivel de responsabilidad actual. Dejar escapar demasiadas oportunidades significa que, eventualmente, pueden pasarle totalmente por alto o encasillarle indefinidamente.

Reaccione

(a) Escriba los pros y contras de permanecer en la misma posición.

(b) Identifique una posición que realmente despierte su interés y para la cual estaría dispuesto/a a hacer sacrificios. Siga buscando si no puede identificar algo ahora.

(c) Incluso si no está listo/a para una promoción, siga conversando las posibilidades con sus colegas y supervisor para demostrar su interés.

(d) Hable con personas en otras posiciones un nivel o dos por encima de usted. Pregúnteles cuánto les gusta su trabajo y cuáles son los principales beneficios.

(e) Averigüe lo que más pueda acerca de la posición en cuestión. Es habitual hacer supuestos incorrectos acerca de las responsabilidades que implica una posición. Hable con el titular, si es posible, u otras personas que han desempeñado un rol similar.

(f) Contrate un coach para examinar en profundidad los motivos por los cuales usted no está interesado/a en asumir más responsabilidad.

Reflexione

Es arriesgado suponer que su trabajo arduo le dará la visibilidad suficiente para avanzar en su carrera. Usted puede ser altamente productivo/a y competente, pero sin embargo pueden tomarlo/a desprevenido/a en épocas de revisiones de desempeño y adjudicación de bonos. O pueden pasarlo/a por alto para promociones porque no ha dedicado tiempo a promocionar sus logros de forma más impetuosa. Con un poco de iniciativa puede asegurarse de que sus aportes importantes sean observados y reconocidos.

Si siente que sus valores están comprometidos por concentrarse en escalar dentro de la empresa, recuerde que la promoción existe para recompensar el trabajo duro y el talento.

19

Copyright © 2009 Yolanda Lacoma & Martin Sutherland

Reaccione

(a) Aborde su auto-promoción como lo haría con cualquier otro esfuerzo comercial y cree un plan de marketing personal. Establezca las acciones a tomar y responsabilícese semanalmente.

(b) Cree un informe de situación semanal para informar a su jefe acerca de sus logros.

(c) Comunique sus esfuerzos a todos los interesados/as, no sólo a sus colegas o gerente. Si es adecuado, considere informar a sus clientes, altos directivos y red de negocios.

(d) Aprenda a crear un documento breve que comunique los puntos destacados de su éxito sin brindar detalles innecesarios.

(e) Cuidado con ser demasiado modesto/a. ¿Está desviando los elogios con demasiada rapidez? Acepte los elogios bien merecidos gentilmente y con orgullo.

(f) No acepte la culpa con demasiada rapidez. Usted es responsable de sus acciones, no de los errores de las demás personas. Asumir la culpa cuando no es merecida diluye las percepciones del valor de su aportación.

(g) Puede sentirse más cómodo/a promocionando el esfuerzo de su grupo, lo que le da la oportunidad de destacar su rol para compartir los elogios.

(h) Prepárese bien para sus revisiones de desempeño. Debe ser capaz de destacar sus logros y brindar documentación qué apoye las metas menos obvias que ha cumplido.

Copyright © 2009 Yolanda Lacoma & Martin Sutherland

Comportamientos usados en exceso

Los estudios de investigación han determinado que en ocasiones las fortalezas de una persona se pueden convertir en debilidades si se utilizan en exceso.

Para encontrar el equilibrio, usted debe desarrollar los llamados estabilizadores con el objetivo de atenuar el comportamiento usado en exceso.

Estabilizadores:	Comportamiento usado en exceso
26 Ético/a	Puede que se le perciba como ambicioso/a y que mire por sí mismo/a y no por el equipo
20 Desarrolla A Otras Personas	
44 Tiene Facilidad Para Establecer Relaciones	
34 Capaz De Escuchar	
49 Políticamente Hábil	
43 Motiva A Las Personas	
47 Paciente	
52 Consciente De Sí Mismo/a	
59 Unifica A Las Personas	
7 Trabaja Bien En Equipo	

Instrucciones

Si se siente identificado/a con la definición de comportamiento usado en exceso, elija alguno de los estabilizadores y diríjase a los capítulos correspondientes para buscar estrategias de acción que le ayuden a desarrollarlos.

Para más instrucciones diríjase a la sección de este libro: "Cómo utilizar este libro".

21

Copyright © 2009 Yolanda Lacoma & Martin Sutherland

4. Accesible

fácil
dificultad de
APRENDIZAJE

medio
dificultad de
CAMBIO

> "Siempre mantenga la cabeza en alto, pero tenga
> cuidado de mantener la nariz a un nivel amigable"
>
> Max L. Forman

Comportamiento efectivo
Es una persona amigable y accesible

Comportamiento inefectivo

Puede que sea distante y que se le
perciba como desinteresado/a en los
demás y que tenga problemas para
entablar conversaciones

Instrucciones

Lea las definiciones de la
izquierda. Si se siente
identificado/a con la
definición de comportamiento
inefectivo, diríjase a la
sección Estrategias de Acción
de este capítulo.

Comportamiento usado en exceso

Puede que esté demasiado
preocupado/a por gustar a los demás y
que evite situaciones incómodas

Si se siente identificado/a con
la definición de
comportamiento usado en
exceso diríjase a la sección
final del capítulo.

Auto Evaluación

¿verdadero?	Disfruto hablando con otras personas o escuchándolos/as
¿verdadero?	Comparto experiencias similares que he tenido cuando la gente me habla
¿verdadero?	Dedico tiempo a la gente cuando necesitan hablar
¿verdadero?	Puedo generar una buena relación, incluso con extraños
¿verdadero?	Parezco amigable incluso si estoy de mal humor o estresado/a
¿verdadero?	Dejo que la gente se exprese sin interrumpir
¿verdadero?	Mantengo el juicio o la crítica acerca de otras personas al mínimo

Notas
¿Está seguro/a de que debe desarrollar esta competencia?

"Si la respuesta a la mayoría
de las afirmaciones de la parte
izquierda es "verdadero",
probablemente no sea
necesario que usted desarrolle
esta competencia."

Copyright © 2009 Yolanda Lacoma & Martin Sutherland

Estrategias de Acción

La mayoría de los comportamientos inefectivos tienen patrones o pensamientos emocionales ocultos. Al identificarlos, usted podrá definir las estrategias de acción específicas para mejorar este comportamiento.

(1) Mi carga de trabajo me mantiene muy ocupado/a

(2) Mi mente está preocupada con demasiadas cosas/Me preocupo demasiado

(3) Si no hay una recompensa vinculada a la relación, tiendo a no estar interesado/a en la gente

(4) Soy introvertido/a o tímido/a

(5) Tiendo a ser crítico/a/Tiendo a concentrarme en lo negativo

Instrucciones

1. Lea y seleccione uno o más de los patrones de comportamiento inefectivo descritos a la izquierda.

2. En la sección de abajo, busque el número correspondiente que le ayudará a reconsiderar este patrón y a identificar acciones prácticas y específicas de mejora.

---

1 | Mi carga de trabajo me mantiene muy ocupado/a

Reflexione

¿Está constantemente corriendo de una reunión a otra, siempre mirando el reloj y nunca deteniéndose lo suficiente para mantener una conversación real? Tal vez desearía poder ser más amigable, pero simplemente no tiene tiempo.

Nadie quiere pararse delante de un tren en movimiento y a la gente le resulta difícil acercarse a una persona que apenas tiene tiempo para hacer su propio trabajo.

Los cronogramas de trabajo exigentes son difíciles, pero ser amigable y tomarse el tiempo para demostrar interés en la gente que está detrás de los problemas no es una tarea imposible.

Puede hacer muchas cosas para ser más accesible que requieren poco tiempo y esfuerzo. Si es inaccesible, la gente será reacia a solicitar su guía o apoyo. Si baja el ritmo lo suficiente para pensar en ellos, bien puede descubrir que su estado ajetreado es más autoimpuesto que lo que usted pensaba.

Reaccione

(a) Sea consciente de estar actuando de forma frenética o desorganizada en sus tareas diarias. Si constantemente se queja acerca de todas las reuniones que tiene y el trabajo que no puede hacer, está enviando una señal de que no debería ser molestado/a.

24

Copyright © 2009 Yolanda Lacoma & Martin Sutherland

(b) Sea realista acerca de su cronograma. ¿Está comprometiéndose a más tareas de las que puede desarrollar? Identifique las actividades que sería bueno realizar, versus aquellas que son críticas. Algunas personas disfrutan la emoción de un ritmo ajetreado, pero desarrollar las tareas lo más rápido posible es agotador y lo/a torna inaccesible.

(c) Tome uno o dos descansos por día para charlar con la gente, no para controlar sus tareas.

(d) Recuerde el humor. Use su sentido del humor para restarle importancia a sus exigencias imposibles y aliente a los demás a compartir sus desdichas.

(e) Mejore su compostura. Permanecer calmado/a y atento/a, incluso bajo presión, envía el mensaje de que usted está disponible cuando la gente le necesita. Resulta un excelente ejemplo para mostrar que es accesible incluso en situaciones de estrés, cuando la gente puede necesitarle más.

(f) ¿Son sus valores y comportamiento compatibles? Si valora ser amistoso/a y accesible, considere si está asignando las prioridades de forma adecuada.

(g) ¿Qué muestra su lenguaje corporal? Por ejemplo, si mira hacia todos lados cuando alguien le habla, transmite el mensaje de que está desinteresado/a o de que tiene mejores cosas que hacer. Sea consciente de no moverse innecesariamente o mirar el reloj.

(h) Delegue efectivamente, especialmente si está en una posición gerencial. Puede estar enredado/a en tareas que podrían delegarse, en lugar de concentrarse en su rol más importante: brindar guía y visión a los demás.

2 | Mi mente está preocupada con demasiadas cosas/ Me preocupo demasiado

Reflexione

¿Camina sin darse cuenta junto a quién pasó? Tal vez no puede concentrarse cuando alguien le habla, porque prestar atención es competir con todas las demás cosas en su mente. Tal vez está consumido/a por pensamientos acerca de lo que está por venir y no quiere preocuparse por los detalles del día a día, incluyendo la gente. Si reconoce algunos de estos escenarios, probablemente esté viviendo demasiado en su propio mundo. Esto deja poco espacio para las relaciones o para darse cuenta de su valor. Otros reciben el mensaje que son menos importantes que lo que está en su mente, que está enfadado/a con ellos, o demasiado estresado/a para ser molestado/a.

Las relaciones desempeñan un rol clave en la vida y en el trabajo. Brindan una caja de resonancia para nuestros pensamientos y una salida para nuestros sentimientos y son fundamentales para ayudarnos a obtener asistencia para completar las tareas y alcanzar las metas. Las relaciones personales brindan apoyo emocional y aliento.

Un estudio de 5 millones de personas, realizado por Gallup Consulting y Tom Rath, psicólogo de la Universidad de Michigan, concluyó que "las personas que trabajan con amigos o hacen amistades en su lugar de trabajo tienden a ser más felices, más proactivos/as y más eficientes, no sólo en la oficina, sino también cuando no están en el trabajo". Pero los beneficios de las relaciones sólidas sólo pueden aprovecharse si se las nutre en forma constante y sistemática. Esto significa que debe estar dispuesto/a a salir de su mundo y volverse accesible a los demás. menos agradable y accesible.

Copyright © 2009 Yolanda Lacoma & Martin Sutherland

Los/as gerentes necesitan información acerca de lo que está saliendo bien, qué está atrasado, quién está produciendo las mercaderías y quien no, si la moral está alta o baja y así sucesivamente. Un/a gerente que está separado/a de la comunicación informal con los subordinados fracasará eventualmente.

Tomarse el trabajo seriamente es importante, pero debe ponerse en perspectiva para aliviar un estrés innecesario sobre usted y los demás. Tomarse el trabajo o usted mismo/a demasiado seriamente no garantizará más productividad y es probable que lo/a torne menos agradable y accesible.

Reaccione

(a) Encuentre un equilibrio entre la interacción con los demás y el tiempo propio. Debido a que tomarse el tiempo para los demás no resultará natural para usted, programe "intervalos para interactuar" durante el día, donde pueda ponerse a disposición de la gente simplemente para charlar.

(b) Trate de mantenerse en el presente y mentalmente comprometido durante las conversaciones con la gente. Reformule lo que la persona le ha dicho y muestre interés haciendo preguntas y dando retroalimentación.

(c) La gente no puede instintivamente saber qué información necesita o si le están molestando con cuestiones que podrían manejar ellos mismos. Explique la información que requiere y cuándo sería un buen momento para que ellos se acerquen a usted con sus problemas.

(d) Sea consciente de las señales que puede estar enviando que mantienen a la gente a raya. Evite fruncir el ceño todo el tiempo, haga contacto visual directo y sonría.

(e) Considere cuándo fue la última vez que efectivamente preguntó acerca del bienestar de alguien. Si no puede recordarlo, ha pasado demasiado tiempo.

(f) ¿Tiene amigos/as en el trabajo? Cultive amistades y permítase un bien merecido descanso pasando tiempo con estos/as colegas.

(g) Abiertamente reconozca y celebre los hitos personales de otras personas tales como cumpleaños y aniversarios. Asegúrese de asistir a tales eventos, aunque sea sólo por unos pocos minutos.

(h) Trate de animarse y abordar su mundo con menos seriedad. Puede tener mucho en la mente, pero puede compartirlo con los demás con algo de humor. Esto le comunica a los demás que aunque esté ocupado/a, está dispuesto/a a tomarse el tiempo para reírse de sí mismo/a y compartir sus preocupaciones. Cuando sea posible, comparta historias divertidas acerca de cosas que le pasaron a usted.

(i) Intente la terapia de la risa, que afirma los efectos beneficiosos del uso de emociones positivas relacionadas con la risa. Los beneficios de la risa están bien documentados, y un estudio demostró que los niños de edad preescolar se ríen hasta 400 veces por día, mientras que los adultos se ríen sólo 17 veces por día promedio. La investigación ha demostrado que reírse puede ayudar a reducir la presión sanguínea y las hormonas del estrés, dispara las endorfinas, el analgésico natural de organismo, estimula la función inmunológica elevando los niveles de células T que combaten las infecciones, aumenta la flexión muscular y produce una sensación general de bienestar. Aproveche todos estos beneficios inyectando algo de risa en su día de trabajo.

(j) Es posible que si es muy serio/a en el trabajo, sea demasiado serio/a en casa. Haga más cosas que le ayuden a relajarse en su vida personal. Vea más comedias, juegue con sus hijos, haga más cosas que le hagan reír, salga del estrés diario tomando descansos frecuentes.

26

Copyright © 2009 Yolanda Lacoma & Martin Sutherland

(k) Pase tiempo con gente que tenga una actitud positiva. Modelamos gran parte de nuestro comportamiento en base al de nuestros colegas y la gente con la cual compartimos tiempo.

(l) Genere una cultura del humor en el lugar de trabajo alentando a la gente con un temperamento alegre a que comparta su humor con todos.

(m) Sonría con la mayor frecuencia posible. Los estudios de investigación demuestran que los efectos positivos de sonreír se producen incluso si la sonrisa es falsa.

(n) La meditación trae quietud a la mente. Trate de crear tiempo de meditación en su rutina diaria con prácticas tales como atención plena (mindfulness), un método de meditación que se concentra en la consciencia del aquí y ahora. Hay muchos talleres y libros disponibles para familiarizarse con el tema.

3 | Si no hay una recompensa vinculada a la relación, tiendo a no estar interesado/a en la gente

Reflexione

¿Dependen su nivel de simpatía e interés de lo que la otra persona puede hacer por usted?

¿Es usted accesible cuando necesita ayuda o apoyo durante un proyecto, y totalmente inaccesible una vez que le fue dado? No tiene nada de malo buscar activamente relaciones profesionales que beneficien sus intereses y promuevan sus metas. La gente hace esto todos los días, estableciendo contactos dentro y fuera de la organización. Pero eso es diferente del comportamiento que deja a la gente sintiéndose usada una vez que ya no sirven. Dicho comportamiento es injusto y poco auténtico y rápidamente generará que los demás pierdan la confianza y el respeto que sienten por usted.

Los líderes más accesibles en cualquier organización son los que se considera que actúan de forma auténtica. Se verá recompensado/a con la confianza y el respeto de sus colegas y subordinados, lo cual no tiene precio.

Reaccione

(a) Mantenga una política de puertas abiertas para todos en todo momento. Si no es un buen momento para conversar, programe otra reunión y cúmplala.

(b) Permanezca en contacto con la gente para ver cómo están, no sólo cuando necesita un favor.

(c) Programe un horario fijo en la oficina durante la semana en que estará disponible para que cualquiera venga y hable con usted. Asegúrese de haber liberado su agenda y poder ofrecer toda su atención.

(d) Comprométase a dedicar una cantidad de tiempo determinada a los empleados del piso o de varias oficinas cada día, esencialmente recorriendo la organización para encontrar oportunidades de hacer comentarios positivos y recibir opiniones o retroalimentación. Este enfoque permite un acceso directo a usted y promueve el intercambio de ideas. Asegúrese de hacerlo de forma auténtica, en otras palabras, sea usted mismo/a y hágalo a su manera.

Copyright © 2009 Yolanda Lacoma & Martin Sutherland

(e) Encuentre formas de ayudar a los demás. Ofrézcase como voluntario/a sin que se lo pidan. No ayude a los demás sólo porque le han ayudado.

(4) Soy introvertido/a o tímido/a

Reflexione

Para algunas personas, la interacción con los demás es energizante y se produce naturalmente, pero a aquellos/as que son introvertidos/as les resulta difícil y posiblemente extenuante. Usted puede ser tan accesible como cualquiera, pero las personas introvertidas a menudo son percibidas como desinteresadas o distantes. Puede que le consideren como que no se integra al equipo cuando, en realidad, usted simplemente se siente menos cómodo/a en entornos grupales.

Ser demasiado tímido/a puede presentar muchos desafíos, especialmente si maneja personas, pero la gente introvertida puede mostrar mucha empatía y escuchar bien, características esenciales de la accesibilidad.

Sea creativo/a acerca de cómo ponerse a disposición de los demás. Comuníqueles quién es usted realmente y lo que implica conocerle.

Reaccione

(a) Maximice las oportunidades de interactuar con las personas individualmente. Programe un horario definido durante la semana para estar disponible a que cualquier persona venga y hable con usted. Visite las oficinas de la gente para hablar individualmente al menos una vez por semana.

(b) Use el humor para romper el hielo y vincularse con los demás.

(c) ¿Tiene amigos en el trabajo? Sólo una o dos relaciones estrechas pueden hacerle salir de su caparazón, especialmente si sus amigos/as son más extrovertidos/as que usted.

(d) Asista a algunas actividades sociales relacionadas con el trabajo. Le brinda a la gente una oportunidad menos formal de conocerle y le da a usted la posibilidad de nutrir amistades.

(e) Sea consciente de las señales que puede estar enviando que mantienen a la gente a raya. Haga contacto visual directo, sonría lo más posible, descruce los brazos.

(f) Demuestre interés en las vidas de los demás y pídales que le cuenten acerca de ellos/as. A la mayoría de las personas les gusta hablar acerca de sus vidas, lo que le quita a usted la presión de hablar.

Copyright © 2009 Yolanda Lacoma & Martin Sutherland

5 | Tiendo a ser crítico/a/Tiendo a concentrarme en lo negativo

Reflexione

Imagínese si cada vez que se acerca a sus colegas, le dijeran qué tiene de malo la idea que tuvo o por qué los problemas de ellos/as son más grandes que los suyos.

Ser demasiado negativo/a o crítico/a es una manera segura de apartar a la gente. Puede haber algo de verdad en su crítica, pero las personas accesibles hacen sentir a los demás como si hubieran obtenido algo positivo por charlar con ellos. Si alguien se acerca a usted para pedir ayuda o consejo, la negatividad no agrega valor alguno. Y recuerde, la gente no necesariamente quiere soluciones — a veces las personas simplemente necesitan una caja de resonancia imparcial, no crítica, que les brinde algo de perspectiva. También sea consciente de que las personas más críticas a menudo son aquellas que están descontentas con sus propias vidas.

Reaccione

(a) Deje que la gente termine de expresarse antes de interrumpir con una opinión o solución.

(b) Siempre responda con un comentario u observación positiva, por ejemplo, "Es bueno que esté pensando en esto", o "Sé que parece una tarea imposible pero tengo confianza en usted, ¿cómo puedo ayudar?", o "Siempre hay gente desafiante con la cual uno/a tiene que trabajar". ¿Hay otros miembros del equipo con los cuales usted se lleva bien?"

(c) Pase tiempo con personas que sean positivas y optimistas. Al igual que la negatividad, el optimismo es contagioso.

(d) Lleve un diario acerca de las cosas positivas en su vida. Sean pequeñas o grandes, elevar su consciencia acerca de estas cosas a diario puede impulsarle a pensar de forma más positiva.

(e) Trate de reconocer y limitar lo siguiente: culpar, defender, juzgar, andar con evasivas, excluir y ser implacable.

(f) Pregúntele a sus colegas, amigos/as y miembros de la familia si piensan que usted es generalmente negativo/a. A veces no somos conscientes de qué tan negativos/as somos o el impacto que tiene en los demás.

(g) Contrate un coach o terapeuta para identificar las áreas en su vida que podría estar descuidando o que le dejan insatisfecho/a.

Copyright © 2009 Yolanda Lacoma & Martin Sutherland

Comportamientos usados en exceso

Los estudios de investigación han determinado que en ocasiones las fortalezas de una persona se pueden convertir en debilidades si se utilizan en exceso.

Para encontrar el equilibrio, usted debe desarrollar los llamados estabilizadores con el objetivo de atenuar el comportamiento usado en exceso.

Estabilizadores:	Comportamiento usado en exceso
12 Posee Confianza En Sí Mismo/a	Puede que esté demasiado preocupado/a por gustar a los demás y que evite situaciones incómodas
13 Tiene Coraje	
35 Gestiona El Conflicto	
38 Gestiona El Bajo Rendimiento	
39 Gestiona El Tiempo	
23 Dirige A Las Personas	
42 Gestiona El Trabajo	
37 Buen Negociador/a	
29 Establece Prioridades	
1 Obtiene Resultados	

Instrucciones

Si se siente identificado/a con la definición de comportamiento usado en exceso, elija alguno de los estabilizadores y diríjase a los capítulos correspondientes para buscar estrategias de acción que le ayuden a desarrollarlos.

Para más instrucciones diríjase a la sección de este libro: "Cómo utilizar este libro".

Copyright © 2009 Yolanda Lacoma & Martin Sutherland

5. Concilia La Vida Personal Y Laboral

"Incluso el néctar es veneno si se toma en exceso"

Proverbio hindú

Comportamiento efectivo
Sabe conciliar la vida familiar, personal y la laboral

Comportamiento inefectivo
Puede que dedique demasiado tiempo o energía al trabajo olvidándose de su vida personal

Instrucciones
Lea las definiciones de la izquierda. Si se siente identificado/a con la definición de comportamiento inefectivo, diríjase a la sección Estratégias de Acción de este capítulo.

Si se siente identificado/a con la definición de comportamiento usado en exceso diríjase a la sección final del capítulo.

Comportamiento usado en exceso
Puede que otorgue demasiada importancia a la conciliación entre el trabajo y la vida personal y que no esté dispuesto/a a sacrificarse por asuntos de trabajo

Auto Evaluación

¿verdadero?	Participo en un pasatiempo o actividad fuera del trabajo que me ayuda a relajarme y recargarme
¿verdadero?	Los miembros de mi familia aceptan mi cronograma de trabajo
¿verdadero?	Regularmente doy prioridad a lo que realmente debe hacerse ahora versus lo que puede esperar
¿verdadero?	Uso mi tiempo de vacaciones en lugar de dejar que se acumule
¿verdadero?	Cuando estoy fuera de la oficina no me estreso acerca del trabajo
¿verdadero?	Me siento cómodo/a delegando o pidiendo ayuda si mi carga de trabajo es demasiado grande
¿verdadero?	Continuamente mantengo a mi jefe informado acerca de mi carga de trabajo
¿verdadero?	Mi meta es hacer mi trabajo lo mejor que puedo, no ser perfecto/a
¿verdadero?	Ocasionalmente estoy dispuesto/a a dedicar tiempo personal para cumplir con un objetivo de trabajo

Notas
¿Está seguro/a de que debe desarrollar esta competencia?

"Si la respuesta a la mayoría de las afirmaciones de la parte izquierda es "verdadero", probablemente no sea necesario que usted desarrolle esta competencia."

31

Copyright © 2009 Yolanda Lacoma & Martin Sutherland

Estrategias de Acción

La mayoría de los comportamientos inefectivos tienen patrones o pensamientos emocionales ocultos. Al identificarlos, usted podrá definir las estrategias de acción específicas para mejorar este comportamiento.

(1) Me apasiona mi trabajo/Es lo que me hace más feliz

(2) El trabajo me ayuda a olvidarme de otros problemas/me hace sentir bien acerca de mí mismo/a

(3) Tengo que trabajar horas extras porque mis días no son lo suficientemente largos para hacer mi trabajo

(4) Quiero demostrar mi valíam trabajando en excesso

(5) Prefiero hacer las cosas yo mismo/a /Soy perfeccionista

(6) No quiero defraudar a otras personas/ Me siento presionado/a por las expectativas de los demás

(7) Para tener éxito en mi vida debo dedicarme enteramente a mi trabajo o a mi vida personal

Instrucciones

1. Lea y seleccione uno o más de los patrones de comportamiento inefectivo descritos a la izquierda.

2. En la sección de abajo, busque el número correspondiente que le ayudará a reconsiderar este patrón y a identificar acciones prácticas y específicas de mejora.

---

1 | Me apasiona mi trabajo/Es lo que me hace más feliz

Reflexione

Cada vez más, como la llave de la felicidad, todos nos vemos alentados a encontrar un trabajo que nos satisfaga y nos apasione. Hay innumerables libros de auto-ayuda que ofrecen métodos e ideas acerca de la búsqueda del trabajo perfecto. Por lo tanto, si considera que ha encontrado dicha vocación, ¿qué tiene de malo dedicarse plenamente a ello?

El problema es cuando no hay equilibrio entre el tiempo y la energía brindada al trabajo versus todos los demás aspectos de su vida que merecen igual compromiso. El trabajo puede brindar un torrente de adrenalina cuando se cumple un proyecto importante o se alcanza una meta, y para muchas personas esto se convierte en una adicción, al igual que el juego o la bebida. Pero a diferencia de ese tipo de adicciones, la sociedad no desalienta que la gente trabaje demasiado.

Por el contrario, a veces se espera que los líderes se sacrifiquen en beneficio de sus organizaciones. La prolongada tensión física y mental relacionada con el exceso de trabajo, ya sea su trabajo su pasión o no, está bien documentada como algo dañino para su salud y relaciones personales.

Con respecto a la salud de su organización, como líder, usted marca el modelo de comportamiento de la compañía. Asegúrese de que sus mejores talentos no se agoten tratando de seguir su ejemplo.

Copyright © 2009 Yolanda Lacoma & Martin Sutherland

Reaccione

(a) Ponga un reloj con alarma para marcar la hora en que debe dejar la oficina y comprométase a hacerlo cuando suene. Pida a un colega o asistente que se comunique con usted para asegurarse de que se ha marchado.

(b) No lleve su computadora cuando esté viajando con su familia por placer. Si tiene que mantenerse conectado/a, acuerde con su familia un horario fijo durante el cual revisará y responderá el correo electrónico.

(c) Use su tiempo de vacaciones, pase lo que pase. Programe sus vacaciones al comienzo del año. Inevitablemente, siempre surgirá algo, por lo tanto ignórelo y siga adelante con sus planes.

(d) Hable con su familia acerca de su cronograma y asegúrese de que llega a un compromiso aceptable acerca del mismo. Puede estar suponiendo que su cronograma no ha afectado a nadie porque nadie lo ha mencionado.

(e) Encuentre otros intereses y actividades que lo hagan feliz y que pueda compartir con su familia o amigos. Recuerde, el trabajo no es lo único que posiblemente pueda brindarle las emociones que busca.

2 | El trabajo me ayuda a olvidarme de otros problemas/ me hace sentir bien acerca de mí mismo/a

Reflexione

Puede sentir que en el trabajo, usted es capaz de alcanzar una sensación de valor o logro personal, que no puede lograr fuera del mismo. Por ejemplo, en el trabajo puede ser capaz de obtener un nivel de respeto o sensación de control que no experimenta fuera de las paredes de la oficina.

Cualquiera que sea el espacio que llena el trabajo, reconozca los riesgos asociados con vincular su autoestima principalmente con su trabajo. En la medida que sentirse bien acerca de sí mismo/a sea siempre específico a un contexto o entorno, puede convertirse en un/a esclavo/a del contexto: a las personas que se definen a sí mismas únicamente por sus carreras profesionales les resulta difícil reinventarse cuando sus carreras dejan de existir. También tienden a sufrir mucho al adaptarse al retiro.

Esconderse detrás del trabajo tampoco es una solución, sea temporaria o permanente, para escapar de problemas serios o crónicos en su vida personal. Los problemas no resueltos fuera del trabajo afectarán su desempeño. Puede estar irritable con sus colegas, encontrarse deprimido/a y desmotivado/a o, eventualmente, experimentar agotamiento.

Cuándo piense en quién es usted, asegúrese de que su carrera no es el único aspecto de su vida que le viene a la mente y que el trabajo no se ha convertido en un mecanismo contenedor poco saludable.

Reaccione

(a) Diversifique sus intereses y aplique en ellos el mismo entusiasmo que muestra en su trabajo. Por ejemplo, participe en actividades de voluntariado. Si es una persona orientada a los detalles o un gran planificador, puede ayudar a organizar un importante evento de recolección de fondos. Dedíquese a pasatiempos en los cuales pensó que podría ser bueno pero que nunca emprendió.

33

Copyright © 2009 Yolanda Lacoma & Martin Sutherland

(b) Participe en actividades que liberen estrés tales como ejercicio o meditación.

(c) Nunca subestime la importancia de un grupo de amigos que lo apoyan. Puede haberse cerrado a relaciones estrechas si ha estado sumergido en su trabajo. Reconéctese con viejos amigos o dedique tiempo a conocer gente nueva con la cual disfrute compartir tiempo.

(d) Si sabe que ha estado evitando problemas personales durante un largo tiempo buscando escape en el trabajo, procure conseguir asesoramiento profesional.

③ | Tengo que trabajar horas extras porque mis días no son lo suficientemente largos para hacer mi trabajo

Reflexione

Siempre habrá algo que simplemente debe hacerse en el trabajo. ¿Pero el proyecto realmente va a desbaratarse si no se queda esa hora extra? ¿Está poniendo demasiado esfuerzo en perfeccionar su trabajo? Hay un punto de rendimiento decreciente, después del cual la productividad declina en gran medida porque usted está cansado/a o no ha tenido un descanso.

Si está continuamente tratando de ponerse al día, debe detenerse y evaluar la causa — o corre el riesgo de experimentar agotamiento.

Reaccione

(a) Priorice su carga de trabajo. Algunas cosas son simplemente más importantes que otras, por lo tanto invierta su tiempo con inteligencia y realice las tareas importantes primero. Sentirá menos presión si las cosas que no ha logrado hacer tienen menos importancia. Identifique y escriba las actividades o tareas que toman la mayor parte de su tiempo. Se sorprenderá de cuánto tiempo se emplea en hacer seguimiento de cosas que no son importantes. ¿Puede su asistente ayudarle con esas tareas?

(b) Si siente que está constantemente atrasado/a y que no puede realizar su trabajo en el tiempo asignado, ¿será que usted (o su jefe) está fijando expectativas no realistas? Controle su progreso periódicamente. Su jefe puede agregar recursos para ayudarle o puede colaborar para evaluar si usted está fijando expectativas poco realistas para sí mismo/a.

(c) Cuando se sienta abrumado/a, hable con un colega en quien confíe. Conversar las cosas con un colega le brindará un cuadro de la situación más realista y un muy necesario descanso a su preocupación. Otras personas por lo general son buenas para brindarnos una mejor perspectiva sobre lo que realmente debe hacerse.

(d) ¿Es usted un perfeccionista? No todas las tareas requieren igual atención o dedicación. ¿A que tareas puede prestarle menos atención, porque no tendrán mucho impacto en sus objetivos más importantes? Siempre evalúe la cantidad de energía y tiempo que dedica a sus tareas y verifique si es realmente necesario.

(e) Considere tomar cursos de gestión del tiempo que estén disponibles en la compañía o en otros sitios.

34

Copyright © 2009 Yolanda Lacoma & Martin Sutherland

Reflexione

Ser adicto/a al trabajo no necesariamente le ayuda a avanzar. En cambio, su agenda de trabajo excesiva puede percibirse como gestión del tiempo deficiente o falta de delegación.

Los líderes lideran con el ejemplo, y tal comportamiento establece una cultura de exceso y agotamiento en la organización. Joan Gurvis y Gordon Patterson del Center for Creative Leadership (Centro para el Liderazgo Creativo) señalan en su libro "Finding Your Balance" que el equilibrio es un proceso continuo de tomar decisiones que respalden sus valores.

Hacer ajustes continuos a lo largo del camino también forma parte del proceso de mantenerse equilibrado. Estar 100% dedicado al trabajo no debería impedir el éxito en otras áreas de su vida. Y como gerente de personas, demostrar el valor del equilibrio será uno de sus mayores logros organizacionales.

Reaccione

(a) ¿Está pidiendo más trabajo del que puede manejar, está abarcando demasiado? Ser ambicioso/a es una característica positiva, pero ser excesivamente ambicioso/a puede dañar su desempeño y su salud. Compare su carga de trabajo con la de los demás, para obtener una visión realista de cuánto debiera abarcar.

(b) Lleve la cuenta de las horas que trabaja. Esto le proporcionará una perspectiva realista del tiempo que está invirtiendo fuera de su casa.

(c) Hable con la gente adecuada si tiene preocupaciones acerca de cumplir con sus expectativas. Probablemente sea más duro/a con sí mismo/a que los demás. En ocasiones, todas las personas necesitan recibir reafirmación acerca de que están bien encaminadas y cumpliendo o superando las expectativas

(d) Diga que no al trabajo que no puede manejar. No acepte más trabajo solo porque piensa que no va a quedar bien si dice que no. Quedará peor cuando no pueda hacer el trabajo. Es correcto ser honesto/a acerca de la carga de trabajo propia. No le va a costar su carrera si claramente tiene demasiado trabajo. Converse acerca de sus responsabilidades con la persona que revisa su trabajo.

(e) Escriba todo lo que desea lograr personalmente, en su vida privada, así como también las cosas que le gustaría lograr profesionalmente para cuando se retire. Mire la lista una vez por semana para recordar las cosas que constituyen su vida e intereses fuera del trabajo y para las cuales necesita dedicar tiempo.

(f) Encuentre un mentor que haya equilibrado una carrera exitosa con las prioridades personales. ¿Cómo hizo para lograr ambas cosas?

Copyright © 2009 Yolanda Lacoma & Martin Sutherland

5 | Prefiero hacer las cosas yo mismo/a/Soy perfeccionista

Reflexione

El perfeccionismo puede llevar a la adicción al trabajo, rápidamente. Muchas tareas no requieren perfección, simplemente deben hacerse. Considere si el trabajo extra que está aportando a un proyecto está agregando valor tangible. De hecho, puede estar retrasándolo o impidiendo que trabaje en tareas más críticas, lo que significa que sus esfuerzos ya no son eficientes en relación con el costo.

Reaccione

(a) Sea crítico acerca de lo que realmente requiere su atención y cuánto trabajo es necesario para lograr el objetivo de la tarea. Fije fechas límite para las tareas.

(b) Deje las tareas que otras personas puedan hacer y deléguelas. No aprenderá a confiar en la gente hasta que delegue y les brinde la oportunidad de probarse a sí mismos/as.

(c) Observe las expectativas realistas que otras personas fijan para su trabajo.

(d) Aproveche los recursos dentro y fuera de la compañía que están a su disposición para desempeñar su trabajo de forma más eficiente. Considere hacer uso de terceros para lleva a cabo el trabajo, si esa es una opción.

6 | No quiero defraudar a otras personas/Me siento presionado/a por las expectativas de los demás

Reflexione

En ocasiones, el desequilibrio en nuestra vida es creado por las exigencias que otras personas depositan en nosotros/as, no por las que nosotros/as creamos. Perseguir las agendas de los demás es un juego agotador que nunca termina.

De manera realista, usted no puede esperar complacer a todas las personas o cumplir sus expectativas. Por lo tanto, si éste es su enfoque, puede apostar a que empezará a sentirse exhausto/a — si es que no se siente así ya.

Es probable que los demás no pongan las necesidades de usted por encima de las de ellos/as, por lo tanto, ¿por qué lo está haciendo usted? Ttenga cuidado de no asignar menos valor a sus propias prioridades. Son tan importantes como las de cualquier otra persona, por lo tanto, ¿por qué no las maneja como tales?

36

Copyright © 2009 Yolanda Lacoma & Martin Sutherland

Reaccione

(a) Contrate un coach personal, si es posible, para obtener aclaración acerca de sus prioridades y metas personales.

(b) Evalúe cuánto de lo que está haciendo implica ocuparse de los/as demás. Sea esto ayudar a sus colegas con sus proyectos o hacer favores a sus amigos, ¿en qué parte del cuadro entran sus intereses y necesidades?

(c) Siéntase cómodo/a diciendo que no amablemente. No explique por qué, simplemente exprese que tiene otros compromisos. Practique rechazar pequeños compromisos con gente con la que se siente cómodo/a y más adelante intente con la gente a la cual le resulta más difícil decir que no.

---

7 | **Para tener éxito en mi vida debo dedicarme enteramente a mi trabajo o a mi vida personal**

Reflexione

Es posible lograr un equilibrio entre sus compromisos laborales y personales. Lo que puede no ser posible — y en realidad es improbable — es que, en todo momento, usted sea capaz de dedicar igual cantidad de energía y enfoque a exigencias en general pueden estar en conflicto.

Puede haber un proyecto de trabajo importante que dure varios meses, o una enfermedad en la familia que exige su atención durante un tiempo prolongado. Como se indica en la introducción a este capítulo, el equilibrio es dedicar la cantidad de tiempo adecuada en el momento adecuado a la prioridad adecuada. ¿Y por qué tratar las exigencias de su vida personal y las de su carrera como competidoras?

Ambos aspectos de su vida brindan válvulas de escape que le ayudan a re-energizarse cuando las exigencias de un área son mayores que las de la otra. Un aspecto no es más importante que el otro ya que ambos contribuyen de forma positiva a su bienestar y sentido del propio ser.

Reaccione

(a) Intente mantener una visión global. Todos los meses, dé un paso atrás y revise cuánto tiempo dedicó a su trabajo versus a su vida personal. Si está empezando a notar que un área de su vida está absorbiendo demasiado tiempo, propóngase concentrarse más en la otra. Puede hacer esto cada dos meses, pero no deje pasar demasiado tiempo sin evaluar sus compromisos.

(b) Cuando empiece a sentirse exhausto/a por demasiado trabajo o demasiadas exigencias personales, sumérjase en el mundo opuesto.

(c) Hable con personas que conoce que son exitosas en su trabajo. Pregúnteles cómo equilibran sus exigencias laborales y personales. Se sorprenderá de encontrar que muchas de estas personas, efectivamente, organizan los compromisos de su vida sin comprometer su trabajo y viceversa.

Copyright © 2009 Yolanda Lacoma & Martin Sutherland

(d) Sea claro/a acerca de las cosas que le importan más y que mantienen su vida personal y laboral feliz y saludable. Asegúrese de cumplir estos compromisos y prescinda de los menos importantes. Por ejemplo, decida no ir a tomar unos tragos para hacer contactos profesionales si es el cumpleaños de su hijo. Puede decidir no asistir a un compromiso para cenar con amigos porque la cena con el máximo directivo de la compañía fue reprogramada para la misma noche. Respete lo que es realmente importante y use el buen criterio.

Comportamientos usados en exceso

Los estudios de investigación han determinado que en ocasiones las fortalezas de una persona se pueden convertir en debilidades si se utilizan en exceso.
Para encontrar el equilibrio, usted debe desarrollar los llamados estabilizadores con el objetivo de atenuar el comportamiento usado en exceso.

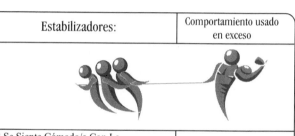

Estabilizadores:	Comportamiento usado en exceso
8 Se Siente Cómodo/a Con La Incertidumbre	Puede que otorgue demasiada importancia a la conciliación entre el trabajo y la vida personal y que no esté dispuesto/a a sacrificarse por asuntos de trabajo
3 Ambicioso/a	
54 Toma Responsabilidad	
35 Gestiona El Conflicto	
17 Juicioso/a	
50 Resuelve Problemas	
46 Abierto/a De Mente	
2 Adaptable	
55 Toma Iniciativa	
29 Establece Prioridades	

Instrucciones

Si se siente identificado/a con la definición de comportamiento usado en exceso, elija alguno de los estabilizadores y diríjase a los capítulos correspondientes para buscar estrategias de acción que le ayuden a desarrollarlos.

Para más instrucciones diríjase a la sección de este libro: "Cómo utilizar este libro".

Copyright © 2009 Yolanda Lacoma & Martin Sutherland

6. Inteligente

difícil

fácil

dificultad de APRENDIZAJE | dificultad de CAMBIO

"La inteligencia es la rapidez en ver las cosas tal y como son"

George Santayana

Comportamiento efectivo
Es intelectualmente capaz de manejar conceptos complejos

Instrucciones

Lea las definiciones de la izquierda. Si se siente identificado/a con la definición de comportamiento inefectivo, diríjase a la sección Estrategias de Acción de este capítulo.

Comportamiento inefectivo
Puede que tenga dificultad entendiendo conceptos o ideas complejas o puede que simplifique demasiado y que le falte profundidad de entendimiento

Comportamiento usado en exceso
Puede que intelectualice demasiado las cosas y que se le perciba como arrogante y que tenga problemas para simplificar ideas complejas

Si se siente identificado/a con la definición de comportamiento usado en exceso diríjase a la sección final del capítulo.

Auto Evaluación

¿verdadero?	Puedo reformular ideas complejas
¿verdadero?	Habitualmente me piden ayuda con problemas difíciles
¿verdadero?	Tiendo a comprender conceptos con mayor rapidez que la mayoría de la gente
¿verdadero?	Estoy en condiciones de idear múltiples formas de resolver problemas
¿verdadero?	Considero las cosas cuidadosa y minuciosamente
¿verdadero?	Los demás me describen como astuto/a o inteligente
¿verdadero?	Estoy abierto/a a nuevas ideas y formas de pensar
¿verdadero?	Permanezco ecuánime y sereno/a cuando manejo cuestiones sensibles
¿verdadero?	Comprendo el aspecto técnico de mi negocio lo suficiente como para hablar de ello de forma inteligente

Notas
¿Está seguro/a de que debe desarrollar esta competencia?

"Si la respuesta a la mayoría de las afirmaciones de la parte izquierda es "verdadero", probablemente no sea necesario que usted desarrolle esta competencia."

39

Copyright © 2009 Yolanda Lacoma & Martin Sutherland

Estrategias de Acción

La mayoría de los comportamientos inefectivos tienen patrones o pensamientos emocionales ocultos. Al identificarlos, usted podrá definir las estrategias de acción específicas para mejorar este comportamiento.

① No proceso la información tan rápidamente como los demás/Me lleva más tiempo captar los conceptos

② Puedo ponerme demasiado sensible o emotivo/a cuando manejo ciertos temas

③ Tiendo a proteger mis opiniones con firmeza/ Tengo dificultad en aceptar nuevas opciones

④ No recuerdo la información/ Soy olvidadizo/a

⑤ Confío principalmente en mis habilidades interpersonales porque me han resultado bien hasta el momento

Instrucciones

1. Lea y seleccione uno o más de los patrones de comportamiento inefectivo descritos a la izquierda.

2. En la sección de abajo, busque el número correspondiente que le ayudará a reconsiderar este patrón y a identificar acciones prácticas y específicas de mejora.

---

1 | **No proceso la información tan rápidamente como los demás/Me lleva más tiempo captar los conceptos**

Reflexione

Compararse con otras personas no tiene sentido, porque algunos/as siempre parecerán más o menos inteligentes que usted. Todos/as tienen fortalezas y debilidades en diferentes áreas, por lo tanto no es saludable definirse conforme a las capacidades de los demás. También es un uso poco productivo de su energía. Si se siente cohibido/a acerca de una falta de conocimientos, puede ser reacio/a a hablar en el momento adecuado o pedir mayores explicaciones cuando las necesita.

Si no capta los conceptos tan rápidamente como los demás, debe darse cuenta de que hay muchas maneras de aprender y su entorno puede no ser el más adecuado para el aprendizaje. Si es nuevo/a en un trabajo o carece de experiencia, no necesariamente estará en condiciones de comprender conceptos complejos tan rápidamente como sus colegas que han estado más tiempo allí. Una curva de aprendizaje siempre sigue la exposición a nuevos entornos y puede llevar hasta un año sentirse cómodo/a en un trabajo nuevo. Mientras que algunas personas son naturalmente más ágiles que otras en ciertas áreas cognitivas, la investigación demuestra que usted también puede continuar mejorando sus habilidades cognitivas.

Los estudios también indican que se puede perder algún grado de inteligencia si no se usa, por lo tanto es una buena práctica estar constantemente agudizando sus habilidades y no permitir volverse intelectualmente perezoso/a. Muchas de las así llamadas personas inteligentes son realmente sólo disciplinadas acerca de aprender y trabajar arduamente para mantenerse constantemente en su mejor desempeño.

Copyright © 2009 Yolanda Lacoma & Martin Sutherland

Reaccione

(a) Concéntrese en identificar y mejorar las áreas más desafiantes para usted, especialmente si son relevantes para el avance de su carrera.

(b) Si el problema parece demasiado complejo para asimilarlo en su totalidad, divídalo en partes más pequeñas y abórdelas una a una. Deje que una solución lleve a la próxima.

(c) Mantenga su mente aguda incorporando materiales de acertijos mentales en su tiempo libre. Haga crucigramas o juegos como Sudoku de noche antes de ir a dormir o mientras espera en fila. Son divertidos y mantienen su mente ágil.

(d) Explore técnicas de resolución de problemas tales como visualización, guión técnico "storyboarding" y desarrollo de los peores escenarios. Tener varias herramientas para emplear es especialmente útil cuando necesita ver las cosas desde diferentes perspectivas.

(e) ¿Están sus pensamientos organizados? Cuanto más complejo sea el problema o la cuestión, más importante es poder organizarlo en componentes manejables y comprensibles. Use técnicas tales como mapas mentales, diagramas de flujo y listas de verificación para aclarar los conceptos en su mente.

(f) Asegúrese de definir bien la naturaleza del problema. Muy a menudo, la gente aborda los problemas precipitadamente, sólo para darse cuenta de que han desperdiciado tiempo analizando los síntomas en lugar del problema en sí. ¿Está simplificando el problema en exceso o haciéndolo más complejo de lo que realmente es?

(g) Si no comprende algo, asegúrese de informar a los demás. Puede que tengan que explicárselo varias veces de formas diferentes. De otra manera, usted se quedaría aún más rezagado, lo que haría que fuera todavia más difícil o imposible ponerse al día en el futuro.

(h) Pida una explicación paciente y verbalice cómo comprendería mejor la información. Por ejemplo, usted puede ser más visual y requerir diagramas o puede necesitar información para organizarse de una forma determinada.

(i) Sea realista y dese tiempo para volverse más experimentado/a en un trabajo nuevo

(j) Si no trabaja en su primer idioma, podría ser difícil comprender a las demás personas o seguir su hilo de pensamiento. Consiga un instructor de idiomas que le ayude. Avise a la gente que tal vez tengan que repetir las cosas o hablar más lentamente. Pida la mayor cantidad de información posible antes de las reuniones para tener ventaja.

---

2 | **Puedo ponerme demasiado sensible o emotivo/a cuando manejo ciertos temas**

Reflexione

¿Se dio cuenta alguna vez que cuando más enojado/a se pone, más pierde la perspectiva, se siente más nervioso/a y piensa con menos claridad? Ser excesivamente emotivo/a interfiere con la calma y claridad necesarias para una buena toma de decisiones. No se puede actuar completamente independiente de sus emociones, pero es importante reconocer cuándo empiezan a influir de forma negativa en su lógica. Es común estresarse cuando un problema parece muy difícil de resolver. Un estado estresado no es productivo y a menudo lleva a decisiones malas o irracionales.

41

Copyright © 2009 Yolanda Lacoma & Martin Sutherland

Reaccione

(a) Pruebe técnicas de relajación que puedan ayudarle a controlar sus emociones, tales como meditación y ejercicios de respiración.

(b) Identifique sus disparadores emocionales y asegúrese de ser consciente de cuándo reacciona a ellos en lugar de a los hechos.

(c) Pida a un colega de confianza retroalimentación acerca de los problemas. Puede brindarle una perspectiva valiosa e informarle cuándo está reaccionando exageradamente.

(d) Aléjese de una situación o pase a otro tema. Darse suficiente tiempo para reconectarse con su lado lógico puede aportar una claridad muy necesaria a una determinada situación.

(e) Escriba el problema en un papel. Evaluar los problemas y trazar un posible curso de acción ayuda a conectarse con la lógica, más que con la emoción.

---

3 | **Tiendo a proteger mis opiniones con firmeza/ Tengo dificultad en aceptar nuevas opciones**

Reflexione

La gente inteligente rara vez aplica un enfoque que sea igual para todos, por lo tanto verifique si a menudo usa palabras tales como "nunca" o "siempre" cuando se refiere a cuestiones o soluciona problemas. Este tipo de generalizaciones son un indicador de que usted limita su pensamiento.

Puede afinar mucho su intuición y capacidad de procesar información compleja siendo abierto/a a nuevas experiencias e información, e incluso renunciando temporalmente a lo que ya sabe. La información nueva ayuda a cuestionar las ideas existentes y a generar otras nuevas.

Explorar nuevos temas y cuestiones estimula el cerebro y ayuda a hacer diferentes conexiones. Un toque de humildad le permite escuchar bien y aprender de los demás. El creer que lo sabe todo, es un buen indicador de que sabe mucho menos de lo que piensa.

Reaccione

(a) Desafíe lo que sabe. Expóngase a ideas y puntos de vista nuevos. Subscríbase a revistas de su industria, lea el periódico, asista a seminarios, hable con expertos de su compañía y aliente debates productivos entre colegas.

(b) Busque prejuicios ocultos en su forma de pensar, porque le impiden aceptar otras posibilidades.

(c) Desafíe sus creencias desempeñando el papel de abogado del diablo. Respalde a "la otra parte" en una cuestión, aunque sea sólo por el hecho de considerar todas las opciones. Una vez que empiece a defender territorio nuevo, puede encontrarse pensando de forma totalmente diferente.

(d) Absténgase de interrumpir a los demás y sacar conclusiones antes de que se hayan presentado todos los hechos.

(e) No suponga que sabe más que los demás. Incluso si es un/a experto/a en su campo, puede estar pasando por alto algo de contexto o información que podría cambiar la solución radicalmente.

Copyright © 2009 Yolanda Lacoma & Martin Sutherland

Reflexione

¿Alguna vez se preguntó por qué algunos/as amigos/as pueden recordar lo que hicieron cuando tenían seis años, y sin embargo a usted le cuesta recordar acontecimientos de la semana pasada? La memoria de largo y corto plazo de la gente difiere en gran medida, y son muchos los factores pueden influir en esto. Por ejemplo, a medida que una persona crece, se producen cambios normales en el cerebro que hacen más difícil recordar cierta información.

En años recientes, ha habido un mayor interes en cuestiones de déficit de atención. Con exigencias cada vez mayores en el trabajo, se requiere que las personas procesen, manejen y almacenen enormes cantidades de información. Por lo tanto no resulta sorprendente que a veces no sea posible recordar todo. Esto también influye en cuánta información filtra y almacena en su cabeza.

Aunque una buena memoria no es una función de inteligencia en sí misma, la mala memoria a veces se percibe como falta de inteligencia. Afortunadamente, la memoria puede manejarse e incluso mejorarse con algo de esfuerzo.

Reaccione

(a) Establezca un sistema que le ayude a recordar cosas. Diferentes métodos funcionan para diferentes personas, pero algo tan simple como llevar un anotador en todo momento para registrar ítems es más que adecuado. Lo importante es tener un metodo y atenerse al mismo.

(b) Use herramientas de software tales como Microsoft Outlook que le ayuden a recordar acontecimientos y reuniones. Pida a su departamento de tecnología que le ayude a familiarizarse con todas las herramientas disponibles.

(c) Si es notoriamente olvidadizo/a, confíe en un buen asistente para que le notifique acerca de sus compromisos.

(d) No espere hasta más tarde para tomar notas o hacer recordatorios. Cuando registra información inmediatamente, no hay posibilidades de olvidarse.

(e) Pida a la gente que haga seguimiento con correos electrónicos y recordatorios.

(f) Mantenga su memoria nítida con juegos de memoria. Están disponibles en Internet y hay muchos libros sobre el tema también.

(g) Asegúrese de descansar lo suficiente y no tratar de abarcar demasiado. El cansancio puede tornarle olvidadizo/a.

(h) Examine su carga de trabajo. Si lucha constantemente para desarrollar sus tareas, puede necesitar delegar o buscar recursos adicionales.

(i) Vigile su nivel de estrés. El estrés crónico puede afectar su memoria. Asegúrese de incluir tiempo suficiente para relajarse y recargarse.

43

Copyright © 2009 Yolanda Lacoma & Martin Sutherland

Reflexione

La gente con una elevada inteligencia emocional y habilidades interpersonales por encima del promedio a menudo confía en estos dones para hacer negocios y manejarse a través de situaciones difíciles. Aunque la inteligencia emocional es un componente importante del liderazgo y del desempeño en el trabajo, como cualquier otro conjunto de habilidades, podria usarse en exceso.

Cuando se usa carisma para reemplazar esencia y conocimientos, se convierte en una muleta y puede llevar a los demás a desconfiar de usted o perderle el respeto. Puede ser la primera persona con quien a la gente le gusta socializar, pero la última que consultarían para la resolución de un problema.

Las habilidades interpersonales por lo general son más difíciles de desarrollar que los conocimientos sobre un tema, por lo tanto si está naturalmente dotado/a de habilidades interpersonales, desarrolle sus conocimientos para que le den la ventaja de contar con ambos tipos de herramientas.

Reaccione

(a) Identifique los conocimientos operativos y técnicos que debería mejorar para manejar su negocio de forma más inteligente. Priorice obtener conocimientos en las áreas que tendrán el mayor impacto en su capacidad de manejar su negocio ahora.

(b) Contrate un coach o gerente para prepararle un plan de desarrollo con acciones específicas que apunten a mejorar sus conocimientos funcionales y que le exponga a las experiencias requeridas.

(c) Incremente su visión para los negocios suscribiéndose a publicaciones en su campo. Léalas para mantenerse informado de las tendencias de su industria y aumentar así sus conocimientos generales.

(d) Explote su naturaleza social asistiendo a conferencias y reuniones de asociaciones donde pueda obtener nueva información acerca de su negocio.

(e) Pida a sus colegas que le envíen literatura y artículos que hayan encontrado especialmente informativos.

(f) Durante las conversaciones, concéntrese menos en los sentimientos propios y de otras personas y más en solucionar los problemas.

(g) Trabaje en sus habilidades motivacionales, es decir, como se siente de fuerte para crecer en áreas que le son desafiantes y que le ayuden a alcanzar sus metas.

Copyright © 2009 Yolanda Lacoma & Martin Sutherland

Comportamientos usados en exceso

Los estudios de investigación han determinado que en ocasiones las fortalezas de una persona se pueden convertir en debilidades si se utilizan en exceso.
Para encontrar el equilibrio, usted debe desarrollar los llamados estabilizadores con el objetivo de atenuar el comportamiento usado en exceso.

Estabilizadores:	Comportamiento usado en exceso
4 Accesible	Puede que intelectualice demasiado las cosas y que se le perciba como arrogante y que tenga problemas para simplificar ideas complejas
60 Tiene Una Buena Relación Con Su Jefe	
24 Empático/a	
15 Orientado/a Al Cliente	
33 Inspira Un Futuro	
22 Diplomático/a	
34 Capaz De Escuchar	
43 Motiva A Las Personas	
47 Paciente	
7 Trabaja Bien En Equipo	

Instrucciones

Si se siente identificado/a con la definición de comportamiento usado en exceso, elija alguno de los estabilizadores y diríjase a los capítulos correspondientes para buscar estrategias de acción que le ayuden a desarrollarlos.

Para más instrucciones diríjase a la sección de este libro: "Cómo utilizar este libro".

Copyright © 2009 Yolanda Lacoma & Martin Sutherland

7. Trabaja Bien En Equipo

"Ninguno de nosotros es tan inteligente como todos nosotros"

Proverbio japonés

Comportamiento efectivo

Es una persona cooperadora y adopta una actitud de colaboración cuando trabaja con más gente

Comportamiento inefectivo

Puede que sea demasiado competitivo/a o que no esté dispuesto/a a cooperar con los demás

Instrucciones

Lea las definiciones de la izquierda. Si se siente identificado/a con la definición de comportamiento inefectivo, diríjase a la sección Estrategias de Acción de este capítulo.

Si se siente identificado/a con la definición de comportamiento usado en exceso diríjase a la sección final del capítulo.

Comportamiento usado en exceso

Puede que se apoye demasiado en las opiniones de los demás para llevar a cabo su trabajo o para tomar decisiones

Auto Evaluación

¿verdadero?	Busco metas comunes entre las mías y las de los demás
¿verdadero?	Me gusta compartir lo que sé
¿verdadero?	Uso las oportunidades para aprender de los demás
¿verdadero?	Comparto el mérito por los logros e ideas
¿verdadero?	Trato de adaptarme a las necesidades y ritmo de mis compañeros de trabajo
¿verdadero?	No retengo recursos o información para ganar ventaja sobre los miembros de mi equipo

Notas

¿Está seguro/a de que debe desarrollar esta competencia?

"Si la respuesta a la mayoría de las afirmaciones de la parte izquierda es "verdadero", probablemente no sea necesario que usted desarrolle esta competencia."

47

Copyright © 2009 Yolanda Lacoma & Martin Sutherland

Estrategias de Acción

La mayoría de los comportamientos inefectivos tienen un patrón o pensamiento emocional oculto. Si es capaz de identificar este patrón usted podrá darse cuenta del impacto que tiene y diseñar estrategias de acción para desarrollarlo.

① Soy muy competitivo/a/Quiero ser el/la mejor

② No me gusta la gente con quien trabajo/No me identifico con ellos/as

③ Prefiero trabajar solo/a /Hago más

Instrucciones

1. Lea y seleccione uno o más de los patrones de comportamiento inefectivo descritos a la izquierda.

2. En la sección de abajo, busque el número correspondiente que le ayudará a reconsiderar este patrón y a identificar acciones prácticas y específicas de mejora.

1 | Soy muy competitivo/a/Quiero ser el/la mejor

Reflexione

Una naturaleza demasiado competitiva puede entorpecer su capacidad de trabajar bien con otras personas.

La competitividad sana ayuda a mantener a la gente en su mejor desempeño, pero estar demasiado concentrado/a en sobresalir y llegar a la línea de llegada primero, por lo general, enajena a los colegas y miembros del equipo. Irónicamente, los equipos que trabajan juntos tienden a obtener mayores recursos, reconocimiento y recompensas que los individuos. Diferenciarse no tiene que ser a costa de los demás. ¿Por qué no pensar en sí mismo/a como parte del mejor equipo? Este enfoque le impulsa a tener éxito, alienta el comportamiento colaborador y fomenta un escenario lo suficientemente grande para todos.

Reaccione

a) Propóngase brindar reconocimiento a los demás. Reconozca cada vez que el grupo u otra persona ha hecho algo bien.

(b) Comparta información libremente. Considere qué ha retenido o sobre qué se ha sentido posesivo/a previamente y por qué. ¿Cómo se sentiría si no le brindaran información importante necesaria para hacer su trabajo?

(c) Delegue o comparta trabajo de modo que los demás también puedan recibir reconocimiento por sus esfuerzos.

(d) Mida su comportamiento competitivo preguntándose si sus acciones principalmente le sirven a usted o a la organización.

48

Copyright © 2009 Yolanda Lacoma & Martin Sutherland

Reflexione

No todas las personas o equipos con los cuales trabaja compartirán sus opiniones o abordarán una misma cuestión desde su perspectiva. A lo largo de su carrera, es probable que trabaje con personas con opiniones, estilos de trabajo e intereses diversos y diferentes. El hecho de que una persona le caiga bien o no, no debería impedirle trabajar de forma colaboradora. En definitiva podría sorprenderse al descubrir que tienen más en común que lo que anticipaba. Diferencie entre la gente y el problema: independientemente de las partes involucradas, el problema sigue siendo el mismo, por lo tanto use su energía para solucionarlo en lugar de para tratar que todos le caigan bien.

Reaccione

(a) Explore cualquier prejuicio oculto que pueda tener. Indique qué le incómoda al colaborar con esta persona o grupo. ¿Es persona, algo que él/ella ha hecho personalmente, o algo que usted asocia con la persona? ¿Basa sus sentimientos negativos en hechos o en opiniones?

(b) Empiece obteniendo consenso acerca de la meta común. Es una forma poderosa de crear unidad a pesar de las diferencias.

(c) Concéntrese en las similitudes más que en las diferencias entre las partes involucradas.

(d) Haga una lista de las fortalezas y los recursos que se pondrán de manifiesto trabajando con este grupo en particular. Le ayudará a ver el valor agregado.

(e) No suponga que la gente siempre es la misma y dé a una persona o grupo nuevo el beneficio de la duda. Puede haber tenido una mala experiencia antes con gente de un grupo específico — tal vez alguien cometió un error o sus estilos de trabajo eran incompatibles — pero empiece con la mente abierta.

(f) Si se presenta la oportunidad, trate de conocer a la gente con la cual trabaja a nivel personal.

Reflexione

Las personas que se desempeñan bien solas o son altamente capacitadas a menudo dudan o se ponen impacientes cuando trabajan con otros. El trabajo colaborador crea sus compromisos, en términos de tiempo o control, por ejemplo, pero hay muchas ventajas también.

Desde una perspectiva de desarrollo personal, trabajar con otras personas ayuda a agudizar sus habilidades de comunicación, brinda exposición a nuevas ideas e información, le da la oportunidad de trabajar en tareas más complejas, le expone a otras áreas del negocio y eleva su visibilidad en una organización.

Los compromisos, por lo general, son inevitables y justifican el esfuerzo.

Copyright © 2009 Yolanda Lacoma & Martin Sutherland

Reaccione

(a) Practique sus habilidades de colaboración trabajando con pequeños grupos al principio. Aborde los proyectos con una o dos personas y luego pase a grupos de trabajo o comités más grandes.

(b) Trabajar con los demás puede llevar más tiempo, pero considere la calidad del resultado y lo que puede aprender debido a su colaboración.

(c) Cuando un esfuerzo de grupo está terminado, dedique tiempo a pensar acerca de lo que no podría haber logrado por sí solo/a.

(d) Ofrezca su ayuda a los demás. Ayudar a otras personas beneficia al conjunto e invariablemente, en algún momento descubrirá que necesita la ayuda de otras personas.

(e) Intente ser accesible a los demás. Un estilo interpersonal cálido puede hacer mucho por aliviar la tensión de la gente y apaciguar las emociones. Si parece demasiado independiente y desinteresado/a en los demás, tendrá que combatir esa percepción cuando llegue el momento de colaborar con ellos.

(f) Practique pedirle a los demás sus opiniones en lugar de decirles cómo deben hacerse las cosas. Sea el/la primero/a en escuchar y el/la último/a en comentar.

(g) Aproveche la oportunidad de actuar como mentor o trabajar con alguien que se esfuerza y es menos experimentado/a que usted.

50

Copyright © 2009 Yolanda Lacoma & Martin Sutherland

Comportamientos usados en exceso

Los estudios de investigación han determinado que en ocasiones las fortalezas de una persona se pueden convertir en debilidades si se utilizan en exceso.

Para encontrar el equilibrio, usted debe desarrollar los llamados estabilizadores con el objetivo de atenuar el comportamiento usado en exceso.

Estabilizadores:	Comportamiento usado en exceso
12 Posee Confianza En Sí Mismo/a	Puede que se apoye demasiado en las opiniones de los demás para llevar a cabo su trabajo o para tomar decisiones
13 Tiene Coraje	
35 Gestiona El Conflicto	
16 Decisivo/a	
23 Dirige A Las Personas	
39 Gestiona El Tiempo	
37 Buen Negociador/a	
29 Establece Prioridades	
1 Obtiene Resultados	
54 Toma Responsabilidad	

Instrucciones

Lea la definición y si considera que se siente identificado/a con ella, elija algunos de los estabilizadores y vaya a los capítulos correspondientes para buscar estrategias de acción que le ayuden a desarrollarlos.

Para más instrucciones diríjase a la sección de este libro: "Cómo utilizar este libro".

Copyright © 2009 Yolanda Lacoma & Martin Sutherland

8. Se Siente Cómodo/a Con La Incertidumbre

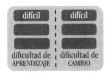
"Siéntase ante los hechos como un niño pequeño, esté preparado/a para renunciar a toda noción preconcebida, diríjase humildemente a cualesquiera abismos que le lleve la naturaleza, o no aprenderá nada"

Thomas H. Huxley

Comportamiento efectivo
Se siente cómodo/a trabajando en un contexto de incertidumbre y de cambio continuo

Comportamiento inefectivo
Puede que necesite que las situaciones y tareas sean predecibles y estables para tener buen desempeño

Comportamiento usado en exceso
Puede que cree situaciones de ambiguegad e incomodidad innecesarias para los demás

Instrucciones

Lea las definiciones de la izquierda. Si se siente identificado/a con la definición de comportamiento inefectivo, diríjase a la sección Estrategias de Acción de este capítulo.

Si se siente identificado/a con la definición de comportamiento usado en exceso diríjase a la sección final del capítulo.

Auto Evaluación

¿verdadero?	Soy optimista acerca de que las cosas saldrán bien, incluso si el futuro es incierto
¿verdadero?	Creo que el cambio es típicamente positivo y emocionante
¿verdadero?	Estoy preparado/a para poner a prueba nuevos enfoques
¿verdadero?	Puedo tomar decisiones y tomar acción sin saber todos los detalles
¿verdadero?	Puedo cambiar mi curso de acción rápidamente
¿verdadero?	Considero múltiples escenarios a la vez cuando ideo estrategias
¿verdadero?	Trabajar en un entorno no estructurado me motiva

Notas
¿Está seguro/a de que debe desarrollar esta competencia?

"Si la respuesta a la mayoría de las afirmaciones de la parte izquierda es "verdadero", probablemente no sea necesario que usted desarrolle esta competencia."

53

Copyright © 2009 Yolanda Lacoma & Martin Sutherland

Estrategias de Acción

La mayoría de los comportamientos inefectivos tienen patrones o pensamientos emocionales ocultos. Al identificarlos, usted podrá definir las estrategias de acción específicas para mejorar este comportamiento.

① Reacomodar la mente todo el tiempo me resulta difícil/Me gustan los entornos estructurados

② Debo ser preciso/a/Necesito saber todos los detalles antes de sentirme seguro de mi decisión o trabajo

③ Prefiero hacer las cosas en la forma conocida/Sé lo que funcionó en el pasado

④ No tengo las habilidades o conocimientos necesarios/No me siento confiado/a haciendo lo que se me exige que haga

⑤ Me siento pesimista acerca del futuro/No me siento motivado/a

Instrucciones

1. Lea y seleccione uno o más de los patrones de comportamiento inefectivo descritos a la izquierda.

2. En la sección de abajo, busque el número correspondiente que le ayudará a reconsiderar este patrón y a identificar acciones prácticas y específicas de mejora.

---

1 | **Reacomodar la mente todo el tiempo me resulta difícil/ Me gustan los entornos estructurados**

Reflexione

La parte positiva acerca de un entorno muy poco estructurado es que usted tiene espacio para ser creativo/a. La parte negativa es que puede tener que funcionar en un caos controlado y tener que reacomodarse continuamente. ¿Está exhausto/a, abrumado/a o estresado/a la mayor parte del tiempo? ¿Siente que pasa tanto tiempo en transición entre una cosa y otra que su trabajo sufre? Puede incluso demorarse regularmente con ciertas tareas e ignorar las responsabilidades que son igual de importantes, o esperar indicaciones pero siente que nunca obtiene lo suficiente. Manejar las exigencias de un entorno dinámico, poco estructurado puede ser difícil. Tendrá que manejar los cientos de correos electrónicos, mensajes, reuniones y llamadas típicas de los días de trabajo de la mayoría de la gente, y probablemente se convierta en un aprendiz de mucho y maestro de nada.

Sobrevivir o sentirse motivado/a en un entorno poco estructurado requiere la capacidad de moverse de forma eficiente entre diferentes tareas y roles, temas, problemas y relaciones, y a la vez de mantener la mente clara. La adaptabilidad en todos los niveles es clave. La investigación del Center for Creative Leadership (Centro para el Liderazgo Creativo) apunta a tres elementos de adaptabilidad: flexibilidad cognitiva — la capacidad de usar estrategias de pensamiento y marcos mentales diferentes; flexibilidad emocional — la capacidad de cambiar su enfoque para manejar las emociones de los demás y las propias, y flexibilidad de disposición — la capacidad de permanecer optimista y realista al mismo tiempo. Ser hábil para adaptarse rápidamente le ayudará a mantenerse a flote en un entorno dinámico e incierto.

54

Copyright © 2009 Yolanda Lacoma & Martin Sutherland

Reaccione

(a) Dígale a su jefe y colegas que prefiere un marco específico en el cual operar o hable con ellos cuando necesita más dirección. No pueden leer su mente y pueden estar operando sobre la base de sus propias necesidades.

(b) No puede brindar estructura a todo, por lo tanto concéntrese en las áreas en las que sí puede. Haga una lista de las cosas que son estructuradas en su día de trabajo y verá que no todo está fuera de su control.

(c) Tenga sistemas implementados que le permitan hacer rápidamente la transición de una tarea a otra sin olvidarse dónde la dejó. Incluso una lista simple puede ayudarle.

(d) Asegúrese de que su enfoque hacia la gente y los temas sea adaptable. Un enfoque que sea igual para todos no funciona en un entorno de trabajo multifacético y será agotador tratar de desempeñar las tareas a su manera todo el tiempo.

(e) Acepte que tendrá que detenerse y seguir continuamente. Reacomodarse no significa que no desarrollará sus tareas. Simplemente significa que su atención estará compartida entre varias exigencias simultáneas. Siempre puede volver a lo que había empezado antes.

(f) No trate de ocuparse de cada aspecto de un tema o lograr soluciones completas antes de pasar a otra cosa. La mayoría de los temas no pueden resolverse inmediatamente. Es aceptable abordar los temas parcialmente y pasar a otra cosa, luego volver y resolverlos debidamente. Recompénsese por tomar el paso lógico siguiente y no simplemente por finalizar toda la tarea.

(g) Practique una transición efectiva desarrollando múltiples actividades por un período de tiempo limitado, todo en un mismo día. Seleccione actividades que requieren un cambio de habilidades o estado de ánimo y no trate de finalizar cualquier tarea inmediatamente. Por ejemplo, responda algunos correos electrónicos, luego ayude a alguien que usted supervisa y luego aborde una sección de una propuesta o documento. Después pare y haga algunas llamadas pendientes, y así sucesivamente. Siga practicando esto y observe los diferentes roles que tiene que desempeñar para avanzar. Enorgullézcase por la cantidad de actividades en las cuales pudo participar en lugar de cuántas completó desde el principio hasta el fin. Observe cuánto más rápido puede abordar múltiples tareas.

(h) Observe a un colega que maneje la ambigüedad con éxito. ¿Qué es diferente acerca de su actitud y enfoque?

(i) Tome descansos para relajarse a lo largo del día, especialmente cuando pasa de un proyecto a otro o de una tarea importante a otra, dedicando unos momentos a ejercicios de respiración profunda o alejándose de su escritorio por un tiempo.

(j) Asegúrese de reflexionar acerca de cómo las cosas habrían sido más fáciles en una situación determinada si hubiera podido reacomodarse con mayor rapidez y eficacia.

(k) Si está crónicamente estresado/a e infeliz acerca de su entorno, investigue otras oportunidades para trabajar en un entorno más estructurado dentro de la organización.

---

2 | **Debo ser preciso/a/Necesito saber todos los detalles antes de sentirme seguro de mi decisión o trabajo**

Reflexione

¿Siente que la única forma de reducir la incertidumbre y trabajar en forma efectiva es recolectar toda la información o detalles de antemano? Eso tiene lógica, pero otros tres factores deben tomarse en cuenta.

55

Copyright © 2009 Yolanda Lacoma & Martin Sutherland

Uno, no todos los detalles son igualmente importantes. La cantidad no triunfa sobre la calidad. Segundo, muchas decisiones deben tomarse bajo presión y la prioridad puede ser actuar rápidamente. Muchas decisiones se toman con restricciones de tiempo, por lo tanto el tiempo empleado en recolectar datos debe ser sopesado cuidadosamente. ¿Cuánto tiempo puede permitirse dedicar a un detalle innecesario? Tercero, la intuición es una herramienta efectiva en la toma de decisiones.

Por lo general, la intuición solamente no es una base lo suficientemente sólida para la toma de decisiones, pero hay mucho que usted ya sabe instintivamente para guiarse a través de la incertidumbre.

Recuerde, muchas veces las tareas a realizar y las decisiones deben ser lo suficientemente buenas, no perfectas. Es bueno ser prudente y preciso/a en su trabajo, pero en un entorno rápidamente cambiante deberá mantener un enfoque flexible.

Reaccione

(a) Trate de separar los datos críticos de la información menos importante. ¿Cuál es el detalle mínimo necesario para comprender lo suficiente y poder avanzar con el proyecto?

(b) Aunque le pueda resultar difícil, concéntrese en mejorar la velocidad con la cual avanza en un proyecto, más que en lo bien que se hace.

(c) Trabaje en proyectos o tareas hasta un punto y luego, antes de que estén terminados en un 100%, páselos a alguien más para que los revise y se haga cargo.

(d) Antes de abordar cualquier tarea, determine como de importante es hacerlo perfectamente. Nunca asigne a algo un puntaje de 10 porque nada puede hacerse perfectamente. Obtenga retroalimentación si no está seguro/a, especialmente de su gerente.

(e) Defina un límite de tiempo para recolectar información y reunir datos antes de efectivamente abordar la tarea.

(f) Reflexione sobre proyectos pasados en los cuales participó. ¿Qué detalles fueron irrelevantes en definitiva?

(g) Compare sus expectativas con las de su equipo y gerente. Asegúrese de comprender exactamente cuánto esfuerzo o tiempo esperan que usted dedique al proyecto.

(h) Confíe en sus propias decisiones. Tendrá que tomar muchas decisiones a lo largo de su carrera.

3 | **Prefiero hacer las cosas en la forma conocida/ Sé lo que funcionó en el pasado**

Reflexione

¿Por qué cuestionarse lo que sabe que funciona? Recuerde, la experiencia es un activo, pero confiar en lo que funcionó en el pasado puede convertirse en un enfoque demasiado restrictivo. Puede resultarle difícil aceptar la crítica de ideas o métodos comprobados y puestos a prueba.

Copyright © 2009 Yolanda Lacoma & Martin Sutherland

¿A menudo le dice a los demás "Sé lo que estoy haciendo" o "Sólo hagamos lo que funcionó antes"? ¿O a menudo piensa que el cambio será demasiado difícil? Aunque las soluciones conocidas brindan una sensación de seguridad, nos restringen de considerar posibilidades nuevas y estar abiertos al cambio. Y eso es un problema, porque el cambio es constante en la mayoría de los entornos de trabajo.

Resistirse al cambio también implica arriesgarse a volverse obsoleto/a. Si desempeñó un rol importante en crear un proceso, es difícil verlo reemplazado por algo nuevo. Pero el cambio es inevitable, por lo tanto enorgullézcase del papel que desempeñó y prepárese para su aporte futuro.

Reaccione

(a) Considere si las condiciones y supuestos en la situación actual son los mismos que anteriormente. ¿Qué cambió? ¿Justifican las diferencias una forma nueva de proceder que debería examinar?

(b) Primero piense cómo podrían hacerse las tareas de forma diferente, luego considere también la forma estándar de hacerlas. Intercambie ideas antes de llegar a una conclusión.

(c) Asegúrese de que haya personas inconformistas o progresistas en su equipo. La opinión de ellos contrarrestará la suya y aportará equilibrio.

(d) Manténgase abierto/a a todas las opciones. Es fácil ponerse a la defensiva y ser territorial cuando está tratando de defender la forma estándar de hacer las cosas.

(e) Recuerde tanto lo bueno como lo malo de su procedimiento estándar. Enumere los pros y los contras para crear una visión realista de qué tan bien funcionó.

(f) Experimente porque sí. Puede practicar sentirse más cómodo/a con nuevos enfoques fuera del entorno de trabajo. Intente una cosa nueva por semana, desde pedir un ítem desconocido del menú hasta tomar un camino distinto a casa. Satisfaga su curiosidad acerca de un lugar y viaje allí. Explorar debería ser divertido y parte de su enfoque tanto hacia su vida como a su trabajo.

4 | **No tengo las habilidades o conocimientos necesarios/No me siento confiado/a haciendo lo que se me exige que haga**

Reflexione

Mucha gente se preocupa acerca de su capacidad de ajustar sus niveles de habilidades lo suficientemente rápido como para satisfacer el ritmo de cambio en su posición, organización o industria. Si espera tener una amplia experiencia o conocimientos técnicos profundos acerca de todo lo que usted maneja diariamente, se está prestando a una frustración y estrés significativo.

En entornos ambiguos, la capacidad de funcionar de forma productiva a pesar de la falta de experiencia es altamente valorada. Los entornos ambiguos requieren que la gente continuamente se reinvente para manejar los roles rápidamente cambiantes. No saber no es una debilidad en sí misma. Lo que importa es cómo maneja usted su falta de conocimientos.

Copyright © 2009 Yolanda Lacoma & Martin Sutherland

Cuánto más cómodo/a se sienta con el aprendizaje a lo largo de su carrera, más efectivamente funcionará en una variedad de situaciones. Sin duda, cambiar los entornos pondrá a prueba sus fortalezas existentes y le exigirá que desarrolle nuevas rápidamente. El manejo de la incertidumbre le marcará como líder. No suponga que su falta de experiencia necesariamente impedirá el éxito, y recuerde que todos tienen talentos que pueden ser útiles, independientemente de la naturaleza de la tarea.

Reaccione

(a) Admítalo y enfréntelo. Puede tener que mejorar alguna de sus habilidades, pero preocuparse o compararse con otras personas no producirá ningún resultado ni cambiará la situación. Contrate un coach para definir un plan de desarrollo individual que le ayude a trabajar en áreas que necesitan atención.

(b) En lugar de concentrarse en todo lo que no sabe, concéntrese en lo que realmente tiene que saber para completar la próxima tarea.

(c) Recuerde otras situaciones en las cuales usted fue principiante y se sintió abrumado/a. ¿Cómo atravesó esas experiencias? Piense en lo que aprendió para llegar a donde está ahora.

(d) Consulte con un colega o mentor capacitado en el área que necesita desarrollar y obtenga su respaldo cuando sea necesario.

(e) Asegúrese de que sus expectativas acerca de sí mismo/a se comparen con las de su jefe o supervisor. Tendemos a ser más duros con nosotros mismos y probablemente usted necesita saber menos de lo que piensa.

(f) Sea paciente consigo mismo/a y sus errores. El éxito proviene de la experiencia, que se forma en base a lecciones aprendidas de los errores.

(g) Sea ingenioso/a cuando la información no es clara o no sabe cómo proceder. Averigüe quién puede ayudarle con tareas determinadas, examine el trabajo realizado en proyectos similares y obtenga los materiales de referencia y recursos disponibles para estar totalmente informado/a. Conviértase en investigador/a y empiece a formular preguntas.

---

5 | Me siento pesimista acerca del futuro/ No me siento motivado/a

Reflexione

¿Es todo un gran esfuerzo? ¿Solía ser enérgico/a y positivo/a, ansioso/a para salir a abordar desafíos y cambiar, pero ahora parece que no vale la pena?
Aunque esta actitud afectará a la mayoría de la gente en algún momento en sus carreras, puede contener el progreso propio si se convierte en un estado mental crónico. La falta de motivación tiene un efecto negativo en sus niveles de energía y su capacidad de defender el cambio. También tiene consecuencias para la gente alrededor suyo, porque el pesimismo es contagioso.

La mayoría de la gente aborda la incertidumbre o el cambio con algo de ansiedad y su actitud negativa sólo intensificará el recelo de sus colegas. Incluso aquellas personas que no se ven fácilmente influenciadas por la ansiedad tendrán que tratar con el efecto desmoralizante de su actitud.

Copyright © 2009 Yolanda Lacoma & Martin Sutherland

Usted se arriesga a la posibilidad de perder personas con talento clave que pueden desear un liderazgo más enérgico. La falta de entusiasmo es particularmente dañina cuando es generada por alguien en una posición de liderazgo, especialmente durante los tiempos de cambio.

Reaccione

(a) Antes de hablar, siempre considere si sus comentarios podrían desmoralizar a otros. De ser así, absténgase de compartir sus opiniones o trate de transmitir las noticias de una forma más positiva.

(b) Examine qué componentes del trabajo disfrutaba antes de que su interés disminuyera, y qué cambió. ¿Son los cambios autoimpuestos? ¿Ayudaría a revivir su interés hablar con la gente relevante acerca de cambiar la situación? ¿Recuperaría su entusiasmo si participara en otras tareas? Trate de encontrar opciones que recarguen su energía de trabajo.

(c) Examine su definición de su valor para la organización. Si piensa que el cambio en la organización disminuiría su valor, trate de reinventarse. Identifique las habilidades que necesita mejorar para mantenerse competitivo/a. Considere nuevas tareas que podrían marcar un nuevo capítulo en su carrera.

(d) Asegúrese de no comunicar su actitud negativa rehusando respaldo, incentivo o información.

(e) Aliente discusiones optimistas acerca del futuro. Permita que la gente comparta su visión y esperanza para el futuro de la organización y absténgase de señalar el lado negativo de lo que compartieron. Haga esto en todas las reuniones.

(f) Olvídese de los "viejos tiempos" y de sus glorias. La reflexión es productiva, pero sólo como medio para analizar cómo mejorar en el futuro.

(g) Pida a un mentor o coach que le ayude a examinar qué lo ha llevado a su estado de ánimo actual y qué cambios pueden hacerse antes de convertirse en la última persona con la cual la gente quiere trabajar. O lo que es peor, antes de volverse obsoleto/a.

Copyright © 2009 Yolanda Lacoma & Martin Sutherland

Comportamientos usados en exceso

Los estudios de investigación han determinado que en ocasiones las fortalezas de una persona se pueden convertir en debilidades si se utilizan en exceso.

Para encontrar el equilibrio, usted debe desarrollar los llamados estabilizadores con el objetivo de atenuar el comportamiento usado en exceso.

Estabilizadores:	Comportamiento usado en exceso
43 Motiva A Las Personas	Puede que cree situaciones de ambiguegad e incomodidad innecesarias para los demás
2 Adaptable	
56 Posee Conocimientos Técnicos	
51 Reconoce El Talento Y El Potencial En Las Personas	
32 Informa A Otras Personas	
18 Orientado/a Al Detalle	
33 Inspira Un Futuro	
48 Planifica El Trabajo	
29 Establece Prioridades	
48 Planifica El Trabajo	

Instrucciones

Lea la definición y si considera que se siente identificado/a con ella, elija algunos de los estabilizadores y vaya a los capítulos correspondientes para buscar estrategias de acción que le ayuden a desarrollarlos.

Para más instrucciones diríjase a la sección de este libro: "Cómo utilizar este libro".

Copyright © 2009 Yolanda Lacoma & Martin Sutherland

9. Se Comunica Bien (Verbalmente)

> "La mayor recompensa es saber que uno puede hablar y emitir sonidos articulados y decir palabras que describen cosas, acontecimientos y emociones"
>
> Camilo José Cela

Comportamiento efectivo

Es capaz de expresar un punto de vista y su razonamiento claramente tanto a una sola persona como a grandes audiencias

Instrucciones

Lea las definiciones de la izquierda. Si se siente identificado/a con la definición de comportamiento inefectivo, diríjase a la sección Estrategias de Acción de este capítulo.

Comportamiento inefectivo

Puede que tenga problemas para expresar sus ideas y puede que se le malinterprete o que se le perciba nervioso/a frente a los demás

Si se siente identificado/a con la definición de comportamiento usado en exceso diríjase a la sección final del capítulo.

Comportamiento usado en exceso

Puede que sea una persona demasiado elocuente y que tenga más forma que contenido

Auto Evaluación

¿verdadero?	Me siento seguro de mí mismo/a cuando hablo con otras personas
¿verdadero?	Mis pensamientos están bien organizados cuando hablo
¿verdadero?	Comprendo a mi audiencia antes de empezar a hablar con ellos
¿verdadero?	Limito las tangentes innecesarias durante las conversaciones
¿verdadero?	Adapto cómo me comunico dependiendo de la situación
¿verdadero?	Considero el nivel de complejidad dependiendo de la audiencia
¿verdadero?	Por lo general, soy capaz de agregar valor a una conversación
¿verdadero?	Brindo suficiente contexto (me aseguro de que los demás están en la misma sintonía) cuando inicio una conversación

Notas

¿Está seguro/a de que debe desarrollar esta competencia?

"Si la respuesta a la mayoría de las afirmaciones de la parte izquierda es "verdadero", probablemente no sea necesario que usted desarrolle esta competencia."

61

Copyright © 2009 Yolanda Lacoma & Martin Sutherland

Estrategias de Acción

La mayoría de los comportamientos inefectivos tienen patrones o pensamientos emocionales ocultos. Al identificarlos, usted podrá definir las estrategias de acción específicas para mejorar este comportamiento.

① Me siento muy cohibido/a cuando hablo/ Estoy nervioso/a cuando hago una presentación

② Me resulta difícil expresarme en forma concisa/ Lucho para organizar los pensamientos

③ Rara vez adapto mi estilo de comunicación

④ No puedo expresarme bien cuando me pongo emotivo/a

⑤ A menudo no puedo encontrar las palabras para expresarme/ No tengo nada que decir

⑥ Tengo razones físicas que afectan mi sensación general de confianza/Lucho con mi acento

Instrucciones

1. Lea y seleccione uno o más de los patrones de comportamiento inefectivo descritos a la izquierda.

2. En la sección de abajo, busque el número correspondiente que le ayudará a reconsiderar este patrón y a identificar acciones prácticas y específicas de mejora.

---

1 | Me siento muy cohibido/a cuando hablo/Estoy nervioso/a cuando hago una presentación

Reflexione

Poca gente se siente totalmente cómoda siendo el centro de atención. Incluso la persona más preparada puede pasarlo mal durante una presentación cuando se ve superada por los nervios. Hablar en público está considerado como uno de los temores más comunes que tiene la gente y está cerca del temor a la muerte. Por lo tanto, sepa que no está solo/a y que manejar sus temores debería abordarse como cualquier otra oportunidad para el desarrollo. La respuesta típica del cuerpo al miedo es liberar la hormona adrenalina, que es producida por la glándula suprarrenal. Esto estimula el ritmo cardíaco y dilata los vasos sanguíneos y los conductos de aire, entre otras cosas.

La adrenalina es producida naturalmente en situaciones de mucho estrés o físicamente estimulantes. El término "luchar o huir" a menudo se usa para caracterizar circunstancias en las cuales se libera adrenalina. Es una adaptación evolutiva temprana para permitir que los humanos enfrenten mejor situaciones peligrosas e inesperadas. Con los vasos sanguíneos y conductos de aire dilatados, el cuerpo es capaz de llevar más sangre a los músculos y más oxígeno a los pulmones rápidamente, aumentando el rendimiento físico por cortos períodos de tiempo. Pero cuando esto sucede, se reduce la cantidad de oxígeno que va al cerebro, lo que afecta la capacidad de una persona de permanecer lúcida. En otras palabras, no nos resulta muy útil cuando tratamos de pensar con claridad y permanecer serenos durante una presentación.

Copyright © 2009 Yolanda Lacoma & Martin Sutherland

Comprender el lado fisiológico del miedo es importante, pero es más instructivo saber que hay estrategias para mitigar estas respuestas. A medida que avanza en su carrera, su visibilidad aumentará y como líder de una organización usted tendrá que hacer presentaciones a otras personas con más frecuencia. Manejar este tema tiene grandes recompensas, tanto emocionalmente como para su carrera.

Reaccione

(a) Hay muchas estrategias que puede practicar diariamente que le ayudarán a relajarse y a tener un mejor control de la reacción física de su cuerpo al estrés. Explore, por ejemplo, técnicas de relajación tales como respiración profunda y meditación. La práctica diaria hace que el control de sus respuestas sea más automático y se convertirá en algo como cualquier otra cosa en la cual se invierte tiempo y práctica diligente — usted mejorará.

(b) Su respuesta de alarma en situaciones de presentación está basada en un temor irracional y desproporcionado ante la situación en cuestión. Su cuerpo no sabe esto, por lo tanto su mente debe brindar perspectiva. Use autoafirmación positiva para abordar pensamientos negativos irracionales. Por ejemplo, reemplace "¿Qué pasa si no se cómo responder una pregunta?" con "Es imposible que sepa todo". Luego, encuentre una solución equilibrada, tal como "Responderé la pregunta de esa persona más tarde". Preste atención y sea consciente de la afirmación negativa.

(c) Use la técnica de visualización para sentirse más cómodo/a con la presentación inminente. En otras palabras, imagínese teniendo una presentación exitosa. Trate de revisar los detalles en su mente. Haga que la experiencia sea lo más real posible. Haga esto repetidamente hasta que empiece a creer lo que visualiza.

(d) Manténgase objetivo/a acerca de su propósito: comunicar y hacer participar a la gente en la conversación. Si durante el proceso, la gente está de acuerdo con usted y le aprecian y usted está en condiciones de responder todas las preguntas, eso es simplemente una ventaja adicional, no su objetivo. Hasta que se sienta más cómodo/a con las presentaciones, elimine las presiones innecesarias y simplemente apunte a transmitir la información en forma efectiva.

(e) Afíliese a organizaciones tales como Toastmasters, que le ayudan a practicar tener mayor confianza para hablar y hacer presentaciones efectivas en público brindándole oportunidades para practicar en un ambiente no amenazador.

(f) Lea alguno de los cientos de libros sobre cómo hablar en público en forma efectiva, tales como Public Speaking for Success (Cómo hablar bien en público) de Dale Carnegie.

(g) Infórmese bien y siéntase cómodo/a con el tema. Cuanto más sepa, más confiado/a se sentirá. Puede necesitar hacer lecturas complementarias o hable con expertos para obtener ayuda.

(h) Use apuntes tales como tarjetas y presentaciones en PowerPoint, pero sólo como guías. Leer las notas textualmente durante una presentación la torna aburrida y no será percibido/a como un valor agregado. Además, no le permite relajarse y no deja que su personalidad sobresalga.

(i) Desempeñe el rol hasta que se lo crea. Hable con confianza, incluso si no se siente confiado/a. Nadie sabe que usted está incómodo/a a menos que lo demuestre. Mire al público directamente y hable de modo que todos puedan escucharle. Evite justificarse o disculparse por todo lo que dice, o moverse innecesariamente, porque mostrará que está nervioso/a y que le falta confianza.

Copyright © 2009 Yolanda Lacoma & Martin Sutherland

(j) Consulte a un asesor profesional acerca de técnicas de relajación y reducción de ansiedad. Los ejercicios de respiración, bio-retroalimentación y visualización son sólo algunas de las herramientas que puede usar.

2 | Me resulta difícil expresarme en forma concisa/ Lucho para organizar los pensamientos

Reflexione

Las restricciones de tiempo en el trabajo hacen imperativo que la gente brinde y reciba información de forma concisa, clara y sucinta. Es importante respetar el tiempo de las otras personas siendo bien organizado/a y no extendiéndose interminablemente cuando alguien está escuchando. Una charla corta y sustancial siempre es más significativa que parloteo largo y sin sentido. Independientemente de las restricciones de tiempo, siempre suponga que la gente tiene rangos de atención cortos.

Una de las metas principales cuando se trata de expresar un concepto es evitar distracciones externas y autoimpuestas. Vaya al grano antes de que la gente se disperse.

Reaccione

(a) No necesita tener un guión para hacer una buena presentación o mantener una conversación de forma elocuente, pero si tiende a perder el hilo fácilmente, dedique algo de tiempo a organizar sus pensamientos de antemano. Cree un flujo lógico para comunicar sus ideas y asegúrese de que sus ideas tengan un orden. Comparta el resumen con un colega para ver si tiene sentido. Trate de usar software como MindJet Manager para organizar las ideas de antemano o a medida que se conversan.

(b) Use apuntes para mantenerse enfocado/a. Redacte una agenda y asegúrese de no desviarse de ella. Asegúrese de que la agenda plantee las metas de la reunión o presentación. Incluso las conversaciones menos formales pueden beneficiarse de una agenda. Prepare ayudas visuales tales como una presentación en PowerPoint o simples tarjetas con los puntos clave que debe abordar al final de la conversación. Su tendencia podría ser a "improvisar", pero la preparación necesaria redundará en su beneficio.

(c) Maneje la cantidad de detalle que brinda cuando habla o presenta. Si hay demasiado detalle, a la gente le resulta difícil mantenerse concentrada en su argumento. Siempre pregúntese cuando habla si el detalle que está brindando es crítico para la conversación, o si es simplemente información agregada.

(d) Limite la cantidad de conversación tangencial y anécdotas personales que introduce en una conversación. Estos desvíos del tema pueden desperdiciar mucho tiempo y distraer a su audiencia. Pídale a un colega de confianza que le avise cuando se esté apartando del tema. Ser consciente de con qué frecuencia hace esto puede servirle de ayuda para ajustar su estilo de conversación.

(e) ¡Sepa de lo que está hablando! Aunque no puede ser un/a experto/a en todo, cuánto más sepa de un tema más probabilidades habrá de que brinde información relevante.

(f) No suponga que todos son como usted. Algunas personas necesitan que usted vaya directamente al punto y otros quieren todos los detalles. ¿Le piden muy a menudo que acorte? ¿La gente tiende a evitar formularle preguntas? Trate de leer las reacciones de las personas o pregúnteles si está brindando demasiada información.

64

Copyright © 2009 Yolanda Lacoma & Martin Sutherland

(g) ¿Se distrae fácilmente? Siempre anticipe que será interrumpido/a o que le formularán preguntas cuando está tratando de transmitir un concepto. Si la pregunta no es relevante, pospóngala y, por muy tentador que sea, evite las distracciones innecesarias.

(h) En la medida que pueda, haga un esfuerzo consciente para minimizar las distracciones en el ambiente de antemano. Programe las reuniones en lugares tranquilos lejos de la actividad, pida a la gente que apague sus teléfonos y sea consciente de minimizar las distracciones, y haga participar al número adecuado de gente en las reuniones — el número debería maximizar el aporte pero limite las distracciones que interrumpirán su concentración.

(i) Trate de no saltar de un tema a otro sin cerrarlo o sin suficiente introducción para un tema nuevo. Algunas personas pueden ser capaces de seguir su comunicación, pero otras piensan linealmente y necesitan que la conversación sea más organizada.

(j) No olvide brindar suficiente contexto a la gente cuando inicia una conversación. Resuma brevemente el estado de la presentación y asegúrese de que la gente sabe de qué está hablando antes de pasar a los detalles.

3 | Rara vez adapto mi estilo de comunicación

Reflexione

Ser elocuente requiere que usted adapte su mensaje de forma tal que su audiencia lo comprenda. Por ejemplo, su audiencia puede esperar escuchar un discurso motivador acerca del futuro de la compañía y palabras bien pensadas para inspirarlos, pero en cambio usted se concentra en presentar datos. Debe adaptar su estilo a las diferentes audiencias o arriesgarse a que no lo comprendan. No importa qué tan organizado/a, preparado/a o confiado/a pueda ser al realizar su presentación, si no comprendió a su audiencia y preparó su mensaje conforme con ello, las posibilidades de transmitir su idea se verán ampliamente reducidas.

Reaccione

(a) Al hacer una presentación, es fácil quedar atrapado/a en el mensaje y olvidar a la audiencia. Manténganse en contacto con la misma. Por ejemplo, regularmente pregunte si están siguiendo el argumento, si le escuchan bien o si es necesario que hable más despacio. Siga evaluando su respuesta y si es necesario ajuste su estilo de comunicación. Asegúrese de obtener retroalimentación al final de la presentación para identificar si hay áreas de mejora posible.

(b) ¿Qué necesita escuchar o ver su audiencia para mantenerse interesada? ¿Detalles, imágenes, casos de negocios? Tal vez debería cubrir más temas si tiene una audiencia diversa.

(c) Si está haciendo una presentación ante personas de un grupo cultural específico, infórmese acerca de sus sensibilidades y normas. Hable con un consultor, lea acerca de la cultura y pregunte a otras personas que hayan tenido experiencia con ese grupo.

Copyright © 2009 Yolanda Lacoma & Martin Sutherland

(d) Cuando tenga una conversación individual, considere la personalidad de su interlocutor. ¿Es la persona más orientada a la gente, analítica o reservada? Diseñe su mensaje con la personalidad del interlocutor en mente.

(e) Considere la complejidad de su mensaje. El nivel de comprensión del tema por parte de la audiencia determinará la información que usted brinda, en otras palabras, como de complejo o simple debe ser el mensaje. Si las personas a las cuales se está dirigiendo no son expertas en el tema, trate de evitar jerga técnica o información innecesaria que los dejará confundidos o frustrados.

4 | No puedo expresarme bien cuando me emociono

Reflexione

Es difícil transmitir un mensaje claramente si se siente abrumado/a emocionalmente. Es improbable que incluso su mejor argumento sea escuchado si la gente se está concentrando en su comportamiento emocional. Es esencial permanecer ecuánime en un entorno profesional. A menudo, necesitará sobreponerse a una situación provocadora y continuar tratando de comunicar su argumento a pesar de sus sentimientos o circunstancias tales como un ataque injusto. Su meta es transmitir su mensaje y discutir con alguien o ponerse a la defensiva no le servirá de nada. Mantenerse sereno/a le ayudará a transmitir su mensaje.

Reaccione

(a) Reconozca las cosas que le hacen reaccionar cuando suceden. Respire profundo y dese tiempo para calmarse antes de responder. Recuérdese su propósito — que su mensaje sea escuchado y comprendido. Puede requerir una gran cantidad de paciencia.

(b) Pida tiempo para poner sus ideas en orden. Puede necesitar retirarse de la sala, lo cual es preferible antes de perder el foco totalmente.

(c) Trate de mantenerse objetivo/a y paciente. No puede controlar los estados de ánimo de las otras personas o su falta de respeto. ¿De qué manera ponerse emotivo/a va a mejorar la situación?

5 | A menudo no puedo encontrar las palabras para expresarme/No tengo nada que decir

Reflexione

¿Se siente un/a extraño/a cuando la gente se reúne para hablar acerca del trabajo o de acontecimientos actuales? Tal vez tiene algo que decir pero no puede encontrar las palabras adecuadas para expresarse. Esto es especialmente común entre gente con un sólido enfoque técnico, que no ha tenido la oportunidad o la necesidad de comunicarse con otras personas fuera de su campo.

Copyright © 2009 Yolanda Lacoma & Martin Sutherland

A medida que la gente avanza en su carrera, están expuestos a un grupo cada vez más diverso de integrantes y necesitarán expresarse en formas diferentes y cubrir una variedad más amplia de temas.

Reaccione

(a) Lea más sobre el tema relevante antes de asistir a una reunión o agrupación de personas.

(b) Lea el periódico tan a menudo como sea posible para mantenerse informado/a acerca de los acontecimientos actuales.

(c) Expóngase a diferentes métodos de expresión. Trate de leer diversos tipos de literatura, por ejemplo; ficción, revistas comerciales, poesía e informes gubernamentales. Tome nota del uso de vocabulario, metáforas y analogías que pueda incorporar en su comunicación.

(d) Asista a un taller de narración de cuentos para comprender cómo expresarse y captar a su audiencia de forma óptima.

(e) Comparta tiempo con colegas que sean comunicadores efectivos. ¿Qué temas abordan? ¿Cómo manejan la conversación trivial?

6 | **Tengo razones físicas que afectan mi sensación general de confianza/Lucho con mi acento**

Reflexione

Comunicarse bien es lo suficientemente desafiante, pero si tiene la preocupación adicional de un impedimento del habla o físico puede tornarse verdaderamente escalofriante. A los oradores no nativos les puede resultar frustrante y difícil comunicarse si tienen un acento fuerte. Recuerde que todos tenemos algún tipo de obstáculo personal que superar — para algunos/as es simplemente menos visible u obvio que para otros/as. Su desafío físico no define su capacidad o inteligencia.

No se sorprenda si aquellos alrededor suyo son más cohibidos que usted porque no saben cómo actuar con usted o cómo quiere usted que le traten. Los desafíos físicos a menudo le brindan una perspectiva única sobre la vida que puede agregar valor a sus relaciones e interacción con otras personas.

Reaccione

(a) En lugar de ignorar su condición, abórdela de frente de modo que los demás sepan que no es un tema tabú y que pueden pasar a los temas en cuestión.

(b) Si se siente cómodo haciéndolo, use el humor para romper el hielo acerca de sus circunstancias particulares.

(c) Concéntrese en las cosas que puede controlar — qué tan bien conoce el tema y qué tan preparado/a, agradable y accesible es.

(d) Busque un entrenador vocal, terapeuta o clínica para tratar temas de la voz donde pueda encontrar apoyo y aprender técnicas para manejar problemas en el habla.

(e) Contrate un profesor nativo para que le ayude con su acento.

67

Copyright © 2009 Yolanda Lacoma & Martin Sutherland

Comportamientos usados en exceso

Los estudios de investigación han determinado que en ocasiones las fortalezas de una persona se pueden convertir en debilidades si se utilizan en exceso.

Para encontrar el equilibrio, usted debe desarrollar los llamados estabilizadores con el objetivo de atenuar el comportamiento usado en exceso.

Estabilizadores:	Comportamiento usado en exceso
40 Posee Conocimiento Del Mercado	Puede que sea una persona demasiado elocuente y que tenga más forma que contenido
56 Posee Conocimientos Técnicos	
6 Inteligente	
34 Capaz De Escuchar	
30 Pensador Global	
50 Resuelve Problemas	
53 Estratega	
57 Experto/a En Tecnología	
31 Mejora Los Procesos	
33 Inspira Un Futuro	

Instrucciones

Lea la definición y si considera que se siente identificado/a con ella, elija algunos de los estabilizadores y vaya a los capítulos correspondientes para buscar estrategias de acción que le ayuden a desarrollarlos.

Para más instrucciones diríjase a la sección de este libro: "Cómo utilizar este libro".

Copyright © 2009 Yolanda Lacoma & Martin Sutherland

10. Se Comunica Bien (Por Escrito)

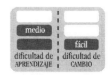

medio
dificultad de APRENDIZAJE

fácil
dificultad de CAMBIO

"No tuve tiempo de escribir una carta corta, por eso escribí una larga en su lugar"

Mark Twain

Comportamiento efectivo
Escribe de manera profesional en múltiples formatos y con la cantidad de información precisa y relevante

Comportamiento inefectivo
Puede que tenga problemas para comunicarse por escrito de una manera profesional

Comportamiento usado en exceso
Puede que haga uso de la comunicación escrita incluso cuando la comunicación cara a cara es más apropiada. Puede que le lleve demasiado tiempo redactar una comunicación.

Instrucciones
Lea las definiciones de la izquierda. Si se siente identificado/a con la definición de comportamiento inefectivo, diríjase a la sección Estrategias de Acción de este capítulo.

Si se siente identificado/a con la definición de comportamiento usado en exceso diríjase a la sección final del capítulo.

Auto Evaluación

¿verdadero?	Rara vez necesito aclarar lo que escribí
¿verdadero?	Adapto mi estilo de redacción al destinatario
¿verdadero?	Tengo una buena comprensión de la gramática básica
¿verdadero?	Siempre corrijo o edito lo que escribí antes de enviarlo
¿verdadero?	Puedo exponer mi argumento con pocas palabras

Notas
¿Está seguro/a de que debe desarrollar esta competencia?

"Si la respuesta a la mayoría de las afirmaciones de la parte izquierda es "verdadero", probablemente no sea necesario que usted desarrolle esta competencia."

69

Copyright © 2009 Yolanda Lacoma & Martin Sutherland

Estrategias de Acción

La mayoría de los comportamientos inefectivos tienen patrones o pensamientos emocionales ocultos. Al identificarlos, usted podrá definir las estrategias de acción específicas para mejorar este comportamiento.

(1) El contenido es más importante que la gramática o el estilo de mi redacción

(2) A menudo tengo que aclarar lo que quise decir en mi redacción/Me esfuerzo por organizar mis pensamientos

(3) No adapto mi estilo de redacción para satisfacer a diferentes lectores

(4) A menudo escribo en base a lo que siento en ese momento/Respondo impulsivamente

(5) A menudo no puedo encontrar las palabras correctas

Instrucciones

1. Lea y seleccione uno o más de los patrones de comportamiento inefectivo descritos a la izquierda.

2. En la sección de abajo, busque el número correspondiente que le ayudará a reconsiderar este patrón y a identificar acciones prácticas y específicas de mejora.

---

1 | **El contenido es más importante que la gramática o el estilo de mi redacción**

Reflexione

La meta de cualquier forma de comunicación es, en definitiva, transmitir su mensaje. Cuán bien transmite su mensaje podría depender de su capacidad de comunicarlo a través de una buena redacción.

Un mensaje o respuesta mal escrita crea frustración y confusión. También puede hacerle perder el tiempo a usted y a la gente porque el/la destinatario/a se ve obligado/a a buscar mayor aclaración. Una mala redacción por lo general se percibe como poco profesional y puede crear percepciones erróneas acerca de su inteligencia. Asegúrese de invertir el tiempo y esfuerzo necesarios para desarrollar esta habilidad vital.

Reaccione

(a) Siempre relea y edite lo que escribió. Es fácil cometer errores cuando escribe algo rápidamente y una simple revisión los detectará.

(b) Deje que otra persona revise su redacción — un/a colega o asistente puede revisar la información importante que está enviando a otras personas. Es sorprendente cuántos errores puede encontrar otra persona. Trate de reducir la cantidad de errores que comete.

(c) No suponga que la gente sabe de lo que usted está hablando, especialmente si su estilo de redacción es bastante conciso. Asegúrese de que la gente tenga el contexto adecuado para comprender su mensaje.

70

Copyright © 2009 Yolanda Lacoma & Martin Sutherland

(d) Si tiene tendencia a escribir como habla, puede estar usando jerga que no todo el mundo entienda. Las conversaciones y la comunicación escrita son métodos muy diferentes de expresión y no deben confundirse en un entorno profesional.

2 | **A menudo tengo que aclarar lo que quise decir en mi redacción/Me esfuerzo por organizar mis pensamientos**

Reflexione

En estos días, somos altamente dependientes de la correspondencia escrita porque el correo electrónico se ha convertido en la principal forma de comunicación en el lugar de trabajo. Proyectos completos pueden llevarse a cabo a través del correo electrónico, y en la economía global equipos completos son manejados de forma remota a través de comunicaciones e instrucciones por escrito.

Sus pensamientos pueden estar claros en su mente, pero el desafío es comunicar estos pensamientos e ideas de forma precisa y efectiva.

Reaccione

(a) Organice sus pensamientos minuciosamente antes de empezar a escribir. Explique sus argumentos y asegúrese de que estén presentados en una secuencia lógica. Revíselos con un/a colega para ver si tienen sentido. Si no es naturalmente bueno/a redactando, use sus demás fortalezas para organizar sus pensamientos de antemano. Por ejemplo, si tiene inclinación visual, pruebe software tal como MindJet Manager para planificar y organizar sus ideas, o crear su propio dibujo o ilustración. Si es una persona verbal, exprese sus pensamientos en voz alta o haga una grabación de sus propuestas, y luego póngalas por escrito.

(b) No brinde detalles innecesarios que confundirán o distraerán a la gente de su mensaje escrito. ¿Qué información de apoyo tiene que saber el/la lector/a? Si el/la destinatario/a no está familiarizado/a con el tema, brinde contexto suficiente para aclarar su comunicación. Preferentemente, agregue documentos adjuntos o brinde material de referencia que la persona pueda consultar. Su mensaje básico debe brindar los puntos destacados o un resumen histórico breve únicamente.

(c) Preste atención al formato, especialmente cuando necesita comunicar varios puntos. Un buen formato facilita mucho al/la lector/a seguir sus pensamientos. Por ejemplo, separe puntos diferentes con párrafos o títulos o espaciamiento adecuados, en lugar de que toda la información fluya junta. Destaque en negrita puntos importantes sobre los cuales quiere llamar la atención. Aunque pueda parecer algo seco o excesivamente formal, use numeración o viñetas para ordenar su redacción.

(d) Una gramática deficiente puede hacer que el correo electrónico más simple sea difícil de entender. Asegúrese de comprender los principios básicos de la puntuación. Use el corrector de su software, pero no confíe en eso solamente. Relea su trabajo. *Eats, Shoots and Leaves* de Lynn Truss es un libro entretenido e informativo acerca de los peligros de una gramática deficiente.

71

Copyright © 2009 Yolanda Lacoma & Martin Sutherland

(e) Limite las exposiciones repetitivas o puntos que confundan a sus lectores/as y debiliten su atención. No debería estar repitiendo su argumento varias veces, excepto una vez en su resumen. Relea lo que escribió y borre frases innecesarias — elimine el "ruido" de su redacción. Esto suena simple, pero no se hace con la frecuencia suficiente.

(f) Pregunte a los demás si tienen dificultad en leer su trabajo y comprender su mensaje, y exactamente qué los confunde. Use la retroalimentación para mejorar sus habilidades de redacción.

3 | No adapto mi estilo de redacción para satisfacer a diferentes lectores

Reflexione

Es fácil quedar tan atrapado/a en su mensaje que completamente pasa por alto la forma en que lo está transmitiendo. De la misma manera que adaptaría su mensaje cuando habla ante diferentes audiencias, la buena comunicación escrita debe moldearse para el/la lector/a específico/a. Su estilo de redacción y tono son críticos: puede ser formal, directo y conciso cuando actualiza a su jefe/a sobre el avance de un proyecto, pero su comunicación a sus subordinados acerca del mismo proyecto probablemente tendría que contener detalles y podría ser menos formal o incluir algo que les motive. Se conectará con las personas más exitosamente si puede adaptar el mensaje para ellos. Escucharán lo que está tratando de decir y su comunicación habrá cumplido su propósito.

Reaccione

(a) Considere la personalidad del/de la lector/a. Escriba para el/la lector/a, no para usted. ¿Es el/la lector/a sociable o reservado/a, analítico/a o lleno/a de humor? Diseñe su mensaje con la personalidad del/de la interlocutor/a en mente.

(b) ¿Cómo de bien conoce al/a la lector/a? A menos que conozca a la persona relativamente bien, use comunicación más formal. Asegúrese de que su estilo de redacción sea adecuado tanto para el mensaje como para el/la lector/a.

(c) Aprenda del estilo de redacción de otras personas. Por ejemplo, si responden con mensajes de una línea, debe escribir brevemente también.

(d) Tenga en cuenta las diferencias culturales cuando escriba. La gente de los países latinos, por ejemplo, tiende a esperar menos formalidad en su comunicación que las personas de oriente. Si se comunica regularmente con un grupo cultural determinado, merece la pena hacer algo de investigación e informarse acerca de sus sensibilidades y normas. Pregúntele a un consultor, lea acerca de la cultura, pregunte a las personas que hayan tenido experiencia con ese grupo.

(e) Considere el nivel de comprensión del/de la lector/a acerca del tema. Si la persona no es experta, evite lenguaje técnico y use analogías o explicaciones con las cuales pueda relacionarse.

72

Copyright © 2009 Yolanda Lacoma & Martin Sutherland

(f) Asegúrese de que su vocabulario sea adecuado para sus lectores/as. El uso de lenguaje ceremonioso con la audiencia equivocada puede resultar irritante y molesto y puede percibírsele como arrogante.

(g) Sea consciente de la posición y estado del/de la lector/a en relación con usted. La alta dirección tiene que leer grandes volúmenes de información, por lo tanto respete su tiempo redactando en la forma más breve y clara posible. Concéntrese en destilar su información hasta los puntos críticos.

4 | A menudo escribo en base a lo que siento en ese momento/Respondo impulsivamente

Reflexione

La redacción emocional es adecuada en algunas situaciones, pero rara vez en un entorno profesional. De hecho, es arriesgado usarla. Una vez que su mensaje es entregado, el contenido y tono no pueden retractarse y las disculpas no lo cambiarán.

Arremeter de forma impulsiva en su redacción, incluso si es bien merecido, únicamente sirve para permitirle descargarse. La redacción con un alto contenido emocional hace que sus sentimientos eclipsen su mensaje, que sin embargo podría haber llevado a una acción productiva.

Reaccione

(a) Puede estar inspirado/a para escribir cuando se siente emotivo/a. Ponga sus pensamientos en palabras, pero no distribuya el mensaje o documento hasta que se esté sintiendo menos afectado/a. Dese tiempo para leerlo nuevamente en un estado menos emotivo y use la oportunidad para editar el contenido y tono del mensaje. Si es posible, deje pasar un día o dos, luego revise sus pensamientos y redacción.

(b) Muestre lo que escribió a un/a colega de confianza o dos y obtenga su perspectiva acerca de si es inadecuado.

(c) Trate de identificar sus así llamados botones rojos. La consciencia de sí mismo/a puede ayudarle a reconocer cuando reacciona con demasiada sensibilidad y darle la oportunidad de modificar su mensaje. Mantenga un registro de los tipos de comentarios, situaciones o personas que le ponen nervioso/a y aprenda de ello.

(d) Si debe responder inmediatamente, respire profundamente y trate de calmarse. Mientras escribe, recuerde que el propósito de la comunicación es transmitir su argumento. Hágalo de forma objetiva y trate de comprender el punto de vista del/de la destinatario/a. Puede requerir una gran cantidad de paciencia, sea consciente de ello.

(e) Si es sensible acerca de un tema y desea comunicar sus sentimientos, preferentemente organice una reunión personal. A menudo escribir no es un medio fácil a través del cual expresar sus emociones de forma calmada y clara.

73

Copyright © 2009 Yolanda Lacoma & Martin Sutherland

Reflexione

Sabe lo que quiere decir, pero no parece encontrar las palabras correctas para expresarse adecuadamente. Esto es especialmente común entre personas con un sólido enfoque técnico, o que no han tenido la oportunidad o la necesidad de comunicarse mucho con otras personas fuera de su campo. Tal vez no esté trabajando en su primer idioma y le resulta difícil encontrar las palabras o frases correctas. Cualquiera que sea la razón, hay muchas maneras de mejorar con sólo un poco de esfuerzo de su parte.

Reaccione

(a) Lea lo más posible. Aumente la cantidad de tiempo que dedica a leer — es la única manera de exponerse a diferentes estilos de expresión y mejorar su vocabulario. Trate de leer diversos tipos de literatura, por ejemplo, ficción, revistas comerciales, poesía, informes gubernamentales. Tome nota del vocabulario, metáforas y analogías que puede incorporar en su comunicación.

(b) Practique la redacción. Como cualquier habilidad, necesita una aplicación repetida para mejorar. Lleve un diario en casa para entrar en el hábito de expresar sus pensamientos por escrito, o tome un curso de redacción creativa para desplegar su imaginación y capacidades.

(c) Inmediatamente consulte el diccionario cuando encuentre palabras que no conoce. Memorícelas e incorpórelas en su comunicación escrita de ahora en adelante. Un buen diccionario es una herramienta esencial en todas las oficinas, independientemente de su posición.

(d) Mantenga un diccionario de sinónimos cerca que le ayude a identificar palabras alternativas para usar. Existen muchos diccionarios de sinónimos en Internet disponibles, pero como regla no son tan completos como sus versiones impresas.

(e) Si no está redactando en su primer idioma, pídale a un/a nativo/a que le ayude con elecciones de frases y palabras y cómo traducir lo que quiere decir.

74

Copyright © 2009 Yolanda Lacoma & Martin Sutherland

Comportamientos usados en exceso

Los estudios de investigación han determinado que en ocasiones las fortalezas de una persona se pueden convertir en debilidades si se utilizan en exceso.

Para encontrar el equilibrio, usted debe desarrollar los llamados estabilizadores con el objetivo de atenuar el comportamiento usado en exceso.

Estabilizadores:	Comportamiento usado en exceso
1 Obtiene Resultados	Puede que haga uso de la comunicación escrita incluso cuando la comunicación cara a cara es más apropiada. Puede que le lleve demasiado tiempo redactar una comunicación.
15 Orientado/a Al Cliente	
17 Juicioso/a	
32 Informa A Otras Personas	
35 Gestiona El Conflicto	
39 Gestiona El Tiempo	
4 Accesible	
45 Comparte Información Personal	
49 Políticamente Hábil	
9 Se Comunica Bien (Verbalmente)	

Instrucciones

Lea la definición y si considera que se siente identificado/a con ella, elija algunos de los estabilizadores y vaya a los capítulos correspondientes para buscar estrategias de acción que le ayuden a desarrollarlos.

Para más instrucciones diríjase a la sección de este libro: "Cómo utilizar este libro".

75

Copyright © 2009 Yolanda Lacoma & Martin Sutherland

11. Calmado/a

dificultad de APRENDIZAJE | dificultad de CAMBIO

"No pierda su paz interior por nada en absoluto,
incluso si todo su mundo parece trastornado"

San Francisco de Sales

Comportamiento efectivo
Mantiene la calma en situaciones de estrés

Instrucciones

Lea las definiciones de la izquierda. Si se siente identificado/a con la definición de comportamiento inefectivo, diríjase a la sección Estrategias de Acción de este capítulo.

Comportamiento inefectivo
Puede que se vuelva demasiado emocional cuando se encuentra bajo presión

Comportamiento usado en exceso
Puede que se le perciba como una persona poco emocional y fría y que no sea capaz de entender decisiones que estén basadas en los sentimientos

Si se siente identificado/a con la definición de comportamiento usado en exceso diríjase a la sección final del capítulo.

Auto Evaluación

¿verdadero?	No me tomo en forma personal cuando alguien está disgustado
¿verdadero?	No demuestro mis emociones incluso si estoy disgustado/a
¿verdadero?	Me mantengo calmado/a y tranquilo/a incluso cuando estoy con mucho estrés
¿verdadero?	La gente acude a mí cuando hay una crisis
¿verdadero?	Nunca tengo rabietas ni me pongo excesivamente emotivo/a en público

Notas
¿Está seguro/a de que debe desarrollar esta competencia?

"Si la respuesta a la mayoría de las afirmaciones de la parte izquierda es "verdadero", probablemente no sea necesario que usted desarrolle esta competencia."

Copyright © 2009 Yolanda Lacoma & Martin Sutherland

Estrategias de Acción

La mayoría de los comportamientos inefectivos tienen patrones o pensamientos emocionales ocultos. Al identificarlos, usted podrá definir las estrategias de acción específicas para mejorar este comportamiento.

(1) Soy una persona muy emotiva

(2) Pierdo la calma principalmente cuando estoy con mucho estrés o presión

(3) Tengo mal genio/me enojo y me pongo a la defensiva fácilmente

(4) Pienso que es importante decirle a la gente cómo me siento/Quiero ser honesto/a

Instrucciones

1. Lea y seleccione uno o más de los patrones de comportamiento inefectivo descritos a la izquierda.

2. En la sección de abajo, busque el número correspondiente que le ayudará a reconsiderar este patrón y a identificar acciones prácticas y específicas de mejora.

---

1 | Soy una persona muy emotiva

Reflexione

Algunas personas son muy emotivas y pueden incluso querer llorar cuando están abrumadas por sus sentimientos. Las mujeres, en general, tienden a ser más afectivas y muestran sus emociones más rápidamente que los hombres. Esto, por lo general, se aplica a sus vidas personales, pero puede extenderse a sus vidas profesionales.

Ser muy emotivo/a puede ayudar a una persona a mostrar más empatía, pero también puede provocar que le resulte más difícil mantenerse emocionalmente neutral. Independientemente del género, ser demasiado emotivo/a en el lugar de trabajo claramente tiene desventajas. Aún cuando usted pueda resultar más sincero/a y abierto/a si demuestra sus emociones, es probable que esto le resulte incómodo a la gente en el lugar de trabajo, por ejemplo, si usted empieza a llorar durante una reunión intensa o a despotricar sin fin si le pasaron por alto para una promoción.

Ser demasiado emotivo/a distrae a la gente del tema en cuestión y por lo general, marca el fin de una conversación productiva. Reaccionar con emoción excesiva también puede llevar a una mala impresión acerca de usted que pueda ser difícil de reparar. Se hace difícil juzgar en qué situaciones se puede contar con que usted permanecerá sereno/a. Puede afectar su credibilidad como profesional o como una persona capaz de manejar las presiones del liderazgo.

Copyright © 2009 Yolanda Lacoma & Martin Sutherland

Reaccione

(a) Trate de pensar más con su cabeza que con su corazón. Si siente que sus emociones están brotando, imagine cómo abordaría la situación una persona emocionalmente imparcial.

(b) Si se siente abrumado/a por sus emociones, amablemente pida tomarse un breve descanso para poner sus ideas en orden. Salga de la sala o llame nuevamente por teléfono en unos pocos minutos. Es mejor hacer esto que derrumbarse delante de otras personas.

(c) Si es posible, tómese un día libre para adquirir perspectiva y dejar que sus emociones se asienten. Es increíble como nuestra perspectiva puede cambiar cuando nos alejamos de la situación por un momento.

(d) Concéntrese en controlar su respiración inhalando profundamente. Es una forma muy eficaz de calmarse.

(e) Considere cuidadosamente con quién está hablando en una situación determinada. No todas las personas se expresan a través de las emociones o se sienten cómodas con gente que es muy expresiva emocionalmente. En lugar de generar compasión o respaldo, puede disgustar a la gente.

(f) Asegúrese de tener válvulas de escape para sus sentimientos fuera del trabajo. Los amigos de confianza, los miembros de la familia, un coach o asesor pueden brindarle una válvula de escape productiva para sus emociones.

---

2 | Pierdo la calma principalmente cuando estoy con mucho estrés o presión

Reflexione

Una persona puede ser la imagen de la compostura cuando su entorno está bajo control, pero cuando hay presión su comportamiento cambia drásticamente. El estrés puede sacar lo peor de una persona muy rápidamente, por ejemplo, dirigirse a otros con brusquedad, irritabilidad, mostrar un comportamiento mandón o controlador y tomar decisiones ilógicas.

Mantenerse en calma y sereno/a le permite concentrarse en la solución. Ciertas profesiones dependen de la capacidad de mantenerse sereno/a bajo presión. Los médicos de una sala de emergencia y los bomberos, por ejemplo, que deben enfrentar situaciones de vida o muerte, deben mantener la cabeza clara y tomar decisiones rápidas a pesar del estrés. Asimismo, la gente en las organizaciones busca guía de las personas que pueden mantenerse serenas cuando las cosas parecen estar en su peor momento y las respetan. Puede no ser posible controlar una situación, pero usted puede decidir cómo reacciona ante ella.

Copyright © 2009 Yolanda Lacoma & Martin Sutherland

Reaccione

(a) Cuando sienta que está perdiendo la calma, trate de hacer ejercicios de respiración profunda, una forma muy eficaz de disminuir la respuesta de adrenalina del organismo al estrés. Hay muchas técnicas de respiración que puede practicar diariamente.

(b) La investigación ha demostrado que el estrés puede afectar negativamente la claridad de pensamiento. A veces es necesario salir. Tome un pequeño descanso para aclarar su mente. Salga a caminar o vaya a almorzar, lo que sea necesario para dejar la situación atrás. Esto no cambiará la situación pero le dará la oportunidad de poner sus ideas en orden.

(c) Tome medidas. Escriba los pasos que deben tomarse para resolver el problema. Concéntrese en los elementos prioritarios.

(d) Pida ayuda antes de quemar un fusible. En situaciones de estrés a menudo nos olvidamos de que hay otros recursos disponibles. No suponga que tiene que hacerlo todo solo/a. Obtenga la ayuda de otras personas. Solamente hablar con alguien acerca del estrés que está experimentando puede generar mucha catarsis.

(e) Modele su comportamiento imitando a un colega o persona respetada que sea capaz de mantenerse calmo/a en situaciones de presión. Pregúnteles cómo logran hacerlo.

(f) Use una herramienta como la evaluación de personalidad de Birkman. La información que brinda genera intuición sobre sus necesidades subyacentes y su comportamiento en situación de estrés, en base a 11 componentes conductuales. Simplemente ser consciente de estas reacciones le permite adoptar mejores actitudes y un comportamiento más productivo. Un consultor certificado puede ayudarle a interpretar los resultados.

---

3 | Tengo mal genio/me enojo y me pongo a la defensiva fácilmente

Reflexione

Protegerse es innato al ser humano, un mecanismo contenedor para defenderse de una amenaza de ataque percibida. Pero cuando esta emoción se maneja mal se torna perjudicial y posiblemente incluso peligrosa en el lugar de trabajo. Carecer de intuición acerca de situaciones o gente predispone a una persona a reaccionar con enojo o en formas que son irrespetuosas hacia los demás. Los líderes deben ser capaces de hablar acerca de las diferencias en forma racional y, cuando surgen los conflictos, deben permanecer serenos/as y usar su intuición para permitir una colaboración positiva.

Reaccione

(a) Permítase unos minutos antes de hablar para considerar las consecuencias de su reacción. Puede sentir que ha igualado el marcador o que ha aportado justicia a la situación, pero una vez que ha dicho palabras dolientes o injustas el daño no puede desdecirse, sólo perdonarse.

Copyright © 2009 Yolanda Lacoma & Martin Sutherland

(b) Discúlpese por el exabrupto inmediatamente. Esto es difícil de hacer estando enojado/a, pero si reconoce que su comportamiento fue inadecuado y asume la responsabilidad por ello la gente por lo general está dispuesta a continuar relacionándose con usted.

(c) Considere sus actitudes y expectativas acerca de los demás y de las situaciones. Si son inadecuadas o poco realistas, se está prestando a una frustración emocional y posiblemente, a un conflicto.

(d) Incluso cuando le resulta difícil respetar a la otra persona, porque le provoca, necesitará desconectarse de sus comentarios y hacer una valoración más aséptica de la persona. A menos que lo haga, nunca podrá volver a obtener un comportamiento colaborador de parte de ella.

(e) Cuando le provoquen, primero trate de ponerse en el lugar de la otra persona. Independientemente de que la acusación o situación sea justa o no, trate de comprender las razones o motivos detrás de los comentarios. Use comentarios tales como "Comprendo por qué te sientes de esa manera" para apaciguar la situación y calmarse ambos.

(f) Adopte alguna técnica de relajación diaria para manejar su tensión y frustración. Haga ejercicio, medite, practique yoga o encuentre un pasatiempo que le traiga paz.

(g) Comparta sus pensamientos y converse sus preocupaciones con un colega o amigo/a de confianza. Esto tiene grandes ventajas terapéuticas.

(h) Identifique los detonantes particulares que lo hacen ponerse a la defensiva o dar una respuesta con enojo. Sepa que deberá mantenerse especialmente paciente cuando se vea expuesto a esas situaciones, personas o temas.

(i) Intente un curso de manejo de la ira si es consciente de que su comportamiento está afectando de forma negativa sus relaciones en el trabajo o en su vida personal.

4 | Pienso que es importante decirle a la gente cómo me siento/Quiero ser honesto/a

Reflexione

Puede ser franco/a y directo/a con otras personas acerca de cómo se siente, pero perderá su público si sus emociones son más fuertes que sus palabras. Mantenerse sereno/a no significa que a usted le importa menos un tema o que no tiene sentimientos fuertes acerca del mismo. De hecho, su capacidad de mantenerse sereno/a a pesar de los sentimientos fuertes y de trasmitir un mensaje honesto sin insultar a otras personas, demuestra que está dispuesto/a a dejar de lado sus propias convicciones para abordar un tema que es importante para usted.

Reaccione

(a) Respete a las personas a las cuales se está dirigiendo. Puede ser importante para usted ser expresivo/a y tremendamente honesto/a en casa o con un colega de trabajo, pero muy probablemente querrá editar lo que dice cuando habla con clientes o un superior.

Copyright © 2009 Yolanda Lacoma & Martin Sutherland

(b) Antes de hablar, pregúntese de qué manera la otra persona querría escuchar lo que tiene que decir. Algunas personas necesitan que los demás sean directos y claros; otras, requieren más preocupación por sus sentimientos y un estilo de expresión más diplomático.

(c) Defienda lo que cree con una conversación bien considerada, evidencia para respaldar su punto de vista y no a través de la emoción.

Comportamientos usados en exceso

Los estudios de investigación han determinado que en ocasiones las fortalezas de una persona se pueden convertir en debilidades si se utilizan en exceso.

Para encontrar el equilibrio, usted debe desarrollar los llamados estabilizadores con el objetivo de atenuar el comportamiento usado en exceso.

Estabilizadores:	Comportamiento usado en exceso
44 Tiene Facilidad Para Establecer Relaciones	Puede que se le perciba como una persona poco emocional y fría y que no sea capaz de entender decisiones que estén basadas en los sentimientos
27 Experimentador	
24 Empático/a	
32 Informa A Otras Personas	
4 Accesible	
45 Comparte Información Personal	
43 Motiva A Las Personas	
59 Unifica A Las Personas	
2 Adaptable	
9 Se Comunica Bien (Verbalmente)	

Instrucciones

Lea la definición y si considera que se siente identificado/a con ella, elija algunos de los estabilizadores y vaya a los capítulos correspondientes para buscar estrategias de acción que le ayuden a desarrollarlos.

Para más instrucciones diríjase a la sección de este libro: "Cómo utilizar este libro".

Copyright © 2009 Yolanda Lacoma & Martin Sutherland

12. Posee Confianza En Sí Mismo/a

	dificil
medio	

dificultad de APRENDIZAJE | dificultad de CAMBIO

> "Nada puede hacerle sentirse inferior sin su consentimiento"
> Eleanor Roosevelt

Comportamiento efectivo
Posee confianza en sí mismo/a cuando interactúa con los demás, especialmente en situaciones que pueden crear cierta ansiedad

Comportamiento inefectivo
Puede que le falte confianza en sí mismo/a y que se presente inseguro/a ante otras personas

Comportamiento usado en exceso
Puede que se le perciba como arrogante o con demasiada confianza en sí mismo/a

Instrucciones

Lea las definiciones de la izquierda. Si se siente identificado/a con la definición de comportamiento inefectivo, diríjase a la sección Estrategias de Acción

Si se siente identificado/a con la definición de comportamiento usado en exceso diríjase a la sección final del capítulo.

Auto Evaluación

¿verdadero?	Me siento cómodo/a expresándome frente a otras personas
¿verdadero?	Fijo estándares realistas para mí mismo/a
¿verdadero?	Soy fiel a mis decisiones una vez que las tomo
¿verdadero?	No asumo que los problemas siempre son por mi culpa
¿verdadero?	Creo que soy competente en lo que hago
¿verdadero?	La mayoría de las veces, tengo una actitud de "puedo hacerlo"
¿verdadero?	No me avergüenzo fácilmente

Notas
¿Está seguro/a de que debe desarrollar esta competencia?

"Si la respuesta a la mayoría de las afirmaciones de la parte izquierda es "verdadero", probablemente no sea necesario que usted desarrolle esta competencia."

83

Copyright © 2009 Yolanda Lacoma & Martin Sutherland

Estrategias de Acción

La mayoría de los comportamientos inefectivos tienen patrones o pensamientos emocionales ocultos. Al identificarlos, usted podrá definir las estrategias de acción específicas para mejorar este comportamiento.

① No tengo la experiencia adecuada/Otros/as saben más que yo

② Me preocupa cometer un error/Quiero que las cosas sean perfectas

③ Me pongo excesivamente ansioso/a con ciertas personas o en ciertas situaciones

④ Me avergüenzo fácilmente/ Me preocupa parecer tonto/a

Instrucciones

1. Lea y seleccione uno o más de los patrones de comportamiento inefectivo descritos a la izquierda.

2. En la sección de abajo, busque el número correspondiente que le ayudará a reconsiderar este patrón y a identificar acciones prácticas y específicas de mejora.

1 | No tengo la experiencia adecuada/Otros/as saben más que yo

Reflexione

Dicen que la experiencia es algo que uno/a obtiene un minuto después de necesitarlo. Nadie asume una nueva posición o se embarca en una nueva tarea sabiéndolo todo.

Sentirse cómodo/a con el manejo de una curva de aprendizaje es importante para preservar la confianza y la cordura. Siempre hay un punto bajo en la curva de aprendizaje, antes de dominar un tema nuevo, donde uno se siente abrumado/a y posiblemente incluso perdido/a. Les pasa a todas las personas que están aprendiendo. Pero la próxima vez que se encuentre en ese punto, tendrá mayor confianza. Acostúmbrese a verse rodeado/a de otras personas que saben más que usted. Si sabe más que todos los demás, eso limita sus oportunidades de crecer. Espere ser un/a estudiante ansioso/a y dispuesto/a a aprender y encare la curva de aprendizaje a lo largo de su carrera.

Reaccione

(a) Ciertas personas pueden saber más que usted en algunas áreas, pero cada uno/a aporta tanto fortalezas como debilidades a sus trabajos. Promueva sus fortalezas identificando las partes de un proyecto a las cuales puede agregar mayor valor. Si es bueno/a resolviendo problemas, por ejemplo, pero no está muy familiarizado/a con el tema, igualmente puede ayudar al equipo a organizar las ideas de forma lógica y agregar valor formulando preguntas desde una perspectiva más externa. ¿Qué fortalezas aporta, independientemente de su tarea?

84

Copyright © 2009 Yolanda Lacoma & Martin Sutherland

(b) Arremánguese y participe. Nada la dará más confianza que dominar lo que no sabía. Involúcrese en proyectos y tareas que le ayuden a obtener conocimientos en las áreas en las cuales se siente menos confiado/a. Muchas compañías brindan oportunidades de rotación para que los empleados trabajen en diferentes áreas de la organización. Solicite tareas que sean diferentes de las que domina.

(c) Reúnase con gente que sepa más que usted o que sean expertos/as en un campo determinado. En lugar de compararse con ellos/as, elija aprender de ellos/as.

(d) No simule saber lo que no sabe. Es perfectamente aceptable no ser experto/a en todo. Derive preguntas que no puede responder a alguien que sí pueda, o haga su investigación y luego vuelva a comunicarse con la persona. La gente valora la honestidad y tendrá más respeto por usted si no los engaña.

(e) Sea un/a estudiante. Acepte el rol de formular muchas preguntas.

(f) No se dé por vencido/a en el momento en que las cosas se tornan particularmente difíciles o confusas. Es parte del proceso de aprendizaje y la etapa en la cual la mayoría de la gente pierde la confianza.

(g) Pida ser incluido/a en reuniones y conferencias telefónicas incluso cuando no va a participar. La exposición es invalorable para sentirse cómodo/a con diferentes entornos y para obtener confianza.

2 | Me preocupa cometer un error/Quiero que las cosas sean perfectas

Reflexione

Cada error brinda una oportunidad para aprender y desarrollarse. Si son honestos/as, la mayoría de las personas admitirán que no alcanzaron su posición sin cometer errores. Un error es sólo una consecuencia de una elección o una serie de decisiones — no define quién es usted y ciertamente no debería terminar con una carrera por lo demás exitosa. Preocuparse acerca de lo que posiblemente podría salir mal es psicológicamente agotador. ¡Un estudio en Clinical Psychology & Psychotherapy descubrió que el 85% de las cosas que nos preocupan nunca suceden! Es importante fijar estándares elevados para su trabajo, pero la perfección no es un estándar. Es un estado de ánimo que fija metas imposibles y ejerce una presión innecesaria en usted. Si todo lo que hace tiene que ser perfecto, puede resultar demasiado desalentador empezar cualquier cosa.

El perfeccionismo a menudo paraliza a la gente y les roba la confianza que necesitan para encarar un proyecto o tarea. Reformule su pensamiento. Desempeñar las tareas de la mejor manera posible es saludable y marca estándares elevados.

Reaccione

(a) La afirmación positiva puede ayudarle a reprogramar su pensamiento. Esté atento/a a los pensamientos negativos y practique reemplazarlos con pensamiento positivo.

(b) Identifique a alguien que admira por su confianza en sí mismo/a y converse acerca de cómo esa persona ve el mundo. Observe las diferencias entre sus visiones y las suyas.

Copyright © 2009 Yolanda Lacoma & Martin Sutherland

(c) No asigne a los errores más importancia de la que merecen. Escriba el peor escenario posible. A menos que la vida de alguien esté amenazada, las consecuencias realmente no son tan malas como uno piensa.

(d) Lea acerca de muchas personas famosas en la historia que no se desanimaron por sus errores y lograron cambiar el mundo. Por ejemplo, Thomas Edison experimentó 10.000 fracasos antes de perfeccionar la bombilla eléctrica. ¡Menos mal que tuvo la confianza de continuar después de los primeros cientos de errores!

(e) No puede predecir todo 100% correctamente o controlar las cosas en su totalidad. Haga una lista de las cosas sobre las cuales tiene control versus aquellas que no controla. Acepte un equilibrio entre las dos y concéntrese únicamente en las cosas que puede controlar. Por ejemplo, haga su tarea sobre el tema, ensaye su discurso, familiarícese con el entorno en el cual estará haciendo la presentación, conozca mejor a las personas que participarán en la reunión antes del gran día, y así sucesivamente. Entonces habrá hecho su parte. El resto está fuera de su control.

(f) Deje de pensar demasiado acerca de cómo se harán las cosas y en cambio concéntrese en empezar. Confíe en que el proceso se resolverá por sí mismo. Elija algo que haya estado postergando y encárelo hoy.

(g) Forme equipo con alguien que esté orientado/a a la acción que le ayude a ponerse en movimiento y le brinde apoyo.

(h) Recuerde que la mayoría de los proyectos tienen fechas límite estrictas y siempre llevan más tiempo de lo esperado, por lo tanto considere eso cuando defina los cronogramas.

(i) Priorice su tiempo. Algunas cosas requieren mucha atención y detalle y otras no. Por ejemplo, dedicar tiempo a perfeccionar un correo electrónico para un colega es innecesario, pero hacerlo para examinar un contrato cuidadosamente es tiempo bien invertido.

3 | Me pongo excesivamente ansioso/a con ciertas personas o en ciertas situaciones

Reflexione

¿Por lo general es usted una persona segura de si misma, excepto cuando se ve expuesto/a a personas, grupos o situaciones específicas? Algunas personas pueden ser adeptas a liderar reuniones, pero hacer presentaciones ante grandes grupos de gente les aterroriza. Otras personas se sienten cómodas con colegas pero se vuelven cohibidas o nerviosas en compañía de los directivos.

La falta de confianza a menudo es específica a situaciones o en un contexto determinado. Si no está constantemente sometido/a a una situación que crea ansiedad, puede parecer manejable. Pero, ¿por qué esperar hasta que esa situación aparezca para ocuparse de ella? Una promoción o reasignación repentina puede cambiar su contexto y súbitamente crearle ansiedad.

Copyright © 2009 Yolanda Lacoma & Martin Sutherland

Reaccione

(a) Exponerse a las situaciones o personas que le tornan temeroso/a es la mejor manera de abordar su ansiedad y obtener confianza. Cuánto más exposición tenga a estas situaciones, más se elevará su nivel de confianza. Encuentre maneras de participar, aunque sólo mínimamente al principio, en este tipo de entornos.

(b) Comparta su ansiedad. Encuentre alguien que pueda darle apoyo en momentos en que esté muy ansioso/a. Por ejemplo, si no le gusta estar en grupos grandes pero necesita asistir a una reunión para establecer contactos, busque a un/a compañero/a de trabajo que disfrute socializar para que le acompañe

(c) Si se siente incómodo/a con aquellas personas que tienen más autoridad, haga un esfuerzo consciente de tratar de conocerlos a un nivel más personal. Le ayudará a desafiar sus supuestos acerca de ellos/as y a verles como individuos en lugar de figuras de autoridad. Hable con las personas mientras está esperando que empiece una reunión; asista a reuniones sociales que le permitan interactuar de forma relajada; averigüe más acerca de la gente preguntando a otras personas qué piensan de ellos/as.

(d) Pídale a un asesor profesional técnicas para relajarse y reducir la ansiedad. Los ejercicios de respiración, bio-retroalimentación, visualización e hipnosis son sólo algunas de las herramientas a su disposición.

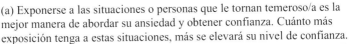

| 4 | **Me avergüenzo fácilmente/Me preocupa parecer tonto/a** |

Reflexione

Llamar la atención por unos pocos errores es preferible a no llamar la atención en absoluto. No permita que el temor de parecer tonto/a le impida participar. A menudo, somos nuestros/as críticos/as más severos/as y nos preocupamos por cosas que la mayoría de la gente del público ni siquiera consideraría.

Reaccione

(a) La afirmación positiva puede ayudarle a reprogramar su pensamiento. Esté atento/a a los pensamientos negativos y practique reemplazarlos con pensamiento positivo.

(b) Considere cómo reaccionaría si alguien más cometiera un error frente a usted. No lo crucificaría. Tendemos a ser más duros con nosotros/as mismos/as. Cuando mire alrededor de la sala, recuerde que la gente deja lugar para los errores y muestra más empatía de lo que usted piensa.

(c) Obtenga retroalimentación acerca de cómo fue su presentación o qué tan bueno resultó su trabajo. Debido a que usted es su peor crítico/a, los demás pueden brindar una perspectiva más realista.

(d) Use su sentido del humor y practique burlarse de sí mismo/a, incluso en público. Es una manera fácil de conectarse con los demás y sacarse la presión. ¿Cuántas veces observó situaciones y descubrió sus aspectos graciosos en retrospectiva? Trate de usar esa perspectiva en el presente.

(e) Concéntrese en los temas o el problema en cuestión, en lugar de en sí mismo/a.

87

Copyright © 2009 Yolanda Lacoma & Martin Sutherland

Comportamientos usados en exceso

Los estudios de investigación han determinado que en ocasiones las fortalezas de una persona se pueden convertir en debilidades si se utilizan en exceso.

Para encontrar el equilibrio, usted debe desarrollar los llamados estabilizadores con el objetivo de atenuar el comportamiento usado en exceso.

Estabilizadores:	Comportamiento usado en exceso
41 Modesto/a	Puede que se le perciba como arrogante o con demasiada confianza en sí mismo/a
4 Accesible	
7 Trabaja Bien En Equipo	
2 Adaptable	
43 Motiva A Las Personas	
52 Consciente De Sí Mismo/a	
46 Abierto/a De Mente	
22 Diplomático/a	
47 Paciente	
24 Empático/a	

Instrucciones

Si se siente identificado/a con la definición de comportamiento usado en exceso, elija alguno de los estabilizadores y diríjase a los capítulos correspondientes para buscar estrategias de acción que le ayuden a desarrollarlos.

Para más instrucciones diríjase a la sección de este libro: "Cómo utilizar este libro".

Copyright © 2009 Yolanda Lacoma & Martin Sutherland

13. Tiene Coraje

dificultad de APRENDIZAJE | dificultad de CAMBIO

"Debo hacer frente a todo en busca de la verdad.
Si no lo hago, sólo sigo la corriente de la
mentira y la hago más fuerte"

Anónimo

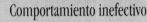

Comportamiento efectivo
Lo cuestiona todo y está dispuesto/a a dar la cara por un asunto incluso si supone un riesgo personal importante

Comportamiento inefectivo
Evita comunicar cierta información a otras personas por miedo a las consecuencias

Comportamiento usado en exceso
Puede que se le perciba como una persona agresiva y poco cooperadora o demasiado crítica

Instrucciones
Lea las definiciones de la izquierda. Si se siente identificado/a con la definición de comportamiento inefectivo, diríjase a la sección Estrategias de Acción de este capítulo.

Si se siente identificado/a con la definición de comportamiento usado en exceso diríjase a la sección final del capítulo.

Auto Evaluación

¿verdadero?	Me siento cómodo al ofrecer una opinión discrepante
¿verdadero?	Hablo cuando algo debe decirse; no espero hasta el último minuto
¿verdadero?	No me lo tomo de forma personal cuando la gente no está de acuerdo conmigo
¿verdadero?	No sigo la corriente cuando creo lo contrario
¿verdadero?	Soy honesto con la gente incluso si no les va a gustar lo que tengo que decir
¿verdadero?	He defendido mi posición anteriormente por algo en lo que creo

Notas
¿Está seguro/a de que debe desarrollar esta competencia?

"Si la respuesta a la mayoría de las afirmaciones de la parte izquierda es "verdadero", probablemente no sea necesario que usted desarrolle esta competencia."

89

Copyright © 2009 Yolanda Lacoma & Martin Sutherland

Estrategias de Acción

La mayoría de los comportamientos inefectivos tienen patrones o pensamientos emocionales ocultos. Al identificarlos, usted podrá definir las estrategias de acción específicas para mejorar este comportamiento.

(1) No quiero ser visto como un/a alborotador/a/ Es más importante llevarme bien que atenerme a mis principios

(2) Mi posición u opinión puede estar equivocada

(3) Hablar no marcará una gran diferencia / Realmente nadie escucha de todos modos

(4) Me pongo ansioso/a o temeroso/a cuando desafío a mis superiores

(5) Me torno muy emotivo/a cuando me pongo firme/No sé como mostrar coraje sin ser polémico/a

Instrucciones

1. Lea y seleccione uno o más de los patrones de comportamiento inefectivo descritos a la izquierda.

2. En la sección de abajo, busque el número correspondiente que le ayudará a reconsiderar este patrón y a identificar acciones prácticas y específicas de mejora.

---

1 | No quiero ser visto como un/a alborotador/a /Es más importante llevarme bien que atenerme a mis principios

Reflexione

Desafiar el status quo puede causar conflicto pero no debiera dejar que eso le haga callar, a menos que usted simplemente esté queriendo discutir. La comunicación abierta y honesta es el flujo sanguíneo de toda organización. Debe ser alentada por la cultura de la compañía y puesta en práctica por sus individuos. El camino de menor resistencia puede ser seguir la norma, pero no siempre es el curso apropiado de acción. Tal vez sienta que pondría en peligro la relación con sus colegas o con un supervisor si toma una postura opuesta, o que sería considerado/a poco colaborador/a. Sin embargo, si sus motivos están basados en un interés legítimo por mejorar el status quo, sus esfuerzos serán respetados. ¿Puede permitirse el riesgo de no aportar nuevas ideas o mejorar procesos porque generará debate? Los líderes alcanzan la grandeza porque defienden lo que creen, incluso si significa no complacer a todo el mundo.

Reaccione

(a) Espere y prepárese para experimentar resistencia de la gente con más experiencia o autoridad. Escriba respuestas a las objeciones que anticipa. La preparación le dará confianza para manejar la oposición. Ensaye el debate con colegas de confianza — puede haber posiciones que no ha considerado para las cuales debería estar preparado.

(b) Exponga bien sus motivos. Si la persona se pone a la defensiva acerca de ser desafiado/a, continúe redireccionando la conversación hacia la meta que desea alcanzar.

(c) Conozca mejor a las figuras con autoridad que le hacen sentirse inquieto/a. Conocer mejor a la gente ayuda a disipar ansiedades. Asista a fiestas de la compañía donde pueda interactuar con ellos o preguntar a otras personas que los conozcan.

90

Copyright © 2009 Yolanda Lacoma & Martin Sutherland

(d) Después de haber presentado su caso, puede necesitar abordar el tema nuevamente. Tiene derecho a hacer seguimiento más de una vez si siente que no le están escuchando o que el tema queda sin resolver.

(e) Programe su desafío cuidadosamente. Por lo general, las figuras con autoridad están extremadamente ocupadas y el momento inadecuado puede dañar la forma en que se recibe su opinión. Trate de encontrar un momento en que la persona esté menos ocupada y programe una reunión, si es posible, para asegurarse de recibir plena atención.

2 | Mi posición u opinión puede estar equivocada

Reflexione

Usted supone que si defiende su posición o se mantiene firme en una decisión que puede resultar equivocada tendrá un resultado negativo. Pero el coraje inevitablemente implica defender algo en lo que cree — a pesar de las consecuencias. Siempre existe la posibilidad de que su posición no sea adoptada pero, en todo caso, desempeñará un rol en dar forma a la decisión final. Es importante que su voz sea escuchada.

Reaccione

(a) Trate lo que tiene que decir como algo importante y dé a la gente la oportunidad de escucharle.

(b) Prepárese bien y conozca su tema. La gente puede no estar de acuerdo con usted, pero respetarán una opinión informada.

(c) En lugar de concentrarse en si va a quedar mal, considere las consecuencias de no defender su posición.

(d) Comparta sus pensamientos con un colega o mentor. Esto puede ayudarle a tener más confianza en sus opiniones y decisiones.

3 | Hablar no marcará una gran diferencia/Realmente nadie escucha de todos modos

Reflexione

¿Se ha resignado a no involucrarse? Se puede sentir frustrado/a porque los procesos se mueven con demasiada lentitud; tal vez su opinión no fue considerada seriamente en el pasado, o no confía en que con los recursos disponibles puedan producirse cambios. Cualquiera que sea el motivo, adoptar una actitud de "para qué molestarse" le convierte en parte del problema en lugar de la solución. Es exactamente esta cultura la que podría beneficiarse más de un desafío persistente del status quo. Puede llevar algo de tiempo antes de que su influencia produzca cambios, pero quedarse callado/a garantizará que las cosas simplemente sigan igual. Actuar como si un problema no existiera no lo hará desaparecer.

Copyright © 2009 Yolanda Lacoma & Martin Sutherland

Reaccione

(a) En lugar de tratar de afrontar todo lo que necesita atención, elija lo que más necesita mejora. ¿Qué tendría el mayor impacto? Concentrarse en estos temas le proporcionará una mayor determinación cuando los demás demuestren desinterés o resistencia.

(b) Si el tema representa un desafío demasiado grande, divídalo en partes más pequeñas y manténganse concentrado/a en afrontar un solo aspecto cada vez.

(c) ¿Alguien más está luchando para hacer frente al status quo? Bríndeles respaldo y descubra la fuerza en la acción conjunta. Trate de motivar a otras personas a participar con usted en expresar sus objeciones.

(d) Puede estar desperdiciando energía si no comprende la política de un determinado tema. Vuélvase más astuto políticamente. Pedir ayuda a la persona adecuada para facilitar el cambio le llevará más lejos con menos esfuerzo. Si su postura no es bien recibida, ¿quién más está allí para escuchar su opinión? ¿Ha comprometido a las personas clave a cargo de la toma de decisiones? Piense estratégicamente acerca de a quién dirigirse para plantear objeciones o preocupaciones.

 4 | **Me pongo ansioso/a o temeroso/a cuando desafío a mis superiores**

Reflexione

Puede ser normal hacer frente a colegas y miembros de su equipo, pero desafiar a aquellas personas en posiciones de autoridad pone incómoda a la mayoría de las personas. Pero a pesar de sus grandes conocimientos y experiencia, sus superiores todavía tienen la capacidad de aprender.

Recuerde que una perspectiva nueva por lo general es bienvenida y podría ser altamente valorada, incluso si fuese resistida al principio. Su visibilidad en la organización mejora cuando no teme desafiar a las personas con autoridad. Aquellos que hablan son recordados.

Reaccione

(a) Espere y prepárese para experimentar resistencia de la gente con más experiencia o autoridad. Escriba respuestas a las objeciones que anticipa. La preparación le dará confianza para manejar la oposición. Ensaye el debate con colegas de confianza — puede haber posiciones que no ha considerado para las cuales debería estar preparado.

(b) Exponga bien sus motivos. Si la persona se pone a la defensiva acerca de ser desafiado/a, continúe redireccionando la conversación hacia la meta que desea alcanzar.

(c) Conozca mejor a las figuras con autoridad que le hacen sentirse inquieto/a. Conocer mejor a la gente ayuda a disipar ansiedades. Asista a fiestas de la compañía donde pueda interactuar con ellos o preguntar a otras personas que los conozcan.

(d) Después de haber presentado su caso, puede necesitar abordar el tema nuevamente. Tiene derecho a hacer seguimiento más de una vez si siente que no le están escuchando o que el tema queda sin resolver.

(e) Programe su desafío cuidadosamente. Por lo general, las figuras con autoridad están extremadamente ocupadas y el momento inadecuado puede dañar la forma en que se recibe su opinión. Trate de encontrar un momento en que la persona esté menos ocupada y programe una reunión, si es posible, para asegurarse de recibir plena atención.

Copyright © 2009 Yolanda Lacoma & Martin Sutherland

Reflexione

Una postura valiente puede tornarse arrogante o irrespetuosa cuando una persona está cargada emocionalmente. Recuerde que la gente puede responder de forma negativa a su actitud, no a su opinión. Uno puede rápidamente desarrollar una reputación de ser polémico/a, lo que desalienta a otras personas acerca de "incluirle" o incluso solicitar su opinión.

Reaccione

(a) La diplomacia es clave para no ofender a otros cuando uno se mantiene firme en su opinión. Sea honesto/a pero diplomático/a. Reconozca la situación actual y haga referencia a lo que está funcionando bien.

(b) Hable en un tono calmado, no polémico. Alentará a su público a ser más receptivo y abierto a considerar su posición. Discúlpese si ha levantado la voz.

(c) Es bueno ser apasionado/a acerca de sus creencias, pero es más importante ser capaz de expresarlas bien. Asegúrese de estar enteramente preparado/a para una discusión lógica cuando desafía a otros. Prepare un caso de negocios si es adecuado y explique las razones por las cuales su posición tiene sentido.

(d) Ofrezca soluciones cuando haga frente al status quo. Ofrecer alternativas agrega valor real a la conversación y demuestra sus habilidades para la resolución de problemas.

(e) Al igual que usted, es probable que la mayoría de la gente quiera defender su terreno. Anticipe que los demás quieran discutir y tome consciencia de que son tan apasionados como usted acerca del tema. Manténgase paciente y agradable y escuche a la gente. Les resultará más difícil ser agresivos/as con alguien que es sereno/a.

Copyright © 2009 Yolanda Lacoma & Martin Sutherland

Comportamientos usados en exceso

Los estudios de investigación han determinado que en ocasiones las fortalezas de una persona se pueden convertir en debilidades si se utilizan en exceso.

Para encontrar el equilibrio, usted debe desarrollar los llamados estabilizadores con el objetivo de atenuar el comportamiento usado en exceso.

Estabilizadores:	Comportamiento usado en exceso
11 Calmado/a	Puede que se le perciba como una persona agresiva y poco cooperadora o demasiado crítica
46 Abierto/a De Mente	
22 Diplomático/a	
24 Empático/a	
34 Capaz De Escuchar	
35 Gestiona El Conflicto	
35 Gestiona El Conflicto	
4 Accesible	
43 Motiva A Las Personas	
7 Trabaja Bien En Equipo	

Instrucciones

Si se siente identificado/a con la definición de comportamiento usado en exceso, elija alguno de los estabilizadores y diríjase a los capítulos correspondientes para buscar estrategias de acción que le ayuden a desarrollarlos.

Para más instrucciones diríjase a la sección de este libro: "Cómo utilizar este libro".

94

Copyright © 2009 Yolanda Lacoma & Martin Sutherland

14. Creativo/a

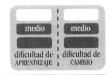
> "Ser creativo requiere el valor de dejar a un lado las certezas"
>
> Erich Fromm

Comportamiento efectivo

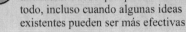

Crea nuevas ideas haciendo conexiones entre conceptos diferentes, muchas veces sin relación entre ellos

Comportamiento inefectivo

Puede que no sea capaz de crear o inventar nuevas ideas utilizando formas de pensamiento alternativas

Comportamiento usado en exceso

Puede que tenga ideas que sean demasiado extremas como para poder ser utilizadas. Puede que quiera reinventar todo, incluso cuando algunas ideas existentes pueden ser más efectivas

Instrucciones

Lea las definiciones de la izquierda. Si se siente identificado/a con la definición de comportamiento inefectivo, diríjase a la sección Estrategias de Acción de este capítulo.

Si se siente identificado/a con la definición de comportamiento usado en exceso diríjase a la sección final del capítulo.

Auto Evaluación

¿verdadero?	Disfruto del intercambio de ideas y tengo muchas propuestas para compartir durante las sesiones
¿verdadero?	Me gusta pensar acerca de maneras novedosas de hacer las cosas
¿verdadero?	Habitualmente considero los diferentes escenarios posibles en mi mente
¿verdadero?	Busco múltiples soluciones para un problema
¿verdadero?	Me gusta especular y reflexionar
¿verdadero?	La gente tiende a acercarse a mí para ideas nuevas

Notas

¿Está seguro/a de que debe desarrollar esta competencia?

"Si la respuesta a la mayoría de las afirmaciones de la parte izquierda es "verdadero", probablemente no sea necesario que usted desarrolle esta competencia."

95

Copyright © 2009 Yolanda Lacoma & Martin Sutherland

Estrategias de Acción

La mayoría de los comportamientos inefectivos tienen patrones o pensamientos emocionales ocultos. Al identificarlos, usted podrá definir las estrategias de acción específicas para mejorar este comportamiento.

① Soy una persona práctica/No soy del tipo creativo

② Tiendo a recurrir a lo que me resulta familiar o lo que ya se

③ Creo que la gente está continuamente tratando de reinventar la rueda

④ Mi entorno de trabajo está muy orientado a los procesos y desalienta la creatividad

Instrucciones

1. Lea y seleccione uno o más de los patrones de comportamiento inefectivo descritos a la izquierda.

2. En la sección de abajo, busque el número correspondiente que le ayudará a reconsiderar este patrón y a identificar acciones prácticas y específicas de mejora.

---

1 | Soy una persona práctica/No soy del tipo creativo

Reflexione

Hay creatividad en todas las personas, incluso en las que tienen una inclinación más práctica.

Ser más creativo/a puede ser tan simple como permitirse la libertad de contemplar todas las posibilidades, incluso las que son poco prácticas. Aunque un enfoque práctico por lo general es el más eficiente, puede desviarle de oportunidades para sobresalir y agregar valor de formas previamente no exploradas.

Durante períodos de innovación y crecimiento rápido, por ejemplo, la creatividad puede reemplazar a la eficiencia. Trate de lograr una mentalidad que le permita dedicarse a soluciones e ideas tanto creativas como prácticas. La capacidad de considerar ambas perspectivas incrementará su valor para la organización.

Reaccione

(a) Si tiene el impulso de actuar, hágalo sin demasiado pensamiento o juicio. Trate de actuar de forma espontánea al menos una vez por semana. Olvídese de si es práctico o no.

(b) Aplique su creatividad planteándose habitualmente los escenarios posibles.

Copyright © 2009 Yolanda Lacoma & Martin Sutherland

(c) Desafíe su naturaleza práctica contemplando escenarios simples que involucren su vida personal: "¿Qué pasaría si me tomo vacaciones la semana que viene y voy a ese lugar que siempre quise ir?" Observe la clase de pensamientos negativos u objeciones que aparecen instantáneamente. ¿Qué objeciones son imposibles de superar? Haga lo mismo cuando piense en soluciones en el trabajo. Una idea puede parecer poco práctica al principio, pero mire más de cerca la validez de sus objeciones a la misma.

(d) Recoja nuevas ideas; pregunte a otros cuál sería su enfoque.

(e) Use un enfoque incremental de creatividad. No todo tiene que hacerse radicalmente diferente — tal vez puede concentrarse en una o dos áreas primero.

(f) Asegúrese de que haya gente creativa en su equipo.

(g) Participe en pasatiempos que alienten el uso de la imaginación y el lado creativo de su cerebro, tales como clases de arte o fotografía.

(h) Pase más tiempo con gente creativa.

2 | Tiendo a recurrir a lo que me resulta familiar o lo que ya sé

Reflexione

La experiencia pasada brinda una excelente fuente de inspiración, pero también puede resultar un obstáculo que impide que se escuchen ideas nuevas y creativas. Es importante estar abierto/a a posibilidades nuevas y mejores maneras de hacer las cosas, incluso si su método o enfoque ha funcionado bien para usted. Cuanto más experiencia tenga, más consciente deberá ser de que puede quedar atrapado/a en viejos patrones y hábitos.

Recuerde que siempre hay más de una manera de solucionar un problema o abordar un tema — no se limite a las formas con las que se siente más cómodo/a o que le son familiares.

Reaccione

(a) Permítase tiempo para reconsiderar una idea que no se ha hecho realidad en el pasado. Si es impaciente, no está dando tiempo a que surjan ideas creativas y novedosas.

(b) Haga un pacto consigo mismo/a para no tomar una decisión hasta que haya considerado por lo menos tres enfoques diferentes.

(c) Elija, deliberadamente, usar de vez en cuando una técnica o metodología diferente, poco familiar.

(d) Asóciese con alguien que sea creativo/a y que pueda alentarlo a pensar de forma menos estructurada.

(e) Deje que los demás den ideas antes de ofrecer las suyas.

(f) Opte por cantidad en lugar de calidad. Cuantas más ideas se generen más probabilidades habrá de que surja algo innovador. Es conveniente recoger la mayor cantidad de ideas posibles.

Copyright © 2009 Yolanda Lacoma & Martin Sutherland

(g) Manténgase en la delantera. Busque capacitación y asista a conferencias que muestren la última tecnología o tendencias en su industria.

(h) Asegúrese de equilibrar su equipo con pensadores creativos e innovadores.

3 | Creo que la gente está continuamente tratando de reinventar la rueda

Reflexione

¿Se siente frustrado/a por el continuo empuje por reinventar, "re embalar", revender? Bueno, así es como las organizaciones se mantienen competitivas. Es necesario experimentar continuamente con productos y servicios para mantenerse al corriente de las necesidades y tendencias cambiantes de los clientes.

Los procesos y políticas internas están sujetos a un rediseño y ajustes constantes. Y aunque algunas personas pasan demasiado tiempo tratando de reinventar la rueda, se debe alentar la experimentación. De lo contrario, la organización se estanca.

Algunas industrias asignan una considerable parte de su presupuesto a investigación y desarrollo, y la capacidad de ser creativos y tratar lo común en términos poco comunes es crítica. Pero asegúrese de diferenciar entre perder el tiempo y una oportunidad genuina de mejorar un proceso, producto o servicio.

Reaccione

(a) Cree una lista que identifique posibles mejoras para el ítem o tema en cuestión. Le tornará más receptivo/a a la necesidad de cambio.

(b) Desde su perspectiva las cosas pueden estar funcionando bien, pero pregúntele a otras personas (incluso fuera de su equipo) qué perciben como problemático y por qué algo necesita rediseñarse.

(c) Trate de no juzgar, no sólo las ideas de los demás sino también las propias. Absténgase de usar expresiones tales como "Es una buena idea pero ..." o "No pienso que sea realista…" En cambio, no emita comentarios hasta que haya digerido la idea. Le dará tiempo para considerar adecuadamente las posibilidades e implicaciones antes de hacer un juicio.

(d) Deje que alguien más intente plantearle su idea. Cuanto más sólido sea su argumento más probabilidades tendrá usted de ser receptivo/a al mismo. Esto beneficiará a ambos. Recuerde mantenerse imparcial.

Copyright © 2009 Yolanda Lacoma & Martin Sutherland

Reflexione

Puede ser desafiante expresar y desarrollar su creatividad cuando el entorno en el cual opera no le alienta de forma activa.

La organización puede valorar la tradición; tal vez la industria está orientada a los procesos, o el jefe puede ser un pensador lineal. Sin embargo, todas las organizaciones pueden beneficiarse del pensamiento creativo. Incluso en el entorno más receptivo, se puede esperar algo de resistencia cuando se presentan nuevas ideas. En este tipo de ambiente puede no ser suficiente tener pensamientos creativos — tal vez necesite ser creativo/a en cómo presentarlos y venderlos.

Reaccione

(a) Si su entorno grupal prohíbe la creatividad, encuentre formas alternativas de comunicar sus ideas. Comente las ideas individualmente con su mentor o líder de grupo. Compartir sus pensamientos es más productivo que guardárselos.

(b) Trate de sentirse cómodo/a vendiendo o promoviendo sus ideas. Practique con un colega o alguien con quien se sienta cómodo/a. Observe sus objeciones. Cada vez que hable con otra persona, su discurso se tornará más sólido. Simplemente tiene que convencer a la persona adecuada que pueda defender sus ideas.

(c) Tómese la costumbre de conversar las ideas con gente con la que se sienta cómodo/a. No dé ideas por descontadas antes de haberlo hecho. Puede pensar que no valen la pena, pero permita que otros sean su caja de resonancia.

(d) Traslade su creatividad al lenguaje del negocio. Arme un escenario de negocios que detalle la idea lo más claramente posible. Defina el problema que resultó mal previamente, su solución, el rendimiento sobre la inversión, etc. Es más probable que sus ideas sean creíbles si están bien organizadas y presentadas de forma que claramente demuestren un beneficio.

(e) Incluso si otros gerentes no lo alientan, promueva y recompense la creatividad en su equipo.

Copyright © 2009 Yolanda Lacoma & Martin Sutherland

Comportamientos usados en exceso

Los estudios de investigación han determinado que en ocasiones las fortalezas de una persona se pueden convertir en debilidades si se utilizan en exceso.

Para encontrar el equilibrio, usted debe desarrollar los llamados estabilizadores con el objetivo de atenuar el comportamiento usado en exceso.

Estabilizadores:	Comportamiento usado en exceso
1 Obtiene Resultados	Puede que tenga ideas que sean demasiado extremas como para poder ser utilizadas. Puede que quiera reinventar todo, incluso cuando algunas ideas existentes pueden ser más efectivas
17 Juicioso/a	
18 Orientado/a Al Detalle	
29 Establece Prioridades	
36 Gestiona Las Ideas De Otras Personas	
40 Posee Conocimiento Del Mercado	
48 Planifica El Trabajo	
50 Resuelve Problemas	
56 Posee Conocimientos Técnicos	
6 Inteligente	

Instrucciones

Si se siente identificado/a con la definición de comportamiento usado en exceso, elija alguno de los estabilizadores y diríjase a los capítulos correspondientes para buscar estrategias de acción que le ayuden a desarrollarlos.

Para más instrucciones diríjase a la sección de este libro: "Cómo utilizar este libro".

100

Copyright © 2009 Yolanda Lacoma & Martin Sutherland

15. Orientado/a Al Cliente

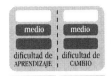
"Es el cliente quien paga los sueldos"
Henry Ford

Comportamiento efectivo
Se relaciona con los clientes asegurándose de que se cubran sus necesidades y de que se cumplan o se excedan sus expectativas

Comportamiento inefectivo
Puede que no se relacione bien con clientes y que no reconozca sus necesidades o puede que no esté dispuesto/a a actuar en consecuencia

Comportamiento usado en exceso
Puede que quiera acomodarse a las necesidades irracionales o inapropiadas del cliente sin considerar los aspectos más importantes del negocio

Instrucciones

Lea las definiciones de la izquierda. Si se siente identificado/a con la definición de comportamiento inefectivo, diríjase a la sección Estrategias de Acción de este capítulo.

Si se siente identificado/a con la definición de comportamiento usado en exceso diríjase a la sección final del capítulo.

Auto Evaluación

¿verdadero?	Tengo a mis clientes en mente cuando tomo mis decisiones
¿verdadero?	Me comunico con frecuencia con mis clientes
¿verdadero?	Satisfacer a mis clientes es una prioridad
¿verdadero?	Solicito información de mis clientes que me ayuda a mejorar mi servicio
¿verdadero?	Trato de mantener a mis clientes entusiasmados/as acerca de nuestros productos y servicios

Notas
¿Está seguro/a de que debe desarrollar esta competencia?

"Si la respuesta a la mayoría de las afirmaciones de la parte izquierda es "verdadero", probablemente no sea necesario que usted desarrolle esta competencia."

101

Copyright © 2009 Yolanda Lacoma & Martin Sutherland

Estrategias de Acción

La mayoría de los comportamientos inefectivos tienen patrones o pensamientos emocionales ocultos. Al identificarlos, usted podrá definir las estrategias de acción específicas para mejorar este comportamiento.

(1) No me gusta mi cliente/No hay manera de complacer a los clientes

(2) Ya sé lo que necesita el cliente

(3) No trato directamente con clientes/No es mi trabajo

(4) Tengo demasiadas otras exigencias/Tengo preocupaciones más importantes

(5) Una vez que cierro el negocio pierdo interés en el cliente

Instrucciones

1. Lea y seleccione uno o más de los patrones de comportamiento inefectivo descritos a la izquierda.

2. En la sección de abajo, busque el número correspondiente que le ayudará a reconsiderar este patrón y a identificar acciones prácticas y específicas de mejora.

---

1 | **No me gusta mi cliente/No hay manera de complacer a los clientes**

Reflexione

Por lo general, los clientes se ponen en contacto con usted cuando están insatisfechos/as o experimentan un problema. Es difícil escuchar las críticas, especialmente si son injustas y transmitidas de forma grosera o inaceptable. Sin embargo, estar orientado al cliente significa escuchar tanto las quejas como los elogios.

Sería ideal que todos sus clientes le cayeran bien, pero es mucho más importante que se mantenga atento/a y comprenda sus necesidades en todo momento, que brinde soluciones aceptables cuando surjan los problemas y que sea amable y profesional incluso cuando ellos no lo sean. Puede notar que los clientes son más agradecidos y colaboradores cuando usted es paciente y está preparado para escuchar sus quejas.

Reaccione

(a) Tal vez deba examinar emociones e información irrelevante antes de poder brindar una solución deseable a su cliente. Escuche cuidadosamente y reformule el pedido del cliente para asegurarse de haber comprendido el problema correctamente. Esto podría llevar un tiempo porque el cliente incluso podría no saber lo que necesita.

(b) Manténgase paciente y calmado/a, aún más allá de lo que podría considerarse razonable. Su primera respuesta definirá el tono del resto de la conversación. La paciencia le permite escuchar al cliente de forma adecuada y evitar conclusiones incorrectas.

102

Copyright © 2009 Yolanda Lacoma & Martin Sutherland

(c) Póngase en el lugar del cliente y trate de identificarse con los motivos por los cuales está disgustado/a. Reformule su problema para informarles que comprendió. Tal vez se ponga a la defensiva al principio, pero si puede comprender por qué el cliente se está sintiendo de cierta manera, le ayudará a manejar sus emociones de forma más efectiva.

(d) Sea creativo con sus soluciones. Puede haber políticas y procedimientos estrictos para ayudar al cliente, pero las alternativas creativas a menudo pueden satisfacer sus necesidades. La gente apreciará y recordará que usted se haya esforzado en satisfacerles.

(e) Tal vez sus procesos o productos necesitan mejora y no la actitud de su cliente. Haga seguimiento de pedidos repetidos de clientes y use la información para mejorar cuando sea necesario.

(f) Si la relación con su cliente está costando más que el beneficio que crea, considere los pros y contras de continuar esa relación. A veces continuar no justifica los recursos empleados.

2 | Ya sé lo que necesita el cliente

Reflexione

Puede que haya trabajado con sus clientes por un tiempo y comparta buenas y bien fundadas relaciones, pero las necesidades pueden cambiar rápidamente.

La falta de reconocimiento de sus necesidades dinámicas abre la puerta a los competidores. La que puede haber sido la mejor opción previamente puede ser menos adecuada ahora. La lealtad de los clientes depende de su capacidad para anticipar y tener en cuenta su posición. Recuerde, rara vez hay un producto o servicio ideal para todos los clientes, por lo tanto las generalizaciones acerca de sus necesidades pueden ser peligrosas. Siempre ponga a prueba sus supuestos porque pueden reflejar su visión y no la de sus clientes.

Finalmente, no espere que los clientes se adapten a sus productos o procesos — funciona a la inversa.

Reaccione

(a) Esté bien atento/a a la información que puede ayudarle a anticipar necesidades futuras. Genere a menudo conversaciones con sus clientes acerca de los cambios que experimenta su mercado y el impacto que tendrán sobre ellos. Estas conversaciones pueden llevar a ideas para nuevos productos o servicios en las que no hubiera pensado sin escuchar sus necesidades.

(b) Programe en su calendario visitas a clientes como parte de sus responsabilidades. Ocúpese de sus clientes habitualmente.

(c) Si es conveniente, use técnicas de retroalimentación formales tales como cuestionarios para recolectar información acerca de las necesidades de sus clientes.

(d) Utilice grupos concentrados en los clientes y retroalimentación para poner a prueba las ideas antes de invertir demasiado tiempo y recursos.

(e) Pregunte a sus clientes acerca de los aspectos que les gustan y que no les gustan acerca de sus productos o servicios y sus procesos.

103

Copyright © 2009 Yolanda Lacoma & Martin Sutherland

3 | No trato directamente con clientes/No es mi trabajo

Reflexione

No tiene que tener contacto directo con un cliente para tener un impacto en el servicio al cliente. Por ejemplo, puede que no esté manejando la llamada de atención al cliente en sí, pero podría estar más orientado al cliente mejorando los procesos y procedimientos que usa su compañía para manejar las llamadas de los clientes. En definitiva, todas las personas en la organización tienen un impacto en el cliente y es vital para la misma que todos los empleados tengan una perspectiva orientada al cliente y que continuamente relacionen su trabajo con sus clientes.

Reaccione

(a) Familiarícese con la cartera de clientes de la compañía y los cambios en las tendencias que afectarán a los perfiles de los clientes, así como también los nuevos clientes a los cuales la compañía puede estar apuntando en el futuro.

(b) Trate de identificar y mejorar cualquier proceso que tenga un impacto en el cliente.

(c) Usted tiene clientes externos e internos. Examine la calidad de su relación con la gente en otros departamentos que cuentan con usted para obtener información o para hacer su trabajo.

4 | Tengo demasiadas otras exigencias/ Tengo preocupaciones más importantes

Reflexione

Puede que sienta que apenas tiene tiempo suficiente para manejar su carga de trabajo diaria. Recuerde, sin embargo, que en definitiva todas sus exigencias de trabajo están generadas por clientes que están dispuestos a pagar por su producto o servicio. Si su cliente se va, su trabajo desaparece; por lo tanto tiene sentido dar prioridad al enfoque sobre el cliente independientemente de su rutina diaria.

Reaccione

(a) Investigue cómo puede reorganizar su trabajo para tener tiempo de atender a sus clientes.

(b) Asegúrese de que los clientes puedan comunicarse con usted. Brinde suficientes medios para que puedan ponerse en contacto con usted en todo momento y deles alternativas si está fuera de la oficina a menudo.

(c) Establezca una política para tiempos de respuesta aceptables y controle en qué medida usted y su equipo los cumplen.

104

Copyright © 2009 Yolanda Lacoma & Martin Sutherland

(d) Si absolutamente no hay tiempo disponible para manejar las relaciones con sus clientes, hable con la persona adecuada para que le ayude a redefinir las prioridades y le asista con su carga de trabajo.

5 | Una vez que cierro el negocio pierdo interés en el cliente

Reflexione

Algunas personas mantienen elevados estándares de servicio al cliente durante la etapa en que están intentando ganarse a los clientes, pero una vez que se comprometieron y el negocio está cerrado los estándares caen o se descuidan. Esta es una práctica arriesgada para cualquier negocio. ¿Por qué desperdiciar el arduo trabajo que se necesitó para obtener un compromiso debido a una falta de seguimiento adecuado?

Muchas organizaciones dependen en gran medida del crecimiento a través de negocios referidos o repetidos, por lo tanto mantener o aumentar la calidad de servicio al cliente una vez cerrado el negocio es vital. Las buenas relaciones requieren atención y cuidado en tanto existan. Recuerde, un cliente se mantendrá leal en tanto usted continúe cuidándolo y trabajando para su mejor provecho.

Reaccione

(a) Aplique el mismo conjunto de estándares a los clientes nuevos y los existentes.

(b) ¿Cuáles son los valores de la compañía? ¿Su comportamiento es compatible con los valores de la compañía?

(c) Forme equipo con otras personas que puedan ayudarlo a manejar las necesidades constantes de los clientes si, por ejemplo, usted debe concentrarse en aumentar la cartera de clientes. Incluso si le retiran de las responsabilidades de seguimiento, ocasionalmente revise la situación del cliente. Si cerró el negocio, su nombre y su reputación siempre estarán vinculados a ese cliente.

(d) Sopese las consecuencias de ampliar versus simplemente brindar los servicios prometidos a su cartera de clientes existentes y nuevos. ¿Qué tipo de recursos e inversiones adicionales serán necesarias para respaldar el crecimiento? ¿Es la satisfacción del cliente una prioridad tanto como la ganancia? Ambas son interdependientes.

(e) Trate de dedicar el mismo o mayor interés y orgullo no sólo a ganarse al cliente sino también a mantenerlo satisfecho en el largo plazo. Lo último probablemente sea un desafío más grande.

Copyright © 2009 Yolanda Lacoma & Martin Sutherland

Comportamientos usados en exceso

Los estudios de investigación han determinado que en ocasiones las fortalezas de una persona se pueden convertir en debilidades si se utilizan en exceso.

Para encontrar el equilibrio, usted debe desarrollar los llamados estabilizadores con el objetivo de atenuar el comportamiento usado en exceso.

Estabilizadores:	Comportamiento usado en exceso
1 Obtiene Resultados	Puede que quiera acomodarse a las necesidades irracionales o inapropiadas del cliente sin considerar los aspectos más importantes del negocio
13 Tiene Coraje	
29 Establece Prioridades	
12 Posee Confianza En Sí Mismo/a	
35 Gestiona El Conflicto	
42 Gestiona El Trabajo	
48 Planifica El Trabajo	
50 Resuelve Problemas	
30 Pensador Global	
39 Gestiona El Tiempo	

Instrucciones

Si se siente identificado/a con la definición de comportamiento usado en exceso, elija alguno de los estabilizadores y diríjase a los capítulos correspondientes para buscar estrategias de acción que le ayuden a desarrollarlos.

Para más instrucciones diríjase a la sección de este libro: "Cómo utilizar este libro".

Copyright © 2009 Yolanda Lacoma & Martin Sutherland

16. Decisivo/a

	difícil
fácil	

dificultad de APRENDIZAJE | dificultad de CAMBIO

"Es mejor ser sumamente decidido/a y arriesgarse a estar equivocado/a que preocuparse en exceso y tener razón demasiado tarde"

Mary Moats Kennedy

 Comportamiento efectivo
Toma decisiones rápidas, incluso sin tener toda la información necesaria

Comportamiento inefectivo

 Puede que se tome demasiado tiempo para tomar decisiones y que las deje para el último momento o puede que retrase sus acciones por falta de información

Comportamiento usado en exceso

 Puede que se le perciba como una persona impulsiva y que llegue a conclusiones rápidamente sin tomar en cuenta información importante

Instrucciones

Lea las definiciones de la izquierda. Si se siente identificado/a con la definición de comportamiento inefectivo, diríjase a la sección Estrategias de Acción de este capítulo.

Si se siente identificado/a con la definición de comportamiento usado en exceso diríjase a la sección final del capítulo.

Auto Evaluación

¿verdadero?	No me arrepiento de las decisiones que tomo
¿verdadero?	No necesito una extensa cantidad de información para tomar una decisión
¿verdadero?	No postergo decisiones desagradables
¿verdadero?	Regularmente cumplo mis fechas límite
¿verdadero?	No necesito la participación de mucha gente para tomar una decisión
¿verdadero?	No me preocupo excesivamente acerca de las consecuencias de mi decisión

Notas
¿Está seguro/a de que debe desarrollar esta competencia?

"Si la respuesta a la mayoría de las afirmaciones de la parte izquierda es "verdadero", probablemente no sea necesario que usted desarrolle esta competencia."

Copyright © 2009 Yolanda Lacoma & Martin Sutherland

Estrategias de Acción

La mayoría de los comportamientos inefectivos tienen patrones o pensamientos emocionales ocultos. Al identificarlos, usted podrá definir las estrategias de acción específicas para mejorar este comportamiento.

(1) Quiero investigar todas las opciones antes de tomar una decisión/Es más importante tomar la decisión correcta que ser rápido/a

(2) No quiero tomar la decisión equivocada/Me preocupo demasiado acerca del impacto

(3) Necesito terminar una cosa por vez/No soy bueno/a realizando muchas tareas a la vez

(4) Las decisiones deberían involucrar a todos los interesados/as/Quiero aceptación general antes de tomar una decisión

Instrucciones

1. Lea y seleccione uno o más de los patrones de comportamiento inefectivo descritos a la izquierda.

2. En la sección de abajo, busque el número correspondiente que le ayudará a reconsiderar este patrón y a identificar acciones prácticas y específicas de mejora.

---

1 | **Quiero investigar todas las opciones antes de tomar una decisión/ Es más importante tomar la decisión correcta que ser rápido/a**

Reflexione

Recolectar información antes de tomar una decisión es definitivamente importante, pero no es realista esperar contar con todas las opciones posibles. De hecho, su intuición a menudo es tan importante como el análisis al tomar una decisión. Cuánto más práctica tenga en tomar decisiones, mejor desarrollará el "sentir" el paso siguiente sin tener que investigar cada ángulo. Además, dedicar demasiado tiempo a recolectar información puede rápidamente generar una falta de productividad.

La mayoría de los ambientes de trabajo hoy en día implican una cantidad de cambio sustancial y ambigüedad, por lo tanto poder tomar decisiones oportunas cuando hay muchos aspectos desconocidos es un asunto de supervivencia de la carrera. La clave es desarrollar la capacidad de tomar la mejor decisión posible dado el marco de tiempo con el cual está trabajando. No base la calidad de una decisión en el tiempo que dedicó para tomarla. Pensar demasiado puede afectar una decisión en forma adversa. Haga lo mejor que pueda con lo que tiene y piense que es un logro ser capaz de tomar decisiones de calidad en menos tiempo y basadas en menos datos, en lugar de decisiones perfectas basadas en tiempo ilimitado.

Reaccione

(a) Trabaje de forma inteligente. Asigne prioridad a la información que es absolutamente necesaria y que sería bueno tener, y dedique su valioso tiempo a recolectarla.

Copyright © 2009 Yolanda Lacoma & Martin Sutherland

(b) Divida una decisión grande en varias pequeñas. En lugar de concentrarse en obtener toda la información antes de empezar un proyecto, concéntrese en la información necesaria para tomar decisiones más pequeñas. Trate cada pequeña decisión como otra pieza de información que ha recolectado.

(c) Fíjese una fecha límite para la investigación y comprométase a tomar una decisión para entonces, basada en los hechos de los que dispone.

(d) Agudice y confíe en su intuición. En su libro Blink, Malcolm Gladwell presenta un sólido razonamiento acerca de los beneficios y la precisión involucrada en la toma de decisiones que están basadas en la intuición. Encuentre un taller que pueda ayudarle a ponerse en contacto con su intuición.

(e) Pregúntele a un/a colega de confianza acerca de la última decisión que tomó guiado/a por su intuición. Empezará a ver qué tan a menudo la gente de negocios confía con éxito en su intuición cuando toma decisiones.

(f) Practique tomar decisiones rápidas acerca de cuestiones pequeñas que tengan poca relevancia.

(2) | No quiero tomar la decisión equivocada/Me preocupo demasiado acerca del impacto

Reflexione

La gente necesita tomar un sorprendente número de decisiones en un día de trabajo cualquiera. Piense cuánto más contento/a estaría si usara una menor cantidad de energía en preocuparse acerca de tomar una decisión equivocada. Preocuparse demasiado por estropear las cosas puede ser agobiante. Cada vez que toma una decisión, se saca una preocupación de la mente. No ser capaz de tomar decisiones significa que está constantemente agobiado por una lista de temas no resueltos en su agenda o en su mente. Parte de manejar su carrera implica aceptar las consecuencias, sean buenas o malas, de sus decisiones. Y con la práctica, y posiblemente incluso con los fracasos, usted mejorará la capacidad de tomar las decisiones correctas y demostrar su valor en su organización.

Reaccione

(a) Comparta su decisión con un colega de confianza para obtener confirmación. Use a la persona como una caja de resonancia o para respaldar su decisión.

(b) Dibuje un esquema de decisión con todos los pros y contras. Esto le ayudará a mapear sus opciones y abordar un enfoque lógico y no emocional.

(c) Si está retrasando una decisión, está sufriendo innecesariamente. Tarde o temprano la decisión deberá tomarse, por lo tanto, ¿por qué no hacerlo temprano? Hágalo de una vez. Comprométase a un marco de tiempo para tomar la decisión e informe a las otras personas de modo que se sienta responsable.

(d) Al no tomar una decisión, ya está tomando una (no hacer nada). A veces, cualquier decisión es mejor que no tomar ninguna decisión. Si está completamente confuso/a, confíe en su instinto y sígalo.

Copyright © 2009 Yolanda Lacoma & Martin Sutherland

(e) Si está deliberando de forma irrazonable acerca de una decisión, pregúntese: "¿Tendrá esta decisión un efecto duradero en mi vida, las vidas de otros o el mundo en general?" Si la respuesta es no, puede vivir con las consecuencias de la decisión.

(f) Si su decisión tiene grandes consecuencias, no la aborde solo. Haga participar a otros/as interesados/as en el proceso de toma de decisiones.

(g) Los efectos a largo plazo de la preocupación crónica han sido bien investigados y se ha demostrado que tienen efectos negativos en su salud. Pregúntese a sí mismo/a si deliberar tanto acerca de la decisión está dañando su salud.

3 | Necesito terminar una cosa por vez/No soy bueno/a realizando muchas tareas a la vez

 ### Reflexione

La toma de decisiones oportuna a menudo requiere obtener información sobre diversos ángulos y coordinar múltiples fuentes de información para llegar a una conclusión.

Tenga cuidado de no ser inflexible y concentrarse demasiado en la tarea en cuestión cuando otras opciones deberían explorarse de forma similar. Pensar de forma demasiado lineal puede llevarlo/a a un camino específico y dejarle poco tiempo para considerar otras opciones. Hay demasiadas exigencias en pugna en el trabajo como para esperar poder avanzar desde el principio al final de una vez.

El lugar de trabajo es un gran malabarismo y cuanto más rápido aprenda a hacer frente a múltiples exigencias más éxito tendrá. Los líderes desempeñan múltiples roles en un día cualquiera, por lo tanto es probable enfrentar diversas situaciones al tomar decisiones.

 ### Reaccione

(a) Si sólo puede concentrarse en un área específica, tómese tiempo de antemano para delegar trabajo que otros podrían estar haciendo mientras tanto. La delegación permite que su proyecto avance incluso si hay contratiempos en un área.

(b) Aprenda a ser competente para desarrollar múltiples tareas simultáneamente. Ser bien organizado/a es clave. ¿Tiene un sistema ordenado que mantiene todas sus responsabilidades documentadas y accesibles para revisarlas diariamente? Asigne prioridades a modo de saber qué necesita su atención inmediata y qué puede esperar. Continúe asignando prioridades a medida que surgen nuevas exigencias.

(c) Siempre tenga en cuenta la visión global. En tanto la dirección general sea hacia adelante, es de esperar que algunos ítems tengan que suspenderse por un tiempo.

(d) En lugar de recompensarse una vez que haya completado un proyecto, espere hasta que haya abordado una serie de tareas dentro de marco de tiempo predefinido.

(e) Trabaje en equipo cuando sea posible.

Copyright © 2009 Yolanda Lacoma & Martin Sutherland

4 Las decisiones deberían involucrar a todos los interesados/as/Quiero aceptación general antes de tomar una decisión

Reflexione

Aunque a menudo se necesitan muchas opiniones para mejorar la calidad de una decisión, eso también puede paralizar el proceso de toma de decisiones y diluir la efectividad de la solución si el consenso requiere demasiada transigencia. Un buen líder es capaz de reunir a la gente y facilitar equipos, pero, en definitiva, su rol es decidir el curso de acción.

Reaccione

(a) Sea honesto/a consigo mismo/a. Pregúntese si desea involucrar a otras personas para obtener reafirmación o porque cree que agregarán valor a la decisión.

(b) Si está tratando de lograr consenso, asegúrese de que únicamente los interesados correspondientes estén involucrados en las conversaciones para reducir "ruido" que produzca distracciones. Escriba una lista que especifique el valor que aportará cada persona.

(c) Pida opinión a otros. Dé fechas límite específicas para retroalimentación y anuncie una fecha límite final en la cual tomará su decisión. Y por supuesto, cumpla dicha fecha límite.

Copyright © 2009 Yolanda Lacoma & Martin Sutherland

Comportamientos usados en exceso

Los estudios de investigación han determinado que en ocasiones las fortalezas de una persona se pueden convertir en debilidades si se utilizan en exceso.

Para encontrar el equilibrio, usted debe desarrollar los llamados estabilizadores con el objetivo de atenuar el comportamiento usado en exceso.

Estabilizadores:	Comportamiento usado en exceso
17 Juicioso/a	Puede que se le perciba como una persona impulsiva y que llegue a conclusiones rápidamente sin tomar en cuenta información importante
18 Orientado/a Al Detalle	
8 Se Siente Cómodo/a Con La Incertidumbre	
31 Mejora Los Procesos	
34 Capaz De Escuchar	
47 Paciente	
48 Planifica El Trabajo	
50 Resuelve Problemas	
53 Estratega	
56 Posee Conocimientos Técnicos	

Instrucciones

Si se siente identificado/a con la definición de comportamiento usado en exceso, elija alguno de los estabilizadores y diríjase a los capítulos correspondientes para buscar estrategias de acción que le ayuden a desarrollarlos.

Para más instrucciones diríjase a la sección de este libro: "Cómo utilizar este libro".

Copyright © 2009 Yolanda Lacoma & Martin Sutherland

17. Juicioso/a

medio
dificultad de APRENDIZAJE | fácil
dificultad de CAMBIO

> "Un hombre sabio puede ver más desde el fondo de un pozo que un tonto desde la cima de una montaña"
>
> Autor desconocido

Comportamiento efectivo
Su buen juicio le permite tomar decisiones teniendo en cuenta tanto los hechos como la intuición

Comportamiento inefectivo
Puede que juzgue las situaciones erróneamente y que no sepa anticipar las consecuencias de sus decisiones o puede que no haya aprendido de malas decisiones tomadas en el pasado

Comportamiento usado en exceso
Puede que se le perciba como obstinado/a, dependiendo demasiado de su propio punto de vista y puede que no esté dispuesto/a a considerar otras opiniones

Instrucciones

Lea las definiciones de la izquierda. Si se siente identificado/a con la definición de comportamiento inefectivo, diríjase a la sección Estrategias de Acción de este capítulo.

Si se siente identificado/a con la definición de comportamiento usado en exceso diríjase a la sección final del capítulo.

Auto Evaluación

¿verdadero?	La gente me consulta acerca de desafíos y problemas
¿verdadero?	No creo tener todas las respuestas
¿verdadero?	Analizo los errores que cometí para aprender de ellos
¿verdadero?	Me mantengo consciente y atento/a al mundo que me rodea
¿verdadero?	No me dejo influenciar indebidamente por lo que piensan los demás
¿verdadero?	Considero las consecuencias cuidadosamente cuando tomo una decisión

Notas
¿Está seguro/a de que debe desarrollar esta competencia?

"Si la respuesta a la mayoría de las afirmaciones de la parte izquierda es "verdadero", probablemente no sea necesario que usted desarrolle esta competencia."

Copyright © 2009 Yolanda Lacoma & Martin Sutherland

Estrategias de Acción

La mayoría de los comportamientos inefectivos tienen patrones o pensamientos emocionales ocultos. Al identificarlos, usted podrá definir las estrategias de acción específicas para mejorar este comportamiento.

① Soy impulsivo/a/Tiendo a no pensar las cosas lo suficiente

② Considero las cosas pero tiendo a pasar por alto información importante/Me concentro en las cosas equivocadas

③ Me veo fácilmente influenciado por las opiniones de los demás

④ Permito que motivos personales influyan en mi juicio

Instrucciones

1. Lea y seleccione uno o más de los patrones de comportamiento inefectivo descritos a la izquierda.

2. En la sección de abajo, busque el número correspondiente que le ayudará a reconsiderar este patrón y a identificar acciones prácticas y específicas de mejora.

---

1 | ## Soy impulsivo/a/Tiendo a no pensar las cosas lo suficiente

Reflexione

¿Se da el tiempo suficiente para considerar las opciones y las consecuencias de su decisión? Ser resuelto/a y tomar acciones rápidas puede ser adecuado, pero cada decisión debe tomarse únicamente después de considerar las consecuencias cuidadosamente. La precipitación puede dañar su decisión.

Algunas decisiones son obviamente demasiado complejas y exigen mucho tiempo y un análisis adecuado. Incluso, cuestiones aparentemente simples pueden ser de naturaleza engañosamente complejas. Las decisiones precipitadas por lo general generan que todos los involucrados inviertan al final más trabajo y tiempo.

Reaccione

(a) No actúe en base a su primer impulso. Es sensato salir para tomarse un descanso, ir a caminar o meditarlo con la almohada. Haga lo que tenga sentido para usted para darse tiempo para tomar una decisión juiciosa.

(b) Considere los múltiples escenarios potenciales y no sólo los obvios. Plantee varios escenarios posibles.

(c) Considere cuidadosamente cuáles serán las consecuencias de su decisión para todas las partes involucradas — usted mismo, el cliente, los miembros del equipo y su organización.

114

Copyright © 2009 Yolanda Lacoma & Martin Sutherland

(d) ¿Cuáles son las consecuencias de su decisión en el corto y en el largo plazo?

(e) Reúna un equipo de personas para obtener perspectivas alternativas y que le ayuden a abordar el problema desglosándolo minuciosamente y desde diferentes ángulos. Conversar sobre diferentes ideas le puede ayudar a precisar las complejidades del problema.

(f) Busque modelos de casos con cuestiones similares y observe los paralelismos y diferencias para con su decisión.

(g) Represente sus opciones visualmente, empleando herramientas tales como un diagrama de flujo o un software como Mindjet's MindManager.

2 Considero las cosas pero tiendo a pasar por alto información importante/ Me concentro en las cosas equivocadas

Reflexione

Considerar cuidadosamente una cuestión es tiempo perdido si se basa en información irrelevante o incorrecta. Concéntrese menos en la cantidad de información y más en la calidad de la misma y trate de recolectar sólo opiniones y puntos de vista que sean relevantes. Use su sabiduría.

Las personas con mucha experiencia o conocimientos técnicos complejos pueden tener mucha información de la cual nutrirse, pero eso no es suficiente. Los conocimientos no garantizan un buen juicio. Otros factores tales como intuición, sentido común y ética son igualmente importantes para el buen juicio.

Existen innumerables ejemplos de líderes de negocios altamente experimentados e incluso presidentes de países que han tomando decisiones imprudentes y destructivas porque se concentraron en la ganancia o beneficio inmediato en lugar del impacto más amplio de sus políticas.

Reaccione

(a) Considere tanto las ganancias inmediatas como potenciales cuando se toma una decisión.

(b) Comprenda el impacto de su decisión sobre las partes interesadas.

(c) Preste atención a las advertencias o banderas rojas señaladas por los demás. Regístrelas si no puede investigarlas inmediatamente, pero asegúrese de volver y considerarlas cuidadosamente.

(d) Pida a un colega de confianza que le ayude a recuperar el enfoque si considera que se está concentrando en información o cuestiones irrelevantes.

(e) Aprenda de la experiencia de otras personas. Pida a colegas o expertos que compartan experiencias que puedan tener sobre una situación similar y en qué hubieran cambiado sus decisiones de poder hacerlo.

(f) Sopese las opiniones de colegas de confianza. En definitiva, es su decisión, pero múltiples perspectivas pueden arrojar luz sobre cuestiones que ni siquiera ha considerado.

(g) No se concentre sólo en un aspecto de una situación, por ejemplo, las cuestiones técnicas. Reúna información de tantas fuentes diversas como sea posible.

Copyright © 2009 Yolanda Lacoma & Martin Sutherland

(h) Aprenda de sus experiencias dedicando tiempo a reflexionar sobre ellas, antes, durante y después de sus tareas. Lleve un diario. ¿Qué aprendió que no había observado antes? ¿Qué le sorprendió? ¿Qué decisiones buenas se tomaron y cuáles fueron ineficaces?

(i) Aplique sentido común en su juicio. Quedar enredado/a en demasiados detalles o invertir tiempo yendo sólo en una dirección puede nublar su perspectiva y hacerle perder de vista una solución obvia y simple.

3 | Me veo fácilmente influenciado por las opiniones de los demás

Reflexione

El buen juicio significa que debe considerar las opiniones de los demás pero no ser regido por ellas.

Es especialmente difícil defender la propia postura cuando se está en compañía de personas influyentes o con mayor experiencia y conocimientos que usted. Pero, en definitiva, usted es responsable y debe confiar en su propio juicio, no sólo en el de los demás.

Reaccione

(a) Confíe en su intuición. Si ha completado las diligencias debidas y una fuerte corazonada le está guiando, su juicio es tan válido como el de otras personas.

(b) Limite la cantidad de personas a las cuales pide opinión a unos pocos de confianza.

(c) Trate de anticipar la resistencia de la gente y prepare respuestas para defender su juicio. Haber examinado cuidadosamente las objeciones posibles le permite defender su decisión con confianza.

(d) Cuando tome una decisión, dé un paso atrás y pregúntese si tiene sentido. Es fácil verse influenciado/a por soluciones de libro clásicas, pero pueden ser irrelevantes en el contexto de su situación.

(e) No pase por alto la ética de su juicio. Si siente que sus valores están comprometidos, debe explorar más la cuestión hasta que se sienta cómodo/a.

(f) Sea consciente de los motivos de las demás personas. Puede estar apoyando sus agendas personales sin darse cuenta.

(g) Una vez que haya considerado toda la información y tomado una decisión, no pida nuevamente la opinión de las demás personas. Ya lo hizo antes de tomar su decisión.

Copyright © 2009 Yolanda Lacoma & Martin Sutherland

Reflexione

Los motivos personales pueden dañar el buen juicio. Si su decisión no va a tener sentido para nadie excepto para usted, eso es un buen indicio de que está permitiendo que su agenda personal domine su juicio. Por supuesto, todos tienen una agenda personal, pero debe estar equilibrada con las metas del equipo o de la organización de lo contrario, la calidad de sus decisiones se verá afectada y los colegas dejarán de confiar en usted y en su juicio.

Reaccione

(a) Sea honesto/o con los demás y consigo mismo/a acerca de sus motivos personales. Eso da a los demás la oportunidad de encontrar creativamente una solución de beneficio mutuo con usted.

(b) Sopese cuidadosamente el valor de que sus necesidades sean satisfechas versus las consecuencias de su decisión.

(c) Base su juicio de una situación en la lógica en lugar de en las emociones. Independientemente de lo sólidos que sean sus motivos personales, ¿es su decisión sensata?

(d) Pregunte a un mentor o alguien que le conozca bien si piensa que su decisión está indebidamente influenciada por sus motivos personales.

(e) Pregúntese si su decisión tendrá sentido para todos los demás también. Si no es así, necesita examinar más de cerca cómo llegó a su decisión.

Copyright © 2009 Yolanda Lacoma & Martin Sutherland

Comportamientos usados en exceso

Los estudios de investigación han determinado que en ocasiones las fortalezas de una persona se pueden convertir en debilidades si se utilizan en exceso.
Para encontrar el equilibrio, usted debe desarrollar los llamados estabilizadores con el objetivo de atenuar el comportamiento usado en exceso.

Estabilizadores:	Comportamiento usado en exceso
46 Abierto/a De Mente	Puede que se le perciba como obstinado/a, dependiendo demasiado de su propio punto de vista y puede que no esté dispuesto/a a considerar otras opiniones
2 Adaptable	
27 Experimentador	
31 Mejora Los Procesos	
34 Capaz De Escuchar	
35 Gestiona El Conflicto	
37 Buen Negociador/a	
40 Posee Conocimiento Del Mercado	
7 Trabaja Bien En Equipo	
41 Modesto/a	

Instrucciones

Si se siente identificado/a con la definición de comportamiento usado en exceso, elija alguno de los estabilizadores y diríjase a los capítulos correspondientes para buscar estrategias de acción que le ayuden a desarrollarlos.

Para más instrucciones diríjase a la sección de este libro: "Cómo utilizar este libro".

Copyright © 2009 Yolanda Lacoma & Martin Sutherland

18. Orientado/a Al Detalle

dificultad de APRENDIZAJE | dificultad de CAMBIO

"Para conocer una cosa hay que conocer
bien sus detalles"

Francois de la Rochefoucauld

Comportamiento efectivo
Es organizado/a y metódico/a y pone atención al detalle

Comportamiento inefectivo
Puede que se le perciba como desorganizado/a y que le falte atención al detalle

Instrucciones
Lea las definiciones de la izquierda. Si se siente identificado/a con la definición de comportamiento inefectivo, diríjase a la sección Estrategias de Acción de este capítulo.

Si se siente identificado/a con la definición de comportamiento usado en exceso diríjase a la sección final del capítulo.

Comportamiento usado en exceso
Puede que pase demasiado tiempo enfocándose en los detalles y que pierda la perspectiva. Puede que sea un/a perfeccionista

Auto Evaluación

¿verdadero?	Puedo desempeñar múltiples tareas y lograr varias cosas al mismo tiempo
¿verdadero?	Tengo un sistema implementado que me mantiene organizado/a
¿verdadero?	Considero las cosas cuidadosamente antes de precipitarme
¿verdadero?	Tomo buenas notas y registro las cuestiones que requieren seguimiento
¿verdadero?	Rápidamente puedo acceder a información que almacené sin pasar tiempo innecesario buscándola
¿verdadero?	Rara vez cometo errores por haber pasado por alto detalles importantes
¿verdadero?	Comprendo las cuestiones o procesos que tendrán consecuencias negativas críticas si no soy exacto/a

Notas
¿Está seguro/a de que debe desarrollar esta competencia?

"Si la respuesta a la mayoría de las afirmaciones de la parte izquierda es "verdadero", probablemente no sea necesario que usted desarrolle esta competencia."

119

Estrategias de Acción

La mayoría de los comportamientos inefectivos tienen patrones o pensamientos emocionales ocultos. Al identificarlos, usted podrá definir las estrategias de acción específicas para mejorar este comportamiento.

(1) Me desempeño mejor concentrándome en la visión global, es mi forma de pensar

(2) Quiero resultados rápidos /Prefiero la gratificación instantánea

(3) No puedo manejar todas mis tareas / Me siento desorganizado/a en el mejor de los casos

(4) Siempre puedo conseguir a alguien más que se ocupe de los detalles

Instrucciones

1. Lea y seleccione uno o más de los patrones de comportamiento inefectivo descritos a la izquierda.

2. En la sección de abajo, busque el número correspondiente que le ayudará a reconsiderar este patrón y a identificar acciones prácticas y específicas de mejora.

---

1 | Me desempeño mejor concentrándome en la visión global, es mi forma de pensar

Reflexione

¿Qué tal presta atención a las instrucciones? ¿Cuán consciente está de las pequeñas cosas? Muchas personas parecen tropezar con los detalles porque sus mentes están preocupadas con la visión global. Si usted es una de esas personas, dedicar tiempo a concentrarse en los detalles requerirá un esfuerzo extra. Tiene que trabajar especialmente arduo para motivarse a hacer algo que, intelectualmente, sabe que contribuye a su productividad, pero que no le resulta interesante. Sin embargo, debe hacerse.

Concentrarse únicamente en la visión global es como ver sólo la mitad de lo que está allí. Son los detalles lo que le permiten ser preciso/a y estar informado/a acerca de la dirección que está tomando o hacia la cual está guiando a su organización. La capacidad de entrar y salir habitualmente de la visión global le brindará el equilibrio necesario. La gente cuenta con que sus directivas están basadas en una cuidadosa consideración de los detalles, además de la visión global.

Reaccione

(a) Prepárese para concentrarse en el aquí y ahora, aunque sea por cortos períodos de tiempo a la vez. Asigne una cantidad específica de tiempo cada día para repasar los detalles de un plan, quiera o no. Considere esto como el "tiempo de construcción" que requiere cualquier proyecto.

Copyright © 2009 Yolanda Lacoma & Martin Sutherland

(b) Intente un enfoque de pequeños pasos a la vez. Empiece siendo metódico/a acerca de las pequeñas cosas, tales como su Rolodex o sistema de archivo, que no llevan mucho tiempo y luego pase a desafíos más grandes. Esto le ayudará a ver los beneficios que una pequeña inversión de su tiempo puede generar.

(c) Cultive un interés activo en lo que hace. Cuando hay algo que no quiere hacer pero que simplemente debe hacer, encuentre una manera de hacerlo interesante o reconózcalo como un paso necesario entre donde está y donde quiere estar — y hágalo.

(d) Cree un sistema que le recuerde concentrarse en los detalles. Escriba una nota en el dorso de la mano, ponga un recordatorio colorido en la pantalla de su computadora, pídale a un colega que le haga acordar o agréguelo a su calendario electrónico de modo que le recuerde una vez por día.

(e) Asóciese con otras personas que tengan fortalezas opuestas, por ejemplo, si obtiene la posición gerencial, designe una persona orientada a los detalles como su asistente.

(f) Pida a un colega de confianza que sea metódico/a que le ayude a considerar algunos de los detalles que es probable que usted pase por alto. Compare su lista de detalles con la de la otra persona. ¿Qué ángulos omitió?

2 | Quiero resultados rápidos /Prefiero la gratificación instantánea

Reflexione

¿Recuerda el refrán "Mida dos veces, corte una vez"? Ser metódico/a significa tomarse el tiempo para considerar, de forma ordenada, las opciones y detalles involucrados en su proyecto o tarea.

Cuando desea resultados instantáneos o acción inmediata es tentador renunciar al tiempo que lleva hacer las cosas de forma adecuada. ¿Pero qué valor le está asignando a la calidad de su trabajo o de sus decisiones? Puede haber factores externos tales como restricciones de tiempo que nos fuercen a equilibrar calidad con producción, pero un trabajo descuidado o desprolijo no debe aceptarse simplemente porque la impaciencia le ganó a la diligencia debida.

Como gerente o líder, usted marca el ejemplo de la calidad de trabajo que su compañía representa. Es su responsabilidad asegurarse de que sus empleados valoren la importancia de un trabajo serio y de no crear trabajo extra para sí mismo/a o para los demás porque no dedicó el tiempo adecuado para ocuparse de los detalles.

Reaccione

(a) Deje de buscar la salida más fácil. La mayoría de las metas se alcanzan con trabajo arduo y dedicación. Es importante trabajar con inteligencia y rapidez, pero sea cuidadoso/a de no poner excusas acerca de los detalles porque requieren trabajo extra. Identifique los atajos que puede estar tomando, incluyendo hacer supuestos acerca de las instrucciones, la gente, etc.

(b) Divida su meta en tareas más pequeñas, detalladas — cada pequeña tarea completada trae una recompensa.

121

Copyright © 2009 Yolanda Lacoma & Martin Sutherland

(c) Prepare un cronograma detallado del proyecto que determine puntos realistas en los cuales espera alcanzar hitos. No trate de apurar el proceso indebidamente.

(d) Reconozca si un enfoque de equipo sería mejor y asigne amplios recursos para trabajar en los detalles de un plan.

(e) Implemente prácticas de garantía de calidad para protegerse contra cualquier fallo u omisión importante en sus procesos.

(f) La meditación es una forma efectiva de traer calma y quietud a la mente. Incorpórela en su rutina diaria.

3 | No puedo manejar todas mis tareas / Me siento desorganizado/a en el mejor de los casos

Reflexione

¿Está siempre buscando cosas en los lugares equivocados, y sin embargo está seguro/a de que las había puesto exactamente allí? A medida que aumenta su carga de trabajo, ¿se siente más desorganizado/a y se torna ineficiente? Ser organizado/a requiere sistemas funcionales para mantenerse encaminado/a, que usted haya incorporado como parte de su rutina de trabajo.

La gente cuestionará la fiabilidad de su trabajo si parece que lo está abordando descuidadamente. Ser bien organizado/a ayuda a trabajar de forma más productiva y le prepara para manejar las crecientes exigencias a medida que avanza su carrera.

Reaccione

(a) Mantenga informada a la gente correspondiente acerca de su carga de trabajo si empieza a afectar la precisión del mismo. Es responsabilidad de esa persona delegar adecuadamente.

(b) Almacene toda la información para diferentes proyectos o tareas de forma separada de manera organizada, ya sea electrónicamente o en archivos en papel y asegúrese de tener fácil acceso a ella.

(c) Reacomodar la mente constantemente lleva mucho tiempo. Para aumentar su eficiencia, combine actividades similares. Por ejemplo, haga todas las llamadas a los diferentes clientes de una vez y envíe todos los correos electrónicos en otro momento.

(d) ¿Tiene sistemas implementados que le ayudan a mantenerse organizado/a? De ser así, asegúrese de ponerlos en práctica efectivamente. ¿Puede enumerar y describir sus sistemas a otras personas? No tienen que ser complejos — apuntar notas en un anotador determinado es un sistema.

(e) Pregunte a sus colegas meticulosos acerca de los sistemas que usan para mantenerse organizados/as. Tal vez uno funcionará para usted.

(f) Aproveche toda la tecnología de organización que tiene en su escritorio, tales como calendarios, herramientas para generar su agenda y software de gestión de proyectos. Se sorprenderá de encontrar muchas herramientas a su disposición; ahora sólo tiene que usarlas.

(g) Mantenga las cosas ordenadas. Organice su escritorio y su entorno tanto como pueda.

Copyright © 2009 Yolanda Lacoma & Martin Sutherland

(h) Resista la tentación de postergar hacer algo que lo ayudará a ser organizado/a sólo porque puede hacerlo "después". Eso es lo que contribuye a pilas de papeles, notas perdidas, llamadas y correos electrónicos no respondidos, o archivos perdidos en su computadora.

(i) ¿Está constantemente creando listas, pasando más tiempo tratando de organizarse que efectivamente siendo organizado/a? No establezca sistemas que no puede seguir o incorporar en una rutina diaria.

(j) Los hábitos y las rutinas ayudan a hacer el seguimiento de los detalles, porque son confiables.

4 | Siempre puedo conseguir a alguien más que se ocupe de los detalles

Reflexione

¿Logra no tener que enfrentarse a los detalles? Tal vez está en una posición en la cual los demás le pueden rescatar de tener que examinar esos aspectos molestos. Tal vez tiene la autoridad de pasar las minucias a otros. Pero tal vez ellos siempre deben hacer partes de su trabajo porque carecen de confianza en su capacidad de prestar atención a los detalles. Cualquiera que sean las circunstancias, recuerde que cuando los detalles son su responsabilidad, no puede aprovecharse de sus colegas. Sea consciente de no hacerlo.

Ocuparse de los detalles le vuelve más entendido/a e informado/a. Se ganará el respeto de la gente como alguien dispuesto/a a arremangarse y abordar detalles difíciles — un/a líder que trabaja sobre las debilidades y no elude tareas desagradables.

Reaccione

(a) Para asegurar la responsabilidad, anuncie a los demás su compromiso de abordar una cuestión de forma metódica.

(b) Asegúrese de conocer la cultura de su compañía y las reglas de juego. Puede que tenga que adaptarse a mayores expectativas o a una nueva cultura. Si es necesario y esperado, tendrá que esforzarse más.

(c) Recuerde que algunos clientes esperarán más atención al detalle que otros. Suponga que así será.

(d) Asóciese con alguien que lo considerará responsable y que exigirá una cuidadosa consideración de los detalles de sus procesos y decisiones.

Copyright © 2009 Yolanda Lacoma & Martin Sutherland

Comportamientos usados en exceso

Los estudios de investigación han determinado que en ocasiones las fortalezas de una persona se pueden convertir en debilidades si se utilizan en exceso.

Para encontrar el equilibrio, usted debe desarrollar los llamados estabilizadores con el objetivo de atenuar el comportamiento usado en exceso.

Estabilizadores:	Comportamiento usado en exceso
27 Experimentador	Puede que pase demasiado tiempo enfocándose en los detalles y que pierda la perspectiva. Puede que sea un/a perfeccionista
30 Pensador Global	
1 Obtiene Resultados	
16 Decisivo/a	
29 Establece Prioridades	
8 Se Siente Cómodo/a Con La Incertidumbre	
46 Abierto/a De Mente	
2 Adaptable	
53 Estratega	
55 Toma Iniciativa	

Instrucciones

Si se siente identificado/a con la definición de comportamiento usado en exceso, elija alguno de los estabilizadores y diríjase a los capítulos correspondientes para buscar estrategias de acción que le ayuden a desarrollarlos.

Para más instrucciones diríjase a la sección de este libro: "Cómo utilizar este libro".

124

Copyright © 2009 Yolanda Lacoma & Martin Sutherland

19. Perseverante

"Levántese una vez más aunque le hayan derribado"
Tom Peters

Comportamiento efectivo

Nunca deja trabajo sin terminar incluso cuando surgen problemas o se presentan obstáculos

Comportamiento inefectivo

Puede que tire la toalla demasiado pronto y que no esté dispuesto/a a terminar los proyectos

Comportamiento usado en exceso

Puede que se enfoque demasiado en terminar un proyecto incluso si no tiene sentido y puede que se niegue a tomar caminos alternativos

Instrucciones

Lea las definiciones de la izquierda. Si se siente identificado/a con la definición de comportamiento inefectivo, diríjase a la sección Estrategias de Acción de este capítulo.

Si se siente identificado/a con la definición de comportamiento usado en exceso diríjase a la sección final del capítulo.

Auto Evaluación

¿verdadero?	Rara vez abandono antes de terminar una tarea o proyecto
¿verdadero?	Me recupero rápidamente de impedimentos emocionales durante un proyecto
¿verdadero?	He completado proyectos de largo plazo con éxito
¿verdadero?	Busco alternativas cuando encuentro obstáculos
¿verdadero?	No me gusta dejar las tareas incompletas
¿verdadero?	Una vez que empiezo algo que me asignaron, sé que es mi responsabilidad terminarlo

Notas
¿Está seguro/a de que debe desarrollar esta competencia?

"Si la respuesta a la mayoría de las afirmaciones de la parte izquierda es "verdadero", probablemente no sea necesario que usted desarrolle esta competencia."

Copyright © 2009 Yolanda Lacoma & Martin Sutherland

Estrategias de Acción

La mayoría de los comportamientos inefectivos tienen patrones o pensamientos emocionales ocultos. Al identificarlos, usted podrá definir las estrategias de acción específicas para mejorar este comportamiento.

① Pierdo el interés una vez que empecé los proyectos/ Me aburro

② Tiendo a hacer las cosas demasiado complicadas/ Me siento abrumado/a

③ Pierdo la confianza cuando las cosas se tornan difíciles/ Me dejo influenciar fácilmente

④ Me pongo impaciente por terminar las cosas

Instrucciones

1. Lea y seleccione uno o más de los patrones de comportamiento inefectivo descritos a la izquierda.

2. En la sección de abajo, busque el número correspondiente que le ayudará a reconsiderar este patrón y a identificar acciones prácticas y específicas de mejora.

---

1 | Pierdo el interés una vez que empecé los proyectos/ Me aburro

Reflexione

Habrá escuchado el refrán que dice: "Genio es 10% inspiración y 90% transpiración". La emoción de un nuevo proyecto puede pasar rápidamente, pero debe estar preparado/a para mantenerse involucrado/a y concentrado/a hasta la meta final. La mayor recompensa proviene de terminar el trabajo con éxito, por lo tanto no se niegue ese logro. Tal vez encontrará que los detalles son aburridos, pero las grandes ideas son sólo posibilidades hasta que los detalles son rastreados, clasificados y comprendidos. Piense cuánto puede evolucionar un producto o servicio si se cuenta con el respaldo y los recursos disponibles para permitir que maduren en el largo plazo.

Perder interés rápidamente es un desafío para los líderes altamente creativos y visionarios. Comprenda que cualquier iniciativa que ponga en movimiento tiene un impacto en su equipo y organización, y abandonar las ideas a mitad de camino para perseguir el último impulso afectará a la cultura de su compañía. Habrá menos compromiso para respaldar las ideas existentes y menos confianza en las nuevas. Es mejor haber visto una gran idea remontar vuelo que haber incubado una docena y nunca haberles dado la oportunidad de salir del nido.

Copyright © 2009 Yolanda Lacoma & Martin Sutherland

Reaccione

(a) Asegúrese de que las nuevas iniciativas son presentadas de forma que generen aceptación por parte de los interesados y que exista infraestructura y recursos para facilitar el seguimiento adecuado.

(b) Celebre las pequeñas metas o hitos a medida que se producen. Puede llevar un tiempo terminar el proyecto por completo y reconocer los pasos necesarios para llegar allí le mantendrá motivado/a.

(c) Que el progreso, no la inspiración, sea su principal meta. Esto significa que debe concentrarse en los pasos necesarios para hacer madurar un producto o servicio existente en lugar de tratar de generar nuevos. Prepare un plan detallado de los pasos necesarios para poner la idea en práctica. Una vez que haya identificado estos pasos en su plan, puede aplicar el mismo marco para ideas futuras.

(d) Asegúrese de monitorear sus procesos de trabajo. Cuando uno está distraído con iniciativas nuevas, es fácil abandonar el seguimiento del avance de los proyectos existentes. ¿Por qué comprometer el trabajo arduo y los recursos que fueron invertidos debido a una falta de supervisión?

(e) Encuentre un colega de confianza que pueda alentarle cuando las cosas estén complicadas. Una perspectiva externa para recordarle lo cerca que está de su meta, o simplemente alguien que escuche sus sentimientos puede ser el chaleco salvavidas que necesita cuando está menos inspirado/a.

(f) ¿Ha perdido de vista su sueño? Ocasionalmente, reflexione sobre la visión global y qué es lo que le entusiasmó acerca del trabajo en primer lugar.

(g) Primero termine las cosas que menos le guste hacer y sáquelas del medio mientras su motivación está en el punto más alto. Será más fácil abordar las tareas menos complejas cuando tenga menos energía.

(h) Si simplemente no puede entusiasmarse acerca de trabajar en una tarea en particular, puede ser que necesite tiempo para recargarse concentrándose en alguna otra cosa. Tomarse un descanso de la tarea que está realizando la dará la oportunidad de recargarse. ¿Puede pedir ayuda?

(i) Si no es una persona orientada a los detalles, es probable que pierda interés rápidamente y prefiera pasar a algo nuevo. Asegúrese de que haya gente en su equipo que sea más analítica o que se ocupe más de los detalles y que pueda manejar ese aspecto del proyecto.

(j) Ciertamente, algunos aspectos de los trabajos de la gente son menos interesantes que otros, pero si nada retiene su interés o se aburre crónicamente, debería considerar si su posición es correcta para usted.

---

② | Tiendo a hacer las cosas demasiado complicadas/ Me siento abrumado/a

Reflexione

Complicar demasiado una tarea puede poner un rápido fin a su perseverancia. A menudo las grandes ideas no despegan porque quedan perdidas entre todas las posibilidades. Practique la simplicidad.

127

Copyright © 2009 Yolanda Lacoma & Martin Sutherland

Reaccione

(a) Mantenga las cosas lo más simple posible concentrando su enfoque en una o dos causas básicas del problema. Exprese cuáles son esas causas.

(b) Concéntrese en el punto de partida y no en la línea de llegada. ¿Qué es lo más importante como un primer curso de acción? Haga una lista de todas las posibilidades y elija sólo unos pocos caminos en los que concentrarse por ahora. Nunca hay un lugar "perfecto" para empezar. Una vez que haya logrado los pasos iniciales, empiece nuevamente.

(c) Reúna un equipo sólido que tenga múltiples habilidades y que pueda abordar los diversos ángulos del proyecto. No tiene que ser un experto en todos los aspectos.

(d) No se demore demasiado en un problema antes de abordarlo. Cuánto más tiempo deje una cuestión sin abordar más abrumadora se torna.

---

3 | **Pierdo la confianza cuando las cosas se tornan difíciles/ Me dejo influenciar fácilmente**

Reflexione

Pruébese a sí mismo/a de que es capaz de terminar lo que empezó. Superar los obstáculos le agudiza la mente y aumenta la confianza en sí mismo/a.

Los obstáculos generan alternativas y crean nuevos caminos, al igual que el agua en un arroyo que continuamente tiene que fluir alrededor y por encima de las rocas para llegar a su destino final.

Reaccione

(a) A menudo, una vez que se obtiene una mejor perspectiva o se tiene mayor información, los obstáculos no son tan difíciles de superar como parecía al principio. Pídale a un colega de confianza o a un experto que le brinde una perspectiva diferente. Alguien más podría ser capaz de ver una solución obvia que usted no puede ver ahora.

(b) Use los obstáculos como oportunidades para divertirse a la vez de ser creativo/a. Siempre hay múltiples maneras de abordar un tema. ¿Necesita empezar de nuevo o simplemente cambiar su curso de acción? Muchos planes han fracasado no porque no eran buenos, sino porque eran inflexibles.

(c) Su mayor obstáculo pueden ser sus emociones o actitud. Examine los motivos reales de por qué está contemplando renunciar y asegúrese de que los motivos están basados en la lógica, no en la emoción.

(d) Reflexione sobre el propósito original que le llevó a embarcarse en este camino y siéntase motivado/a nuevamente. A veces una inyección de energía es todo lo que se necesita para superar un obstáculo.

128

Copyright © 2009 Yolanda Lacoma & Martin Sutherland

Reflexione

A veces, nuestro deseo o necesidad de completar un proyecto nos lleva a rendirnos cuando el resultado no se produce dentro de nuestro horizonte temporal. Comprenda cómo manejar su propio ritmo. ¿Qué es peor, esperar un poco más por el resultado o no tener resultados en absoluto?

Reaccione

(a) Siempre agregue tiempo a sus cronogramas para dejar espacio a contingencias. Es conveniente empezar con un horizonte temporal realista para su concreción y mitigar la frustración innecesaria.

(b) ¿Tiene otras cosas en marcha? No hay motivo para no pasar a otro proyecto si simplemente no está en condiciones de concentrarse en una tarea específica en este momento, pero asegúrese de volver más adelante para abordar lo que dejó atrás.

(c) En lugar de abandonar por completo porque las cosas no se están moviendo lo suficientemente rápido, encuentre maneras de mejorar el proceso de modo que pueda completarse más rápidamente. Esto podría implicar obtener ayuda de recursos adicionales.

(d) ¿Toda la tarea tiene que hacerse del principio al fin de una vez? Divídala en tareas más pequeñas en las cuales pueda trabajar de forma progresiva.

Copyright © 2009 Yolanda Lacoma & Martin Sutherland

Comportamientos usados en exceso

Los estudios de investigación han determinado que en ocasiones las fortalezas de una persona se pueden convertir en debilidades si se utilizan en exceso.

Para encontrar el equilibrio, usted debe desarrollar los llamados estabilizadores con el objetivo de atenuar el comportamiento usado en exceso.

Estabilizadores:	Comportamiento usado en exceso

Estabilizadores:	Comportamiento usado en exceso
14 Creativo/a	Puede que se enfoque demasiado en terminar un proyecto incluso si no tiene sentido y puede que se niegue a tomar caminos alternativos
2 Adaptable	
27 Experimentador	
29 Establece Prioridades	
30 Pensador Global	
34 Capaz De Escuchar	
1 Obtiene Resultados	
53 Estratega	
50 Resuelve Problemas	
46 Abierto/a De Mente	

Instrucciones

Si se siente identificado/a con la definición de comportamiento usado en exceso, elija alguno de los estabilizadores y diríjase a los capítulos correspondientes para buscar estrategias de acción que le ayuden a desarrollarlos.

Para más instrucciones diríjase a la sección de este libro: "Cómo utilizar este libro".

Copyright © 2009 Yolanda Lacoma & Martin Sutherland

20. Desarrolla A Otras Personas

difícil

fácil

dificultad de APRENDIZAJE | dificultad de CAMBIO

"Un buen jefe hace que sus hombres se den cuenta de que tienen más capacidad de la que piensan que tienen, de modo que constantemente trabajen mejor de lo que pensaban"

Charles Erwin Wilson

Comportamiento efectivo
Dedica tiempo al desarrollo de otras personas y les brinda oportunidades para practicar habilidades nuevas o mejorar las existentes

Comportamiento inefectivo
Puede que no esté dispuesto/a a desarrollar a otras personas o qué tenga falta de interés en hacerlo

Comportamiento usado en exceso
Puede que ponga a las personas en situaciones difíciles sin el apoyo y los recursos necesarios para cumplir con la tarea

Instrucciones

Lea las definiciones de la izquierda. Si se siente identificado/a con la definición de comportamiento inefectivo, diríjase a la sección Estrategias de Acción de este capítulo.

Si se siente identificado/a con la definición de comportamiento usado en exceso diríjase a la sección final del capítulo.

Auto Evaluación

¿verdadero?	Tengo regularmente conversaciones de desarrollo con mi personal
¿verdadero?	Incluyo al personal en reuniones y proyectos relevantes para exponerlos/as a oportunidades de desarrollo
¿verdadero?	Regularmente pregunto a mis subordinados en que estarían interesados en trabajar
¿verdadero?	Activamente considero oportunidades de desarrollo para mi personal
¿verdadero?	Uso revisiones de desempeño y herramientas de evaluación para identificar las necesidades de desarrollo
¿verdadero?	Tengo implementado un plan de desarrollo para cada miembro de mi personal
¿verdadero?	He establecido un sistema para hacer seguimiento de los planes de desarrollo
¿verdadero?	Comprendo los estilos de aprendizaje preferidos de mi personal

Notas
¿Está seguro/a de que debe desarrollar esta competencia?

"Si la respuesta a la mayoría de las afirmaciones de la parte izquierda es "verdadero", probablemente no sea necesario que usted desarrolle esta competencia."

131

Copyright © 2009 Yolanda Lacoma & Martin Sutherland

Estrategias de Acción

La mayoría de los comportamientos inefectivos tienen patrones o pensamientos emocionales ocultos. Al identificarlos, usted podrá definir las estrategias de acción específicas para mejorar este comportamiento.

① La gente debería desarrollarse por su cuenta/No es mi trabajo desarrollar a los demás

② Tengo demasiada presión en el trabajo para desarrollar a otras personas/Prefiero hacer las cosas por mi cuenta/Soy impaciente

③ Conversar acerca de las necesidades de desarrollo de la gente, especialmente los aspectos conductuales, me pone incómodo/a/No me gusta ser crítico

④ No sé cómo desarrollar a la gente o exactamente que se supone que deben desarrollar

⑤ El riesgo y las consecuencias del fracaso son demasiado altas para que yo desarrolle a otras personas

⑥ Si desarrollo a otras personas pueden ser contratadas por la competencia

Instrucciones

1. Lea y seleccione uno o más de los patrones de comportamiento inefectivo descritos a la izquierda.

2. En la sección de abajo, busque el número correspondiente que le ayudará a reconsiderar este patrón y a identificar acciones prácticas y específicas de mejora.

---

1 | La gente debería desarrollarse por su cuenta/No es mi trabajo desarrollar a los demás

Reflexione

Recuerde que, como gerente, el desarrollo del personal es una de sus responsabilidades clave. Usted está a cargo de las personas para maximizar sus esfuerzos y mejorar el talento en su compañía ahora y en el futuro. Esto se logra asegurando que aquellos que trabajan para usted tengan un plan de desarrollo y se mantengan motivados/as para atenerse al mismo. Ayudar a los demás a desarrollarse no requiere un esfuerzo excesivo por su parte — hay oportunidades diarias que requieren poco esfuerzo, pero necesita considerarlas y usarlas.

Sus subordinados también están manejando exigencias encontradas y pueden no priorizar el desarrollo personal a menos que sea una obligación. Siempre habrá otras cuestiones que le exijan mucho tiempo pero desempeñar un rol activo en el desarrollo de su personal no es una opción; es una obligación que usted debe cumplir con sus empleados y con la organización.

Reaccione

(a) ¿Alienta usted una cultura de desarrollo personal? Convérselo abiertamente y ofrezca a la gente oportunidades de desarrollarse.

Comuníqueles que es una de sus prioridades y que les alienta a ser proactivos/as acerca de sugerir oportunidades.

132

Copyright © 2009 Yolanda Lacoma & Martin Sutherland

(b) Considere todos las solicitudes de actividades de desarrollo. Asegúrese de no desmoralizar a la gente rechazando sugerencias de eventos a los cuales les gustaría asistir o proyectos por los cuales muestran entusiasmo. Dé a la gente el beneficio de la duda y recompénselos/as por haber mostrado iniciativa. Aprenderán cómo medir los tipos de actividades que dan frutos.

(c) Elogie a la gente abiertamente cuando completen un punto de su plan de desarrollo. El elogio es contagioso y ayudará a motivar a otros miembros del equipo. También envía el mensaje de que el desarrollo personal es valorado.

(d) No se guarde sus conocimientos. No requiere gran esfuerzo motivar a los demás a desarrollarse leyendo artículos, revistas o libros de negocios que ha encontrado particularmente informativos y recomendarlos. Formalice ese proceso enviando regularmente una recopilación de sugerencias que a la gente le interese recibir.

② | Tengo demasiada presión en el trabajo para desarrollar a otras personas/ Prefiero hacer las cosas por mi cuenta /Soy impaciente

Reflexione

¿En algún lugar entre dirigir a la gente y los procesos se supone que tiene que encontrar tiempo para dirigir el desarrollo de los demás? Sí.

Demasiados gerentes descuidan este requisito de su posición porque nunca parece tan apremiante como las demás prioridades.

Desarrollar a la gente requiere un intercambio. Usted debe darles a los demás la oportunidad de practicar una habilidad nueva o asumir una responsabilidad , independientemente de que usted lo puede hacer mejor o no. Eso pondrá presión en su ya ocupada agenda.

Los gerentes que son impacientes con el proceso de enseñar, reprimen las oportunidades que tiene la gente de obtener confianza en sí mismos/as, madurar y expandir su conjunto de habilidades; también se arriesgan a desmoralizar a su personal. Es corto de miras no reservar algo de tiempo para desarrollar a los empleados. Cuando la presión es realmente alta, puede no tener a nadie en quien delegar si no ha hecho la inversión adecuada en desarrollo del personal.

Reaccione

(a) Exponga a la gente al desarrollo incluyéndolos/as en reuniones con grupos con los cuales típicamente no se encuentran: clientes, alta dirección, otros departamentos, etc. No tienen que desempeñar un rol activo pero podrían aprender de la experiencia, y eso no implica una carga de tiempo para usted.

(b) Identifique tareas que puede delegar a los subordinados para ayudarles a mejorar habilidades débiles.

(c) Establezca expectativas de desempeño adecuadas que consideren la experiencia, el conjunto de habilidades de la persona y el contexto de la posición.

133

Copyright © 2009 Yolanda Lacoma & Martin Sutherland

(d) Brinde al personal el espacio y tiempo adecuado para trabajar en los problemas y probar su valía.

(e) Aliente a la gente a tomar la iniciativa. No reaccione de forma exagerada cuando se comete un error, en cambio úselo como una oportunidad para la reflexión y desarrollo.

3 | **Conversar acerca de las necesidades de desarrollo de la gente, especialmente los aspectos conductuales, me pone incómodo/a/ No me gusta ser crítico**

Reflexione

Los gerentes a menudo descuidan el desarrollo de los subordinados porque deben tratar deficiencias de talento, lo que puede resultar difícil. Asociar las conversaciones acerca del desarrollo con la crítica, es un pensamiento incorrecto y podría resultar en que usted demore conversaciones necesarias o eluda cuestiones que deberían abordarse.

Guiar a otras personas es uno de los roles clave de un gerente. Inevitablemente, significa elevar la consciencia acerca de las fortalezas y debilidades de una persona. Las debilidades que se dejan pasar pueden entorpecer el progreso de una persona o descarrilar su carrera totalmente.

Una relación sana con los subordinados depende de una comunicación y retroalimentación abierta que sea mutua. Significa que debe brindar una guía honesta y constructiva acerca de lo que una persona necesita mejorar. A medida que avanza en una organización, probablemente se le requerirá que maneje un creciente número de personas. Las habilidades de retroalimentación y capacitación efectivas le ayudarán a maximizar la productividad de los empleados. Estará en una posición privilegiada para enseñar a las personas y aumentar la consciencia de sí mismos/as, pero en ocasiones significará también mantener conversaciones difíciles.

Reaccione

(a) Pida a un asesor o al departamento de recursos humanos que lo entrenen para ser coach. Mejorar sus habilidades como coach, le permitirá brindar retroalimentación al personal con más facilidad.

(b) Use herramientas tales como evaluaciones de 360° para informarse de las fortalezas y necesidades de desarrollo de una persona. La visión colectiva de las habilidades que una persona debiera mejorar es muy importante, ya que es más difícil de objetar que si proviene de una fuente solamente.

(c) Algunos subordinados estarán mejor preparados/as para seguir su guía que otros/as. No se ponga a la defensiva o lo tome de forma personal. La mayoría de la gente teme la retroalimentación y la consciencia de un problema, a menudo es precedida por la negación del mismo. Puede tener que conversar el tema varias veces antes de que una persona pueda asimilar la retroalimentación y esté preparada para actuar.

(d) Asegúrese de que el empleado comprende la relevancia de la retroalimentación para lograr el éxito en una posición. La persona debe comprender plenamente cómo una deficiencia, que ha sido identificada, afecta a su capacidad de desempeñarse bien.

134

Copyright © 2009 Yolanda Lacoma & Martin Sutherland

No sé cómo desarrollar a la gente o exactamente que se supone que deben desarrollar

Reflexione

Los gerentes siempre deberían considerar que sus empleados están "en desarrollo". Pero comprender cuál es la mejor inversión en desarrollo para diferentes personas, en un momento determinado, es desafiante. Los recursos a menudo son ajustados y hay restricciones de tiempo, por lo tanto las opciones de desarrollo necesitan una cuidadosa consideración. Afortunadamente, hay muchas herramientas disponibles para ayudar a los gerentes a diseñar planes de desarrollo para su personal. Cada persona tiene necesidades de desarrollo diferentes, basadas en sus intereses, nivel de motivación, potencial y talento. Es decir, sus competencias conductuales, experiencia de trabajo y habilidades técnicas. Algunas necesidades de desarrollo serán obvias, por ejemplo, aprender un idioma nuevo para una posición internacional a largo plazo. Pero otras serán menos fáciles de definir y podrían tornarse problemáticas antes de ser identificadas. Por ejemplo, la independencia de alguien al principio de su carrera podría llevar a una delegación o trabajo en equipo deficiente más adelante. Comprender temprano que tal independencia podría convertirse en un problema en el futuro permite una intervención rápida: por ejemplo, podría asegurarse de que la persona sea asignada a proyectos basados en equipos para así, aprender a colaborar.

Las necesidades de desarrollo no sólo deberían considerarse en el contexto de la posición actual de una persona, aunque es una consideración crítica y un buen punto de partida. Deberían verse contra un lienzo más amplio que pinte varias carreras futuras.

Reaccione

(a) Aproveche herramientas de evaluación como la retroalimentación de 360° de PeopleTree Group que le informa acerca de las fortalezas y oportunidades de desarrollo de una persona.

(b) Priorice la mejora de "factores knockout" y "factores de desvío profesional" que hayan sido identificados en el perfil de una persona. Los factores knockout son ciertos atributos conductuales que causarán un problema en todos los contextos, independientemente del trabajo de una persona, tales como tener malas relaciones con los jefes. Los factores de desvío profesional son el resultado de una combinación especial de fortalezas y debilidades. Puede empezar como una fortaleza pero puede crear problemas a lo largo de la evolución de una carrera, como cuando alguien se convierte en un/a solitario/a demasiado independiente. Estos factores necesitan atención temprana.

(c) Identifique los elementos de desarrollo que tendrán el mayor impacto en la posición actual de un empleado.

(d) Considere el contexto de la posición actual de alguien o el trabajo futuro al cual la persona está apuntando. Por ejemplo, si alguien está siendo preparado/a para una posición de reorganización, asegúrese de que sus competencias conductuales sean una buena combinación para ese tipo de posición.

Copyright © 2009 Yolanda Lacoma & Martin Sutherland

(e) Comuníquese con el departamento de recursos humanos, o un consultor de PeopleTree Group en www.peopletreesuite.com, para obtener la Matriz de 9 Celdas. Se usa para identificar a la gente con elevado potencial en la compañía y examinar las mejores estrategias de desarrollo para ellos/as, en base a pronosticadores de desempeño y agilidad de aprendizaje.

(f) Exponga a la gente a una variedad de posiciones. Es una manera práctica de descubrir sus fortalezas y debilidades.

(g) El interés debería desempeñar un rol clave en la senda de desarrollo de una persona. Pregunte a la gente qué posiciones encuentran satisfactorias y qué desafios les gustaría abordar.

(h) Los colegas pueden aprender mucho uno del otro. Aliente grupos de discusión o almuerzos informales durante los cuales pueden compartir información u opiniones acerca de sus proyectos.

(i) Tenga en cuenta que la gente aprende de forma diferente. Algunos aprenden mejor por su cuenta, otros disfrutan el aprendizaje en grupo; algunos aprenden de libros y otros requieren experiencia práctica.

5 | **El riesgo y las consecuencias del fracaso son demasiado altas para que yo desarrolle a otras personas**

Reflexione

El riesgo más grave de una organización es no tener un banco de talento bien desarrollado y sucesores/as adecuados, especialmente para posiciones críticas.

Sería preocupante saber que usted está listo/a para avanzar a una nueva posición, pero no puede porque no ha desarrollado a nadie para cubrir su posición. Desarrollar a otras personas efectivamente requiere correr el riesgo con ellos y con el resultado de su desempeño, pero el riesgo percibido a menudo es exagerado, alimentado por el perfeccionismo y los elevados estándares que cumplir.

El desarrollo no se produce de un día para otro, por lo tanto empiece hoy y lentamente cree el talento necesario a la vez que mitiga el riesgo de no hacerlo.

Reaccione

(a) Identifique sucesores para posiciones críticas en su negocio y asegúrese de que haya un plan de sucesión implementado. El sistema de gestión de talentos de PeopleTree es una herramienta integral de la gestión de sucesión.

(b) Adopte una filosofía de desarrollo a largo plazo que le permita crear el talento necesario en los demás, paso a paso.

(c) Lleve a la gente a reuniones y compromisos clave donde puedan aprender observando, con poco riesgo para usted o la organización.

(d) Identifique cuál de sus responsabilidades puede delegar en otras personas como parte de su desarrollo. Convérselo y consiga la aprobación de su supervisor — su respaldo le hará más fácil tomar el riesgo.

Copyright © 2009 Yolanda Lacoma & Martin Sutherland

(e) Asigne mentores a la gente para que puedan obtener conocimientos y perspectivas valiosas de otra persona que no sea usted.

(f) Escriba las consecuencias que se producirían si alguien que usted está desarrollando da un paso en falso. ¿Son las consecuencias tan serias como usted imagina?

6 | Si desarrollo a otras personas pueden ser contratadas por la competencia

Reflexione

Que el talento sólido sea robado por un competidor, sea interno o interno, siempre es un riesgo. Pero no maximizar las oportunidades de desarrollo de la gente asegurará que se desmoralicen o aburran y empiecen a buscar mejores oportunidades en otra parte. Si el talento bueno elige tomar un camino diferente, asegúrese de que no sea porque limitó su potencial sino porque su guía les ayudó a incrementarlo. Si es hábil desarrollando personas, estará en condiciones de repetir su desempeño con otros/as candidatos/as. Sin embargo, lo más probable es que la gente quiera permanecer bajo su ala.

Los/as gerentes que valoran y dan prioridad al desarrollo de otras personas son escasos/as y su personal por lo general es extremadamente leal.

Reaccione

(a) Asegúrese de comprender qué motiva a los empleados y ofrezca incentivos que reconozcan su talento y aseguren su lealtad.

(b) Pregunte a las personas acerca de las oportunidades que encontrarían interesantes y asegúrese de que tengan posiciones que exploten esos intereses.

(c) Asigne a una persona que esté desarrollando para que sea mentor de otros/as. Reforzará su confianza en la persona y recompensará su habilidad.

(d) Eleve la visibilidad de las personas ante la alta dirección comunicando y fomentando sus éxitos y arduo trabajo.

Copyright © 2009 Yolanda Lacoma & Martin Sutherland

Comportamientos usados en exceso

Los estudios de investigación han determinado que en ocasiones las fortalezas de una persona se pueden convertir en debilidades si se utilizan en exceso.

Para encontrar el equilibrio, usted debe desarrollar los llamados estabilizadores con el objetivo de atenuar el comportamiento usado en exceso.

Estabilizadores:	Comportamiento usado en exceso
17 Juicioso/a	Puede que ponga a las personas en situaciones difíciles sin el apoyo y los recursos necesarios para cumplir con la tarea
23 Dirige A Las Personas	
24 Empático/a	
25 Sabe Delegar	
28 Justo/a	
38 Gestiona El Bajo Rendimiento	
42 Gestiona El Trabajo	
43 Motiva A Las Personas	
48 Planifica El Trabajo	
51 Reconoce El Talento Y El Potencial En Las Personas	

Instrucciones

Si se siente identificado/a con la definición de comportamiento usado en exceso, elija alguno de los estabilizadores y diríjase a los capítulos correspondientes para buscar estrategias de acción que le ayuden a desarrollarlos.

Para más instrucciones diríjase a la sección de este libro: "Cómo utilizar este libro".

Copyright © 2009 Yolanda Lacoma & Martin Sutherland

21. Se Desarrolla A Sí Mismo/a

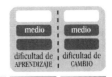

"La ganancia rara vez excede el desarrollo personal"
Jim Rohn

Comportamiento efectivo

Desarrolla nuevas habilidades continuamente y mejora las habilidades ya existentes

Comportamiento inefectivo

Puede que le falte interés o motivación para desarrollar nuevas habilidades o para mejorar las existentes

Instrucciones

Lea las definiciones de la izquierda. Si se siente identificado/a con la definición de comportamiento inefectivo, diríjase a la sección Estrategias de Acción de este capítulo.

Comportamiento usado en exceso

Puede que esté demasiado preocupado/a con su propio desarrollo y trabajo en áreas que no añaden valor

Si se siente identificado/a con la definición de comportamiento usado en exceso diríjase a la sección final del capítulo.

Auto Evaluación

¿verdadero?	Actualmente trabajo en desarrollar una habilidad o competencia
¿verdadero?	Activamente investigo los temas en los cuales estoy trabajando
¿verdadero?	Me ofrezco como voluntario para tareas que sé que serán un desafío
¿verdadero?	Habitualmente pido retroalimentación a mi jefe/a y a mis colegas para que me ayuden a identificar áreas de mejora
¿verdadero?	Soy profundamente consciente de mis fortalezas y debilidades
¿verdadero?	Leo publicaciones y material relacionado con mi campo
¿verdadero?	Tengo un plan de desarrollo personal que estoy cumpliendo
¿verdadero?	Estoy ansioso/a por explorar oportunidades para aprender y desarrollarme

Notas

¿Está seguro/a de que debe desarrollar esta competencia?

"Si la respuesta a la mayoría de las afirmaciones de la parte izquierda es "verdadero", probablemente no sea necesario que usted desarrolle esta competencia."

139

Copyright © 2009 Yolanda Lacoma & Martin Sutherland

Estrategias de Acción

La mayoría de los comportamientos inefectivos tienen patrones o pensamientos emocionales ocultos. Al identificarlos, usted podrá definir las estrategias de acción específicas para mejorar este comportamiento.

(1) Estoy demasiado ocupado/a haciendo mi trabajo como para dedicarme en mi desarrollo personal

(2) No sé qué áreas desarrollar

(3) Soy muy bueno/a en lo mío/Realmente no tengo debilidades que puedan causar un problema

(4) No quiero concentrar la atención en mis áreas más débiles / Reconocer mis debilidades arriesga mi carrera

(5) Creo que es más valioso ser un/a especialista que un/a generalista

(6) Debo atenerme a las tareas en las que soy bueno/a/ Debo actuar conforme a mis fortalezas

Instrucciones

1. Lea y seleccione uno o más de los patrones de comportamiento inefectivo descritos a la izquierda.

2. En la sección de abajo, busque el número correspondiente que le ayudará a reconsiderar este patrón y a identificar acciones prácticas y específicas de mejora.

---

1 | **Estoy demasiado ocupado/a haciendo mi trabajo como para dedicarme en mi desarrollo personal**

Reflexione

Desempeñar bien sus tareas actuales no es suficiente.

Dadas las cambiantes exigencias del trabajo y los diferentes movimientos de carrera que podría querer hacer, debe desarrollar sus habilidades continuamente. A menos que no tenga planes de promoción, querrá dedicar tiempo activamente a prepararse para el próximo paso en su carrera. Incluso si planea permanecer en su posición actual por un tiempo, hay muchos cambios, sea en tecnología, información o en la naturaleza del mercado, que tornarán obsoletas sus habilidades o experiencias si no las está mejorando continuamente. Y aunque sus habilidades técnicas puedan estar actualizadas, la investigación demuestra que las competencias conductuales contribuyen a aproximadamente el 50% del éxito en la carrera. Se requerirán competencias diferentes a medida que avanza en su carrera, por lo tanto siempre hay espacio para el desarrollo personal.

Desde una perspectiva personal, será una persona más interesante cuando busque oportunidades de desarrollo personal. Estará preparado/a y en condiciones de compartir ideas e información y de conectarse con una mayor cantidad de personas.

Copyright © 2009 Yolanda Lacoma & Martin Sutherland

Reaccione

(a) Vuelva a asignarle prioridad a su desarrollo personal. Si lo considera como algo de lo que se ocupará más tarde cuando tenga tiempo, no lo hará. Haga un contrato personal consigo mismo/a para tomar acción sobre planes de desarrollo personal de forma semanal.

(b) Considere formas de mejorar su manejo del tiempo y organícese mejor para dar espacio al desarrollo personal. Trate de enumerar todas las actividades que tiendan a desperdiciar su tiempo, tanto en el trabajo como en su vida privada. ¿Cuáles de estas actividades pueden reemplazarse con actividades de desarrollo personal?

(c) Agregue iniciativas de desarrollo personal a su agenda diaria. Por ejemplo, lleve consigo una revista o diario relacionado con su actividad para leer mientras está haciendo una fila o durante el almuerzo. Compre libros en CD para escuchar cuando viaje hacia y desde el trabajo o invite a un experto a cenar y converse sobre temas de interés.

(d) Es difícil reservar mucho tiempo seguido para el desarrollo personal, por lo tanto comprométase a períodos cortos. Simplemente media hora por día, todos los días de la semana, le brindan dos horas y media para avanzar hacia su meta de desarrollo.

(e) Tendemos a dedicar tiempo a las cosas que consideramos divertidas o interesantes. ¡El desarrollo personal puede ser divertido! Por ejemplo, si necesita leer más, hágalo en algún lugar que disfrute, tal como un parque o una cafetería. Si tiene que mejorar su red social, invite gente que quiera conocer mejor a un restaurante que siempre quiso probar. Inscríbase en un curso con un/a amigo/a o colega con el/la cual no pasa tiempo suficiente.

2 | No sé qué áreas desarrollar

Reflexione

Las personas rara vez son completamente precisas acerca de las áreas en las cuales deberían concentrar su desarrollo. De hecho, en lo que se refiere a competencias conductuales, los estudios han demostrado que la autoevaluación es el método menos preciso para juzgar las fortalezas y debilidades personales.

Comprender la importancia del desarrollo personal es su primer paso, seguido de ser proactivo/a acerca de su propio desarrollo. Esto es de fundamental importancia, porque el desarrollo personal a menudo no se considera una prioridad y no está integrado activamente en la cultura de una organización. Puede encontrar que su supervisor le apoya en ayudarlo a identificar oportunidades para su desarrollo, pero no su gerente. En definitiva, es su responsabilidad asegurarse de tener un curso de desarrollo que esté en línea con sus metas de carrera personales.

Reaccione

(a) Cuánto más conozca sus fortalezas y debilidades, más objetivos tendrá su foco de desarrollo. Investigue las metodologías de evaluación disponibles, tales como una evaluación de 360°, que podrían brindarle una retroalimentación objetiva de colegas que le conocen bien. Obtenga ayuda de un coach, o de su departamento de recursos humanos, para realizar las pruebas y ayudarle en su interpretación.

141

Copyright © 2009 Yolanda Lacoma & Martin Sutherland

(b) Asegúrese de tener un plan de desarrollo para su posición actual. Identifique los elementos de desarrollo que tendrían el mayor impacto en la mejora de sus habilidades.

(c) Asegúrese de considerar múltiples ángulos de desarrollo y no únicamente habilidades técnicas. Por ejemplo, ¿Cómo encaja su estilo de liderazgo en su equipo? ¿Qué debe hacer para estar más en línea con la estrategia de la compañía? ¿La relación con su jefe/a necesita mejora?¿Está preparado/a para las diferencias culturales y exigencias de una posición internacional inminente?

(d) Asegúrese de que su desarrollo respalde sus metas a largo plazo. Escriba una declaración de misión o visión personal que le ayude a definir a dónde quiere llevar su carrera en el futuro. Le ayudará a concentrarse en las opciones de desarrollo más adecuadas.

(e) Lea revistas profesionales y relacionadas con su actividad para mantenerse al día con los últimos desarrollos en su campo.

(f) Encuentre un mentor que pueda brindarle respaldo, asesoramiento y ayuda para darle rumbo a su carrera.

(g) Deje que un coach le ayude con un plan de desarrollo individual, que defina sus necesidades de aprendizaje y metas. Un plan le ayudará a atenerse a sus metas. Asegúrese de que el plan tenga acciones específicas que debe completar y metas medibles. Prepare un plan de seguimiento — ¿Quién seguirá su progreso y cómo? La mayoría de los planes de desarrollo fracasan porque carecen de seguimiento.

3 | Soy muy bueno/a en lo mío/Realmente no tengo debilidades que puedan causar un problema

Reflexione

Incluso las personas con un desempeño sobresaliente tienen fortalezas y debilidades.

Tiger Woods, por ejemplo, está en el pináculo de su juego, sin embargo no para de tratar de mejorar. Puede ser relativamente más sólido en su juego largo que en su juego corto y reconocerlo le permite concentrarse en mejorar un área que podría elevar su nivel de rendimiento aún más.

Una persona puede ser altamente capacitada en un área, pero tendría que esforzarse si el contexto del trabajo cambiara. Por ejemplo, usted podría súbitamente asumir una posición internacional o trabajar con grupos grandes. Su compañía podría estar al borde de expandirse hacia mercados emergentes y aprender un idioma nuevo podría repentinamente convertirse en una habilidad clave que debe desarrollar.

Extenderse más allá de sus habilidades existentes le hace estar mejor preparado/a para un mayor abanico de posiciones potenciales. Ha de saber que las debilidades en las competencias conductuales pueden desbaratar la carrera de una persona. Son siempre las menos obvias para una persona, sin embargo debieran valorarse tanto como las habilidades técnicas o la experiencia.

Copyright © 2009 Yolanda Lacoma & Martin Sutherland

Reaccione

(a) Concéntrese en las tareas que no desempeña del todo bien. Todos tenemos fortalezas y debilidades, por lo tanto apunte a experiencia y posiciones en áreas en las cuales es menos competente que otras personas.

(b) Pase de bueno/a a excelente. Un atleta sobresaliente no para de tratar de mejorar, incluso si ha batido un récord mundial. Si ya es muy bueno/a en algo, encuentre un coach experto en habilidades para que le ayude a aprovechar sus fortalezas y lograr la excelencia.

(c) Cuánto más sepa acerca de sí mismo/a mejor. Investigue las metodologías de evaluación disponibles, tales como una evaluación de 360°, que podrían brindarle una retroalimentación objetiva de colegas que le conocen bien. Obtenga ayuda de un coach o de su departamento de recursos humanos para que le ayude a interpretar la evaluación.

(d) Esté pendiente de abusos, puntos ciegos, factores knock-out y factores de desvío profesional. Estos son los cuatro exponentes del conocimiento de sí mismo, sin embargo la gente por lo general no está al tanto de esto. Para obtener mayor información acerca de estos conceptos, o para comunicarse con un consultor de PeopleTree Group, visite www.peopletreesuite.com . Identifique si encaja en alguno de estos perfiles.

(e) Participe en organizaciones profesionales donde pueda aprender de otras personas y establecer contactos con colegas. Es sorprendente ver cuánto hay que aprender cuando se uno expone a los conocimientos de otros expertos.

---

 4 | **No quiero concentrar la atención en mis áreas más débiles/Reconocer mis debilidades arriesga mi carrera**

Reflexione

Tratar de poner las debilidades bajo la alfombra significa que su energía se emplea en ocultar en lugar de fortalecer sus habilidades.

Algunas personas se abstienen de exponerse a nuevas situaciones o ampliar sus conocimientos porque tienen que defender una reputación o imagen de autoridad. Todos los individuos son relativamente fuertes o débiles en ciertas áreas y es crítico para el desarrollo de su carrera que sea honesto/a acerca de cuáles pueden ser esas áreas.

La mayoría de las organizaciones invierten sustancialmente en capacitación y desarrollo de los empleados desde el nivel de ingreso hasta el ejecutivo. Usted se niega oportunidades de capacitación clave si no reconoce áreas de desarrollo. Es posible que sus compañeros de trabajo y su supervisor ya sean conscientes de sus debilidades y respaldarían su interés en mejorarlas.

Reaccione

(a) Asóciese con alguien que sea sólido/a en el área que usted necesita desarrollar durante todo el proyecto o tarea. Puede aprender de esa persona y contar con gran respaldo a lo largo del camino, en lugar de avanzar por su cuenta.

(b) Piense en aprender algo nuevo como una forma de juego o exploración. Este pensamiento promueve la creatividad y el entusiasmo.

Copyright © 2009 Yolanda Lacoma & Martin Sutherland

(c) Pase más tiempo con gente que sea naturalmente curiosa, que intente cosas nuevas despreocupadamente y sin miedo de parecer tonta o ridícula. ¿Cuál es la diferencia con su enfoque en estas situaciones?

(d) Ofrezca ayudar a alguien con las tareas en las cuales está capacitado/a o que se siente cómodo/a haciendo. Hágalo a cambio de respaldo de esas personas con tareas que no domina.

(e) Nútrase de su experiencia de aprender un pasatiempo, deporte o hacer un proyecto en casa. ¿Cómo se sintió de satisfecho/a cuando pudo completarlo? ¿Hubo momentos en los que pensó que no estaba a la altura de las circunstancias? ¿Por qué perseveró?

(f) Contrate un coach para contar con más respaldo y aliento, especialmente cuando esté siendo demasiado/a duro consigo mismo/a.

(g) No hay que avergonzarse de que la gente sepa que usted está activamente tratando de mejorar, pero no tiene que publicitar todo. Si se siente incómodo/a con que la gente lo sepa, continúe trabajando privadamente en ciertos ítems con la aprobación de su gerente y la ayuda de un coach.

5 | Creo que es más valioso ser un/a especialista que un/a generalista

Reflexione

Si sólo valora el prestigio y posición de ser un experto en su nicho, puede tener un interés limitado en los temas fuera de su campo.

Los expertos ciertamente han sido, y siempre seguirán siendo, contribuyentes invalorables para una organización. Los empleados con extensos conocimientos en un área determinada pueden ocuparse de sus detalles y sutilezas, lo que puede crear o destruir un proyecto. Por lo general, son la persona a la cual la gente recurre para consultar cuando necesitan respuestas a preguntas detalladas. Pero los conocimientos especializados y la experiencia se tornan menos importantes cuánto más se avanza. Los directivos de alto nivel necesitan exposición a una amplia variedad de temas y conocimientos acerca de los mismos.

Los generalistas son extremadamente valiosos, porque su experiencia de amplio rango les permite ver cuestiones y detalles desde varias perspectivas, aportando una visión amplia a cualquier proyecto, así como también una comprensión de cómo se cruzan los negocios. El/la generalista puede ser un aprendiz de mucho y maestro de nada, pero posiciona a la persona de forma única para una posición de nivel ejecutivo.

Aunque usted pueda favorecer el prestigio relacionado con ser un experto, no descuente el valor de aquellos que eligen un camino menos especializado y las oportunidades disponibles para ellos/as.

Reaccione

(a) Lea revistas de industrias no relacionadas con su disciplina específica.

(b) Obtenga una comprensión general de cómo funcionan otras divisiones de su compañía. Almuerce con gente de otros departamentos y formule preguntas acerca de su trabajo.

144

Copyright © 2009 Yolanda Lacoma & Martin Sutherland

(c) Desarrolle una red de contactos en una amplia variedad de disciplinas.

(d) Familiarícese con las herramientas que pueden ayudarle a recolectar información. Herramientas tales como agregadores de noticias, (Topix, Google News, etc) pueden ayudarle a mantenerse informado acerca de diferentes temas.

(e) Tome nota y haga más investigación cuando alguien hace referencia a un tema o libro con el cual no está familiarizado/a.

(f) Asista a cursos de educación continua en áreas de negocios generales. Su compañía puede patrocinar alguno de ellos.

(g) Participe en la mayor cantidad de reuniones interdepartamentales posibles o tareas que involucren muchas disciplinas.

(h) Escuche transmisiones por Internet disponibles a través del trabajo.

(i) Encuentre un mentor con amplia visión para los negocios. Organice reuniones periódicas para conversar acerca de temas diversos.

6 | Debo atenerme a las tareas en las que soy bueno/a/ Debo actuar conforme a mis fortalezas

Reflexione

Muchas personas tienen una pasión por una disciplina determinada o una capacidad natural de dominar una habilidad en particular. La gente tiende a gravitar hacia sus fortalezas y termina invirtiendo su energía únicamente en mejorar esas áreas.

Aunque es inteligente aprovechar sus fortalezas y pasar de bueno a excelente, invertir tiempo en pasar de malo a bueno puede tener un impacto aún mayor en su carrera. No esté demasiado/a preocupado/a en sus áreas más débiles, pero si existe una debilidad clara, es crítico mejorarla tanto para su posición actual como para su promoción.

Usted se vuelve vulnerable si no desarrolla áreas en las cuales se siente menos cómodo/a. Cuando su valor está vinculado a un estrecho conjunto de habilidades, su rol en una organización es limitado.

Reaccione

(a) Tenga una conversación abierta con su gerente y colegas acerca de cuáles piensan que son sus debilidades. Asegúrese de incluir algunos de estos ítems como parte de su plan de desarrollo.

(b) Sea consciente de sus competencias, habilidades y experiencia técnica que son críticas para su posición actual y cualquier promoción futura.

(c) Investigue las oportunidades disponibles en la organización para emprender tareas rotativas.

(d) Inscríbase en cursos disponibles a través de su compañía que ampliarán su conjunto de habilidades.

(e) Pida ser incluido/a en reuniones interdisciplinarias para aumentar sus conocimientos generales acerca de todas las unidades de negocios.

(f) Entérese de lo que está pasando fuera de su campo. Lea revistas o artículos con novedades de otros campos de negocios al menos una vez por semana.

145

Copyright © 2009 Yolanda Lacoma & Martin Sutherland

(g) Ponga a prueba y extienda sus fortalezas. Por ejemplo, si estuvo trabajando en contaduría, tome oportunidades de trabajar en proyección financiera. Ambas hacen uso de sus habilidades analíticas y requieren trabajar con números, pero implican diferentes tipos de aplicación. Si es hábil en redacción técnica, trate de escribir un artículo para una revista. Usted hará uso de su capacidad natural de comunicación escrita pero ampliará sus habilidades.

(h) Trate de empezar un pasatiempo nuevo que no esté en absoluto relacionado con su trabajo o sus habilidades percibidas. Puede verse sorprendido/a de cuánto lo disfruta y le resultará más fácil dedicarse a actividades que no necesariamente hagan uso de sus fortalezas.

Comportamientos usados en exceso

Los estudios de investigación han determinado que en ocasiones las fortalezas de una persona se pueden convertir en debilidades si se utilizan en exceso.
Para encontrar el equilibrio, usted debe desarrollar los llamados estabilizadores con el objetivo de atenuar el comportamiento usado en exceso.

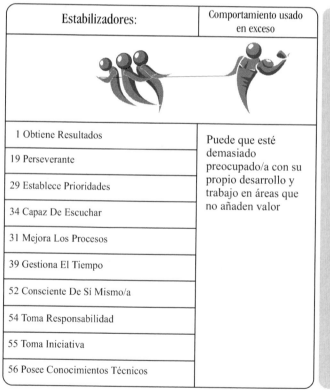

Estabilizadores:	Comportamiento usado en exceso
1 Obtiene Resultados	Puede que esté demasiado preocupado/a con su propio desarrollo y trabajo en áreas que no añaden valor
19 Perseverante	
29 Establece Prioridades	
34 Capaz De Escuchar	
31 Mejora Los Procesos	
39 Gestiona El Tiempo	
52 Consciente De Sí Mismo/a	
54 Toma Responsabilidad	
55 Toma Iniciativa	
56 Posee Conocimientos Técnicos	

Instrucciones

Lea la definición y si considera que se siente identificado/a con ella, elija algunos de los estabilizadores y vaya a los capítulos correspondientes para buscar estrategias de acción que le ayuden a desarrollarlos.

Para más instrucciones diríjase a la sección de este libro: "Cómo utilizar este libro".

Copyright © 2009 Yolanda Lacoma & Martin Sutherland

22. Diplomático/a

difícil
medio
dificultad de APRENDIZAJE | dificultad de CAMBIO

"Diplomacia: El arte de manipular un puercoespín sin desordenar las púas"

Autor desconocido

Comportamiento efectivo
Tiene tacto y sabe comunicarse de manera educada y sin generar enfrentamientos

Comportamiento inefectivo
Puede que sea demasiado directo/a o puede que haga sentirse mal a los demás por falta de tacto

Comportamiento usado en exceso
Puede que sea demasiado suave en su estilo comunicativo y que tenga problemas para ser directo/a

Instrucciones

Lea las definiciones de la izquierda. Si se siente identificado/a con la definición de comportamiento inefectivo, diríjase a la sección Estrategias de Acción de este capítulo.

Si se siente identificado/a con la definición de comportamiento usado en exceso diríjase a la sección final del capítulo.

Auto Evaluación

¿verdadero?	Veo el desacuerdo como una oportunidad de comprender
¿verdadero?	Soy capaz de apaciguar situaciones tensas
¿verdadero?	Me relaciono bien con la gente incluso si son diferentes a mí
¿verdadero?	Comunico información delicada de forma diplomática
¿verdadero?	Puedo ser honesto/a sin ser irrespetuoso/a

Notas
¿Está seguro/a de que debe desarrollar esta competencia?

"Si la respuesta a la mayoría de las afirmaciones de la parte izquierda es "verdadero", probablemente no sea necesario que usted desarrolle esta competencia."

147

Copyright © 2009 Yolanda Lacoma & Martin Sutherland

Estrategias de Acción

La mayoría de los comportamientos inefectivos tienen patrones o pensamientos emocionales ocultos. Al identificarlos, usted podrá definir las estrategias de acción específicas para mejorar este comportamiento.

① No sé cómo ser diplomático/a

② Pienso que es importante ser directo/a con la gente o decir exactamente lo que pienso

③ Valoro los hechos más que las emociones/Si tengo razón, no importa cómo lo digo

④ Me siento inseguro/a de mí mismo/a/No he tenido mucha práctica en ser diplomático/a o en interactuar con gente totalmente diferente a mí

Instrucciones

1. Lea y seleccione uno o más de los patrones de comportamiento inefectivo descritos a la izquierda.

2. En la sección de abajo, busque el número correspondiente que le ayudará a reconsiderar este patrón y a identificar acciones prácticas y específicas de mejora.

---

① | No sé cómo ser diplomático/a

Reflexione

A menudo, para realizar las tareas se requiere la ayuda y colaboración de otras personas. Saber cómo crear y mantener relaciones con la gente es vital si espera ser efectivo/a. Es especialmente importante crear relaciones con aquellas personas que no están de acuerdo con usted, están enojados/as con usted o tienen problemas con la organización.

Reaccione

(a) Despersonalice la interacción. Piense en sí mismo/a como que actúa en un rol, por ejemplo, como gerente tratando con el personal, como representante de servicio al cliente tratando con un cliente, etc. No está siendo atacado por las otras personas; están interactuando con su rol.

(b) Piense antes de hablar. Una vez que dice algo, no puede retractarse. La gente recordará expresiones que provocaron una fuerte respuesta emocional. Decir algo que ofende, humilla o critica dañará una relación.

(c) Maneje sus emociones. Ser consciente de sus propios disparadores emocionales le ayudará a prevenir arrebatos que pueden dañar una relación. Piense en cómo identificar sus "botones rojos", por ejemplo, alguien que hace un comentario racista o implica que usted carece de inteligencia puede provocar una reacción de su parte más fuerte de lo normal.

148

Copyright © 2009 Yolanda Lacoma & Martin Sutherland

(d) Escuche más y hable menos. La diplomacia requiere una comprensión de la gente, sus agendas, sistemas de creencias y valores. Estos aspectos pueden identificarse si escucha también lo que no se está diciendo. La mayor parte del tiempo usted obtiene información importante no sólo a través del mensaje, sino también a través de la forma en que éste se transmite. Sea consciente del momento y del tono.

2 | Pienso que es importante ser directo/a con la gente o decir exactamente lo que pienso

Reflexione

Puede estar seguro/a de que su honestidad y franqueza no siempre serán apreciadas, especialmente si no edita lo que dice. Puede sentir que es honesto/a al decir lo que tiene en la mente, pero la falta de tacto puede poner en riesgo sus relaciones. Si la gente no es receptiva a lo que usted tiene que decir, la posibilidad de que le escuchen y de que la información conduzca a un resultado productivo disminuyen en gran medida.

Ser diplomático/a no implica censurar su mensaje sino más bien usar su inteligencia — tiene que ver con la forma en que se transmite el mensaje y el por qué.

Reaccione

(a) Considere los motivos por los cuales quiere comunicar cierta información a alguien. ¿Es el mensaje crítico para las partes involucradas, o está usted cubriendo una necesidad personal y emocional compartiéndolo?

(b) La elección de un buen momento es esencial. Puede tener más éxito compartiendo sus pensamientos más adelante, por lo tanto sea paciente y apártese si cree que la gente será más receptiva en otra oportunidad.

(c) Póngase en el lugar de la otra persona. Probablemente haya algunas cosas acerca de las cuales usted es sensible que lo ofenderían si alguien las compartiera con usted. Haga el esfuerzo de comprender el impacto que tendrá en la persona lo que tiene que decirle. Considere si es lo suficientemente importante para decirlo. De ser así, ¿cómo le hubiera gustado que se lo dijeran a usted?

(d) Manténgase sereno/a todo el tiempo. Le coloca en una mejor posición para manejar conflictos o situaciones tensas. No se tome las cosas de forma personal. En circunstancias tensas, es posible que las emociones estén caldeadas y la gente sea más propensa a lanzar ataques injustos. Si se está sintiendo demasiado emotivo/a, absténgase de responder y tómese tiempo para poner sus ideas en orden. Puede pedir tiempo para pensar las cosas, si es necesario. Mantenga su tono de voz uniforme y tranquilo, porque elevarlo sólo alentará a los demás a hacer lo mismo.

(e) Haga una buena lectura de su público y ajuste su estrategia en consecuencia. Invariablemente, algunas personas necesitarán un manejo más delicado que otras.

Copyright © 2009 Yolanda Lacoma & Martin Sutherland

3 | Valoro los hechos más que las emociones/ Si tengo razón, no importa cómo lo digo

Reflexione

Puede tener opiniones firmes, pero ser diplomático/a requiere crear un entorno en el cual las demás personas se sientan seguras para expresar puntos de vista opuestos. Es tentador decirle a la gente qué están equivocados/as.

Concéntrese en escuchar, más que en decir lo que piensa, y descubrirá que le resulta más fácil crear relaciones sólidas.

Reaccione

(a) Es difícil establecer una relación mutuamente respetuosa si no escucha genuinamente lo que la gente tiene que decir. Esté de acuerdo o no, reconozca el punto de vista de otras personas. Concéntrese en ser atento/a en lugar de decir "así son las cosas".

(b) Pida opiniones a la gente y no haga juicios rápidos o hable de forma despectiva, indicando que ya tiene todas las respuestas.

(c) Evite lenguaje corporal o comportamientos agresivos que otras personas podrían percibir como demasiado autoritarios o arrogantes, por ejemplo, levantar la voz, interrumpir a la gente o hacerles callar, cruzar los brazos o dar golpecitos con el pie de forma impaciente.

4 | Me siento inseguro/a de mí mismo/a/ No he tenido mucha práctica en ser diplomático/a o en interactuar con gente totalmente diferente a mí

Reflexione

Llevarse bien con las personas que apreciamos o con las cuales tenemos mucho en común es fácil. El desafío radica en saber cómo hacer esto con éxito con grupos diversos. Debemos aprender a crear relaciones sólidas y manejar la tensión a pesar de nuestras obvias diferencias. No podemos esperar comprender totalmente a toda la gente con que interactuamos, pero podemos hacernos responsables de tratar a todos/as con respeto y una mente abierta.

Reaccione

(a) Evite prejuicios ocultos. Puede ser muy diplomático/a con la mayoría de la gente, excepto con aquellos/as de un grupo determinado. Considere tomar la prueba de asociación implícita, que está disponible en www.understandingprejudice.org/iat/. Le ayudará a identificar prejuicios subconscientes.

(b) Si le cuesta comprender la perspectiva de otra persona, concéntrese en los aspectos que tienen en común. Tienden a ser universales, por ejemplo, la apreciación de un buen servicio, el deseo de avanzar en la carrera profesional, el reconocimiento de la importancia de la calidad del tiempo con la familia — cualquier cosa que le vincule a usted con la persona.

150

Copyright © 2009 Yolanda Lacoma & Martin Sutherland

(c) Lea biografías o mire documentales acerca de grandes políticos. Observe cómo interactúan con diferentes grupos de interés, cómo transmiten su mensaje o expresan su opinión sin ofender o alienar a la gente que tiene opiniones diferentes.

Comportamientos usados en exceso

Los estudios de investigación han determinado que en ocasiones las fortalezas de una persona se pueden convertir en debilidades si se utilizan en exceso.
Para encontrar el equilibrio, usted debe desarrollar los llamados estabilizadores con el objetivo de atenuar el comportamiento usado en exceso.

Estabilizadores:	Comportamiento usado en exceso
1 Obtiene Resultados	Puede que sea demasiado suave en su estilo comunicativo y que tenga problemas para ser directo/a
13 Tiene Coraje	
16 Decisivo/a	
17 Juicioso/a	
23 Dirige A Las Personas	
35 Gestiona El Conflicto	
37 Buen Negociador/a	
38 Gestiona El Bajo Rendimiento	
54 Toma Responsabilidad	
9 Se Comunica Bien (Verbalmente)	

Instrucciones

Si se siente identificado/a con la definición de comportamiento usado en exceso, elija alguno de los estabilizadores y diríjase a los capítulos correspondientes para buscar estrategias de acción que le ayuden a desarrollarlos.

Para más instrucciones diríjase a la sección de este libro: "Cómo utilizar este libro".

Copyright © 2009 Yolanda Lacoma & Martin Sutherland

23. Dirige A Las Personas

"La orquesta toca mecánicamente, usando energía mecánica; el director sólo mueve sus manos y sus movimientos tienen un efecto en el arte de la música"
Leon Theremin

Comportamiento efectivo
Proporciona objetivos e instrucciones claras

Comportamiento inefectivo

Puede que espere que las personas trabajen de manera independiente y que no esté dispuesto/a a proporcionar objetivos claros o dar instrucciones de lo que hay que hacer

Comportamiento usado en exceso

Puede que su forma de liderazgo sea demasiado controladora, proporcionando detalles excesivos y limitando a otras personas a tomar la iniciativa

Instrucciones

Lea las definiciones de la izquierda. Si se siente identificado/a con la definición de comportamiento inefectivo, diríjase a la sección Estrategias de Acción de este capítulo.

Si se siente identificado/a con la definición de comportamiento usado en exceso diríjase a la sección final del capítulo.

Auto Evaluación

¿verdadero?	La gente es capaz de seguir mis instrucciones
¿verdadero?	Rara vez las personas comprenden mal lo que quiero o necesito de ellas
¿verdadero?	Soy consciente de que las personas aprenden de forma diferente y pueden necesitar que les expliquen las cosas de conformidad con eso
¿verdadero?	Cuando doy instrucciones, formulo preguntas para asegurarme de que fueron comprendidas
¿verdadero?	Me siento cómodo/a interviniendo para dar indicaciones
¿verdadero?	Pregunto si las personas tienen claro nuestros objetivos o fechas límite
¿verdadero?	Me acerco a la gente periódicamente para ver si necesitan indicaciones
¿verdadero?	No espero hasta que la gente esté teniendo dificultades para darles indicaciones

Notas
¿Está seguro/a de que debe desarrollar esta competencia?

"Si la respuesta a la mayoría de las afirmaciones de la parte izquierda es "verdadero", probablemente no sea necesario que usted desarrolle esta competencia."

153

Copyright © 2009 Yolanda Lacoma & Martin Sutherland

Estrategias de Acción

La mayoría de los comportamientos inefectivos tienen patrones o pensamientos emocionales ocultos. Al identificarlos, usted podrá definir las estrategias de acción específicas para mejorar este comportamiento.

(1) Mi siento incómodo/a diciéndole a la gente qué hacer

(2) Es importante que la gente tome la iniciativa o trabaje en forma independiente

(3) Dar instrucciones a otra persona me quita tiempo de mi trabajo/Prefiero hacer las tareas yo mismo/a

(4) La gente malinterpreta mis indicaciones/Mis instrucciones a menudo no son bien comprendidas

Instrucciones

Lea y seleccione uno o más de los patrones de comportamiento inefectivo descritos a la izquierda.

2. En la sección de abajo, busque el número correspondiente que le ayudará a reconsiderar este patrón y a identificar acciones prácticas y específicas de mejora.

---

1 | ## Mi siento incómodo/a diciéndole a la gente qué hacer

Reflexione

No suponga que la gente se sentirá ofendida o resentida si usted interviene para dar instrucciones. Las indicaciones o instrucciones no son lo mismo que las órdenes. La mayoría de las personas aprecian las instrucciones si les ayudan a resolver problemas. Cuando las personas comprenden lo que se espera de ellas, están en condiciones de trabajar de forma más efectiva.

Las instrucciones poco claras o los objetivos ambiguos generan trabajo innecesario y vuelven a la gente irritable. En lugar de preocuparse acerca de pasarle por encima a alguien, aprenda a reconocer cuándo se necesitan indicaciones y cómo comunicar las instrucciones. Al brindar indicaciones a los demás, usted está aumentando su comprensión y mejorando su capacidad de concentrarse. También está ayudándoles a comprender cómo alcanzar sus metas.

Reaccione

(a) Trate de motivar a la gente mientras les da instrucciones. Dé indicaciones de forma entusiasta y señale la ventaja de hacer las cosas de una manera determinada.

(b) Sea lo más inclusivo/a posible cuando dé indicaciones, especialmente cuando haya personas involucradas que sean antagonistas. Acepte sus sugerencias y comuníqueles que su aportación es valiosa.

154

Copyright © 2009 Yolanda Lacoma & Martin Sutherland

(c) Observe su tono de voz y gestos para asegurarse de no parecer autoritario/a. Esto es especialmente importante si está incómodo/a o tenso/a. Una persona estresada a menudo trasmite el mensaje incorrecto de forma inadvertida.

(d) Por su propia naturaleza, algunas personas son intimidantes. Si tiene que dar indicaciones, dedique tiempo a conocer a las personas a nivel individual. Le ayudará a establecer una conexión con ellos/as que posiblemente disipe algunas de sus ideas preconcebidas.

(e) Si la gente se pone a la defensiva mientras recibe instrucciones, manténgase sereno/a y no se tome las cosas de forma personal. La meta es hacerlos avanzar de forma productiva y con un estado de ánimo adecuado. Trate de descubrir qué los pone a la defensiva hablando en privado con cada persona. Ignorar su actitud no la hará desaparecer y le resultará cada vez más difícil brindar indicaciones sin encontrar resistencia. Demuéstrele a la gente que le importa el hecho de que algo los está molestando.

2 | Es importante que la gente tome la iniciativa o trabaje en forma independiente

Reflexione

Las instrucciones claras no impiden que la gente trabaje de forma independiente — en realidad les otorga la autoridad para hacerlo. Sin instrucciones adecuadas, la gente por lo general requiere aclaración y se desarrolla una dependencia innecesaria con un gerente o supervisor a medida que avanza el proyecto.

Si quiere que sus subordinados trabajen de la forma más independiente posible, dedique el tiempo suficiente a brindarles indicaciones e instrucciones claras. Sea consciente de que no todas las personas están en condiciones o dispuestas a pedir las indicaciones que necesitan. A menos que haya creado un entorno en el cual se alienten las preguntas, podría encontrarse haciendo tareas que podrían haberse hecho de forma independiente o arreglando trabajos que podrían haberse hecho correctamente con el respaldo adecuado.

Reaccione

(a) Programe tiempo para acercarse a cada persona periódicamente, incluso si no le piden ayuda.

(b) Nunca suponga que todos trabajan bien de forma independiente. Algunas personas simplemente requieren más indicaciones que otras y cuando las obtienen se desempeñan bien.

(c) Dedique tiempo a conocer a su equipo. La gente tiene diferentes estilos y necesidades y cuanto más los conozca mejor comprenderá su posición.

(d) Sea realista acerca de las personas que supervisa. Tenga en cuenta no sólo sus personalidades sino también sus experiencias, habilidades y nivel de madurez. Por ejemplo, es probable que una persona nueva en una posición requiera más indicaciones que un empleado experimentado.

Copyright © 2009 Yolanda Lacoma & Martin Sutherland

(e) Reúna personas más experimentadas con los empleados nuevos para maximizar la cantidad de indicaciones que reciben.

(f) Aproveche los instrumentos de evaluación tales como retroalimentación de 360° o la evaluación de personalidad de Birkman para obtener una mejor comprensión de la gente con la que trabaja o supervisa.

(g) Sea accesible. Cuando la gente pide ayuda, asegúrese de brindarles el tiempo adecuado y sea paciente con sus preguntas.

3 | Dar instrucciones a otra persona me quita tiempo de mi trabajo/Prefiero hacer las tareas yo mismo/a

Reflexione

¿Preferiría hacerlo usted mismo/a en lugar de desperdiciar tiempo en dar instrucciones a los demás? Esta podría ser una decisión sensata si fuera una tarea aislada, pero por lo general los trabajos volverán a producirse y requerirán su atención una vez más.

Al principio, dar las instrucciones adecuadas y la guía para aprender puede llevar más tiempo del que dispone, pero eventualmente su participación será mínima, o no será necesaria en absoluto.

Deje espacio para su desarrollo y crecimiento en lugar del trabajo arduo y, en el proceso, contribuya al desarrollo de las demás personas.

Reaccione

(a) Primero delegue aquellas tareas que necesiten la menor cantidad de instrucciones y respaldo de su parte. Califique las tareas de acuerdo con una escala de menor a mayor dirección requerida por su parte y resuélvalas en ese orden.

(b) Evite dedicar tiempo a repetir instrucciones. Confirme que sus instrucciones fueron comprendidas — pida a la persona que resuma lo que tiene que hacer.

(c) Prepare instrucciones escritas, cuando corresponda, que puedan ser usadas como referencia por colegas que tengan dudas antes de preguntarle. Le permitirá concentrar su tiempo en abordar consultas específicas.

(d) Dé indicaciones y preserve el tiempo simultáneamente. Por ejemplo, deje que un subordinado lo observe y dé instrucciones a otras personas a medida que desempeña la tarea.

(e) Esté preparado para recibir preguntas y retroalimentación y no se ponga a la defensiva o agresivo/a. La gente se abstendrá de formular preguntas que podrían aclarar la confusión.

(f) Incluya dirigir a otras personas como una de sus medidas de desempeño. Le ayudará a priorizar el tiempo para hacerlo.

156

Copyright © 2009 Yolanda Lacoma & Martin Sutherland

Reflexione

¿Termina usted teniendo que reformular el enfoque de la gente todo el tiempo? Tal vez, a lo largo de un proyecto, a menudo le piden que repita sus instrucciones. Sin embargo, no puede entender por qué a la gente le resulta tan difícil lograr lo que usted quiere.

El problema puede radicar en su falta de dirección adecuada desde el principio. A menudo los gerentes esperan que sus colegas sean capaces de leerles la mente o llenar los espacios vacíos, pero esos espacios son simplemente demasiado grandes. Asegúrese de ser realista acerca de la cantidad de contexto o dirección que una persona necesita para completar el cuadro. A la gente le resulta frustrante y les hace perder el tiempo cuando se esfuerzan por descifrar sus instrucciones.

Reaccione

(a) Nunca suponga que sus instrucciones son perfectamente claras. Pregunte si la gente le comprendió. Obtenga retroalimentación acerca de la calidad de sus instrucciones.

(b) Asegúrese de destacar y enfatizar los puntos clave.

(c) Adapte su estilo de dirección a la persona o audiencia. Un enfoque que sea igual para todos no es una táctica adecuada. Considere los estilos de trabajo, el nivel de experiencia y las habilidades de la gente. Las personas captan los conceptos de forma diferente, por lo tanto considere cómo los explica. Una conversación puede resultar mejor para una persona elocuente, pero una planilla puede funcionar mejor para una persona metódica. Un ingeniero experimentado, por ejemplo, puede sólo tener que comprender el objetivo general, mientras que un empleado recién contratado necesitaría instrucciones detalladas. Además, considere las competencias de la gente. Algunas personas se sienten más cómodas con la ambigüedad o son más ingeniosos que los demás y requieren menos instrucciones.

(d) Comunique el plan maestro — explíquelo. Prepare un plan del proyecto con tareas y fechas límites para brindar dirección al equipo. Le permite dar un marco a las conversaciones acerca del progreso y puede dirigir a los colegas de una forma estructurada.

(e) Comprenda el problema o tarea y sus objetivos. Dedique tiempo a organizar sus pensamientos e instrucciones.

(f) Asegúrese de atenerse a lo planeado y no apartarse. Demasiada información y muchas tangentes confundirán a la gente y enturbiarán las aguas.

(g) Controle hacia dónde va su atención. Si está preocupado/a con múltiples temas a la vez, la dirección que está brindando puede verse comprometida. Repita lo que la persona le preguntó. Apague su celular y use un espacio privado para minimizar las distracciones. Debe concentrarse en dar instrucciones relevantes y significativas.

(h) Comunique instrucciones tanto verbalmente como por escrito. Las instrucciones impresas aseguran que la gente sepa lo que usted quiere y limita los ítems desatendidos. En lo posible, redacte sus instrucciones a la gente en un correo electrónico o memo, o pídales que tomen nota.

Copyright © 2009 Yolanda Lacoma & Martin Sutherland

Comportamientos usados en exceso

Los estudios de investigación han determinado que en ocasiones las fortalezas de una persona se pueden convertir en debilidades si se utilizan en exceso.

Para encontrar el equilibrio, usted debe desarrollar los llamados estabilizadores con el objetivo de atenuar el comportamiento usado en exceso.

Estabilizadores:	Comportamiento usado en exceso
20 Desarrolla A Otras Personas	Puede que su forma de liderazgo sea demasiado controladora, proporcionando detalles excesivos y limitando a otras personas a tomar la iniciativa
22 Diplomático/a	
25 Sabe Delegar	
28 Justo/a	
34 Capaz De Escuchar	
36 Gestiona Las Ideas De Otras Personas	
4 Accesible	
43 Motiva A Las Personas	
51 Reconoce El Talento Y El Potencial En Las Personas	
59 Unifica A Las Personas	

Instrucciones

Si se siente identificado/a con la definición de comportamiento usado en exceso, elija alguno de los estabilizadores y diríjase a los capítulos correspondientes para buscar estrategias de acción que le ayuden a desarrollarlos.

Para más instrucciones diríjase a la sección de este libro: "Cómo utilizar este libro".

Copyright © 2009 Yolanda Lacoma & Martin Sutherland

24. Empático/a

> "La gente olvidará lo que usted dijo, la gente olvidará lo que usted hizo, pero la gente nunca olvidará cómo los hizo sentir"
>
> Bonnie Jean Wasmund

Comportamiento efectivo
Demuestra un sentimiento genuino de preocupación e interés por la gente

Comportamiento inefectivo

Puede que no se preocupe por los demás o que sea frío o incapaz de responder apropiadamente a las situaciones emocionales

Comportamiento usado en exceso

Puede que se involucre demasiado en asuntos personales. Puede que pierda la objetividad y que se le perciba como alguien fácil de manipular

Instrucciones
Lea las definiciones de la izquierda. Si se siente identificado/a con la definición de comportamiento inefectivo, diríjase a la sección Estrategias de Acción de este capítulo.

Si se siente identificado/a con la definición de comportamiento usado en exceso diríjase a la sección final del capítulo.

Auto Evaluación

¿verdadero?	Comprendo que las personas experimentan las situaciones de forma diferente
¿verdadero?	Me importan los sentimientos de la gente
¿verdadero?	Estoy disponible cuando alguien necesita hablar
¿verdadero?	Puedo imaginarme cómo alguien podría sentirse en ciertas circunstancias
¿verdadero?	Creo que preocuparme acerca de los sentimientos de los demás me convierte en un/a mejor gerente

Notas
¿Está seguro/a de que debe desarrollar esta competencia?

"Si la respuesta a la mayoría de las afirmaciones de la parte izquierda es "verdadero", probablemente no sea necesario que usted desarrolle esta competencia."

Copyright © 2009 Yolanda Lacoma & Martin Sutherland

Estrategias de Acción

La mayoría de los comportamientos inefectivos tienen patrones o pensamientos emocionales ocultos. Al identificarlos, usted podrá definir las estrategias de acción específicas para mejorar este comportamiento.

(1) Estoy muy ocupado/a para escuchar los problemas de los demás

(2) No hay lugar para las emociones en el lugar de trabajo/La gente debería dejar los sentimientos en su casa

(3) No soy bueno/a con cuestiones emocionales; me ponen incómodo/a

(4) No puedo mostrar empatía si no puedo comprender a una persona

Instrucciones

1. Lea y seleccione uno o más de los patrones de comportamiento inefectivo descritos a la izquierda.

2. En la sección de abajo, busque el número correspondiente que le ayudará a reconsiderar este patrón y a identificar acciones prácticas y específicas de mejora.

---

1 | **Estoy muy ocupado/a para escuchar los problemas de los demás**

Reflexione

Estar interesado/a únicamente en su trabajo y no en la gente con la cual lo comparte, le quita la oportunidad de estar en contacto con el sentir general dentro de su equipo y de la organización.

¿Sabe cómo se siente la gente acerca de diferentes políticas o acerca del rumbo que está tomando la compañía? ¿Está su equipo trabajando e interactuando eficientemente? ¿Cuán motivada está su gente más talentosa?

Esta información está fácilmente disponible si está dispuesto/a a dedicar algo de tiempo a escuchar las preocupaciones de sus colegas.

Reaccione

(a) ¿Conoce bien a sus colegas? ¿O a la gente que trabaja para usted? ¿Son la mayoría de ellos/as extraños/as a los/as que no les da ni la hora del día?

Programe tiempo en el almuerzo o tome breves intervalos durante el día para interactuar y enterarse de las vidas de los colegas.

(b) Esté disponible para escuchar, pero fije límites de tiempo razonables. Dígale a la otra persona que aunque sólo tiene un poco de tiempo, realmente quiere saber qué le preocupa.

Copyright © 2009 Yolanda Lacoma & Martin Sutherland

(c) A veces es realmente imposible encontrar tiempo para hablar durante un día especialmente ocupado. Sugiera reunirse con la persona fuera de horas o durante el almuerzo.

(d) Si sinceramente siente que alguien está monopolizando su tiempo, diplomáticamente señale que no puede darle a la persona el tiempo adecuado que merece y sugiera que hable con alguien que ayude a los empleados.

2 | No hay lugar para las emociones en el lugar de trabajo/ La gente debería dejar los sentimientos en su casa

Reflexione

Esperar eliminar las emociones completamente del lugar de trabajo es poco realista. Las personas son seres emotivos por naturaleza y sus sentimientos tendrán un impacto en su trabajo. Una metáfora china traduce la empatía de una forma esclarecedora — la llama "el corazón que razona". Por eso la empatía requiere que usted considere cuidadosamente lo que una persona está experimentando para preocuparse lo suficiente acerca de sus sentimientos. Asegúrese de que su corazón que razona esté latiendo para sus compañeros de trabajo.

Reaccione

(a) Cree un ambiente en el cual la gente se vea alentada a hablar de sus sentimientos. Marque el ejemplo siendo sincero/a. Siempre pregúntele a la gente cómo se sienten acerca de situaciones o tareas.

(b) ¿Qué tan bueno/a es interpretando a la gente? Alguien puede estar disgustado/a pero reacio/a a decirlo. Si presta especial atención y usa su intuición, estará en condiciones de percibir cuándo alguien está luchando con sus emociones. Si cree que alguien está disgustado/a, no lo ignore — pregúntele a la persona al respecto, si es conveniente.

(c) Si tiene poco tiempo, dígale a la persona que aunque sólo puede dedicarle un momento, realmente quiere enterarse de su problema.

(d) Use expresiones que transmitan su comprensión y empatía, tales como "Siento que esté pasando por algo así" o "Comprendo por qué se siente así".

(e) Pregúntese cómo se sentiría si la situación fuera a la inversa. ¿Cómo querría que alguien le respondiera?

3 | No soy bueno/a con cuestiones emocionales; me ponen incómodo/a

Reflexione

Algunas personas se sienten incómodas cuando tratan con los sentimientos de otros. El nivel de tolerancia y comodidad de la gente varía y depende de la personalidad, socialización, práctica cultural, sexo, dinámica familiar, etc. Los motivos son numerosos y complejos, pero el tema es que algunas personas activamente evitan situaciones emocionales.

161

Copyright © 2009 Yolanda Lacoma & Martin Sutherland

Hay muchas maneras de mostrar empatía y ayudar a los demás a sentirse comprendidos/as sin asumir el rol de terapeuta o asesor. Mostrar empatía a menudo es tan simple como escuchar y eso no debería hacerle sentir incómodo/a. Con la práctica, se sentirá más cómodo/a cuando trate con los sentimientos de la gente.

Reaccione

(a) No es necesario brindar respuestas o soluciones cuando la gente comparte sus sentimientos con usted. Puede dar consejo si se lo piden o, si no tiene una opinión formada, puede admitir que no puede hacer comentarios aunque ciertamente comprende por qué la persona se siente de esa manera.

(b) Practique habilidades de escucha efectivas. Esté disponible cuando alguien necesita hablar. Reformule lo que la persona dijo de modo que sepa que usted escuchó. Trate de comprender los disparadores que llevaron a la persona a su estado emocional actual.

(c) Siéntase más cómodo/a abriéndose usted en alguna medida a un colega de confianza. Lo peor que puede pasar es que la persona elegida no muestre ningún interés. Evite ser este tipo de persona.

4 | No puedo mostrar empatía si no puedo comprender a una persona

Reflexione

Empatía significa que puede ponerse en el lugar de otra persona, cualquiera que sea la circunstancia. La capacidad de mostrar empatía hacia aquellos que son diferentes de usted o incluso que están en conflicto con usted, le diferencia del resto.

Muchas situaciones que uno/a enfrenta en el trabajo son universales. Si es hombre, habrá cosas de mujeres que no puede comprender y viceversa. Pero puede comprender los sentimientos de cualquier colega que ha sido pasado/a por alto para una promoción o que está pasando por momentos de mucho estrés.

Los sentimientos son universales y trascienden la raza, el sexo, la religión, la edad y la cultura. Todas las personas son capaces de sentir el amplio espectro de emociones que abarcan la experiencia humana.

Para mostrar empatía, concéntrese menos en tratar de identificarse con la persona y más en los sentimientos que está experimentando y en poder demostrar que realmente le importa.

Reaccione

(a) Considere prejuicios o estereotipos ocultos que puede albergar y que podrían impedirle apreciar a la gente de un grupo determinado. No puede seleccionar y elegir a sus colegas o clientes, por lo tanto la empatía selectiva no es productiva.

(b) No trate de estar de acuerdo o en desacuerdo con la persona, simplemente sea abierto/a a lo que se dice. Imagine a la persona como un/a amigo/a cercano/a o miembro de la familia que comparte una experiencia con usted. ¿Qué tan sensible se mostraría?

(c) Pase tiempo en compañía de personas con las cuales tiene dificultades para relacionarse. Pídales que le expliquen su experiencia. Se sorprenderá de enterarse de las cosas que otras personas tienen que aguantar, y que tal vez usted no tiene que enfrentar.

Copyright © 2009 Yolanda Lacoma & Martin Sutherland

Comportamientos usados en exceso

Los estudios de investigación han determinado que en ocasiones las fortalezas de una persona se pueden convertir en debilidades si se utilizan en exceso.
Para encontrar el equilibrio, usted debe desarrollar los llamados estabilizadores con el objetivo de atenuar el comportamiento usado en exceso.

Estabilizadores:	Comportamiento usado en exceso
1 Obtiene Resultados	Puede que se involucre demasiado en asuntos personales. Puede que pierda la objetividad y que se le perciba como alguien fácil de manipular
13 Tiene Coraje	
17 Juicioso/a	
23 Dirige A Las Personas	
29 Establece Prioridades	
35 Gestiona El Conflicto	
38 Gestiona El Bajo Rendimiento	
42 Gestiona El Trabajo	
39 Gestiona El Tiempo	
54 Toma Responsabilidad	

Instrucciones

Si se siente identificado/a con la definición de comportamiento usado en exceso, elija alguno de los estabilizadores y diríjase a los capítulos correspondientes para buscar estrategias de acción que le ayuden a desarrollarlos.

Para más instrucciones diríjase a la sección de este libro: "Cómo utilizar este libro".

163

Copyright © 2009 Yolanda Lacoma & Martin Sutherland

25. Sabe Delegar

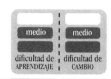
"Pocas cosas ayudan a una persona más que otorgarle
responsabilidad y comunicarle que usted
confía en él/ella"

Booker T. Washington

Comportamiento efectivo
Delega tareas y responsabilidades
importantes y relevantes y otorga la
autoridad necesaria para actuar

Comportamiento inefectivo
Puede que no esté dispuesto/a a permitir
a los demás que tomen responsabilidades
para llevar a cabo su trabajo y que sólo
delegue tareas sin relevancia

Comportamiento usado en exceso
Puede que delegue demasiado trabajo a
otras personas que ni siquiera tienen la
autoridad y el conocimiento para llevarlo
a cabo

Instrucciones

Lea las definiciones de la
izquierda. Si se siente
identificado/a con la
definición de comportamiento
inefectivo, diríjase a la
sección Estrategias de Acción
de este capítulo.

Si se siente identificado/a con
la definición de
comportamiento usado en
exceso diríjase a la sección
final del capítulo.

Auto Evaluación

¿verdadero?	Le doy a la gente la facultad de tomar decisiones sin mi aprobación
¿verdadero?	Asigno progresivamente mayores responsabilidades a mis subordinados directos
¿verdadero?	Respaldo las decisiones tomadas por los demás
¿verdadero?	Me mantengo sereno/a y tranquilizo a la gente cuando cometen errores
¿verdadero?	Considero cuidadosamente el tipo de recursos y respaldo que una persona puede necesitar para terminar una tarea con éxito
¿verdadero?	Delego responsabilidades significativas a los demás, no tareas para simplemente mantenerlos ocupados

Notas
**¿Está seguro/a de que
debe desarrollar esta
competencia?**

"Si la respuesta a la mayoría
de las afirmaciones de la parte
izquierda es "verdadero",
probablemente no sea
necesario que usted desarrolle
esta competencia."

165

Copyright © 2009 Yolanda Lacoma & Martin Sutherland

Estrategias de Acción

La mayoría de los comportamientos inefectivos tienen patrones o pensamientos emocionales ocultos. Al identificarlos, usted podrá definir las estrategias de acción específicas para mejorar este comportamiento.

① No sé cómo delegar de forma efectiva

② No confío en que los demás desempeñarán las tareas lo suficientemente bien/Me gusta controlar todo yo mismo/a

③ No tengo la oportunidad de delegar/No tengo autoridad directa para delegar en otros

Instrucciones

1. Lea y seleccione uno o más de los patrones de comportamiento inefectivo descritos a la izquierda.

2. En la sección de abajo, busque el número correspondiente que le ayudará a reconsiderar este patrón y a identificar acciones prácticas y específicas de mejora.

---

1 | No sé cómo delegar de forma efectiva

Reflexione

Asignar trabajo a otras personas puede parecer una tarea fácil, pero, de hecho, delegar responsabilidad es uno de los desafíos más grandes de los gerentes.

La delegación hábil es una oportunidad crítica que tienen los gerentes para otorgar autoridad a sus subordinados directos. La delegación requiere asignar tiempo a considerar los talentos de los demás y cómo pueden utilizarse para cumplir las metas de la organización de la forma más efectiva y eficiente.

Reaccione

(a) Concéntrese en el proceso y no sólo en la gente. Fije sus controles planeando bien los procesos de trabajo. Invierta tiempo de antemano en trazar horizontes temporales, metas e instrucciones claras. Una vez que haya impartido directivas, deje que la gente las siga y ponga a prueba sus controles.

(b) Asigne tareas que sean significativas, no sólo actividades para mantener ocupada a la gente. Asegúrese de asignar a las personas la clase de responsabilidad que marcaría una diferencia en sus carreras.

(c) Use herramientas de evaluación para comprender mejor el talento y las fortalezas de las personas de su equipo y delegue en consecuencia. Por ejemplo, a una persona con sólidas habilidades de persuasión se le puede asignar el liderar la fase de negociación de un proyecto.

166

Copyright © 2009 Yolanda Lacoma & Martin Sutherland

(d) Pregunte a la gente que les gustaría hacer y bríndeles oportunidades para explorar ese interés.

(e) Delegue en forma equitativa. Examine a quién delega por lo general y por qué. Los gerentes tienden a delegar en aquellas personas que se han desempeñado bien previamente, a costa de otros que pueden desempeñarse igual de bien con algo más de guía.

(f) Considere el nivel de experiencia, el tiempo y los recursos disponibles cuando delegue una tarea. Asegúrese de que sus expectativas sean realistas, sobre la base de todo lo precedente, a modo de no llevar a alguien al fracaso. Las tareas imposibles no otorgan autoridad a la gente.

2 | No confío en que los demás desempeñarán las tareas lo suficientemente bien/Me gusta controlar todo yo mismo/a

Reflexione

Los microgerentes establecen una dependencia poco saludable entre ellos y sus subordinados directos. En el peor de los casos, desmoralizan a las personas que les reportan.

El gerente experimentado otorga autoridad al equipo de modo que funcione de forma autosuficiente y efectiva, incluso en ausencia del propio gerente. La forma en que la gente se dedica a cumplir sus metas es menos importante que el respaldo y la guía que les brinde para ayudarlos a alcanzar esas metas. Recuerde que, en diferentes momentos de su carrera, alguien confió en usted lo suficiente como para que usted pudiera probarse a sí mismo/a y alcanzar su posición actual.

Probablemente, sus subordinados directos cometerán errores, pero éstas son las lecciones más valiosas que aprende la gente, y la forma en que manejan sus errores le brinda a usted una visión de su personalidad. Al principio, cuando asigne responsabilidades, puede que las tareas no se completen tan adecuadamente cómo usted esperaba. Deberán hacerse algunos ajustes, incluyendo mover una fecha límite tal vez. Hay un riesgo a corto plazo relacionado con la asignación de responsabilidades, pero desmoralizar y perder talento es un riesgo aún más grande que ningún gerente debería tomar.

Reaccione

(a) Informe claramente a sus subordinados directos que usted les da potestad para tomar decisiones por su cuenta. Tener responsabilidades no otorga autoridad si uno tiene que consultar cada decisión con su gerente. Por naturaleza, la gente es prudente acerca de tomar decisiones incorrectas, por lo tanto si tienen dudas probablemente pedirán su aprobación.

(b) Establezca una cultura de confianza. Comunique claramente que se espera que la gente maneje su propio trabajo y que usted está disponible cuando necesiten ayuda.

(c) Acuerde momentos durante el proceso en los cuales revisará el trabajo de una persona. Entre tanto, absténgase de atosigarla.

Copyright © 2009 Yolanda Lacoma & Martin Sutherland

(d) Independientemente de cuánto le gustaría que una tarea se hiciera de una determinada manera, recuerde que hay muchos enfoques. Puede aprender algo nuevo si le da libertad a alguien.

(e) Si no se siente cómodo/a asignándole responsabilidad a una persona, póngala en el mismo equipo con otra persona de alto desempeño. Ayúdeles a evaluar la experiencia una vez finalizado el proyecto.

(f) Asuma que se necesitará tiempo extra cuando alguien es nuevo/a en una tarea o está poniendo a prueba nuevas habilidades. Esto le brindará a la persona espacio para tener éxito en su tarea y aprender al mismo tiempo.

(g) Delegue responsabilidades significativas que tengan un impacto sustancial. Recibir tareas poco importantes constantemente es desmoralizante y contribuye poco a otorgar autoridad a la gente.

(h) Durante la delegación puede descubrir a alguien que no desempeña bien sus tareas en un área. Use esto como una oportunidad para descubrir sus fortalezas o encontrar las intervenciones necesarias. Si una persona desempeña el trabajo por debajo del promedio de forma constante, a pesar de sus mejores intentos, puede optar por capacitación, reasignación o despido de esa persona.

3 | No tengo la oportunidad de delegar/No tengo autoridad directa para delegar en otros

Reflexione

Si no tiene subordinados directos, puede que no tenga la oportunidad de otorgar autoridad a otras personas delegándoles tareas. Este puede ser el caso, pero el otorgamiento de autoridad puede lograrse de formas pequeñas tales como la actitud correcta hacia sus colegas.

No suponga que porque no tiene subordinados directos, no es responsable de otorgar autoridad a otras personas. Un trabajo en equipo efectivo a veces requiere que muchas personas tomen la delantera y deleguen en los demás. Su conocimiento de los roles que podrían desempeñar en un proyecto y facilitar su participación envía la señal de que usted valora el otorgamiento de autoridad al equipo.

Reaccione

(a) Tome la delantera en su equipo cuando sea sensato hacerlo. No siempre es necesario esperar a que su supervisor delegue. Coordine con sus colegas qué tareas desempeñará cada uno y aliente a los demás a cultivar nuevas habilidades.

(b) Si es especialmente habilidoso/a en un área, invite a otros miembros del equipo a trabajar con usted en ese aspecto.

(c) Comparta de buena gana información o conocimientos nuevos e interesantes que haya adquirido recientemente.

(d) Observe a otros gerentes que sean buenos otorgando autoridad a su equipo. Observe qué hace bien la persona. Pregunte por qué a la gente le gusta trabajar con esa persona.

(e) Dígale a su gerente que le gustaría adquirir experiencia en manejar a otras personas y converse las oportunidades para hacerlo. Puede ser asignado/a como líder de equipo para un proyecto determinado o tal vez formar parte de un comité especial. Pida mayor autoridad en la toma de decisiones y en la delegación.

168

Copyright © 2009 Yolanda Lacoma & Martin Sutherland

(f) Hay muchas oportunidades para otorgar autoridad a los demás fuera del trabajo. Practique sus habilidades para hacerlo con los miembros de su familia y a través de cualquier grupo o asociación a la que pertenezca.

Comportamientos usados en exceso

Los estudios de investigación han determinado que en ocasiones las fortalezas de una persona se pueden convertir en debilidades si se utilizan en exceso.
Para encontrar el equilibrio, usted debe desarrollar los llamados estabilizadores con el objetivo de atenuar el comportamiento usado en exceso.

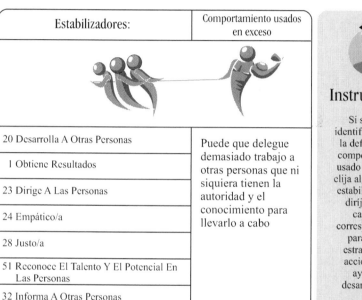

Estabilizadores:	Comportamiento usados en exceso
20 Desarrolla A Otras Personas	Puede que delegue demasiado trabajo a otras personas que ni siquiera tienen la autoridad y el conocimiento para llevarlo a cabo
1 Obtiene Resultados	
23 Dirige A Las Personas	
24 Empático/a	
28 Justo/a	
51 Reconoce El Talento Y El Potencial En Las Personas	
32 Informa A Otras Personas	
42 Gestiona El Trabajo	
43 Motiva A Las Personas	
54 Toma Responsabilidad	

Instrucciones

Si se siente identificado/a con la definición de comportamiento usado en exceso, elija alguno de los estabilizadores y diríjase a los capítulos correspondientes para buscar estrategias de acción que le ayuden a desarrollarlos.

Para más instrucciones diríjase a la sección de este libro: "Cómo utilizar este libro".

169

Copyright © 2009 Yolanda Lacoma & Martin Sutherland

26. Ético/a

"Viva el día a día, poniendo énfasis en la ética más que en las reglas"

Wayne Dyer

Comportamiento efectivo
Actúa según los valores que prevalecen en la organización

Comportamiento inefectivo
Puede que tome la decisión incorrecta cuando se enfrenta a una situación ambigua o cuando se le solicita actuar en contra de los valores de la organización

Comportamiento usado en exceso
Puede que demuestre los valores de la organización de manera estricta sin considerar otras alternativas

Instrucciones

Lea las definiciones de la izquierda. Si se siente identificado/a con la definición de comportamiento inefectivo, diríjase a la sección Estrategias de Acción de este capítulo.

Si se siente identificado/a con la definición de comportamiento usado en exceso diríjase a la sección final del capítulo.

Auto Evaluación

¿verdadero?	Soy consciente de los valores de la compañía
¿verdadero?	Mis acciones en el trabajo reflejan los valores de la organización
¿verdadero?	Reparo el daño si me comporté de forma inadecuada
¿verdadero?	Pienso en los valores de la compañía cuando me encuentro ante una decisión ambigua
¿verdadero?	Mis valores se mantienen uniformes independientemente de la situación
¿verdadero?	Pienso que los valores de la compañía son importantes

Notas
¿Está seguro/a de que debe desarrollar esta competencia?

"Si la respuesta a la mayoría de las afirmaciones de la parte izquierda es "verdadero", probablemente no sea necesario que usted desarrolle esta competencia."

171

Copyright © 2009 Yolanda Lacoma & Martin Sutherland

Estrategias de Acción

La mayoría de los comportamientos inefectivos tienen patrones o pensamientos emocionales ocultos. Al identificarlos, usted podrá definir las estrategias de acción específicas para mejorar este comportamiento.

(1) No creo que los valores de una compañía sean tan importantes

(2) Mi ética tiende a cambiar dependiendo de la situación o de las personas

(3) Sigo mis propios valores/ Aplico mis propios valores cuando tomo decisiones

(4) No estoy de acuerdo con los valores de la compañía

(5) Hay incentivos para actuar de forma poco ética en mi organización

Instrucciones

1. Lea y seleccione uno o más de los patrones de comportamiento inefectivo descritos a la izquierda.

2. En la sección de abajo, busque el número correspondiente que le ayudará a reconsiderar este patrón y a identificar acciones prácticas y específicas de mejora.

---

1 | No creo que los valores de una compañía sean tan importantes

Reflexione

No es inusual que la gente piense que los valores de la compañía no se relacionan con su trabajo, o incluso que no sean conscientes de ellos en absoluto.

Los valores brindan a una compañía y a sus empleados un marco para el comportamiento deseado. Estos valores pueden traducirse en muchos aspectos del trabajo de cada día. Por ejemplo, usted puede personalmente considerar que la productividad es lo más importante, pero uno de los principales valores de la compañía es el servicio al cliente. Puede pensar que está perdiendo su tiempo teniendo que hacer llamadas a clientes cuando necesita completar una tarea para su gerente. Pero los valores de la compañía establecen que mantener al cliente contento debería ser la prioridad número uno.

Los valores de la organización crean cohesión y aseguran que todos los empleados trabajen con el mismo modelo y compartan la misma cultura.

Reaccione

(a) Familiarícese con los valores de la compañía.

(b) Inicie una conversación entre sus colegas y compañeros de equipo para examinar cómo su grupo está acatando los valores de la compañía.

(c) Intente el siguiente ejercicio: haga una lista escrita de los valores de la compañía. Luego, para cada valor, enumere las cosas que hace para promoverlo y las cosas que hace que lo contradicen. Escriba qué puede hacer de forma diferente para salvar las deficiencias.

Copyright © 2009 Yolanda Lacoma & Martin Sutherland

(d) Deje que los valores de la compañía le guíen durante la toma de decisiones difíciles y ambiguas.

2 | Mi ética tiende a cambiar dependiendo de la situación o de las personas

Reflexione

Es importante saber cómo moverse en situaciones complejas y ambiguas en el lugar de trabajo, pero el uso de un comportamiento poco ético para hacerlo es incorrecto.

Como representante individual de su organización, tendrá que tomar decisiones difíciles que requieren atenerse a los principios de la compañía independientemente de la situación, las personas con las que está interactuando o lo que puede ganar. Actuar de forma coherente define expectativas predecibles para los demás y comunica a la gente que pueden confiar en que usted tomará la decisión correcta. Como líder, todas sus acciones son examinadas cuidadosamente y marcan el ejemplo de lo que es, o no es aceptable en su organización.

Reaccione

(a) Piense acerca de alguien cuyas acciones son consideradas poco éticas. Escriba qué hace esa persona para que usted considere que su comportamiento es poco ético. ¿Tomaría las mismas decisiones que esa persona tomó en las mismas circunstancias?

(b) Cuando se enfrente a una decisión difícil, piense acerca de alguien que es respetado/a por su comportamiento ético. ¿Qué haría esa persona si estuviera en su lugar? Pregúntele, si es posible.

(c) Pregúntese antes de actuar: "Incluso si todas las personas involucradas no obtienen lo que desean, ¿serán su dignidad y derechos respetados con mi decisión?"

(d) Reflexione sobre cualquier decisión ambigua posteriormente. ¿Cuál fue el resultado para todas las personas involucradas? Si tuviera que hacerlo nuevamente, ¿qué haría diferente?

(e) Haga la "prueba de la publicidad": Si tuviera que explicar su decisión en la televisión nacional, ¿se sentiría cómodo/a haciéndolo?

3 | Sigo mis propios valores/Aplico mis propios valores cuando tomo decisiones

Reflexione

Algunas personas poseen valores muy sólidos y actuarán de acuerdo a los mismos, independientemente de las expectativas que se tenga de ellos en el trabajo o en su vida personal. Las personas pueden creer que es inconsecuente el actuar como desean, pero las organizaciones dependen del compromiso de sus empleados hacia una cultura compartida y espera que se rijan por estos valores organizacionales. Esto representa un contrato implícito entre el patrón y el empleado. Cuando una persona se conduce de una forma que está basada únicamente en sus propios valores, las consecuencias negativas y efecto en sus compañeros de equipo puede conllevar el despido de la persona.

173

Copyright © 2009 Yolanda Lacoma & Martin Sutherland

Reaccione

(a) Sopese las consecuencias de su comportamiento. ¿Justifica arriesgar su posición?

(b) ¿Hay alguna situación de trabajo en la cual sus valores son poco realistas? ¿Tendrá dificultad en aceptar la cultura de una organización similar?

(c) ¿Puede reconocer que hay algunos valores que no son lo suficientemente importantes como para arriesgar su posición?

(d) Si no puede atenerse a los valores de nadie más, incluyendo aquellos de su compañía, entonces tal vez debería considerar trabajar de forma independiente. Si lo hace, tenga en cuenta que de todas maneras deberá tener en consideración los valores de su cliente.

4 | No estoy de acuerdo con los valores de la compañía

Reflexione

Esta es una observación importante y necesita actuar sobre ella. Es difícil promover su carrera y su felicidad personal en un ambiente que no está alineado con sus valores.

Reaccione

(a) Hable con un colega que respete o su superior acerca de cómo podría conciliar las diferencias.

(b) Tenga en cuenta que su trabajo no necesariamente estará en concordancia con todos sus valores. También puede satisfacer sus valores personales a través de su vida fuera del trabajo. Participe en actividades que promuevan los valores que no puede abordar a través del trabajo.

(c) Considere si son realmente los valores de la organización los que le generan un problema, o por el contrario se trata del comportamiento de determinadas personas o de su equipo. Si es necesario o posible, encuentre una nueva posición.

(d) Si no puede conciliar sus valores con los de la compañía, debe considerar trasladarse a otra organización.

5 | Hay incentivos para actuar de forma poco ética en mi organización

Reflexione

Las personas con poder en una organización pueden abierta o claramente crear incentivos inadecuados para otros. Sucede por varias razones — presión para cumplir objetivos, ganancia personal o para ejercer poder y control. Cualquiera que sea el motivo, puede verse atrapado/a entre la espada y la pared.

174

Copyright © 2009 Yolanda Lacoma & Martin Sutherland

En ocasiones, simplemente la presión para mantenerse puede ser lo suficientemente abrumadora como para crear incentivos que lleven a actuar con poca ética. No necesita buscar muy lejos para ver los resultados dañinos de tal comportamiento colectivo — simplemente piense en los escándalos y consecuencias creadas por Enron, WorldCom, Arthur Andersen y Tyco, por ejemplo.

Industrias enteras pueden explotar debido a un comportamiento no regulado y alimentado por incentivos poco éticos — recientemente le sucedió a la industria de las hipotecas y préstamos en los EE.UU. No hay duda de que puede haber mucho en juego a nivel personal, cuando una persona elige adoptar una postura contra comportamientos poco éticos, pero hay más que perder siguiendo este camino: su tranquilidad de espíritu, salud mental, sentido de los valores y amor propio. Recuerde, se vuelve más fácil justificar sus acciones o aceptar el status quo cuanto más se demore en actuar. Un líder tiene muchas responsabilidades y ninguna tan grande como proteger a su equipo de prácticas poco éticas.

Reaccione

(a) No suponga que todos son conscientes de la situación o se sienten diferentes al respecto. Si su superior no es receptivo, identifique quién en la cadena de mando estará abierto/a a sus preocupaciones para poder tener un/a interlocutor/a alternativo/a.

(b) Recolecte la mayor cantidad de documentación posible para respaldar su posición y proporcionar evidencia.

(c) Hay seguridad en los números. ¿Es usted la única persona que tiene objeciones? Identifique a otras personas que hayan planteado preocupaciones y presenten sus objeciones en forma colectiva.

(d) Conozca sus derechos legales. Existen leyes para proteger a los denunciantes. Hable con un representante de recursos humanos en confianza acerca de sus preocupaciones y avíseles si la cuestión tiene grandes implicaciones y no puede resolverse a su nivel.

(e) Si el comportamiento poco ético es dominante en la cultura de su industria u organización, usted estará mejor si renuncia. Puede estar dejando su trabajo, pero estará dando un paso enorme hacia una carrera de la cual pueda estar orgulloso/a.

Copyright © 2009 Yolanda Lacoma & Martin Sutherland

Comportamientos usados en exceso

Los estudios de investigación han determinado que en ocasiones las fortalezas de una persona se pueden convertir en debilidades si se utilizan en exceso.

Para encontrar el equilibrio, usted debe desarrollar los llamados estabilizadores con el objetivo de atenuar el comportamiento usado en exceso.

Estabilizadores:	Comportamiento usado en exceso
17 Juicioso/a	Puede que demuestre los valores de la organización de manera estricta sin considerar otras alternativas
2 Adaptable	
22 Diplomático/a	
27 Experimentador	
24 Empático/a	
28 Justo/a	
30 Pensador Global	
46 Abierto/a De Mente	
34 Capaz De Escuchar	
49 Políticamente Hábil	

Instrucciones

Si se siente identificado/a con la definición de comportamiento usado en exceso, elija alguno de los estabilizadores y diríjase a los capítulos correspondientes para buscar estrategias de acción que le ayuden a desarrollarlos.

Para más instrucciones diríjase a la sección de este libro: "Cómo utilizar este libro".

176

Copyright © 2009 Yolanda Lacoma & Martin Sutherland

27. Experimentador

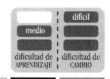

dificultad de APRENDIZAJE | dificultad de CAMBIO

"Todo el progreso es experimental"
John Jay Chapman

Comportamiento efectivo
Disfruta probando todo lo que es nuevo y está dispuesto/a a experimentar y a tomar riesgos relativos

Instrucciones
Lea las definiciones de la izquierda. Si se siente identificado/a con la definición de comportamiento inefectivo, diríjase a la sección Estrategias de Acción de este capítulo.

Si se siente identificado/a con la definición de comportamiento usado en exceso diríjase a la sección final del capítulo.

Comportamiento inefectivo
Puede que evite lo desconocido y que tenga un miedo excesivo al riesgo y al fracaso

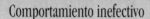

Comportamiento usado en exceso
Puede tomar riesgos innecesarios con el objetivo de probar algo nuevo

Auto Evaluación

¿verdadero?	No temo intentar cosas nuevas para obtener experiencias valiosas
¿verdadero?	Estoy abierto/a a explorar nuevas formas de hacer las cosas
¿verdadero?	A menudo pruebo ideas, productos o servicios nuevos para encontrar las mejores soluciones
¿verdadero?	Propongo la innovación y me gusta inventar ideas creativas para mejorar los procesos y el trabajo en general
¿verdadero?	Pienso que el tiempo invertido en experimentar es tiempo bien empleado

Notas
¿Está seguro/a de que debe desarrollar esta competencia?

"Si la respuesta a la mayoría de las afirmaciones de la parte izquierda es "verdadero", probablemente no sea necesario que usted desarrolle esta competencia."

177

Copyright © 2009 Yolanda Lacoma & Martin Sutherland

Estrategias de Acción

La mayoría de los comportamientos inefectivos tienen patrones o pensamientos emocionales ocultos. Al identificarlos, usted podrá definir las estrategias de acción específicas para mejorar este comportamiento.

(1) No me siento cómodo/a tomando riesgos/He tenido experiencias negativas con la experimentación

(2) Valoro lo que está comprobado y probado/Prefiero atenerme a lo que conozco

(3) La experimentación no se alienta de forma activa en mi entorno/Puede percibirse como que desperdicio el tiempo

Instrucciones

1. Lea y seleccione uno o más de los patrones de comportamiento inefectivo descritos a la izquierda.

2. En la sección de abajo, busque el número correspondiente que le ayudará a reconsiderar este patrón y a identificar acciones prácticas y específicas de mejora.

---

 (1) No me siento cómodo/a tomando riesgos/He tenido experiencias negativas con la experimentación

Reflexione

La gente que toma riesgos y experimenta con nuevos enfoques tiene malas experiencias de vez en cuando, lo cual puede haberle sucedido a usted. No deje que contratiempos anteriores desalienten su experimentación. No sería un riesgo si el éxito estuviera garantizado y cada contratiempo brinda una oportunidad de aprendizaje que aumenta sus posibilidades de éxito en el próximo intento.

Por supuesto, el lado positivo de la toma de riesgos es que cuando tenga éxito su aporte a la organización será bien reconocido. Recuerde que en la mayoría de las inversiones, cuanto mayor sea el riesgo mayor será la recompensa.

Reaccione

(a) Empiece con experimentación de bajo impacto y menor consecuencia y vea cómo incluso los riesgos pequeños pueden dar su fruto.

(b) Documente los beneficios de hacer las cosas de forma diferente. ¿Qué es lo que no está funcionando actualmente y cuánto le cuesta a la organización? Use esto como motivación para experimentar.

(c) Encuentre un mentor que esté acostumbrado a tomar riesgos. Pídale que evalúe las consecuencias y la recompensa potencial. Pregúntele como se manejó el fracaso ocasional, cuánto se ganó a la larga por arriesgarse y qué les enseñó su experiencia.

178

Copyright © 2009 Yolanda Lacoma & Martin Sutherland

(d) Reflexione acerca de qué salió mal la última vez que experimentó. La idea puede haber sido digna de consideración y otros factores pueden haber desempeñado un rol mayor en su fracaso. ¿Tiene el equipo adecuado? ¿Se manejaron bien las políticas corporativas? ¿Hubo suficientes recursos disponibles? ¿Estaba listo el mercado? Comprender qué funcionó bien y qué no, le ayudará a reducir su riesgo cuando experimente la próxima vez.

(e) Trate los fracasos y los errores como oportunidades para aprender. No se desaliente si su inversión en tiempo y recursos no tiene éxito en el primer intento. Sea fuerte e inténtelo nuevamente.

2 | Valoro lo que está comprobado y probado/ Prefiero atenerme a lo que conozco

Reflexione

La mayoría de la gente prefiere operar dentro de su zona de seguridad y raramente salir de ella. Si a menudo se encuentra pensando. "¿Estamos siempre reinventando la rueda en este lugar?", o típicamente diciéndole a otras personas "Hemos hecho esto antes. ¿Por qué no seguir haciendo lo que funcionó en el pasado?", puede estar confiando demasiado en su zona de seguridad. En el proceso podría estar creando obstáculos para usted y para los demás que impiden la experimentación.

Aunque es necesario hacer uso de la experiencia y las soluciones comprobadas, no permita que eso limite su creatividad. Irónicamente, los sistemas que son más duraderos y sobreviven más son aquellos que están abiertos al cambio. Piense en experimentar como una manera de agregar más valor a lo que ya se ha logrado.

Reaccione

(a) Sea receptivo/a a desafiar el status quo y alentar a otros a hacer lo mismo.

(b) Considere las condiciones y el contexto del problema que está tratando de resolver y determine si cambiaron de alguna manera. Si cambiaron, puede ser el momento de considerar que es aconsejable tener un enfoque diferente.

(c) Cambie sus grupos o equipos de trabajo a modo de poder introducir nuevas ideas.

(d) Trate de experimentar con pequeños cambios en lugar de modernizar o revisar todo un sistema, política o diseño.

(e) Los estudios han demostrado que la gente trabaja más arduamente cuando tienen una opción acerca de intentar enfoques nuevos y diferentes. Experimente de una forma que se adecue a su personalidad y que tenga sentido para usted — pero asegúrese de hacerlo.

(f) Sea consciente de su actitud general hacia hacer las cosas de forma diferente y trate de mantenerse positivo/a acerca de las ideas de los demás. Rechazar siempre las peticiones para intentar un nuevo enfoque es una forma segura de desalentar una cultura de experimentación.

Copyright © 2009 Yolanda Lacoma & Martin Sutherland

Reflexione

Puede estar dispuesto/a a experimentar más en el futuro pero cree que eso no se alienta o valora en su equipo u organización.

Estar dispuesto/a a experimentar conlleva un esfuerzo y tiempo extra y puede implicar tanto una carga adicional como agotar su energía, especialmente si al mismo tiempo está luchando batallas políticas para obtener apoyo. Pero hay cosas por las cuales vale la pena luchar. Si está en condiciones de demostrar la recompensa potencial, puede ser un agente de cambio incluso en el entorno más resistente.

Reaccione

(a) Comunique de forma efectiva cómo el tiempo y esfuerzo dedicado a la experimentación podrían afectar positivamente al resultado final.

(b) Anticipe las objeciones y esté preparado/a para el rechazo o la refutación de sus ideas.

(c) Apoye la experimentación dentro de su equipo o unidad reconociendo y alabando públicamente los esfuerzos de sus colegas, independientemente de su éxito o fracaso.

(d) Incluya la experimentación como parte de las medidas de desempeño de sus subordinados directos.

(e) Asigne equipos para trabajar únicamente en proyectos experimentales y enfoques innovadores.

(f) Sea políticamente astuto/a. Trate de obtener el respaldo de las personas clave a cargo de la toma de decisiones.

(g) Elija sus batallas. La gente puede ser más receptiva a la experimentación en un área que en otra. Empiece donde exista menos resistencia.

Copyright © 2009 Yolanda Lacoma & Martin Sutherland

Comportamientos usados en exceso

Los estudios de investigación han determinado que en ocasiones las fortalezas de una persona se pueden convertir en debilidades si se utilizan en exceso.

Para encontrar el equilibrio, usted debe desarrollar los llamados estabilizadores con el objetivo de atenuar el comportamiento usado en exceso.

Estabilizadores:	Comportamiento usado en exceso
18 Orientado/a Al Detalle	Puede tomar riesgos innecesarios con el objetivo de probar algo nuevo
29 Establece Prioridades	
19 Perseverante	
32 Informa A Otras Personas	
34 Capaz De Escuchar	
47 Paciente	
48 Planifica El Trabajo	
50 Resuelve Problemas	
17 Juicioso/a	

Instrucciones

Si se siente identificado/a con la definición de comportamiento usado en exceso, elija alguno de los estabilizadores y diríjase a los capítulos correspondientes para buscar estrategias de acción que le ayuden a desarrollarlos.

Para más instrucciones diríjase a la sección de este libro: "Cómo utilizar este libro".

181

Copyright © 2009 Yolanda Lacoma & Martin Sutherland

28. Justo/a

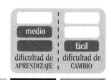

medio

fácil

dificultad de APRENDIZAJE | dificultad de CAMBIO

"Gane o pierda, hágalo de una manera justa"
Knute Rockne

Comportamiento efectivo
Trata a las personas justamente, independientemente de su raza, diferencias culturales o estilo personal

Comportamiento inefectivo
Puede que no trate a las personas de una manera justa como resultado de su raza, diferencias culturales o estilo personal

Comportamiento usado en exceso
Puede que quiera tratar a las personas de manera igual (más que equitativamente) sin ninguna consideración de diferencias de raza, género, cultura o estilo personal

Instrucciones
Lea las definiciones de la izquierda. Si se siente identificado/a con la definición de comportamiento inefectivo, diríjase a la sección Estrategias de Acción de este capítulo.

Si se siente identificado/a con la definición de comportamiento usado en exceso diríjase a la sección final del capítulo.

Auto Evaluación

¿verdadero?	Brindo a todas las personas las oportunidades adecuadas
¿verdadero?	Considero si estoy siendo justo/a antes de actuar
¿verdadero?	No permito que mis sentimientos acerca de alguien dicten cómo me comporto con ellos/as
¿verdadero?	Considero los intereses de todos/as, no sólo los míos
¿verdadero?	Me siento cómodo/a con la gente que es diferente a mi

Notas
¿Está seguro/a de que debe desarrollar esta competencia?

"Si la respuesta a la mayoría de las afirmaciones de la parte izquierda es "verdadero", probablemente no sea necesario que usted desarrolle esta competencia."

183

Copyright © 2009 Yolanda Lacoma & Martin Sutherland

Estrategias de Acción

La mayoría de los comportamientos inefectivos tienen patrones o pensamientos emocionales ocultos. Al identificarlos, usted podrá definir las estrategias de acción específicas para mejorar este comportamiento.

(1) Mi sentimientos desempeñan un importante rol en la forma en que trato a la gente/Tiendo a tener favoritos/as

(2) Trato a todas las personas de forma equitativa

(3) Me identifico mejor con ciertos grupos/Me siento incómodo/a con gente que es diferente a mí

(4) Ciertos tipos de diversidad me incomodan (raza/sexo/etnicidad/orientación sexual)/Tengo fuertes opiniones negativas acerca de ciertos grupos

(5) Estoy cuidando mis intereses/Necesito mantenerme competitivo/a

(6) No tengo mucha experiencia en interactuar con la gente diferente a mí

Instrucciones

1. Lea y seleccione uno o más de los patrones de comportamiento inefectivo descritos a la izquierda.

2. En la sección de abajo, busque el número correspondiente que le ayudará a reconsiderar este patrón y a identificar acciones prácticas y específicas de mejora.

---

1 | **Mi sentimientos desempeñan un importante rol en la forma en que trato a la gente/Tiendo a tener favoritos/as**

Reflexione

Si ha establecido una buena relación con alguien debido a su personalidad o estilo de trabajo, o porque su desempeño es consistentemente bueno, puede estar dándole tratamiento preferencial a esa persona. A la inversa, los sentimientos de resentimiento pueden reflejarse en la forma en que trata a un/a empleado/a.

La gente puede detectar incluso diferencias sutiles en su comportamiento hacia los demás, lo que puede hacerles sentir que no reciben el mismo trato. Esto puede producir resentimiento y desconfianza entre sus colegas y subordinados.

Las circunstancias pueden cambiar rápidamente y también los sentimientos, pero las repercusiones del trato injusto duran mucho más.

Reaccione

(a) El comportamiento sutil tiene el mismo efecto que la acción abierta. Examine de cerca si se reconoce mostrando algunas de estas conductas de forma regular: dirigir la mayoría de sus preguntas a una persona determinada, ser menos atento/a con ciertas personas y hacerles callar más a menudo, ponerse más a disposición de algunas personas que de otras, ser más crítico/a o negativo/a acerca de las ideas de una persona determinada, invitar a algunas personas a almorzar y no a otras y dar elogio o reconocimiento desigual. Si responde afirmativamente a algunos de los comentarios precedentes, debería tratar de actuar de forma más justa.

184

Copyright © 2009 Yolanda Lacoma & Martin Sutherland

(b) Reparta las tareas de forma justa para evitar mostrar que tiene favoritos/as. Dar a una o dos personas los proyectos más deseados todo el tiempo reduce su capacidad de desarrollar los talentos de su equipo y le niega a la gente la oportunidad de demostrar su valía. Considere formas creativas de atraer a una persona que no está teniendo un buen desempeño, en lugar de alienarla. Por ejemplo, reúna una persona con elevado desempeño con otra con menor desempeño en una tarea de equipo.

(c) Asegúrese de no comparar empleados/as, de forma pública o privada, o constantemente usar a una persona como ejemplo de excelencia. Puede fomentar una pérdida de respeto o resentimiento hacia la persona entre los miembros del equipo.

(d) En conversaciones y reuniones, aliente la opinión de todos/as y brinde a todos/as la oportunidad de ser escuchados/as.

(e) Sea consciente de no usar lenguaje corporal adverso cuando la persona le está hablando, como poner los ojos en blanco, tener los brazos cruzados o no sonreír cuando corresponde.

(f) Si siente resentimiento hacia una persona determinada, hable con él/ella en privado. Los sentimientos negativos que no son abordados se tornarán conflictivos y pueden llevar a un comportamiento pasivo-agresivo.

(g) Deje que un mediador facilite la conversación si las cuestiones no pueden resolverse entre ustedes.

2 | Trato a todas las personas de forma equitativa

Reflexione

Esto suena justo y razonable al principio, pero piense acerca de las consecuencias de tratar a todos de la misma manera. Si dos personas deben completar una carrera de 100m y una es discapacitada en una silla de ruedas, ¿les deja empezar desde la misma posición? Tratarles de la misma manera no toma en cuenta sus diferencias, pero tratarles de forma justa sí.

Otro ejemplo es el del golf, que establece hándicaps para los jugadores, lo que da a los golfistas de diferentes niveles de habilidad una oportunidad igual para jugar — y ganar.

Reaccione

(a) Identifique las diferencias inevitables que tendrán un impacto negativo en la gente y tómelas en cuenta cuando interactúa con ellos/as. Por ejemplo, si alguien acaba de incorporarse a su equipo, necesitará tiempo para formar relaciones y puede requerirle más esfuerzo que a los miembros que han trabajado juntos por algún tiempo.

(b) Algunas diferencias son temporales, por ejemplo, las habilidades técnicas pueden adquirirse. Pero si un miembro del equipo toma más del tiempo razonable para adquirir estas habilidades y usted continúa compensando por él/ella, será considerado/a injusto/a por los demás.

Copyright © 2009 Yolanda Lacoma & Martin Sutherland

(c) No a todas las personas les desagrada ser tratados/as injustamente, especialmente a la persona que se beneficia. Y no todos/as arman un escándalo cuando hay injusticia en juego, pero todos/as reaccionan a ella. La gente puede apartarse, ser menos colaboradores/as o incluso sabotear a los demás. Sea consciente de cómo percibe la gente su entorno.

(d) Haga uso de la táctica conocida como "manto de ignorancia", una filosofía que primero elimina todas las características de la gente involucrada. Luego le pide que tome una decisión acerca de ellas basada en una característica, siempre que esté preparado/a para ser colocado/a en esa situación y asumir esa característica. Por ejemplo, hay 10 personas en un bote salvavidas y usted tiene que decidir a quién tirar por la borda. Si decide tirar por la borda a la persona de más edad, debe estar preparado/a para estar expuesto/a ser usted la persona de más edad.

3 | Me identifico mejor con ciertos grupos/Me siento incómodo/a con gente que es diferente a mí

Reflexione

La mayoría de nosotros siente una mayor sensación de afiliación con ciertos grupos que con otros. Nos relacionamos mejor con ellos y nos brindan una sensación de tribu o identidad, lo que ayuda a definir quiénes somos o cómo actuamos.

Los grupos de trabajo se caracterizan por creencias o valores comunes. Pueden ser bastante diversos en términos de raza, sexo, cultura o etnicidad, pero por lo general tendrán una visión compartida de otros grupos. Por ejemplo, los sindicatos y la dirección tienden a verse unos a otros como socialistas y capitalistas, lo que determina cómo se tratan entre sí.

Saber y comprender cómo ven el mundo otras personas puede ayudar a construir relaciones productivas.

Reaccione

(a) Es vital ser consciente de cualquier prejuicio que pueda tener hacia un/os grupo/s en particular. Puede parecer obvio, pero muchas personas no reconocen sus prejuicios. Obtenga retroalimentación de otras personas, también. Piense acerca de los grupos que le hacen sentirse más incómodo/a. Una vez que sea honesto/a consigo mismo/a, puede empezar a abordar sus problemas.

(b) Dedique tiempo a conocer mejor a algunas personas de los grupos que son diferentes a usted. Trabajar estrechamente con la gente en un proyecto o pasar momentos sociales con ellos/as podría cambiar sus supuestos.

(c) Examine su comportamiento cuando esté con gente de los grupos contra los cuales tiene prejuicios. ¿Evita formularles preguntas? ¿Limita usted el tiempo y la atención que les brinda? ¿Es usted menos accesible, más crítico/a o interactúa socialmente poco o nada con gente de diferentes culturas?

Copyright © 2009 Yolanda Lacoma & Martin Sutherland

4 Ciertos tipos de diversidad me incomodan
(raza/sexo/etnicidad/orientación sexual)/Tengo fuertes opiniones
negativas acerca de ciertos grupos

Reflexione

Los estereotipos que pueda albergar tendrán un impacto en como puede adaptarse a diferentes entornos de trabajo, así como también en su capacidad de manejar un grupo diverso de gente de forma justa. No puede evaluar a las personas eficazmente si las juzga en base a sus prejuicios.

A medida que las compañías continúan expandiéndose globalmente, las fronteras internacionales se han tornado menos pronunciadas. La diversidad en el lugar de trabajo es ahora más común que la uniformidad. Nuevos grupos han estado entrando en la fuerza de trabajo en números récord, especialmente mujeres y ciertos grupos étnicos. La composición laboral es ahora, más diversa que nunca. Es clave aceptar esto y capitalizar estas diferencias.

Concéntrese en maximizar el desempeño y la productividad que la diversidad pone a su disposición. También examine el motivo por el cual las diferencias entre usted y los demás le incomodan. Su crítica de los demás podría arrojar luz sobre inseguridades personales o un temor a perder su territorio en favor de la gente de afuera. ¿Alberga resentimiento hacia la gente que usted cree que ha tenido una ventaja injusta por su situación de minoría?

Puede no estar de acuerdo con ellas, pero las compañías han adoptado políticas que brindan igualdad de oportunidades para todos/as. La expectativa de una de ellas no es que un grupo determinado reciba tratamiento favorable, sino que todos tengan igualdad de oportunidades desde el principio. Pero la realidad es que, sin tales políticas, el campo de juego no es plano. Si tiene prejuicio contra una persona debido a su raza, ¿tiene la misma oportunidad de ser contratado/a que el/la candidato/a contra el/la cual no tiene prejuicio, incluso si ambos/as se desempeñan de la misma manera?

Reaccione

(a) Colóquese en un estereotipo. ¿En qué grupo le colocaría otra gente? Enumere los estereotipos que enfrentará en base a cómo puede ser categorizado/a. ¿Describen de forma precisa quién es usted y cómo se desempeña?

(b) Aprenda a vincular cosas que le gustan con la diversidad. Por ejemplo, aumente su exposición a grupos diversos a través de pasatiempos que disfrute. Si le gusta leer, lea acerca de otras religiones; si disfruta viajar, visite países extranjeros con culturas poco conocidas; si disfruta comer, recorra los restaurantes étnicos en su ciudad.

(c) Asista a un curso de concientización de diversidad a través de su compañía, si lo hubiera disponible.

(d) En el trabajo, maximice su exposición a gente talentosa de grupos diversos. Invite a personas de otros grupos a sus reuniones o a trabajar en sus proyectos. Busque a una persona bien respetada en la compañía que caiga en un grupo contra el cual pueda sentir un prejuicio y pídale consejo u opinión experta.

(e) Enumere las cosas que pueda tener en común con la persona que le hace sentirse incómodo/a. Desafíese a definir al menos 10 aspectos, grandes o pequeños.

Copyright © 2009 Yolanda Lacoma & Martin Sutherland

5 | Estoy cuidando mis intereses/Necesito mantenerme competitivo/a

Reflexione

Cuidar solamente sus propios intereses funciona bien si usted no planea trabajar formando parte de un equipo. De lo contrario, mirar por sus intereses y por los de los demás es la mejor práctica.

El éxito no tiene por qué ser a costa de los demás. De hecho, su capacidad de manejar sus relaciones con las personas es crítica para el éxito de su carrera y es fundamental para un liderazgo efectivo. Y recuerde, cuando considere los mejores intereses de los demás, ellos/as considerarán los suyos también.

Reaccione

(a) Dé crédito a los demás por su arduo trabajo y promueva los logros de todo el grupo cuando sea posible, incluso si fue usted mismo/a quien desempeñó la mayor parte del trabajo. Fomentar el trabajo en equipo es lo mismo que fomentarse a sí mismo, pero agrega una pequeña dosis de humildad.

(b) No retenga información que otras personas necesitan para hacer sus trabajos. No solamente es injusto, sino que crea un entorno de trabajo ineficiente.

(c) Considere qué pueden perder las otras personas debido a sus comentarios o decisiones. ¿Querría estar en su lugar?

6 | No tengo mucha experiencia en interactuar con la gente diferente a mí

Reflexione

Aunque puede no estar buscando activamente interacción con grupos diversos, usted siempre está rodeado/a de oportunidades para hacerlo, tanto en el trabajo como en su vida privada. Aproveche cada oportunidad de abrir su mundo y sus percepciones.

Estar expuesto/a a una variedad de personas y culturas le ayuda a mantenerse ecuánime y promueve el comportamiento justo. Puede ser tan fácil como iniciar una conversación con alguien que normalmente no atraería su interés.

Reaccione

(a) Asista a diversos eventos culturales tales como películas y exposiciones en su ciudad.

(b) Aproveche posiciones internacionales cuando sea posible.

(c) No tiene que cruzar océanos para estar expuesto/a a grupos diversos. Solicite posiciones que impliquen equipos globales.

(d) Actúe como mentor con personas de su compañía de diversos orígenes culturales o de sexo o raza diferente, o busque un mentor que provenga de un origen diferente al suyo.

(e) Observe a la gente. ¿Qué diferencias basadas en el grupo a que pertenecen ve en su comportamiento?

188

Copyright © 2009 Yolanda Lacoma & Martin Sutherland

Comportamientos usados en exceso

Los estudios de investigación han determinado que en ocasiones las fortalezas de una persona se pueden convertir en debilidades si se utilizan en exceso.
Para encontrar el equilibrio, usted debe desarrollar los llamados estabilizadores con el objetivo de atenuar el comportamiento usado en exceso.

Estabilizadores:	Comportamiento usado en exceso
13 Tiene Coraje	Puede que quiera tratar a las personas de manera igual (más que equitativamente) sin ninguna consideración de diferencias de raza, género, cultura o estilo personal
2 Adaptable	
23 Dirige A Las Personas	
32 Informa A Otras Personas	
17 Juicioso/a	
35 Gestiona El Conflicto	
37 Buen Negociador/a	
38 Gestiona El Bajo Rendimiento	
43 Motiva A Las Personas	
51 Reconoce El Talento Y El Potencial En Las Personas	

Instrucciones

Si se siente identificado/a con la definición de comportamiento usado en exceso, elija alguno de los estabilizadores y diríjase a los capítulos correspondientes para buscar estrategias de acción que le ayuden a desarrollarlos.

Para más instrucciones diríjase a la sección de este libro: "Cómo utilizar este libro".

189

Copyright © 2009 Yolanda Lacoma & Martin Sutherland

29. Establece Prioridades

"Parte importante de una vida exitosa es la capacidad de poner en primer lugar las cosas importantes. Efectivamente, el motivo por el cual la mayoría de las metas importantes no se alcanzan es porque pasamos el tiempo haciendo primero las cosas menos importantes"

Robert McKain

Comportamiento efectivo

Diferencia las prioridades críticas de las tareas de menor importancia, sabe distinguir entre lo urgente y lo importante

Instrucciones

Lea las definiciones de la izquierda. Si se siente identificado/a con la definición de comportamiento inefectivo, diríjase a la sección Estrategias de Acción de este capítulo.

Si se siente identificado/a con la definición de comportamiento usado en exceso diríjase a la sección final del capítulo.

Comportamiento inefectivo

Puede que no sepa distinguir lo que es importante o que dé demasiada importancia a lo que no la tiene

Comportamiento usado en exceso

Puede que esté tan enfocado/a en ciertas prioridades que pase por alto otras actividades urgentes aunque no críticas

Auto Evaluación

¿verdadero?	Todos los días tengo una visión clara de lo que necesito lograr
¿verdadero?	Doy prioridad a actividades que son críticas para la misión y organizo mi tiempo en consecuencia
¿verdadero?	No me distraigo fácilmente de mis prioridades
¿verdadero?	Si me distraigo, puedo reconcentrarme rápidamente en mi trabajo
¿verdadero?	Puedo revisar información rápidamente para llegar al núcleo

Notas

¿Está seguro/a de que debe desarrollar esta competencia?

"Si la respuesta a la mayoría de las afirmaciones de la parte izquierda es "verdadero", probablemente no sea necesario que usted desarrolle esta competencia."

Copyright © 2009 Yolanda Lacoma & Martin Sutherland

Estrategias de Acción

La mayoría de los comportamientos inefectivos tienen patrones o pensamientos emocionales ocultos. Al identificarlos, usted podrá definir las estrategias de acción específicas para mejorar este comportamiento.

(1) Me distraigo fácilmente

(2) Tiendo a seguir lo que otras personas piensan que es importante/Me resulta difícil decir que no

(3) Me resulta difícil cambiar mi curso de acción una vez empezado

(4) Pierdo de vista aquello hacia lo que estoy trabajando/ Mis metas no son claras

(5) Tiendo a ser controlador/a/Quiero hacer las cosas yo mismo/a

Instrucciones

1. Lea y seleccione uno o más de los patrones de comportamiento inefectivo descritos a la izquierda.

2. En la sección de abajo, busque el número correspondiente que le ayudará a reconsiderar este patrón y a identificar acciones prácticas y específicas de mejora.

---

1 | Me distraigo fácilmente

Reflexione

Uno de los desafíos más grandes en el lugar de trabajo es manejar todas las pequeñas cosas que suceden durante el curso del día e igualmente hacer el trabajo importante.

Es fácil distraerse a causa de diversas situaciones, por ejemplo, hacer lo que nos gusta hacer en lugar de lo que tenemos que hacer; mantener conversaciones tangenciales; hacer el trabajo de otras personas en lugar del nuestro e incluso distraernos por simples ruidos en la oficina.

A menudo somos nuestro peor enemigo. Incluso las tareas que pueden parecer urgentes pueden distraernos de las prioridades reales. No todo lo que necesita hacerse inmediatamente es importante y uno/a podría pasar el día apagando fuegos y persiguiendo tareas en lugar de metas.

Las personas concentradas son capaces de alcanzar sus metas reconociendo y navegando a través de múltiples distracciones. En última instancia, manejar las distracciones es responsabilidad de cada persona, pero uno/a debe reconocer primero cuáles son esas distracciones.

Copyright © 2009 Yolanda Lacoma & Martin Sutherland

Reaccione

(a) Realice una evaluación al fin del día durante una semana. Anote las tareas a las cuales dedica su tiempo. ¿Cuántas de estas tareas estuvieron realmente relacionadas con sus metas? ¿Qué distracciones le impidieron estar más concentrado/a? Adopte una solución para sus principales distracciones. Por ejemplo, muchas personas se distraen leyendo sus correos electrónicos. Si éste es su talón de Aquiles, permítase leer los mensajes dos veces por día únicamente y responderlos sólo cuando haya dedicado el tiempo adecuado a sus metas críticas.

(b) Sea creativo/a en cuanto a asegurarse de tener un espacio sin interrupciones, todos los días, para considerar cuestiones complejas y reflexionar sobre lo que se ha conversado. Por ejemplo, flexibilice su agenda y vaya a trabajar temprano o retírese tarde, mantenga su puerta cerrada para desalentar interrupciones y, en lo posible, trabaje fuera de la oficina por unas pocas horas.

(c) Amablemente retírese de conversaciones prolongadas que no conducen a ningún lado y que no están directamente relacionadas con su meta. Su tiempo y sus prioridades son tan importantes como las de la otra persona.

(d) Asegúrese de no estar dedicando la mayoría de su tiempo a actividades que encuentra divertidas o fáciles. Trate de hacer primero las tareas que le resultan difíciles.

(e) Distinga lo que es realmente urgente. ¿Es la tarea importante para alcanzar su meta o debe hacerse para alcanzar la meta de otra persona? Delegue las tareas que deben completarse inmediatamente pero que pueden ser realizadas por otra persona.

---

2 | **Tiendo a seguir lo que otras personas piensan que es importante/Me resulta difícil decir que no**

Reflexione

¿Es propenso/a al "pensamiento grupal"? Este término fue creado por el psicólogo Irving Janis en 1972 y describe un tipo de pensamiento mostrado por miembros de un grupo que tratan de minimizar el conflicto y llegan a un consenso sin poner a prueba, analizar y evaluar las ideas de forma crítica.

Aunque sus conclusiones u opiniones pueden diferir de las del grupo, si usted no se siente cómodo/a defendiéndolas pierde la oportunidad de dar una opinión que podría ayudar a su equipo a concentrarse.

Las prioridades deberían tener sentido para usted, incluso si no representan el consenso del grupo. ¿Tiene problemas en decir a los demás que no puede ayudar, incluso si su carga de trabajo está completa? Mostrarse demasiado dispuesto/a a complacer y ayudar a los demás puede rápidamente distraerlo/a de sus prioridades. No ser capaz de poner límites creará trabajo innecesario para usted. Recuerde que no es su responsabilidad hacerse cargo del trabajo de otras personas y la mayoría de la gente no sabrá que usted no puede asumir más responsabilidad a menos que se lo comunique.

193

Copyright © 2009 Yolanda Lacoma & Martin Sutherland

Reaccione

(a) Cuando examine un tema, siempre formúlese sus preguntas primero y trate de sacar sus propias conclusiones independientemente de los demás. Una vez que lo haya hecho, puede contribuir y mantenerse abierto/a a las opiniones de un grupo.

(b) Si se siente muy convencido/a acerca de un curso de acción pero anticipa resistencia, asegúrese de crear el respaldo adecuado para su caso. Obtenga retroalimentación de los expertos en el tema que respalden sus hallazgos o sugerencias y presente un caso bien documentado con la mayor cantidad de detalles posible.

(c) Defienda su posición si es necesario, incluso si le resulta incómodo a los demás. No ofrecer su aportación significa que no puede criticar los resultados si el grupo adopta un curso de acción equivocado.

(d) Asuma el rol de abogado del diablo. Esto le da la oportunidad de considerar y brindar una opinión discrepante y, al hacerlo, desempeñar una función clave en ayudar al grupo a considerar las alternativas.

(e) Acepte ayudar a alguien únicamente si puede agregarlo, razonablemente, a su carga de trabajo.

(f) Practique decir que no amablemente. Cuanto más lo haga más cómodo/a se sentirá poniendo límites.

---

3 | Me resulta difícil cambiar mi curso de acción una vez empezado

Reflexione

Es productivo permanecer en un curso de acción, pero sólo si seleccionó el curso correcto. Ajustar la dirección es difícil una vez que ha comprometido recursos y tiempo para un camino determinado.

Sin embargo, un elemento importante de estar concentrado/a es la capacidad de examinar información nueva continuamente y comprender que los cambios pueden necesitar un ajuste en su enfoque. Estar concentrado/a requiere dirigir nuestros esfuerzos hacia el mejor curso de acción en cualquier momento, y eso significa estar abierto/a a hacer cosas de forma diferente en cualquier punto del proceso.

Reaccione

(a) Revise su estrategia varias veces a lo largo de un proyecto para evaluar si hay cambios en los supuestos, recursos o circunstancias que requieran un ajuste en su enfoque. Esté abierto/a a la retroalimentación.

(b) Un rol importante de la persona que le supervisa es ayudarle a guiar los temas en los cuales usted necesita concentrarse. Periódicamente, obtenga retroalimentación acerca de si debería ajustar sus prioridades.

(c) No dedique todo su tiempo a un proyecto o tarea. Tome un descanso de ese proyecto o tarea y trabaje en otro tema por un rato. Alejarse de los detalles le ayuda a tener perspectiva acerca de lo que es realmente importante.

194

Copyright © 2009 Yolanda Lacoma & Martin Sutherland

4 | ## Pierdo de vista aquello hacia lo que estoy trabajando/ Mis metas no son claras

Reflexione

Una comprensión clara de la meta final es necesaria para mantener a una persona concentrada en las prioridades. Puede haber múltiples maneras de llegar a destino, pero sólo hay un destino. No se arriesgue a consumir energía y recursos innecesarios por falta de claridad.

Reaccione

(a) Busque claridad y dirección antes de entrar en los detalles de cualquier proyecto. ¿Saben usted y su equipo realmente qué se supone que deben hacer? ¿Cuenta con suficientes instrucciones como para proceder por su cuenta? Defina su meta.

(b) Si todavía no tiene un plan de trabajo anual, reúnase con su superior para desarrollar un plan con metas y objetivos específicos. Acepte revisar su plan de trabajo ocasionalmente para realizar cualquier cambio que sea necesario.

(c) Si está confundido/a acerca de su progreso, pida ayuda a tiempo. Es más productivo ser honesto/a acerca de necesitar ayuda que dedicar tiempo a algo sin obtener resultados y desperdiciar tiempo y recursos yendo en la dirección equivocada.

(d) Mantenga informado/a y actualizado/a a su superior y a los miembros de su equipo acerca de su progreso. Sin retroalimentación, puede no darse cuenta de que va en la dirección equivocada. Podría hacer esto con un correo electrónico semanal, por ejemplo.

(e) Resista la tentación de terminar completamente su tarea antes de conversar acerca de su progreso con alguien. Puede desperdiciar mucha energía perfeccionando algo que debe ser hecho nuevamente.

 5 | ## Tiendo a ser controlador/a/Quiero hacer las cosas yo mismo/a

Reflexione

Ninguna persona por sí sola puede controlar todos los aspectos de un proyecto y tratar de hacerlo diluye su capacidad de mantenerse concentrado/a en las actividades que son verdaderas prioridades.

Puede ser impaciente con el ritmo del proyecto y pensar que le resultará mejor hacer todo usted mismo/a. Pero su energía y tiempo son limitados y obtendrá mayor provecho si se dedica a actividades que tendrán un mayor impacto y que sólo usted está capacitado/a para realizar. También dispondrá de más tiempo para supervisar a otras personas cuando su día no esté plagado de actividades que puedan delegarse.

Puede ser que no sea capaz de llegar a la consecución de una tarea tan rápido como otra persona y por ello, podria estar causando, inadvertidamente, un cuello de botella en un proceso por tratar de hacerlo todo usted mismo/a.

Reaccione

(a) Practique sus habilidades de delegación. Sea selectivo/a acerca de lo que realmente necesita su atención y delegue el resto a los demás. Evalúe lo importante que es una tarea.

195

Copyright © 2009 Yolanda Lacoma & Martin Sutherland

Puede que sea imposible delegar una presentación a la dirección pero ciertamente puede delegar el investigar datos para esa presentación.

(b) Manténgase bien informado/a acerca de la carga de trabajo de sus subordinados/as. No debería estar en una posición donde se sienta abrumado/a y los miembros del equipo o subordinados están desocupados/as.

(c) Evalúe y sea realista acerca de si puede realizar la tarea con su carga de trabajo actual o si debería asignarla a otra persona.

(d) Trabaje como un miembro del equipo en lugar de un triunfador independiente. Siempre se puede hacer más trabajo administrando, o siendo parte de un equipo colaborador.

Comportamientos usados en exceso

Los estudios de investigación han determinado que en ocasiones las fortalezas de una persona se pueden convertir en debilidades si se utilizan en exceso.

Para encontrar el equilibrio, usted debe desarrollar los llamados estabilizadores con el objetivo de atenuar el comportamiento usado en exceso.

Estabilizadores:	Comportamiento usado en exceso
15 Orientado/a Al Cliente	Puede que esté tan enfocado/a en ciertas prioridades que pase por alto otras actividades urgentes aunque no críticas
17 Juicioso/a	
30 Pensador Global	
31 Mejora Los Procesos	
2 Adaptable	
34 Capaz De Escuchar	
55 Toma Iniciativa	
8 Se Siente Cómodo/a Con La Incertidumbre	
6 Inteligente	
53 Estratega	

Instrucciones

Si se siente identificado/a con la definición de comportamiento usado en exceso, elija alguno de los estabilizadores y diríjase a los capítulos correspondientes para buscar estrategias de acción que le ayuden a desarrollarlos.

Para más instrucciones diríjase a la sección de este libro: "Cómo utilizar este libro".

Copyright © 2009 Yolanda Lacoma & Martin Sutherland

30. Pensador Global

"No todo lo que cuenta puede contarse y no todo lo que puede contarse cuenta"

Albert Einstein

Comportamiento efectivo
Es capaz de salirse del detalle y de observar una perspectiva más amplia

Comportamiento inefectivo
Puede que se enfoque demasiado en el detalle y que sea incapaz de proyectar una visión general del asunto

Comportamiento usado en exceso
Puede que pierda la perspectiva de la importancia o impacto de los detalles relevantes

Instrucciones
Lea las definiciones de la izquierda. Si se siente identificado/a con la definición de comportamiento inefectivo, diríjase a la sección Estrategias de Acción de este capítulo.

Si se siente identificado/a con la definición de comportamiento usado en exceso diríjase a la sección final del capítulo.

Auto Evaluación

¿verdadero?	Estoy informado/a acerca de las tendencias actuales y futuras
¿verdadero?	Tengo perspectiva sobre muchos aspectos del negocio
¿verdadero?	Soy bueno/a previendo consecuencias o resultados
¿verdadero?	Pienso acerca del futuro del negocio cuando tomo decisiones
¿verdadero?	Puedo decidir y actuar sin tener la visión global

Notas
¿Está seguro/a de que debe desarrollar esta competencia?

"Si la respuesta a la mayoría de las afirmaciones de la parte izquierda es "verdadero", probablemente no sea necesario que usted desarrolle esta competencia."

197

Copyright © 2009 Yolanda Lacoma & Martín Sutherland

Estrategias de Acción

La mayoría de los comportamientos inefectivos tienen patrones o pensamientos emocionales ocultos. Al identificarlos, usted podrá definir las estrategias de acción específicas para mejorar este comportamiento.

(1) No estoy muy interesado/a en las cuestiones fuera de mi área técnica o campo de experiencia

(2) Mi entorno de trabajo está concentrado en los detalles/Doy prioridad a los detalles, más que a la visión global

(3) He estado poco expuesto/a a otras normas sociales o culturas/Mis experiencias son bastante parciales

(4) No comprendo cómo están interconectadas las cosas/Tiendo a ser un/a pensador/a lineal

Instrucciones

1. Lea y seleccione uno o más de los patrones de comportamiento inefectivo descritos a la izquierda.

2. En la sección de abajo, busque el número correspondiente que le ayudará a reconsiderar este patrón y a identificar acciones prácticas y específicas de mejora.

---

1 | No estoy muy interesado/a en las cuestiones fuera de mi área técnica o campo de experiencia

Reflexione

Cuando uno se vuelve altamente especializado y sus intereses se concentran en un solo campo de experiencia, podría resultar cada vez más difícil pensar globalmente. Lo último implica ser capaz de considerar las múltiples partes dinámicas y estáticas que comprenden un negocio.

Sea cuidadoso/a de no sólo profundizar en sus conocimientos, sino de ampliarlos también. La visión global brinda el contexto que rige cómo se aplica la experiencia técnica.

Reaccione

(a) Investigue otras oportunidades disponibles en su organización que estén relacionadas con su disciplina pero que sean menos técnicas. Su compañía tal vez ofrece cursos o certificados en campos relacionados con la gestión que podrían ayudar a crear un equilibrio con sus habilidades técnicas.

(b) Pida ser incluido/a en reuniones interdisciplinarias para incrementar su exposición a otras áreas de negocios.

(c) Sea consciente de lo que sucede en el resto del mundo. Lea revistas y artículos nuevos acerca de otras industrias distintas de la suya.

(d) Pida actuar como mentor de empleados recién contratados a cambio de tener un mentor en un área fuera de su disciplina.

198

Copyright © 2009 Yolanda Lacoma & Martin Sutherland

(e) Inicie un "club futurista". Establezca un grupo integrado por colegas y amigos en su campo de experiencia, que se reúna regularmente para conversar sobre las formas en que su disciplina o tecnología podría afectar al futuro de su organización y, efectivamente, al del mundo.

(f) Lea material acerca de cómo evolucionó su disciplina. ¿Qué factores externos han influido en la forma en que se hacen negocios hoy en día?

---

 2 | **Mi entorno de trabajo está concentrado en los detalles/ Doy prioridad a los detalles, más que a la visión global**

 ## Reflexione

Muchas personas operan con mayor comodidad en el mundo de los absolutos y les resulta difícil manejar las complejidades y detalles de la visión global que, por lo general, incluye muchos aspectos desconocidos.

Considere los detalles como los ejercicios que fortalecen los músculos que una organización saludable necesita y el pensamiento global como los ejercicios de estiramiento y flexión. Ambos tipos son igualmente necesarios y cada uno necesita atención para mantener un negocio saludable y generar decisiones de calidad.

 ## Reaccione

(a) Incluya escenarios futuros y el impacto que podrían tener en su trabajo cuando planee sus tareas o proyectos.

(b) Organice equipos que tengan una buena representación de pensadores globales y personas orientadas a los detalles. Se verá expuesto/a a la forma en que los pensadores globales abordan los problemas y logran un resultado más equilibrado.

(c) Permítase tiempo para explorar opciones creativas e intercambiar ideas. No acepte su primera idea. Cree al menos tres opciones antes de emprender la acción. Considere cómo obtener los mismos resultados a través de medios diferentes.

(d) Pase de un proyecto a otro a menudo para no quedar muy enterrado en los detalles de sólo uno.

(e) Delegue parte del trabajo detallado a otras personas y dese tiempo para conversar y contemplar las cuestiones con una visión global.

---

 3 | **He estado poco expuesto/a a otras normas sociales o culturas / Mis experiencias son bastante parciales**

Reflexione

Una limitada experiencia o exposición a una variedad de culturas, países, personas o actividades es una desventaja para un pensador global. Tal exposición brinda una rica fuente de perspectivas a considerar y permite obtener una visión más amplia de la realidad, de cómo son o podrían ser las cosas.

Los prejuicios y supuestos de una persona son puestos a prueba cuando se exponen a normas y situaciones poco familiares.

Copyright © 2009 Yolanda Lacoma & Martin Sutherland

Reaccione

(a) Asista a diversos eventos culturales en su ciudad, tales como películas o exposiciones extranjeras.

(b) Aproveche posiciones internacionales cuando sea posible.

(c) Pida oportunidades para trabajar con equipos globales. Le ayudará a ampliar su exposición a diferentes estilos de gestión, técnicas de resolución de problemas, etc.

(d) Actúe como mentor con personas de su compañía de diversos orígenes culturales, razas y sexo diferente, o busque un mentor que provenga de un origen diferente del suyo.

(e) Exponga su cerebro a nuevas formas de estímulo de forma regular, por ejemplo, un género de libros, arte o música diferente. Aprenda otro idioma. Visite museos.

(f) Empiece un pasatiempo que lo introduzca a personas y habilidades nuevas que no haya probado, tales como baile, trabajo en madera, cocina o cerámica. Ofrézcase como voluntario/a para trabajar con grupos con los cuales no necesariamente se identifica, tales como la gente mayor o los pobres. Elija pasatiempos que alienten el uso de la imaginación y el lado creativo de su cerebro, tales como clases de arte o fotografía.

> **4** | **No comprendo cómo están interconectadas las cosas/Tiendo a ser un/a pensador/a lineal**

Reflexione

Cada decisión tomada, política generada o camino seguido tiene un impacto en alguien más. Los pensadores globales son singularmente sensibles a las interacciones complejas que existen entre los sistemas y usan este conocimiento para mejorar sus habilidades en la toma de decisiones.

Reaccione

(a) Escriba los pros y contras de sus diversas opciones y preste mucha atención al impacto global de cada una de ellas— la influencia potencial en la gente, en el dinero, en el tiempo y en los procesos existentes.

(b) Suponga que siempre hay más de una manera de resolver un problema. No se limite a soluciones cómodas o familiares. Como regla, asegúrese de haber considerado como mínimo tres enfoques diferentes.

(c) Obtenga información que desafíe su pensamiento lineal. Consulte con colegas y compañeros de trabajo para encontrar escenarios que pueda haber pasado por alto.

(d) Converse con los demás. Se mantendrá en contacto con las cuestiones que les preocupan.

(e) Trate de encontrar valor en las cosas que los demás pasan por alto.

Copyright © 2009 Yolanda Lacoma & Martin Sutherland

Comportamientos usados en exceso

Los estudios de investigación han determinado que en ocasiones las fortalezas de una persona se pueden convertir en debilidades si se utilizan en exceso.

Para encontrar el equilibrio, usted debe desarrollar los llamados estabilizadores con el objetivo de atenuar el comportamiento usado en exceso.

Estabilizadores:	Comportamiento usado en exceso
1 Obtiene Resultados	Puede que pierda la perspectiva de la importancia o impacto de los detalles relevantes
16 Decisivo/a	
17 Juicioso/a	
29 Establece Prioridades	
31 Mejora Los Procesos	
39 Gestiona El Tiempo	
42 Gestiona El Trabajo	
18 Orientado/a Al Detalle	
48 Planifica El Trabajo	
56 Posee Conocimientos Técnicos	

Instrucciones

Si se siente identificado/a con la definición de comportamiento usado en exceso, elija alguno de los estabilizadores y diríjase a los capítulos correspondientes para buscar estrategias de acción que le ayuden a desarrollarlos.

Para más instrucciones diríjase a la sección de este libro: "Cómo utilizar este libro".

201

Copyright © 2009 Yolanda Lacoma & Martin Sutherland

31. Mejora Los Procesos

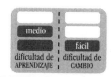

medio

fácil

dificultad de APRENDIZAJE | dificultad de CAMBIO

"No podemos solucionar problemas usando la misma
clase de pensamientoque usamos
cuando los creamos"

Albert Einstein

Comportamiento efectivo
Busca métodos para mejorar o
reorganizar los procesos
continuamente

Comportamiento inefectivo
Puede que esté desinteresado/a en las
oportunidades que se presentan para
mejorar los procesos de trabajo

Comportamiento usado en exceso
Puede que reduzca todo a un proceso
y que pierda la perspectiva del cuadro
general en beneficio de pequeñas
mejoras marginales

Instrucciones
Lea las definiciones de la
izquierda. Si se siente
identificado/a con la
definición de comportamiento
inefectivo, diríjase a la
sección Estrategias de Acción
de este capítulo.

Si se siente identificado/a con
la definición de
comportamiento usado en
exceso diríjase a la sección
final del capítulo.

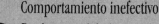

Auto Evaluación

¿verdadero?	Identifico, analizo y mejoro los procesos clave de la organización
¿verdadero?	Continuamente busco maneras de aumentar la producción, la eficiencia y la efectividad de los procesos
¿verdadero?	Identifico las debilidades que pueden dificultar que los procesos cumplan su propósito
¿verdadero?	Trato de encontrar aplicaciones tecnológicas para mejorar los procesos de trabajo
¿verdadero?	Me aseguro de que los representantes relevantes de todas las áreas funcionales involucradas participen en mejorar los procesos
¿verdadero?	Creo un entorno en el que la gente esté alentada a discutir abierta y regularmente ideas para una mejora continua
¿verdadero?	Documento y reflexiono sobre las lecciones aprendidas
¿verdadero?	Valoro la retroalimentación de todos los miembros del equipo y regularmente incorporo las ideas de otras personas en los procesos

Notas
**¿Está seguro/a de que
debe desarrollar esta
competencia?**

"Si la respuesta a la mayoría
de las afirmaciones de la parte
izquierda es "verdadero",
probablemente no sea
necesario que usted desarrolle
esta competencia."

203

Copyright © 2009 Yolanda Lacoma & Martin Sutherland

Estrategias de Acción

La mayoría de los comportamientos inefectivos tienen patrones o pensamientos emocionales ocultos. Al identificarlos, usted podrá definir las estrategias de acción específicas para mejorar este comportamiento.

① No sé cómo mejorar procesos/Tengo experiencia limitada en reingeniería de procesos

② Si el proceso no está roto, ¿por qué tratar de arreglarlo?

③ Cambiar los procesos establecidos crea ansiedad y es conflictivo/El cambio no es un aspecto predominante en la cultura de nuestra compañía

④ Durante la mejora de procesos tiendo a concentrarme en necesidades internas más que en exigencias externas

Instrucciones

1. Lea y seleccione uno o más de los patrones de comportamiento inefectivo descritos a la izquierda.

2. En la sección de abajo, busque el número correspondiente que le ayudará a reconsiderar este patrón y a identificar acciones prácticas y específicas de mejora.

 ① No sé cómo mejorar procesos/Tengo experiencia limitada en reingeniería de procesos

Reflexione

La gestión de calidad solía concentrarse en la inspección del producto final para asegurarse de que no fuera defectuoso de ninguna manera antes de dejar la fábrica. Este enfoque fue cambiado fundamentalmente por los fabricantes de automóviles japoneses que crearon un pensamiento de calidad o "kaizen", que requería que los empleados consideraran la calidad a lo largo del proceso de producción. Este proceso, conocido como gestión de calidad total o TQM (por sus siglas en inglés), fue muy influenciado por W. Edwards Deming, un estadista estadounidense, profesor y consultor de calidad a quien se le atribuye haber colaborado con el resurgimiento industrial del Japón después de la guerra. Actualmente, existe una amplia variedad de literatura acerca de prácticas como TQM, la Organización Internacional de Estandarización y la estrategia de gestión de negocios Six Sigma. Todas asisten a las compañías en el diseño de los mejores procesos. La reingeniería de procesos puede agregar mucho valor en forma de eficiencia y aportar reducciones en los costos.

Reaccione

(a) Investigue. Estudie prácticas y procesos de gestión de calidad en Internet y familiarícese con los diversos modelos y metodologías. Busque modelos y prácticas comunes, y encuentre estudios de casos que expliquen todo el proceso desde la identificación inicial del problema hasta la implementación de la solución, resultados logrados y desafíos enfrentados.

204

Copyright © 2009 Yolanda Lacoma & Martin Sutherland

(b) Elija una metodología adecuada. La estrategia Six Sigma, por ejemplo, es un proceso complejo, intenso, orientado a los detalles que requiere una adecuada capacitación para ser implementada eficazmente. También brinda un mejor rendimiento en un entorno de muchas transacciones en el cual pequeños cambios pueden tener grandes consecuencias. Hay muchos otros enfoques que son menos intensivos o más fáciles de usar, que pueden adaptarse mejor a un entorno orientado a los servicios o a diferentes grados de experiencia.

(c) Busque a un/a experto/a en la compañía. Se beneficiará de su experiencia sin tener que cometer errores.

(d) Considere contratar un/a consultor/a externo/a en gestión de calidad. Hable con él/ella acerca de los proyectos que implementó para asegurarse de que su experiencia coincide con sus necesidades. Si el costo es un problema, considere contratar a un/a consultor/a que le ayude a implementar un pequeño proyecto y a aplicar sus principios de forma independiente a un proyecto de mayor escala.

(e) Asegúrese de obtener opiniones de los empleados y clientes cuando mejora procesos. La gente en las trincheras y aquellos/as que usan el producto están más cerca del problema y en la mejor posición para darle una retroalimentación valiosa.

(f) Observe a sus competidores y otras industrias o negocios que operen en condiciones similares. Hay mucho para aprender acerca de lo que hacen los demás para mejorar sus procesos. Por ejemplo, si su negocio distribuye productos a través de un canal en lugar de directamente al consumidor, busque negocios relacionados en industrias que no sean competidoras, que sean reconocidos como líderes y hable con ellos. La mayoría de las compañías están felices de compartir sus éxitos y experiencias, especialmente si usted no es un competidor.

(g) Asista a talleres o seminarios que le expongan a formas diferentes de pensar en el área de gestión de procesos.

(h) Cuando mejore procesos, mantenga al consumidor en mente. Internamente, el proceso podría ser altamente eficiente pero, ¿cumple con las necesidades del cliente?

 2 | Si el proceso no está roto, ¿por qué tratar de arreglarlo?

Reflexione

Para mantenerse a la vanguardia de los competidores, es mejor nunca estar satisfecho/a con el status quo. Una filosofía que persiga la mejora continua y la experimentación es clave en un entorno competitivo.

Las compañías sobreviven creando continuamente nuevas y mejores maneras de entregar productos y servicios, lo que requiere innovación y riesgo. Asuma que sus competidores están haciendo lo mismo. Dedicar tiempo a pensar nuevas maneras de hacer negocios no significa que cambiará lo que tiene sentido actualmente, pero le preparará para mejorar cuando se presente la oportunidad o la necesidad.

Copyright © 2009 Yolanda Lacoma & Martin Sutherland

Reaccione

(a) Concentre su atención en la diferencia significativa entre un buen producto o servicio y uno excelente. Piense acerca de los casos en que recibió un excelente servicio o estuvo totalmente satisfecho con un producto que compró. Luego considere los casos en que recibió un servicio deficiente o compró un producto inferior. Use estas reflexiones para identificar un proceso en su organización que funciona bien pero que podría beneficiarse si se mejoran algunas de sus partes. Escriba sus pensamientos acerca de cómo estos cambios podrían tener un impacto positivo en los clientes tanto internos como externos.

(b) Identifique áreas potenciales de mejora dentro de su organización. Después organice una reunión de intercambio de ideas e invite a gente de todas las áreas o funciones relevantes para que participen. Documente los elementos potencialmente beneficiosos identificados. Determine las acciones que deberían tomarse a continuación y quién será responsable de ellas.

(c) Manténgase al corriente de las tendencias del mercado acerca de la mejora de procesos, por ejemplo, mejores prácticas, Six Sigma, etc.

(d) Expóngase lo más posible a lo que sucede en su industria. Asista a exposiciones, conferencias y seminarios por Internet que cubran temas de avanzada tecnología y destaquen productos o servicios innovadores.

(e) Manténgase al corriente de tendencias emergentes globalmente y en su región. Lea publicaciones de la industria, revistas y diarios líderes y cualquier otra literatura del tema. Baje transmisiones por Internet o inscríbase para recibir boletines y alertas electrónicas acerca del mercado, las tendencias de la industria, los avances tecnológicos y científicos y las noticias de último momento.

(f) Desarrolle un escepticismo sano acerca de sus procesos. Pregúntese por qué hace las cosas en la forma en que se hacen. Cuestione la información que le presentan.

> ## 3
> ## Cambiar los procesos establecidos crea ansiedad y es conflictivo/ El cambio no es un aspecto predominante en la cultura de nuestra compañía

Reflexione

Cambiar la forma en que los/as empleados/as desarrollan sus tareas a menudo supone resistencia. La nueva tecnología, los roles cambiantes o un cambio en los recursos puede causar ansiedad y crear resistencia. A menudo, el esfuerzo parece mayor que los beneficios. Por ejemplo, piense en el proceso de renovación de viviendas. Para ver mejoras en su casa, tendrá que aguantar polvo, alteración de sus actividades diarias e incluso conflicto con el contratista. Pero el resultado final por lo general vale la pena. No cambiar una práctica ineficiente simplemente porque puede ocasionar trastornos es bastante arriesgado para usted y su compañía. Fomente una cultura en la compañía en la cual la gente pueda compartir sus ideas de mejora en un entorno no crítico, colaborador, y sin temor a vergüenza o castigo.

Copyright © 2009 Yolanda Lacoma & Martin Sutherland

El cambio siempre causa trastornos y siempre habrá personas que se resistan a él. Considere a su compañía y cómo operaba 10 años atrás. Si nada cambió, usted es la excepción. La mayoría de las compañías experimentan cambios significativos en la tecnología, los clientes, la gente, los mercados, los competidores, etc. No importa cuán incómodo sea o cuánta resistencia encuentre, la mejora continua es un proceso de negocios esencial y justifica el esfuerzo si el resultado produce oportunidades. Recuerde, cuanta más gente esté expuesta al cambio, más aprenderán a aceptarlo como parte de la cultura de la compañía. A largo plazo, es probable que encuentre menos resistencia a los esfuerzos de mejora de procesos importantes.

Es esencial que promueva un entorno de mejora continua en toda su organización. Fomente una cultura en la compañía en la cual la gente pueda compartir sus ideas de mejora en un entorno no crítico, colaborador, y sin temor a vergüenza o castigo.

Reaccione

(a) Comprenda el proceso de cambio. Ha sido estudiado extensamente y es mucho más predecible de lo que piensa. Aprenda a comprender algunos modelos de cambio, las fases de cambio y cómo la gente responde a ellos, cómo manejar la resistencia y cómo obtener compromiso y respaldo para lo nuevo y diferente.

(b) Considere la alternativa al cambio. Proyecte las consecuencias de cambiar versus no cambiar.

(c) La gente evita el cambio debido al dolor inicial, por lo tanto concéntrese en el resultado final y foméntelo.

(d) Identifique personas que se vean energizadas por el cambio. La apertura a lo nuevo es un rasgo de personalidad fundamental y siempre encontrará personas dispuestas a defender la causa. Es probable que sean apasionados/as y entusiastas acerca del cambio, lo que puede ser contagioso. Asegúrese de que obtengan los recursos y el respaldo que necesitan para ser agentes de cambio y úselos para liderar equipos de proyectos.

(e) Evite la complacencia, es decir, no formular preguntas difíciles. Establezca un proceso formal por el cual específicamente considere lo que ha hecho que mejore el negocio de alguna manera y haga esto al menos dos veces por año. ¿Qué importancia tuvo esa mejora, qué beneficios tuvo, qué habría pasado si no se hubiera hecho el cambio? Tal proceso creará una oportunidad para que usted celebre su éxito y reflexione sobre las oportunidades perdidas, lo que motivará y alentará más esfuerzos de mejora de procesos en el futuro.

(f) Aliente a los empleados a participar en la mejora del diseño de trabajo y en los procesos para asegurarse de que obtiene opiniones diversas. Organice sesiones regulares de retroalimentación e intercambio de ideas con su equipo así como también con colegas en otras funciones para fortalecer sus iniciativas de mejora.

(g) Otorgue autoridad a otras personas para diseñar sus propios procesos de trabajo. Aliente a su equipo a investigar las mejores prácticas de los líderes de la industria y dentro de otras áreas de la organización. Esta práctica aumenta el respaldo del proceso por parte de los empleados y sube la moral.

(h) Tenga cuidado de no establecer una cultura de "sí señor". Pregunte a un colega de confianza si la gente se siente así acerca de dar su opinión. Asegúrese de que la gente sepa que todas las ideas son valiosas, incluso si son contrarias a las suyas.

207

Copyright © 2009 Yolanda Lacoma & Martin Sutherland

4 | Durante la mejora de procesos tiendo a concentrarme en necesidades internas más que en exigencias externas

Reflexione

Concentrarse en los clientes, es clave para un exitoso diseño de procesos. Si complace al cliente y responde bien a sus necesidades, su proceso es exitoso.

Sam Walton, fundador y ex CEO de Wal-Mart, fomentó una estrategia simple pero efectiva: concentrarse en el cliente. Creía — y enseñaba a sus empleados — que el cliente es el único jefe, porque el cliente siempre tiene la opción de llevarse el dinero a otra parte. Maximizar la satisfacción del cliente es un objetivo en movimiento al cual los procesos siempre deben apuntar.

Reaccione

(a) Manténgase al corriente de lo que sus clientes internos y externos esperan ahora, y anticipe sus necesidades futuras antes de que ellos mismos sepan cuáles son. Tendrá que conducir un análisis de mercado que incluya los cambios en el segmento demográfico, la competencia y la tecnología del cliente. Establezca varios procesos para obtener retroalimentación del cliente acerca de características, valor, precio, calidad, conveniencia, etc. de forma regular.

(b) Siempre diseñe sus procesos con sus clientes en mente, incluyendo el diseño de productos, los materiales empleados, la fabricación, los canales de distribución, así como también el servicio y el apoyo al cliente.

(c) Intercambie ideas acerca de maneras de mejorar la satisfacción del cliente con su equipo. Póngase en el lugar de sus clientes. ¿Qué les complacería? ¿Qué les desagradaría? Use las respuestas para buscar maneras de mejorar sus procesos y crear mayor apoyo al cliente.

(d) Experimente sus propios servicios y productos. No hay mejor manera de identificar oportunidades de mejora que obtener experiencia de primera mano de los productos o servicios que vende. Un fabricante multinacional de pañales para adultos hizo que los ejecutivos de la compañía los usaran por un día. Esto cambió fundamentalmente la forma en que pensaban acerca de sus clientes y sus productos.

(e) Trate a sus proveedores como clientes. Son un aspecto clave de su negocio y mejorar los procesos para beneficiar a ambas partes mejorará su resultado final.

Copyright © 2009 Yolanda Lacoma & Martin Sutherland

Comportamientos usados en exceso

Los estudios de investigación han determinado que en ocasiones las fortalezas de una persona se pueden convertir en debilidades si se utilizan en exceso.
Para encontrar el equilibrio, usted debe desarrollar los llamados estabilizadores con el objetivo de atenuar el comportamiento usado en exceso.

Estabilizadores:	Comportamiento usado en exceso
27 Experimentador	Puede que reduzca todo a un proceso y que pierda la perspectiva del cuadro general en beneficio de pequeñas mejoras marginales
30 Pensador Global	
34 Capaz De Escuchar	
46 Abierto/a De Mente	
53 Estratega	
29 Establece Prioridades	
15 Orientado/a Al Cliente	
14 Creativo/a	
40 Posee Conocimiento Del Mercado	
7 Trabaja Bien En Equipo	

Instrucciones

Si se siente identificado/a con la definición de comportamiento usado en exceso, elija alguno de los estabilizadores y diríjase a los capítulos correspondientes para buscar estrategias de acción que le ayuden a desarrollarlos.

Para más instrucciones diríjase a la sección de este libro: "Cómo utilizar este libro".

209

Copyright © 2009 Yolanda Lacoma & Martin Sutherland

32. Informa A Otras Personas

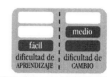

fácil
dificultad de APRENDIZAJE

medio
dificultad de CAMBIO

"Debe haber un punto medio de felicidad en algún lugar entre estar totalmente informado y ser felizmente ignorante"

Doug Larson

Comportamiento efectivo

Mantiene a las personas informadas con datos relevantes y oportunos

Comportamiento inefectivo

Puede que no proporcione a las personas la información necesaria en el momento oportuno o puede parecer una persona que no se comunica

Instrucciones

Lea las definiciones de la izquierda. Si se siente identificado/a con la definición de comportamiento inefectivo, diríjase a la sección Estrategias de Acción de este capítulo.

Comportamiento usado en exceso

Puede que confunda a las personas con demasiada información que no es relevante o que es inapropiada

Si se siente identificado/a con la definición de comportamiento usado en exceso diríjase a la sección final del capítulo.

Auto Evaluación

¿verdadero?	Doy retroalimentación a los demás con suficiente tiempo para que emprendan acciones si es necesario
¿verdadero?	Considero a mi audiencia antes de decidir cómo informarles
¿verdadero?	Estoy dispuesto/a a brindar información que no será bien recibida
¿verdadero?	Incluso cuando estoy disgustado/a o en desacuerdo con alguien, comparto la información libremente
¿verdadero?	Me aseguro de que mi supervisor o gerente esté informado/a acerca del estado de mi trabajo

Notas

¿Está seguro/a de que debe desarrollar esta competencia?

"Si la respuesta a la mayoría de las afirmaciones de la parte izquierda es "verdadero", probablemente no sea necesario que usted desarrolle esta competencia."

211

Copyright © 2009 Yolanda Lacoma & Martin Sutherland

Estrategias de Acción

La mayoría de los comportamientos inefectivos tienen patrones o pensamientos emocionales ocultos. Al identificarlos, usted podrá definir las estrategias de acción específicas para mejorar este comportamiento.

① Soy reacio/a a compartir información que decepcionará o causará conflicto

② Me quedo enganchado/a en mi trabajo/No me tomo el tiempo para compartir la información

③ A veces retengo la información y no la comparto a propósito

④ No quiero molestar a la gente/Brindo información sobre la base de lo que es necesario saber

⑤ Nuestra estructura organizacional no conduce a compartir información

Instrucciones

1. Lea y seleccione uno o más de los patrones de comportamiento inefectivo descritos a la izquierda.

2. En la sección de abajo, busque el número correspondiente que le ayudará a reconsiderar este patrón y a identificar acciones prácticas y específicas de mejora.

---

1 | **Soy reacio/a a compartir información que decepcionará o causará conflicto**

Reflexione

¿Se demora en informar a las personas relevantes acerca de un contratiempo o elude compartir información porque puede ser recibida de forma desfavorable? Cuanto más espere, más estrés creará para sí mismo/a y posiblemente para los demás, especialmente si se deben tomar acciones.

La gente, por lo general, es reacia a hablar cuando la información puede tener consecuencias negativas o repercutir mal en su desempeño. Pero a menudo tenemos percepciones poco realistas acerca de las consecuencias y nos aferramos a la información innecesariamente. Retener información necesaria no mejorará la situación de ninguna manera y es probable que la empeore. Es su responsabilidad asegurarse de que los demás estén informados acerca de las noticias buenas y las no tan buenas.

Reaccione

(a) Obtenga perspectiva. Pida a un colega de confianza que pueda tratar la situación de forma más objetiva que le dé su opinión acerca de su gravedad. Las circunstancias pueden no ser tan graves como parecen.

(b) Reconozca sus errores, pero concéntrese en la solución. Si la gente está disgustada por la información, bríndeles la oportunidad de expresarse sin tratar de defender su posición. Usted ha aceptado los errores y es poco productivo enredarse en defenderlos en este punto.

212

Copyright © 2009 Yolanda Lacoma & Martin Sutherland

(c) No empeore la situación endulzando la realidad. Sea sincero/a con la información que brinda. Tratar de que el panorama luzca mejor para disminuir una respuesta negativa, significa que no se tomarán las medidas adecuadas, lo que puede crear mayores problemas en el futuro.

(d) Aprenda a confrontar a la gente. Empiece trabajando en sus habilidades de manejo de conflictos. Investigue el tema o contrate a un coach.

(e) Elija la forma más adecuada de comunicación para asegurarse de que la información sea recibida de la mejor manera posible. ¿Es adecuado informar a la gente por medio de correo electrónico, por ejemplo? Podría ser demasiado impersonal para cierta información.

(f) Hable inmediatamente. Cada día que deje pasar generará más estrés para usted, porque se tornará cada vez más difícil explicar por qué no compartió la información antes.

2 | Me quedo enganchado/a en mi trabajo/No me tomo el tiempo para compartir la información

Reflexione

Los gerentes y líderes de organizaciones, a menudo muy ocupados, son culpables de no tomarse el tiempo para mantener informados a los demás. Debido a las muchas exigencias que tienen, fácilmente pasan por alto su importancia. Pero la falta de información oportuna acerca de los cambios en la estrategia de la compañía o en su dirección general en particular, puede tener un efecto desmoralizante.

Sea usted el titular de una organización o un contribuyente individual, tendrá gente relevante depende de usted para mantenerse informada acerca de su progreso y cuestiones clave.

Reaccione

(a) Acuerde cuándo y cómo mantendrá informada a la gente relevante. Puede ser en reuniones de personal, a través de correos electrónicos o con un informe de situación. La clave es establecer un sistema que le obligue a considerar el brindar información a los demás, como la prioridad que merece ser.

(b) Programe una cantidad de tiempo realista para compartir información y transmitir conocimientos. Debido a agendas ajustadas, la tentación es limitar el tiempo que se dedica a reuniones informativas. Pero la gente necesita saber que compartir información es una prioridad para usted, no una molestia.

(c) Por cuestiones de tiempo puede ser que esté resumiendo demasiado. Asegúrese de brindar suficiente contexto y antecedentes para que la información sea fácil de digerir.

213

Copyright © 2009 Yolanda Lacoma & Martin Sutherland

3 | A veces retengo la información y no la comparto a propósito

Reflexione

La gente a veces retiene o acapara la información a propósito. Algunos especialistas, por ejemplo, se ven tentados a obtener pago por sus conocimientos y los mantienen estrechamente guardados. Los expertos de mayor edad pueden ser reacios/as a actuar como mentores de una generación más joven. Cualquiera que sea la razón, la mentalidad de una organización que transmita que "la persona que tiene la información tiene el poder" puede ser dominante y tener efectos desastrosos. No sólo pone fin a un flujo abierto de información e ideas, sino que castiga a la gente limitando su desarrollo. Tiene sus raíces en un mundo de la era industrial en el cual la propiedad significaba control.

Pero en la era de la información, el valor de la información aumenta cuando se comparte. Retener información como forma de mejorar su posición o vengarse de otros no es una buena idea — tales tácticas son altamente visibles y le pueden hacer ganar una reputación de ser difícil, poco ético/a, poco fiable y alguien que no juega con el equipo. Ello define cómo lo tratarán los demás. Puede lograr una meta a corto plazo, pero sus acciones contribuirán a un entorno de trabajo hostil y crearán estrés para todos. Incluso retener información debido a una falta de confianza es una estrategia a corto plazo que no generará resultados productivos a largo plazo.

Reaccione

(a) Durante las reuniones, escuche el tipo de información que la gente puede necesitar para hacer su trabajo y si tiene dicho material, compártalo con ellos/as.

(b) Establezca "revisiones de aprendizaje" informales y regulares, durante las cuales la gente se reúna para compartir lo que aprendieron.

(c) Cree programas de mentores y recompense a la gente que transmite sus conocimientos a los demás.

(d) Desarrollar a otras personas es altamente valorado en una organización. Agregue esta habilidad a su plan de desarrollo y contrate a un coach para que le ayude.

(e) Si retiene información debido a fuertes sentimientos negativos hacia una persona o una cuestión sin resolver con él/ella, trate de resolverlo mediante una conversación. Una persona que ambos respetan puede ayudar a mediar en el conflicto de forma profesional.

(f) Tenga en cuenta, cuándo el favoritismo determina con quién comparte la información y la clase de información que revela. Haga una lista de la gente a quien, por lo general, retiene información y converse sus razones con un coach.

(g) Puede ser el/la único/a que no confía en alguna persona. Hable con un colega o mentor acerca de sus motivos. Es importante para obtener perspectiva y, a veces, simplemente para obtener un cuadro de situación más realista.

(h) Pregúntese si su motivo principal para retener información es la ganancia personal. De ser así, deje de hacerlo.

214

Copyright © 2009 Yolanda Lacoma & Martin Sutherland

4 | No quiero molestar a la gente/Brindo información sobre la base de lo que es necesario saber

Reflexione

Cuando brinda información sobre la base de lo que es necesario saber, usted hace un juicio acerca de qué es importante para los demás, lo que no siempre es preciso o justo.

La información facilita los procesos. La información adecuada permite a los gerentes monitorear el trabajo de forma efectiva y mantenerse al corriente de los problemas. Pero a menudo pasamos por alto la necesidad de informar a los demás, cuando estamos trabajando arduamente, para probarnos a nosotros mismos o apurándonos para recibir reconocimiento por el éxito. Ofrecer demasiada información crea menos problemas que ofrecer demasiado poca.

Reaccione

(a) Como regla general, suponga que la gente quiere saberlo todo. Es mejor moderar lo que dice que ser visto/a como alguien indiferente o que carece de cualidades de atención al cliente.

(b) Si piensa que puede incomodar a la gente, pídales que aclaren cuánta información necesitan.

(c) Copiar a las personas relevantes en los correos electrónicos es una forma rápida y simple de mantenerlos/as informados/as sin trabajo extra por su parte. Pueden elegir ignorar o leer la correspondencia. Hágalo de forma habitual.

(d) Sea consciente de la información que la gente simplemente tiene que saber y comuníquela. Tenga especial cuidado en informar a los demás acerca de cuestiones y asuntos controvertidos que afectan negativamente a un cliente.

(e) ¿Qué tal informados están sus clientes internos y externos? Establezca un sistema para asegurarse de comunicar la información importante acerca de nuevos productos, o cambios en los procedimientos y fechas de entrega, de forma oportuna. Mitigue cualquier riesgo enviando un mensaje a los clientes indicando, que son importantes para usted y que los cambios están bajo control.

(f) No asuma que su responsabilidad termina una vez que ha informado a la gente. Cree recordatorios y haga seguimiento de los mismos, con la mayor frecuencia posible.

(g) Asegúrese de tener alguna otra persona en el equipo que esté lo suficientemente informado/a como para comprender el estado de sus proyectos y poder ocuparse de ellos cuando usted no esté disponible.

(h) No se vea tentado a terminar un proyecto completamente antes de conversarlo con su superior. Envíe actualizaciones constantes o divida el proyecto en hitos más pequeños acerca de los cuales pueda informar. Acuerde de antemano cuáles serán esos hitos.

Copyright © 2009 Yolanda Lacoma & Martin Sutherland

Reflexione

Como resultado de su jerarquía, estructuras de reporte o sólidos silos, algunas organizaciones restringen la facilidad con la cual se comparte la información.

Aunque las estructuras organizacionales existen por un motivo, deberían permitir y alentar el simple intercambio de información si se desea que la compañía sea exitosa.

La información de poco valor para una división puede ser crítica para otras. Por ejemplo, la información acerca de una disminución en los márgenes de productos puede tener poco valor para alguien en finanzas, pero un enorme valor para alguien en marketing. La información necesita ser transferible y accesible en toda la organización y considerada como un recurso negociable, independientemente del nivel, grupo, división o país que usted representa.

Reaccione

(a) Piense acerca de los conocimientos que posee que puedan ser valiosos para otros grupos y compártalos con ellos.

(b) Comunique la utilidad de compartir información entre los equipos y encuentre maneras de recompensarlo y alentarlo.

(c) Cree oportunidades de interacción entre las diferentes funciones para derribar silos estructurales.

(d) Interésese por conocer mejor a la gente de diferentes divisiones. Facilitará el intercambio de información.

(e) Comprenda la política de la compañía: quién supuestamente posee qué información, a quién debería incluir en la correspondencia y así sucesivamente. Le permitirá acceder a información sin cruzar fronteras políticas.

Copyright © 2009 Yolanda Lacoma & Martin Sutherland

Comportamientos usados en exceso

Los estudios de investigación han determinado que en ocasiones las fortalezas de una persona se pueden convertir en debilidades si se utilizan en exceso.

Para encontrar el equilibrio, usted debe desarrollar los llamados estabilizadores con el objetivo de atenuar el comportamiento usado en exceso.

Estabilizadores:	Comportamiento usado en exceso
22 Diplomático/a	Puede que confunda a las personas con demasiada información que no es relevante o que es inapropiada
26 Ético/a	
29 Establece Prioridades	
34 Capaz De Escuchar	
39 Gestiona El Tiempo	
10 Se Comunica Bien (Por Escrito)	
48 Planifica El Trabajo	
49 Políticamente Hábil	
58 Digno/a De Confianza	
9 Se Comunica Bien (Verbalmente)	

Instrucciones

Si se siente identificado/a con la definición de comportamiento usado en exceso, elija alguno de los estabilizadores y diríjase a los capítulos correspondientes para buscar estrategias de acción que le ayuden a desarrollarlos.

Para más instrucciones diríjase a la sección de este libro: "Cómo utilizar este libro".

217

Copyright © 2009 Yolanda Lacoma & Martin Sutherland

33. Inspira Un Futuro

"Un líder tiene la visión y la convicción de que un sueño puede alcanzarse. Inspira el poder y la energía para hacerlo"

Ralph Nader

Comportamiento efectivo

 Sabe vender la visión de futuro y hace que los demás se sientan inspirados por ella

Comportamiento inefectivo

 Puede que no consiga que las personas se sientan inspiradas por una visión de futuro específica y puede que se enfoque más en el aquí y ahora

Comportamiento usado en exceso

 Puede que proporcione una visión poco creíble o intangible y que las personas no conecten con ella

Instrucciones

Lea las definiciones de la izquierda. Si se siente identificado/a con la definición de comportamiento inefectivo, diríjase a la sección Estrategias de Acción de este capítulo.

Si se siente identificado/a con la definición de comportamiento usado en exceso diríjase a la sección final del capítulo.

Auto Evaluación

¿verdadero?	De cuando en cuando le recuerdo a la gente la parte que desempeña su trabajo en la visión global
¿verdadero?	Habitualmente hablo acerca de nuestra causa común y creo un consenso centrado en la visión de la compañía
¿verdadero?	Busco indicios de que los niveles de energía de la gente están bajos y trato de inspirarlos una vez más
¿verdadero?	Mantengo a todos los interesados informados acerca del avance de la organización
¿verdadero?	Soy un/a orador/a motivador/a y efectivo/a

Notas

¿Está seguro/a de que debe desarrollar esta competencia?

"Si la respuesta a la mayoría de las afirmaciones de la parte izquierda es "verdadero", probablemente no sea necesario que usted desarrolle esta competencia."

Copyright © 2009 Yolanda Lacoma & Martin Sutherland

Estrategias de Acción

La mayoría de los comportamientos inefectivos tienen patrones o pensamientos emocionales ocultos. Al identificarlos, usted podrá definir las estrategias de acción específicas para mejorar este comportamiento.

(1) Nuestra compañía no tiene un futuro definido y el cambio es constante

(2) No estoy totalmente comprometido/a con la misión o visión de la compañía

(3) No me considero una persona inspiradora/No comprendo qué inspira a los demás

(4) No quiero ser el/la animador/a o la persona que debe vender una visión

(5) No me gusta crear expectativas poco realistas/Creo que es mejor prometer menos y cumplir más

Instrucciones

1. Lea y seleccione uno o más de los patrones de comportamiento inefectivo descritos a la izquierda.

2. En la sección de abajo, busque el número correspondiente que le ayudará a reconsiderar este patrón y a identificar acciones prácticas y específicas de mejora.

---

1 | **Nuestra compañía no tiene un futuro definido y el cambio es constante**

Reflexione

Es desafiante inspirar un futuro cuando una organización está cambiando rápidamente o una nueva visión marcó un desvío radical del pasado.

En tiempos de ambigüedad es vital asegurarse de que todos sigan confiando en el futuro y en el rumbo de la compañía. Como líder y gerente, es su responsabilidad poner freno a la aprensión y temor de la gente, e inspirarlos/as para manejar los desafíos que trae el cambio con un propósito común en mente.

El cambio continuo en una compañía y los rumbos constantemente fluctuantes son confusos. Sin embargo, los empleados deben estar en condiciones de cambiar el rumbo rápidamente y reconfigurar los procesos para mantenerse al día con las exigencias cambiantes; su capacidad de inspirarlos/as ayudará a facilitar esto.

Reaccione

(a) Revise la misión y visión de la compañía.

(b) Si son vagas, convérselas con otros/as líderes de la organización y aclárelas. Asegúrese de comprender por qué se tomaron las decisiones para moverse en esta dirección. Comprender los motivos detrás del cambio le ayuda a crear un argumento convincente para aquellas personas que usted supervisa.

(c) Anticipe que las personas se sientan temerosos/as y dudosos/as acerca del cambio.

220

Copyright © 2009 Yolanda Lacoma & Martin Sutherland

(d) Anticipe que habrá muchas preguntas e inquietudes, por lo tanto prepárese para responder. Puede obtener una lista de preguntas comunes pidiéndole a los/as representantes de varias divisiones que provean sus inquietudes clave.

(e) Presente la visión como un trabajo en proceso más que como algo que está grabado en piedra. Esto comunica a todas las personas que el camino por delante implicará prueba y error, así como también ajustes.

(f) Asegúrese de destacar qué permanecerá igual, por ej., los valores de la compañía, el compromiso con la excelencia, los productos básicos, etc. Alentará a los empleados.

(g) Hable con los/as líderes que han implementado con éxito estrategias de reorganización. ¿Qué desafíos enfrentaron al tratar de inspirar a los demás?

(h) Recuerde el humor cuando converse acerca de las dificultadas que podrían enfrentarse al conducir la compañía en un rumbo diferente. El humor es una herramienta de unión y le humaniza, lo que puede ayudar a los empleados a ver su posición y abordar el cambio con menos temor.

(i) Aliente una cultura en la cual la gente tolere, e incluso se sienta motivada en tiempos de ambigüedad. Apoye la experimentación y enfoques innovadores gratificantes para nutrir esa cultura.

2 | No estoy totalmente comprometido/a con la misión o visión de la compañía

Reflexione

No puede esperar que los demás estén inspirados acerca del futuro si su actitud acerca del mismo es negativa, o si carece de compromiso con la visión o misión de la compañía. Tal vez ha tenido una participación limitada en la dirección actual o es escéptico/a acerca de su éxito. Cualquiera que sea el motivo, usted como gerente es responsable de promover el curso que ha tomado la organización y de inspirar a los demás a alinearse con su visión, especialmente cuando el cambio es inminente. Sus subordinados querrán recibir inspiración de usted. Rectificar su actitud le permite actuar profesionalmente y tomar en consideración las necesidades de sus subordinados también.

Reaccione

(a) No exprese su desacuerdo.

(b) Si se siente tentado/a a compartir sus opiniones personales, pregúntese si sus comentarios cambiarán las cosas o si simplemente estará descargándose.

(c) Sea consciente del impacto que sus palabras pueden tener en la moral, especialmente si usted abiertamente expresara las inquietudes acerca del proceso de toma de decisiones, o liderazgo.

(d) Vigile su lenguaje corporal, por ejemplo, no ponga los ojos en blanco o niegue con la cabeza durante conversaciones acerca de las metas de la compañía o cruce los brazos con fuerza y hable desinteresadamente con voz monótona cuando haga comentarios acerca de su futuro.

221

Copyright © 2009 Yolanda Lacoma & Martin Sutherland

(e) Sea como sea que lo finja, cree algo de motivación para aceptar la visión o rumbo de la compañía. Le resultará más fácil transmitir entusiasmo y motivar a los demás. Si no cree en ello de alguna manera, no le percibirán como auténtico/a. Escriba los motivos de su escepticismo para identificar exactamente qué le pone incómodo/a.

(f) Desafíe su lógica — obtenga una perspectiva nueva de la situación de un mentor o colega respetado.

(g) Si no está convencido/a con el curso que la compañía ha fijado, asegúrese de encontrar formas de cambiarlo en el futuro, participando más en el proceso de toma de decisiones. Si es conveniente, hable con las personas que tomaron la decisión para enterarse de su fundamento. Participe en un comité o grupo de tareas, u ofrézcase como voluntario/a para ser parte del proyecto que genera las decisiones que se toman. Si realmente es apasionado/a por el cambio, trate de influenciar a otras personas presionando desde detrás de escena.

3 | No me considero una persona inspiradora/No comprendo qué inspira a los demás

Reflexione

Algunas personas son naturalmente buenas para motivar e inspirar a los demás. Pueden hacer llorar a multitudes y reclutar gente para respaldar una causa común con sorprendente facilidad. No se preocupe si no cae en esa categoría — no está solo/a. Muchos/as grandes líderes han aprendido a inspirar a otras personas a través de años de observación y práctica, y a menudo lo hacen a través de pequeñas acciones en lugar de grandes discursos públicos.

Tengan talento innato o no, todas las personas tienen la capacidad de inspirar a los demás. La gente lo hace todos los días de formas menos publicitadas: el/la padre/madre que alienta al hijo a soñar con una educación superior, el/la entrenador/a que motiva al equipo de béisbol del vecindario; el/la voluntario/a que respalda la entidad benéfica con entusiasmo.

El ingrediente común en su inspiración es la creencia que puede alcanzarse un objetivo y propósito común. Si puede creer eso, también estará en condiciones de inspirar a los demás.

Reaccione

(a) Programe reuniones regulares con el personal para hacerles participar en el rumbo de la compañía y crear entusiasmo entre ellos/as.

(b) Asegúrese de ser accesible a sus subordinados. Deberían estar en condiciones de conversar abiertamente acerca de sus ambiciones para su futuro dentro de la compañía.

(c) Aumente su nivel de energía para que su entusiasmo sea evidente. Los/as líderes a menudo cometen el error de transmitir su mensaje como si fuera una tarea desagradable. Sea optimista y transmita entusiasmo cuando hable acerca del futuro de la compañía. Muéstrese animado/a. Eleve el interés de la gente alentado preguntas constructivas.

(d) Asegúrese de poder expresar claramente los beneficios del rumbo que está tomando la compañía.

222

Copyright © 2009 Yolanda Lacoma & Martin Sutherland

(e) No permita que los detractores le desalienten. Algunas personas pueden estar desinteresadas, otras escépticas o incluso totalmente resistentes. Si puede aislar a estas personas, hable con ellas en privado acerca de su negatividad y trate de abordar sus inquietudes. Simular que no importan, presenta el riesgo de que influyan en la actitud de todo el grupo. Además, esté preparado/a para responder las preguntas clave de los/as detractores/as. No responda de forma defensiva — encuentre paciencia en el conocimiento de que su posición es más sólida cuando se acepta el cambio, no cuando se fuerza.

(f) Su mensaje a menudo tendrá que transmitirse a través de presentaciones formales. Si los recursos lo permiten, contrate un/a redactor/a de discursos profesional que pueda traducir sus ideas a palabras motivadoras. Se necesita un/a redactor/a altamente especializado/a, por lo tanto obtenga ayuda si es necesario. Si quiere inspirar a una audiencia, la inversión será amortizada generosamente.

(g) Practique su discurso frente al espejo, su familia o un/a colega. ¿Se sentiría inspirado/a? ¿Se sintieron inspirados ellos/as? Asegúrese de confiar en su mensaje, o su presentación no será creíble.

(h) Los motivos de inspiración de la gente son tan diversos como la gente misma. El enfoque no será igual para todos cuando trate de inculcar una visión para el futuro. Sea consciente de las diferentes audiencias antes las cuales tendrá que hacer presentaciones. Su mensaje a la dirección diferirá de su mensaje a los/as trabajadores/as de línea o miembros de la prensa.

(i) Agregue un toque realista a su mensaje usando el humor y metáforas o analogías con las cuales su audiencia pueda relacionarse.

(j) Aprenda a convertirse en un/a futurista consumado/a. Para inspirar a los demás, tiene que saber cómo hacerles usar su imaginación y creer en las posibilidades de algo que ellos/as no están en condiciones de ver ahora.

4 | No quiero ser el/la animador/a o la persona que debe vender una visión

Reflexione

Inspirar un futuro es similar a vender un producto, pero con una diferencia importante — es la visión de la compañía la que se está promocionando. No está simplemente vendiendo un producto básico, sino un futuro y un propósito para todos en la compañía. Tiene que lograr que los demás acepten ese futuro, por la misma razón por la que impulsa su desempeño. Tiene que ayudarles a comprender los beneficios a largo plazo que obtendrán a cambio de su compromiso. Al igual que en cualquier campaña de ventas, no puede manipular el nivel de aceptación de los/as consumidores/as completamente; requiere esfuerzo y recursos. Recuerde, sin embargo, que sin algo de esfuerzo de marketing y ventas incluso el mejor producto permanecerá en la estantería.

Copyright © 2009 Yolanda Lacoma & Martin Sutherland

Reaccione

(a) Vender una idea a los demás no tiene que ser solamente a través de una ` gran presentación. Cada persona con quien habla es un/a cliente/a, por lo tanto use la oportunidad para charlar informalmente y mostrar su entusiasmo por el rumbo que está tomando la compañía.

(b) Pida a otras personas que le ayuden a correr la voz. Pida a otros gerentes que lo conviertan en una prioridad y aliénteles o recompénseles por inspirar una visión del futuro en los demás.

(c) Encabece una campaña de comunicación formal, que esté respaldada por el equipo ejecutivo. Podría adoptar muchas formas, como correos electrónicos, transmisiones por Internet o presentaciones en toda la compañía, dependiendo de los recursos. Consulte a su equipo de gestión del cambio o de comunicación para diseñar un plan de marketing efectivo.

(d) Asegúrese de que la visión y misión de la compañía están claramente comunicadas en la memoria anual.

(e) Recuerde, las acciones a menudo tienen un mayor impacto que las palabras en lo que se refiere a inspirar a los demás. Asegúrese de actuar conforme a la misión y visión que está vendiendo.

---

5 | **No me gusta crear expectativas poco realistas/Creo que es mejor prometer menos y cumplir más**

Reflexione

Es difícil inspirar a la gente cuando usted cree más en la probabilidad de fracasar que en la posibilidad de éxito. Puede parecer más práctico concentrarse en lo que puede lograrse con certeza, pero la gente probablemente ya es consciente de ello.

Inspirar a los demás es apelar a la imaginación y emociones de la gente y obtener su compromiso a pesar de las incertidumbres que presenta el futuro. El movimiento de Derechos Civiles en EE.UU. se basó en un sueño de igualdad que, en ese momento, parecía imposible. Líderes como Martin Luther King no inspiraron a los demás a la acción manejando sus expectativas, sino elevándolas más allá de lo que la gente jamás había imaginado posible.

Reaccione

(a) Concéntrese menos en cómo alcanzará el objetivo y más en cómo es realmente dicho objetivo.

(b) No eluda fijar metas y objetivos ambiciosos para usted y su equipo. Si tiene éxito, habrá elevado los estándares más allá del promedio. Si el resultado no alcanza, probablemente habrá logrado lo que se esperaba de todos modos.

(c) Inspírese acerca de la grandeza aprendiendo de líderes inspiradores/as. Lea biografías o escuche discursos inspiradores famosos.

(d) Si le hace sentirse más cómodo/a, infórmele a la gente que está apuntando a las estrellas y que cómo llegará allí es un trabajo en proceso con toda la prueba y error que ello implica.

224

Copyright © 2009 Yolanda Lacoma & Martin Sutherland

Comportamientos usados en exceso

Los estudios de investigación han determinado que en ocasiones las fortalezas de una persona se pueden convertir en debilidades si se utilizan en exceso.

Para encontrar el equilibrio, usted debe desarrollar los llamados estabilizadores con el objetivo de atenuar el comportamiento usado en exceso.

Estabilizadores:	Comportamiento usado en exceso
2 Adaptable	Puede que proporcione una visión poco creíble o intangible y que las personas no conecten con ella
40 Posee Conocimiento Del Mercado	
56 Posee Conocimientos Técnicos	
32 Informa A Otras Personas	
53 Estratega	
9 Se Comunica Bien (Verbalmente)	
43 Motiva A Las Personas	
48 Planifica El Trabajo	
22 Diplomático/a	
58 Digno/a De Confianza	

Instrucciones

Si se siente identificado/a con la definición de comportamiento usado en exceso, elija alguno de los estabilizadores y diríjase a los capítulos correspondientes para buscar estrategias de acción que le ayuden a desarrollarlos.

Para más instrucciones diríjase a la sección de este libro: "Cómo utilizar este libro".

Copyright © 2009 Yolanda Lacoma & Martin Sutherland

34. Capaz De Escuchar

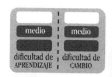

medio | medio

dificultad de APRENDIZAJE | dificultad de CAMBIO

> "Una persona que sabe escuchar no sólo es popular
> en todas partes, sino que después de un tiempo
> empieza a saber algo"
>
> Wilson Mizner

Comportamiento efectivo

Escucha con la intención genuina de
entender los pensamientos y
sentimientos de las personas

Comportamiento inefectivo

Puede que malinterprete lo que la
gente quiere decir o puede que se
muestre desinteresado en lo que dicen

Instrucciones

Lea las definiciones de la
izquierda. Si se siente
identificado/a con la
definición de comportamiento
inefectivo, diríjase a la
sección Estrategias de Acción
de este capítulo.

Comportamiento usado en exceso

Puede que otorgue demasiada
importancia al escuchar y que permita
a las personas tomarse demasiado
tiempo para aclarar un punto

Si se siente identificado/a con
la definición de
comportamiento usado en
exceso diríjase a la sección
final del capítulo.

Auto Evaluación

¿verdadero?	Estoy interesado/a y sinceramente abierto/a a las sugerencias de los demás
¿verdadero?	Creo que, en ocasiones, otras personas sabrán más que yo
¿verdadero?	Puedo repetir o resumir lo que la gente me ha dicho
¿verdadero?	Dejo terminar de hablar a la gente antes de sugerir una solución o curso de acción
¿verdadero?	Puedo comprender lo que la gente está tratando de decir incluso si les resulta difícil expresarse
¿verdadero?	Muestro interés independientemente de lo que la gente esté hablando
¿verdadero?	No me distraigo fácilmente cuando la gente me está hablando

Notas

**¿Está seguro/a de que
debe desarrollar esta
competencia?**

"Si la respuesta a la mayoría
de las afirmaciones de la parte
izquierda es "verdadero",
probablemente no sea
necesario que usted desarrolle
esta competencia."

227

Copyright © 2009 Yolanda Lacoma & Martin Sutherland

Estrategias de Acción

La mayoría de los comportamientos inefectivos tienen patrones o pensamientos emocionales ocultos. Al identificarlos, usted podrá definir las estrategias de acción específicas para mejorar este comportamiento.

① No tengo tiempo de escuchar

② Siento que sé más que la mayoría/Tiendo a interrumpir a los demás

③ Tengo demasiado en mi mente/Me distraigo fácilmente

④ Soy impaciente con la gente/Escucho a unas personas pero no a otras

Instrucciones

1. Lea y seleccione uno o más de los patrones de comportamiento inefectivo descritos a la izquierda.

2. En la sección de abajo, busque el número correspondiente que le ayudará a reconsiderar este patrón y a identificar acciones prácticas y específicas de mejora.

---

1 | No tengo tiempo de escuchar

Reflexione

En el trabajo, poca gente siente que tiene mucho tiempo para escuchar a los demás. Efectivamente, puede ser cierto, pero usted simplemente no puede trabajar de forma efectiva con los demás o crear relaciones sólidas si no escucha lo que tienen que decir.

Tomarse el tiempo para escuchar le ayuda a comprender cómo ayudar mejor a su equipo y mantenerse al tanto de los temas. Escuchar a la gente no lleva tanto tiempo como uno podría pensar y, como gerente, escuchar le permite delegar el trabajo de forma más eficiente. El poco tiempo que pueda brindar es mejor que nada. Invertir sólo una pequeña cantidad de tiempo en escuchar tendrá un impacto positivo, por lo tanto haga lo mejor que pueda.

Reaccione

(a) Priorice cuidadosamente cuánto tiempo puede dedicar a los demás y a quién puede dedicarle ese tiempo.

(b) Si el tiempo es realmente una limitación, trate de designar o seleccionar una persona clave que represente los intereses del grupo.

(c) Pida a la gente de antemano que resuma lo que necesitan decirle en unos pocos puntos clave. Aclare cuáles son sus restricciones de tiempo y cuánto tiempo tiene disponible antes de tener que retirarse.

228

Copyright © 2009 Yolanda Lacoma & Martin Sutherland

(d) En lo posible, use la hora del almuerzo o el tiempo de viaje para ponerse al día con los demás.

(e) Maneje el tiempo que pone a disposición de los demás. Si el tema requiere una hora completa de conversación pero sólo le ha asignado veinte minutos, es probable que se ponga impaciente y deje de escuchar con atención a medida que el tiempo se termina.

2 | Siento que se más que la mayoría/Tiendo a interrumpir a los demás

Reflexione

Para estar atento/a, es necesario estar realmente abierto/a a lo que las demás personas quieren comunicar. Sacar conclusiones predeterminadas significa que va a estar más preocupado/a por lo que sabe o lo quiere decir y menos atento/a a la opinión de otras personas. No escuchar bien lo/a predispondrá a hacer supuestos incorrectos y puede percibirse rápidamente como arrogancia.

A las personas con jerarquía o en posiciones de autoridad les podría resultar especialmente desafiante escuchar atentamente las opiniones de los más jóvenes. La gente, independientemente de su nivel o habilidades, siempre está en condiciones de aportar ideas nuevas y perspectivas originales y la organización se beneficia de una cultura que alienta su aporte.

Reaccione

(a) Demuestre interés y escuche, incluso si está familiarizado/a con el tema o tiene una solución para el mismo. Puede haber una perspectiva nueva de la cual puede beneficiarse o datos adicionales que no fueron considerados. Incluso si no surge nada nuevo de la conversación, mostrarse atento/a alienta a la gente a participar y los motiva a resolver los problemas.

(b) Permanezca callado/a a propósito y no interrumpa a los demás para dar sus opiniones antes de que hayan tenido suficiente tiempo para expresarse. Las interrupciones son muy frustrantes para la persona que está tratando de hablar y significa que usted se está concentrando en lo que tiene que decir en lugar de lo que está escuchando. Sea consciente de cuán a menudo interrumpe a la gente habitualmente.

(c) En algunas situaciones, estar atento/a requiere alejarse de la situación y permitir que lo que se dijo sea asimilado. Si es conveniente, tómese tiempo antes de hacer comentarios a la gente, pero asegúrese de volver a abordar el tema con ellos más tarde.

(d) Sea consciente del comportamiento despectivo que indica que está aburrido/a o desinteresado/a, por ejemplo, mirando a su alrededor mientras alguien le está hablando, mirando su reloj, repasando trabajo en su escritorio, evitando el contacto visual, etc.

(e) Interrumpa lo que está haciendo y demuéstrele a la persona que está dispuesto/a a escuchar y pensar acerca de lo que tiene que decir. Si realmente no es el mejor momento para hacerlo, programe un horario para reunirse pronto.

(f) Elija actuar como mentor para alguien. Es una de las mejores maneras de compartir sus conocimientos y experiencia y, al mismo tiempo, practicar mostrarse atento/a con alguien a un nivel profesional distinto del suyo.

229

Copyright © 2009 Yolanda Lacoma & Martin Sutherland

3 | Tengo demasiado en mi mente/Me distraigo fácilmente

Reflexione

¿Alguna vez empezó a escuchar a otra persona sólo para darse cuenta de que no oyó nada de lo que dijo? El estrés del trabajo y sus exigencias en ocasionales tornan imposible concentrarse en una cosa o una persona a la vez. Tener muchas responsabilidades puede hacer especialmente difícil mantener un nive de atención razonable. Además, la vida moderna y la tecnología de los medios contribuyen a una cultura en la cual se venera la velocidad y siempre estamos presionados/as a pasar a la próxima tendencia sólo para permanecer en el juego.

El déficit de atención se convierte cada vez más en un desafío para la gente en nuestro acelerado mundo. Sin embargo, la necesidad de mantenerse conectado/a y atento/a en presencia de otros es crítica para el manejo de personas y la comprensión de las necesidades del cliente.

Reaccione

(a) La meditación es una de las formas más efectivas de sosegar la mente. Las diversas técnicas de meditación incluyen cánticos o ejercicios para controlar la respiración. Intente meditar como un ejercicio tranquilizante para hacer fuera del trabajo habitualmente.

(b) Es mejor estar 100% presente durante 15 minutos que apenas presente durante una hora. Durante una conversación, sea consciente de cuántos pensamientos irrelevantes le vienen a la mente. Refrene sus pensamientos de acuerdo con la situación determinada.

(c) Mantenga su mente concentrada y atenta reformulando o resumiendo lo que la persona dijo. Pregunte a la persona si usted comprendió correctamente. Use lenguaje y gestos que demuestren preocupación y comprensión durante la conversación, por ejemplo, asienta a menudo y use frases tales como "ya veo", "entiendo" y "eso tiene sentido".

(d) Si está preocupado/a por una fecha límite apremiante, considere pedirle a la persona que espere un día o dos hasta que pueda escucharla sin distracciones. Programe ese horario en su calendario y esté absolutamente seguro/a de cumplirlo.

(e) Dése tiempo para reacomodar su mente antes de empezar una conversación nueva. Puede encontrarse ya participando en otra reunión y aún pensando en la anterior. Dé un corto paseo, si es posible, o tome una bebida. Dedique unos minutos a conectarse a nivel personal con la nueva persona.

(f) Reduzca la cantidad de distracciones que compiten por su atención. Cuando se disponga a escuchar a alguien, desconecte el teléfono. Siempre puede recibir los mensajes después. No se siente frente a la computadora y continúe usándola cuando alguien le está hablando.

4 | Soy impaciente con la gente/Escucho a unas personas pero no a otras

Reflexione

¿Necesita que la gente sea extremadamente directa y concreta, pero descubre que no lo son? Tal vez alguien no se preparó bien y usted siente que está perdiendo el tiempo.

230

Copyright © 2009 Yolanda Lacoma & Martin Sutherland

Es fácil mantenerse atento/a cuando la otra persona es clara y presenta el problema en un estilo similar al suyo. El desafío real es mantenerse paciente con aquellos que son diferentes a usted y que no parecen abordar sus necesidades inmediatamente.

En el trabajo, tendrá que interactuar con personas con diversas personalidades, estilos de trabajo, habilidades y niveles de experiencia y es probable que su paciencia sea puesta a prueba a menudo. Recuerde, también, que hay múltiples niveles de escucha. Ser demasiado impaciente le predispone a escuchar a un nivel altamente superficial. Puede perder el contenido emocional o mensaje que está detrás de las palabras de alguien si sólo está preocupado/a con que vayan al grano.

Reaccione

(a) Cuando alguien no está explicándose bien o se está tomando demasiado tiempo y usted descubre que se está poniendo impaciente, actúe como facilitador en lugar de dispersarse, frustrarse o interrumpir. Ayude a la persona a expresarse haciendo preguntas simples o reformulando lo que está tratando de decir. Guíele diplomáticamente a través de la conversación. Si enseña a una persona a expresarse de forma efectiva, no tiene que trabajar tan arduamente para darse cuenta qué está tratando de decir.

(b) Póngase en el lugar de la otra persona. Imagine qué puede estar sintiendo. Tal vez la persona está nerviosa o es tímida. Puede requerirse algo más de paciencia, dependiendo de las circunstancias.

(c) Enseñe a las personas que lo rodean cómo le gusta que le den información o qué tipo de comunicación prefiere. No suponga que la gente puede interpretarlo bien.

(d) ¿Se muestra usted atento/a con algunas personas pero no con otras? Sin saberlo, puede estar discriminando a cierta gente. Identifique con quién tiende a estar menos atento/a — ¿gente más joven, mujeres, minorías? Esfuércese por ser justo/a cuando escucha. Escriba una lista de la gente con la cual no se muestra atento/a. Trate de identificar patrones o temas comunes entre ellos.

(e) Si siente una antipatía determinada por alguien o está disgustado/a, lleve a la persona a un lado y converse sus diferencias profesionalmente. Si quiere dar ejemplo a los demás, muestre que las diferencias pueden resolverse y demuestre que todos en la organización serán escuchados.

231

Copyright © 2009 Yolanda Lacoma & Martin Sutherland

Comportamientos usados en exceso

Los estudios de investigación han determinado que en ocasiones las fortalezas de una persona se pueden convertir en debilidades si se utilizan en exceso.

Para encontrar el equilibrio, usted debe desarrollar los llamados estabilizadores con el objetivo de atenuar el comportamiento usado en exceso.

Estabilizadores:	Comportamiento usado en exceso
1 Obtiene Resultados	Puede que otorgue demasiada importancia al escuchar y que permita a las personas tomarse demasiado tiempo para aclarar un punto
13 Tiene Coraje	
35 Gestiona El Conflicto	
38 Gestiona El Bajo Rendimiento	
16 Decisivo/a	
39 Gestiona El Tiempo	
37 Buen Negociador/a	
48 Planifica El Trabajo	
29 Establece Prioridades	
54 Toma Responsabilidad	

Instrucciones

Si se siente identificado/a con la definición de comportamiento usado en exceso, elija alguno de los estabilizadores y diríjase a los capítulos correspondientes para buscar estrategias de acción que le ayuden a desarrollarlos.

Para más instrucciones diríjase a la sección de este libro: "Cómo utilizar este libro".

232

Copyright © 2009 Yolanda Lacoma & Martin Sutherland

35. Gestiona El Conflicto

"La paz no es la ausencia de conflicto sino la presencia de alternativas creativas para responder al conflicto — alternativas a respuestas pasivas o agresivas, alternativas a la violencia"
Dorothy Thompson

Comportamiento efectivo
Reconoce, enfrenta y resuelve los conflictos a tiempo

Comportamiento inefectivo
Puede que evite reconocer o enfrentarse a cualquier tipo de conflicto o puede que lo enfrente de una manera muy agresiva

Instrucciones
Lea las definiciones de la izquierda. Si se siente identificado/a con la definición de comportamiento inefectivo, diríjase a la sección Estrategias de Acción de este capítulo.

Si se siente identificado/a con la definición de comportamiento usado en exceso diríjase a la sección final del capítulo.

Comportamiento usado en exceso
Puede que vea conflicto donde realmente solamente existe una discusión sana

Auto Evaluación

¿verdadero?	No me demoro en abordar los temas que crearán conflicto o pondrán incómoda a la gente
¿verdadero?	Puedo mediar con éxito en una situación de conflicto
¿verdadero?	Me mantengo sereno/a durante el conflicto
¿verdadero?	Puedo conversar diplomáticamente acerca de temas que la gente podría no querer escuchar
¿verdadero?	Veo el resultado positivo del conflicto una vez resuelto
¿verdadero?	No instigo el conflicto, ni siquiera accidentalmente

Notas
¿Está seguro/a de que debe desarrollar esta competencia?

"Si la respuesta a la mayoría de las afirmaciones de la parte izquierda es "verdadero", probablemente no sea necesario que usted desarrolle esta competencia."

Copyright © 2009 Yolanda Lacoma & Martin Sutherland

Estrategias de Acción

La mayoría de los comportamientos inefectivos tienen patrones o pensamientos emocionales ocultos. Al identificarlos, usted podrá definir las estrategias de acción específicas para mejorar este comportamiento.

(1) No veo la utilidad del conflicto/Valoro llevarme bien con los demás

(2) Ser agresivo/a o forzar a la gente a echarse atrás es mi mejor manera de tratar el conflicto

(3) No me siento cómodo/a enfrentándome a la gente/ No quiero ser el/la malo/a

(4) No conozco técnicas de gestión de conflictos/No he tenido mucha experiencia en manejar conflictos

(5) Mi organización desaprueba el conflicto/Desalienta la confrontación

Instrucciones

1. Lea y seleccione uno o más de los patrones de comportamiento inefectivo descritos a la izquierda.

2. En la sección de abajo, busque el número correspondiente que le ayudará a reconsiderar este patrón y a identificar acciones prácticas y específicas de mejora.

---

1 | ## No veo la utilidad del conflicto/Valoro llevarme bien con los demás

Reflexione

En ámbitos que involucran muchas personalidades y múltiples agendas, tales como el lugar de trabajo, el conflicto es probable y necesita ser gestionado.

Hasta un 30% del tiempo de un/a gerente se emplea típicamente manejando conflictos. Pero el conflicto a menudo es necesario para lograr una solución. Si se gestionan bien, las situaciones de conflicto brindan a la gente la oportunidad de expresar preocupaciones y proteger sus intereses.

El conflicto aborda problemas, permite a la gente ser honesta y les ayuda a aprender a reconocer sus diferencias y usarlas para su beneficio. Sacar provecho de la diversidad a menudo significa manejar opiniones contradictorias. El conflicto únicamente se convierte en un problema cuando está mal gestionado, porque afecta a la productividad de forma negativa, baja la moral y causa conflictos aún mayores o comportamientos inadecuados.

No evite el conflicto necesario en un intento de complacer a todos. En primer lugar, es poco realista esperar poder satisfacer las necesidades de todos en todo momento, especialmente cuando hay necesidades encontradas en juego. En segundo lugar, el conflicto no abordado lleva a una discordia aún mayor a largo plazo. Por último, los competidores se aprovechan de las personas que tratan de complacer a la gente de forma crónica porque son más fáciles de manipular.

234

Copyright © 2009 Yolanda Lacoma & Martin Sutherland

Reaccione

(a) Si se le pide que ayude a otras personas a resolver un conflicto entre ellos/as, facilite una conversación honesta durante la cual todas las partes tengan la oportunidad de ser escuchadas. Concentre la conversación en hechos y no permita que haya insultos o falta de respeto.

(b) Lograr un consenso puede ser una meta demasiado noble al principio. Mida el éxito por su capacidad de facilitar un acuerdo respetuoso entre las partes.

(c) A menudo se evita el conflicto, o al menos se gestiona mejor, explicando proactivamente a los empleados por qué se tomaron las decisiones, especialmente cuando no participaron en el proceso de toma de las mismas. Brindar claridad impide que la gente saque sus propias conclusiones o confíe en los rumores más que en la dirección.

(d) Si el conflicto es acerca de los recursos, por ejemplo, desacuerdo acerca de quién hace qué o estrés acerca de trabajar con recursos inadecuados, aclare su asignación.

(e) Recuerde qué es lo que se abordará mediante la gestión del conflicto — problemas de liderazgo, desempeño deficiente del equipo, información no compartida, etc.

(f) Asegúrese de no ceder demasiado rápido sólo para mantener la paz. Cuando trata con gente excesivamente competitiva o agresiva, tendrá que tener una fuerte convicción en su posición.

(g) Si cede para estar de acuerdo con otras personas, piense porqué lo hace. Ceder es aceptable cuando se hace por el bien de todos/as, incluyendo el suyo, o como una estrategia para promocionar sus intereses en el futuro, por ejemplo, para mejorar su poder de negociación más adelante.

---

2 | **Ser agresivo/a o forzar a la gente a echarse atrás es mi mejor manera de tratar el conflicto**

Reflexione

Ser agresivo/a o forzar a la gente a echarse atrás es mi mejor manera de tratar el conflicto.

La agresión y la intimidación funcionan bien si desea que la gente le deje tranquilo/a, pero no es un enfoque sensato para resolver los problemas. Algunas personas abusan de su autoridad sobre los demás cuando manejan el conflicto. La personalidad, la voz o incluso el tamaño, pueden usarse erróneamente para lograr un cometido. Si esto suena como intimidación — lo es.

Definitivamente le llevará más tiempo y paciencia abordar el conflicto de forma democrática, pero será más efectivo y justo. Recuerde que puede asustar a los osos cuando hace mucho ruido en el bosque, pero volverán tan pronto como se apague el ruido. Comprender qué quieren los empleados producirá una estrategia más productiva. Además, considere que es menos probable que la gente exprese sus preocupaciones si están intimidados/as por usted. Un/a gerente o líder que es visto/a como abusador/a desarrollará una reputación de ser injusto/a y será mantenido/a en la ignorancia acerca de las necesidades de los colegas.

235

Copyright © 2009 Yolanda Lacoma & Martin Sutherland

Reaccione

(a) Maneje el conflicto con una persona determinada iniciando una conversación racional, no emocional. Es la mejor manera de aclarar las cuestiones.

(b) Sea paciente y asigne valor al proceso, no sólo al resultado.

(c) En lugar de usar la intimidación para lograr ganancias, propóngase como meta tranquilizar a la otra persona.

(d) Mantenga la voz serena y use un tono normal para conversar sobre el tema.

(e) Sea consciente de su lenguaje corporal — a menudo dice más que las palabras. Inclinarse sobre el espacio de la gente y señalarles repetidamente en la cara, por ejemplo, son señales de agresión. Su lenguaje corporal debe permanecer abierto y afable.

(f) Sea consciente del rol que la química personal desempeña en el conflicto. La cuestión real puede ser menos fuerte que la química polémica entre la gente. Por ejemplo, es probable que dos personas con visiones fuertemente opuestas acerca de una cuestión estén en desacuerdo. A menudo nos desagrada en los demás lo que nos desagrada en nosotros mismos. ¿Qué características de su personalidad encuentra menos favorables?

(g) Escriba cinco rasgos de otras personas que disparan su agresividad. Vienen en todas las formas y tamaños: la gente que habla constantemente y nunca escucha, que siempre tiene que tener la última palabra, que nunca se compromete, que critica cualquier cosa que no crearon, que le da una puñalada por la espalda o que es chismoso/a todo el tiempo. Sea consciente de que estos rasgos pueden sacar lo peor en usted mientras maneja el conflicto.

(h) Pida a un colega de confianza que le avise cuando usted pisotea a los demás. Puede resultarle difícil reconocer su comportamiento, especialmente porque es improbable que piense que está haciendo algo mal.

(i) Tome un curso de manejo de la agresividad si su mal humor es un problema o si pierde los estribos fácilmente.

---

3 | No me siento cómodo/a enfrentándome a la gente/No quiero ser el/la malo/a

Reflexione

¿Se encoge ante la sola idea de tener que enfrentarse a la gente? ¿Puede decir a sus jefes que su enfoque no está funcionando, o reprender a los subordinados por trabajo que no fue realizado correctamente?. Tal vez debe tener una conversación delicada con un cliente. Tratar con el desacuerdo nunca es agradable, especialmente si el conflicto le pone incómodo/a.

Los/as gerentes regularmente luchan por oponerse a los demás, pero la confrontación saludable es sólo un medio para lograr un fin mutuamente beneficioso, o una oportunidad de colaborar que no existía antes. Los equipos efectivos por lo general pasan por un período de "formalización, tormenta, normalización y actuación" y la confrontación es parte del proceso. En definitiva, todos los involucrados pueden ganar si se siente cómodo/a con enfrentarse a ellos, a través de un diálogo honesto y constructivo. Ignorar las cuestiones para evitar incomodidad es autocomplaciente y sólo prolongará la discordia entre la gente, innecesariamente.

Evitar el conflicto es poco productivo y sólo debe permitirse si no existe la posibilidad de un resultado positivo en absoluto.

Copyright © 2009 Yolanda Lacoma & Martin Sutherland

Reaccione

(a) Maneje el conflicto inmediatamente. No permita que la situación empeore o que aumenten las tensiones innecesariamente. Cuanto más tiempo queden los asuntos sin resolver, más difícil será calmar las emociones de la gente y más complicado será convencerse de abordarlos.

(b) Inicie cualquier conversación acerca del tema con una definición clara de sus objetivos y resultados positivos probables. Concentrarse en los resultados positivos valida la necesidad de confrontación.

(c) La acción conjunta es poderosa. Si es adecuado, obtenga respaldo de otras personas para enfrentar al otro bando.

(d) Recuerde que está trabajando hacia una meta positiva, y que el hecho de que usted u otras personas se sientan temporalmente incómodos/as justifica el esfuerzo.

(e) Considere formas creativas de resolver el conflicto. Pida a un colega de confianza o mentor que brinde sugerencias. Practique con una cuestión acerca de la cual tiene convicciones arraigadas.

(f) Siga practicando. Sentirse confiado/a para enfrentarse a otras personas puede requerir hacerlo las suficientes veces como para darse cuenta de que sus ansiedades son injustificadas.

4 | No conozco técnicas de gestión de conflicto/No he tenido mucha experiencia en manejar conflicto

Reflexione

Las habilidades de gestión de conflicto no son innatas en la mayoría de nosotros. Puede ser desafiante desarrollarlas porque el conflicto es alimentado por opiniones, valores, personalidades y necesidades encontradas y la confrontación a menudo conlleva una carga emocional. Desarrollar una serie de técnicas a emplear en la gestión del conflicto es una buena inversión de su tiempo, porque tendrá que hacer uso de esas habilidades a lo largo de su carrera.

Reaccione

(a) Comunique y mantenga informada a la gente. A menudo una falta de comunicación es la raíz del conflicto. La gente se disgusta cuando continuamente se enfrenta a sorpresas o no es informada de nuevas decisiones, programas, etc.

(b) Si los humores se caldean cuando se enfrenta a otras personas, concéntrese en su propio comportamiento, no en el de ellos/as. Hablar con las personas como si no estuvieran disgustadas es una estrategia efectiva para permanecer sereno/a.

(c) Sea consciente de usar lenguaje que no ponga a la gente a la defensiva. Por ejemplo, es mejor decir "Parece que hay un malentendido" que "Usted no entiende". También evite generalizaciones amplias cuando exponga su argumento, tales como "Usted y su equipo siempre hacen lo que quieren".

237

Copyright © 2009 Yolanda Lacoma & Martin Sutherland

(d) Sea consciente de su comunicación no verbal, por ejemplo, mantenga contacto visual y asienta con la cabeza mientras escucha.

(e) Concéntrese en los hechos, no en la persona involucrada.

(f) Escuche activamente. Quiere lograr un resultado mutuamente beneficioso, y eso no puede hacerse sin comprender la posición de la otra parte. Si cree que sabe todas las respuestas antes de que empiece la conversación, no manejará bien el conflicto. Permita que la otra persona tome tiempo para descargarse y déjela explicar sin interrumpir o juzgar lo que dice. Verifique que realmente se escuchan mutuamente. Repita y reformule lo que escuchó decir a la otra persona y confirme la exactitud. Deje que confirme que usted escuchó bien.

(g) Si es posible, tenga siempre conversaciones relacionadas con el conflicto en privado. No hay necesidad de incluir oidos innecesarios o pedir opiniones no deseadas.

(h) Muchas veces, es mejor ser abierto/a y honesto/a acerca de sus sentimientos. La gente apreciará su sinceridad y será más comprensiva con su posición.

(i) Cierre su conversación con ítems de acción de los cuales todas las partes involucradas sean responsables. Asegúrese de que haya acuerdo y respaldo de ambas partes acerca de estos ítems. Si no puede llegar a un acuerdo en ese momento, considere tomar un tiempo para reflexionar y calmarse y vuelva a convocar una conversación más tarde.

(j) Acuerde discrepar, o busque un tercero para mediar cuando las cuestiones simplemente no pueden resolverse.

(k) Hay muchos libros disponibles para aprender más acerca de la gestión de conflicto.

(l) Consulte acerca de posibles cursos de gestión de conflicto que podría tomar a través de la compañía. El departamento de recursos humanos podría ayudarle.

(m) Pregunte a su jefe acerca de oportunidades para asistir a reuniones que le brindarían una exposición de primera mano a prácticas de gestión de conflicto.

(n) Aproveche las herramientas de evaluación para que le ayuden a identificar y mitigar el riesgo de conflicto en su equipo. El sistema de Talent Management™ de PeopleTree le permite evaluar diferentes estilos de equipos y cómo las personas probablemente se percibirán entre sí en base a estos estilos.

---

⑤ Mi organización desaprueba el conflicto/Desalienta la confrontación

Reflexione

Diferentes culturas reaccionan de forma diferente a la confrontación; lo mismo que diferentes industrias y organizaciones. El enfoque a menudo depende del estilo de liderazgo de la dirección. Pero independientemente de la cultura organizacional, el conflicto surge todo el tiempo ya sea entre personas, grupos, debido a opiniones encontradas o a una protección del territorio. Sin embargo, el conflicto no necesita desarrollarse de una forma que sea excesivamente agresiva o enérgica. En la medida en que el conflicto cree un debate saludable y una oportunidad en lugar de un trastorno, éste será mejor recibido por las personas y la organización.

238

Copyright © 2009 Yolanda Lacoma & Martin Sutherland

Reaccione

(a) Reconozca la tensión abiertamente en lugar de negarla — es el primer paso a la acción.

(b) Redefina su perspectiva acerca de la confrontación. Aliente la honestidad y promueva el debate creativo y constructivo dentro de su equipo y en toda la organización.

(c) Si es un/a líder dentro de la organización, marcará un ejemplo para todos los demás. Asegúrese de estar abierto/a a ser desafiado/a.

(d) Si una situación no puede resolverse mediante una conversación y el comportamiento de la otra parte está en conflicto con las políticas y procedimientos, pida apoyo al departamento de recursos humanos.

(e) Si está en conflicto con su jefe, tendrá que aprender cómo llevarse bien a pesar de su comportamiento arrogante o controlador. Trate de aprender lo más posible acerca de la personalidad y expectativas de su jefe. Hable con otras personas que trabajen bien con su jefe y pídales consejo.

Copyright © 2009 Yolanda Lacoma & Martin Sutherland

Comportamientos usados en exceso

Los estudios de investigación han determinado que en ocasiones las fortalezas de una persona se pueden convertir en debilidades si se utilizan en exceso.

Para encontrar el equilibrio, usted debe desarrollar los llamados estabilizadores con el objetivo de atenuar el comportamiento usado en exceso.

Estabilizadores:	Comportamiento usado en exceso
8 Se Siente Cómodo/a Con La Incertidumbre	Puede que vea conflicto donde realmente solamente existe una discusión sana
1 Obtiene Resultados	
2 Adaptable	
34 Capaz De Escuchar	
13 Tiene Coraje	
43 Motiva A Las Personas	
37 Buen Negociador/a	
46 Abierto/a De Mente	
17 Juicioso/a	
59 Unifica A Las Personas	

Instrucciones

Si se siente identificado/a con la definición de comportamiento usado en exceso, elija alguno de los estabilizadores y diríjase a los capítulos correspondientes para buscar estrategias de acción que le ayuden a desarrollarlos.

Para más instrucciones diríjase a la sección de este libro: "Cómo utilizar este libro".

Copyright © 2009 Yolanda Lacoma & Martin Sutherland

36. Gestiona Las Ideas De Otras Personas

dificil

medio

dificultad de APRENDIZAJE | dificultad de CAMBIO

"Una idea que se desarrolla y se pone en acción es más importante que una idea que existe sólo como una idea"

Príncipe hindú Gautama Siddharta

Comportamiento efectivo

Toma ideas nuevas de otras personas y las transforma de conceptos iniciales a resultados finales a través del proceso de innovación

Comportamiento inefectivo

Puede que no crea demasiado en el proceso de innovación o que no sepa manejar el proceso de llevar una idea a la práctica

Comportamiento usado en exceso

Puede que invierta demasiado en innovación o que malinterprete la situación del mercado para absorber nuevas ideas

Instrucciones

Lea las definiciones de la izquierda. Si se siente identificado/a con la definición de comportamiento inefectivo, diríjase a la sección Estrategias de Acción de este capítulo.

Si se siente identificado/a con la definición de comportamiento usado en exceso diríjase a la sección final del capítulo.

Auto Evaluación

¿verdadero?	Doy a la gente la libertad de experimentar y los recursos necesarios para hacerlo
¿verdadero?	Aliento a la gente a compartir nuevas ideas
¿verdadero?	Valoro y apoyo la creatividad
¿verdadero?	Escucho las ideas de todos/as, incluso si son diferentes a las mías
¿verdadero?	Creo que las ideas innovadoras requieren un plan si han de ejecutarse

Notas

¿Está seguro/a de que debe desarrollar esta competencia?

"Si la respuesta a la mayoría de las afirmaciones de la parte izquierda es "verdadero", probablemente no sea necesario que usted desarrolle esta competencia."

241

Copyright © 2009 Yolanda Lacoma & Martin Sutherland

Estrategias de Acción

La mayoría de los comportamientos inefectivos tienen patrones o pensamientos emocionales ocultos. Al identificarlos, usted podrá definir las estrategias de acción específicas para mejorar este comportamiento.

① No sé como generar o solicitar nuevas ideas

② Aliento a la gente a generar ideas pero a menudo no actúo sobre ellas o hay poco seguimiento

③ Si la idea no es mía, tiendo a estar menos interesado/a en implementarla/Siento que otras personas no pueden agregar mucho valor

④ No tengo el tiempo ni los recursos para poner ideas nuevas en práctica

⑤ Prefiero atenerme a lo comprobado/El riesgo de fracaso es demasiado alto

Instrucciones

1. Lea y seleccione uno o más de los patrones de comportamiento inefectivo descritos a la izquierda.

2. En la sección de abajo, busque el número correspondiente que le ayudará a reconsiderar este patrón y a identificar acciones prácticas y específicas de mejora.

---

① No sé como generar o solicitar nuevas ideas

Reflexione

El primer paso para gestionar las ideas es respaldar la innovación y nutrir un entorno en el que se valore la creatividad. Es improbable que una reunión aislada fomente un avance revolucionario, y la creatividad a pedido es poco frecuente. Las oportunidades regulares para que los empleados compartan pensamientos generan un mayor conjunto de ideas que se intercambian y dan origen a la creatividad espontánea.

No puede forzar la creatividad, pero puede defender su uso de muchas maneras que producirán muchas ideas originales y establecerán una cultura de innovación.

Reaccione

(a) Estimule la creatividad alentando siempre a los/as empleados/as a ofrecer cualquier pensamiento sobre un nuevo enfoque, producto o servicio que pueda implementarse ahora y en el futuro.

(b) Asegúrese de que su equipo incluya algunas personas altamente creativas — tienden a obligar a los demás a pensar en nuevas ideas también.

(c) Inicie una campaña de ideas para involucrar a todos/as en generarlas. Presente un problema de negocios a los empleados y aliéntelos a participar en encontrar soluciones. Fije un período durante el cual puedan aportar sus sugerencias, luego seleccione las mejores ideas y envíelas a los expertos para su evaluación. Las ideas ganadoras serán usadas y sus creadores/as recibirán el reconocimiento.

242

Copyright © 2009 Yolanda Lacoma & Martin Sutherland

(d) No se concentre en obtener una idea perfecta. Aliente a la gente a generar más de una solución y evaluar el aporte en su variedad. Por lo general, se combina un rango de ideas para encontrar el mejor enfoque y lograr el más alto nivel de innovación.

(e) Esté disponible para escuchar a la gente que quiere compartir ideas innovadoras con usted. Si nunca está disponible, pueden pensar que no está interesado/a y dejarán de tratar de llamar su atención. Si no es un momento conveniente, programe otro horario en que la persona pueda conversar con usted.

(f) Cuando se necesiten soluciones innovadoras para una cuestión en particular, cree una fuerza de tareas de innovación con pensadores/as creativos/as de diferentes disciplinas.

(g) Deje que un consultor facilite un taller de creatividad en el cual los/as empleados/as aprendan a explorar formas diferentes de pensar. Pida a un representante de recursos humanos que investigue algunas opciones para usted.

(h) Mantenga el lugar de trabajo alegre y flexible. Pregunte a sus empleados si el entorno fomenta la creatividad. Si no, ¿qué sugieren? ¿Reacomodar el espacio de oficinas, agregar colores a la pared, más flexibilidad en los horarios, códigos de vestimenta? Descubra las cosas que sus empleados realmente creen que importan y marcan una diferencia.

(i) Los clientes son una gran fuente de ideas innovadoras. Use encuestas, grupos de enfoque especiales o incluso llamadas informales o correos electrónicos para solicitar nuevas ideas.

2 | Aliento a la gente a generar ideas pero a menudo no actúo sobre ellas o hay poco seguimiento

Reflexione

La generación de ideas es un primer paso importante hacia la innovación, pero como cualquier otro proceso una idea es sólo útil una vez que se ha llevado a la planificación e implementación. Muchas grandes ideas se abandonan o se usan menos eficazmente que lo que hubiera sido posible, no porque no son prácticas o factibles o tal vez no lo suficientemente revolucionarias, sino debido a un respaldo insuficiente y una implementación débil. Una cultura de esas características desalienta a la gente que genera ideas y desperdicia recursos y tiempo.

No todas las ideas son dignas de implementación o deben originar acciones pero asegúrese de recompensar los aportes creativos.

Reaccione

(a) No deje que una idea quede sin considerar demasiado tiempo. Perderá impulso, energía e incluso el interés de las personas involucradas. Cree un equipo o fuerza de tareas para explorar la factibilidad de una idea e informar al respecto dentro de un plazo razonable.

(b) Si decide avanzar con ella, sea minucioso/a en su planeamiento de procesos. El plan no debería ser diferente al de los otros proyectos que tenga, con metas e hitos identificados.

Copyright © 2009 Yolanda Lacoma & Martin Sutherland

(c) Asegúrese de poder asignar suficientes recursos para cumplir con el plan. Puede ser una gran idea, pero una dirección nueva a menudo significa tomar recursos de otros lados. Su tiempo es un recurso que tendrá que ser redireccionado también.

(d) Asegúrese de haber abordado la política interna y contar con la aprobación que necesita de las autoridades relevantes. Muchas grandes ideas no se implementan porque no tienen el respaldo de las personas relevantes.

(e) Si aprueba la implementación de una idea nueva, asegúrese de observar el proceso más cercanamente que cualquier otro. Por su naturaleza, las nuevas ideas encuentran obstáculos a medida que se implementan.

(f) Tenga un plan de gestión de cambio preparado. Las ideas nuevas pueden tener un impacto en los roles de la gente y en la forma en que han estado haciendo negocios. Comunicar la necesidad de cambio y aplacar los temores de la gente aumentará la probabilidad de una implementación exitosa.

(g) Si una idea ha sido desechada, infórmele a la gente el motivo. Comprenderán una falta de recursos o exigencias encontradas, pero estarán menos inclinados/as a comprender por qué una buena idea no tiene respaldo.

> ### ③ | Si la idea no es mía, tiendo a estar menos interesado/ a en implementarla/Siento que otras personas no pueden agregar mucho valor

Reflexione

¿Es usted la persona más creativa que conoce? Funciona así: le viene una idea a la cabeza. Se entusiasma. Adopta la idea. Piensa en ella algo más, hace algunos ajustes, le pone nombre … y su idea brillante está lista para implementar. No ha consultado a otras personas excepto para compartir la noticia emocionante. No presta mucha atención a la retroalimentación a menos que sea colaboradora. Las opciones alternativas simplemente no son tan buenas. Su cabeza siempre está llena de grandes pensamientos e ideas innovadoras, y hay poco espacio para los aportes de los demás.

Sin embargo, los/as empleados/as pueden trabajar en un entorno estimulante, pero si su innovación no es valorada, se golpearán contra la pared cada vez que traten de dar un paso en esa dirección. No haga difícil para los empleados comunicar sus ideas a la alta dirección. Desmoraliza a la gente y hace que no se entusiasmen por contribuir y formar parte del cambio en la organización. Las personas se sienten más como colaboradores/as que como empleados/as cuando se les alienta a originar y desarrollar ideas. Le da significado a su trabajo, les ayuda a sentirlo como propio y les motiva de una manera fundamental.

Reaccione

(a) Si tiene una idea nueva, pida retroalimentación para mejorar lo que originó, no para obtener aprobación o consentimiento.

(b) Adopte un mayor rol de mentor o maestro y aliente a otras personas a que le traigan sus ideas, luego use su experiencia para colaborar con sus aportes.

(c) Asuma que cada idea que se le presenta podría potencialmente tener un impacto positivo en el negocio.

244

Copyright © 2009 Yolanda Lacoma & Martin Sutherland

(d) Sea positivo/a, muéstrese interesado/a y realmente escuche cuando le presenten una idea. Responda con preguntas que exploren la idea adecuadamente, por ejemplo, "Eso suena interesante. ¿Puede decirme más?", "¿Cómo imagina que su idea beneficiará a los demás?", "¿Cómo se ajusta su idea a nuestra visión estratégica?", "¿Cuál sería el próximo paso?"

(e) Brinde al/a la originador/a de la idea la oportunidad de pensar en voz alta y el tiempo suficiente para explicar su idea. Cuánto más tiempo escuche, más probabilidades tendrá de ver los rangos de posibilidad y visualizar maneras de integrarla en las formas o procesos existentes.

(f) No asuma que un/a empleado/a subalterno/a tiene menos para aportar — su experiencia o intuición particular puede arrojar luz sobre un problema. Agradezca y activamente busque nuevas perspectivas. Incluso las personas que no están familiarizados/as con su negocio pueden tener perspectivas valiosas para ofrecer.

4 | **No tengo el tiempo ni los recursos para poner ideas nuevas en práctica**

Reflexione

Hay una tendencia a pensar en la innovación como algo relacionado con productos de alta tecnología, nuevos y emocionantes, medido por la cantidad de patentes de una compañía y porcentaje de ingresos que provienen de tales productos. Una innovación de este tipo puede ser costosa y requerir muchos recursos y el progreso innovador menos glamoroso. Implica la mejora de los procesos y prácticas de negocios que, por ejemplo, recortan costos, mejoran la eficiencia de los procesos operativos, disminuyen el desperdicio y reducen el precio de la fabricación de productos. Durante una desaceleración de la economía, se prefiere este tipo de innovación. Pero cualquiera que sea el enfoque, los/as innovadores/as verdaderos/as deben estar preparados/as para desafiar excusas y conceder recursos, sean personas o tiempo, para mejorar el status quo. Nunca permiten que ningún entorno defina su realidad.

Reaccione

(a) La innovación puede tomar la forma de pequeños cambios y a menudo lo hace. Empiece con ideas que sean menos exigentes en cuanto a recursos.

(b) Considere los procesos de negocios que pueden mejorarse a través de un enfoque nuevo.

(c) Identifique las formas en que la colaboración y las asociaciones, tanto internas como externas, le permitirán combinar recursos para empujar una iniciativa innovadora hacia adelante.

(d) No tiene que reinventar la rueda para ser innovador/a. Dé una mirada a las ideas que han implementado sus competidores y concéntrese en simplemente mejorarlas o brindar opciones más creativas.

245

Copyright © 2009 Yolanda Lacoma & Martin Sutherland

(e) Dedique suficiente tiempo a fases de intercambio de ideas y de planificación para abordar detalles y seleccionar soluciones adecuadas de antemano. Esto es crítico para maximizar la posibilidad de éxito y asegurarse de que no se desperdicien recursos.

(f) Planifique por adelantado para la innovación apartando fondos para recursos en su presupuesto.

Prefiero atenerme a lo comprobado/El riesgo de fracaso es demasiado alto

Reflexione

La gestión de la innovación es como cualquier otro proceso que requiere un cuidadoso estudio y planificación. Para una organización que está tratando de mantenerse competitiva, las consecuencias de quedarse atrás en pensamiento y prácticas innovadoras son mayores que las de superar pasos en falso tomados en su búsqueda. El liderazgo requiere que usted tome decisiones valientes que producen cambio. Sin él, se arriesga a pasar por alto oportunidades de crecimiento tanto para usted como para su organización.

Reaccione

(a) Trate a los fracasos y errores como experiencias que le enseñan lecciones invalorables. No se sienta desalentado/a si su inversión en tiempo y recursos no genera éxito la primera vez. Si considera los experimentos como oportunidades de aprendizaje, su tiempo y esfuerzo están bien invertidos.

(b) Concéntrese en la visión global en lugar de en el costo a corto plazo. Comprenda los beneficios que generará una idea nueva exitosa. Es difícil discutir con números bien investigados.

(c) Obtenga respaldo de alguien más en la compañía que sea más experto/a en la toma de riesgos. Puede darle una perspectiva nueva.

(d) Enumere las desventajas de hacer negocios en la forma acostumbrada. ¿Cuáles son los problemas con el proceso, producto o servicio tal cual es ahora? Nada es perfecto y a veces estamos simplemente más cómodos/as con patrones establecidos que con enfoques nuevos.

Copyright © 2009 Yolanda Lacoma & Martin Sutherland

Comportamientos usados en exceso

Los estudios de investigación han determinado que en ocasiones las fortalezas de una persona se pueden convertir en debilidades si se utilizan en exceso.

Para encontrar el equilibrio, usted debe desarrollar los llamados estabilizadores con el objetivo de atenuar el comportamiento usado en exceso.

Estabilizadores:	Comportamiento usado en exceso
40 Posee Conocimiento Del Mercado	Puede que invierta demasiado en innovación o que malinterprete la situación del mercado para absorber nuevas ideas
17 Juicioso/a	
56 Posee Conocimientos Técnicos	
30 Pensador Global	
34 Capaz De Escuchar	
48 Planifica El Trabajo	
29 Establece Prioridades	
1 Obtiene Resultados	
31 Mejora Los Procesos	
53 Estratega	

Instrucciones

Si se siente identificado/a con la definición de comportamiento usado en exceso, elija alguno de los estabilizadores y diríjase a los capítulos correspondientes para buscar estrategias de acción que le ayuden a desarrollarlos.

Para más instrucciones diríjase a la sección de este libro: "Cómo utilizar este libro".

Copyright © 2009 Yolanda Lacoma & Martin Sutherland

37. Buen Negociador/a

"En los negocios uno no consigue lo que merece, consigue lo que puede negociar"

Chester L. Karrass

Comportamiento efectivo

Llega a resultados positivos para ambas partes incluso cuando hay conflicto de intereses y recursos limitados

Comportamiento inefectivo

Puede que no esté dispuesto/a a llegar a un acuerdo o a considerar alternativas para llegar a un acuerdo en beneficio de las dos partes

Comportamiento usado en exceso

Puede que se le perciba como una persona astuta y que deje a las personas con la sensación de que terminan en desventaja

Instrucciones

Lea las definiciones de la izquierda. Si se siente identificado/a con la definición de comportamiento inefectivo, diríjase a la sección Estrategias de Acción de este capítulo.

Si se siente identificado/a con la definición de comportamiento usado en exceso diríjase a la sección final del capítulo.

Auto Evaluación

¿verdadero?	Puedo llegar a una solución intermedia cuando negocio
¿verdadero?	Durante las negociaciones por lo general alcanzo resultados que benefician a más partes
¿verdadero?	Logro encontrar una solución cuando hay conflictos de intereses
¿verdadero?	Cuando la negociación termina, por lo general ambas partes se sienten satisfechas
¿verdadero?	Estoy bien preparado antes de iniciar negociaciones
¿verdadero?	No dudo en negociar cuando veo la oportunidad
¿verdadero?	Me mantengo sereno/a e incluso ecuánime cuando estoy negociando
¿verdadero?	No me molesta pedir lo que quiero

Notas

¿Está seguro/a de que debe desarrollar esta competencia?

"Si la respuesta a la mayoría de las afirmaciones de la parte izquierda es "verdadero", probablemente no sea necesario que usted desarrolle esta competencia."

Copyright © 2009 Yolanda Lacoma & Martin Sutherland

Estrategias de Acción

La mayoría de los comportamientos inefectivos tienen patrones o pensamientos emocionales ocultos. Al identificarlos, usted podrá definir las estrategias de acción específicas para mejorar este comportamiento.

(1) Lucho por manejar el elevado nivel de emoción involucrado en las negociaciones

(2) No creo en situaciones en las que todos ganan; alguien siempre pierde en las negociaciones

(3) No conozco técnicas de negociación

(4) No me gusta negociar/Tiendo a ceder

(5) No he tenido experiencia en prepararme para negociaciones difíciles o de alto riesgo

Instrucciones

1. Lea y seleccione uno o más de los patrones de comportamiento inefectivo descritos a la izquierda.

2. En la sección de abajo, busque el número correspondiente que le ayudará a reconsiderar este patrón y a identificar acciones prácticas y específicas de mejora.

---

1 | **Lucho por manejar el elevado nivel de emoción involucrado en las negociaciones**

Reflexione

Las necesidades en pugna son el núcleo de las negociaciones. Esto puede dar origen a conversaciones con carga emocional, especialmente cuando también hay valores, creencias y diferencias culturales en juego.

Aprenda a reconocer cuándo su reacción emocional o la de otras personas está trabajando en su contra. Eso puede desbaratar grandes oportunidades y crear puntos muertos innecesarios. Las muestras de emoción excesivas o inapropiadas socavan la base racional de una negociación y también pueden incorporar manipulación a cualquier conversación.

Reaccione

(a) Trabaje en su estilo y enfoque: manténgase sereno/a, no levante la voz, reformule lo que la otra persona dijo y acepte su punto de vista. Tal enfoque es crítico para mantener una conversación productiva — los despliegues o exabruptos exagerados siempre trabajarán en su contra.

(b) Si hablar de las emociones de la gente es importante para despejar el ambiente, hágalo pero maneje la conversación con cuidado. La meta es abordar los sentimientos pero ocúpese de conversar sobre los hechos lo más rápido posible.

250

Copyright © 2009 Yolanda Lacoma & Martin Sutherland

(c) Permita que la otra parte descargue sus frustraciones de modo que sientan que fueron escuchados/as. Probablemente reducirá la volatilidad durante las conversaciones.

(d) Si las conversaciones entre usted y otras personas se caldean, hable con ellos/as como si no estuvieran disgustados/as, independientemente de su reacción. Concéntrese en su respuesta, no en su reacción.

(e) Trate de mostrar empatía cuando una situación está cargada emocionalmente. ¿Por qué la otra parte está tan convencida acerca de una posición?

(f) Quédese callado/a en los momentos adecuados. Cuando la gente se pone ansiosa, una reacción humana natural es tratar de llenar el silencio con ruido sin sentido, especialmente durante el conflicto. Durante las negociaciones, la gente ansiosa tiende a decir cosas que erosionan sus posiciones. Espere el momento oportuno formulando preguntas.

(g) ¿Está revelando sus emociones inadvertidamente? — ¿pone los ojos en blanco, desvía la mirada con impaciencia, se mueve innecesariamente? Sea consciente de las señales que envía.

(h) No se deje atraer por las amenazas, culpa o juegos de los demás. Recuerde, estas tácticas pueden hacerle perder la calma, por lo tanto no lo permita.

2 | No creo en situaciones en las que todos ganan; alguien siempre pierde en las negociaciones

Reflexione

Un resultado exitoso en una negociación es una solución aceptable para ambas partes que deje a todos sintiendo como que ganaron algo.

Los estilos de negociación dependen de las circunstancias. En algunos casos, usted no espera tratar con la gente nuevamente y no necesita su buena voluntad, por lo tanto puede ser efectivo jugar a ganar — buscar ganar la negociación mientras la otra persona pierde. Esto funciona cuando compra una casa, por ejemplo, y por eso puede ser una experiencia polémica y desagradable. Cuando hay mucho en juego, la gente a menudo adopta el enfoque de una parte gana, la otra pierde. Pero cuando negocie, considere la importancia de preservar las relaciones en el presente y con miras al futuro. El enfoque de una parte gana, la otra pierde nunca es bueno para resolver controversias que involucren gente con la cual desea continuar una relación.

Recurrir a cualquier extremo para ganar, como usar amenazas y manipulación, socava la confianza. Puede sentirse como si se hubiera retirado de una negociación habiendo logrado su cometido con éxito, pero si la otra parte se siente tratada injustamente o no ha ganado nada del proceso, puede anticipar que sean poco colaboradores/as en cumplir su acuerdo.

Reaccione

(a) Sólo considere una negociación en que una parte gana y la otra pierde si no necesita una relación duradera con la otra parte. Una parte que no obtiene beneficios de una negociación será reacia a mantener una relación con usted.

(b) Considere la honestidad y la apertura antes de la manipulación y deje que los principios comunes de la ética y la imparcialidad le guíen cuando negocia.

Copyright © 2009 Yolanda Lacoma & Martin Sutherland

(c) Evite llegar a la mesa con posiciones inflexibles blanco o negro. Siempre hay espacio para considerar otras opciones si realmente escucha lo que la otra parte tiene para decir.

(d) Absténgase de usar amenazas para lograr su cometido. Las amenazas son improductivas y sólo sirven para poner a la otra parte a la defensiva.

(e) Antes de negociar, piense cuidadosamente en los puntos que podría conceder y guárdelos para tener ventaja. Incluso si tiene la ventaja, conceder algunos puntos establece buena voluntad y permite a la otra parte irse con alguna sensación de beneficio.

3 | No conozco técnicas de negociación

Reflexione

Los/as negociadores/as hábiles hacen uso de técnicas comunes, independientemente de las cuestiones o riesgos involucrados. Las negociaciones pueden comprender desde conversaciones informales acerca de compartir recursos hasta asuntos de alto riesgo que afectan a muchas personas. Se verá enfrentado/a a muchas oportunidades para negociar a lo largo de su carrera.

Reaccione

(a) Empiece las negociaciones estableciendo un ambiente de colaboración. Permita que la gente tenga unos momentos para conversar informalmente, disponga los asientos para no diferenciar lados, programe intervalos y aliente a las personas a hablar entre sí.

(b) Permita que las partes expresen sus metas para la reunión.

(c) Siempre escuche las cuestiones e intereses subyacentes de las partes involucradas y trate de comprenderlas. Es sorprendente cuántas negociaciones fracasan debido a los malentendidos. Formule la mayor cantidad de preguntas posibles para aclarar los motivos y las preocupaciones clave de la gente.

(d) Tome medidas para asegurarse de que todas las partes efectivamente se escuchan entre sí. Reformule lo que una persona dice durante una conversación si hay alguna duda. Resuma los argumentos principales expresados a medida que la conversación avanza.

(e) Use un lenguaje que claramente indique su voluntad de resolver un problema de una forma mutuamente beneficiosa y trabajar juntos. Use frases como "¿Qué les parece si intentamos esto?" o "¿Qué piensan acerca de que ambos tomemos este enfoque?"

(f) Use comunicación no verbal para comunicarle a la otra parte que está escuchando y abierto a la conversación — mantenga contacto visual y asienta con la cabeza cuando comprenda. Evite una postura que muestre que se siente a la defensiva o amenazado/a, como cruzar los brazos, fruncir el ceño, sacudir la cabeza o reclinarse en la silla como si se hubiera desconectado.

(g) Piense acerca del estilo personal de la otra parte. ¿Tienden a ser diplomáticos/as, o son más sinceros/as y ponen todo sobre la mesa de entrada? Adáptese en consecuencia a medida que negocia.

(h) Considere los puntos de negociación que son de poco valor para usted y altamente valorados por la otra parte. Si tiene que ceder, es importante saber cuáles son esos puntos por adelantado.

(i) Procure que cualquier avance y acuerdo sean lo más visibles posible. Documente el éxito obtenido a lo largo de las conversaciones escribiendo los puntos acordados en un "rotafolio" o pizarrón. Cuando la frustración sea alta, remítase al avance que se ha logrado.

252

Copyright © 2009 Yolanda Lacoma & Martin Sutherland

(j) Utilice transacciones comparables o que hayan sentando precedentes como marco de referencia para las negociaciones. La información puede ayudarle a medir el tipo de resultado que podría esperar y comprender los puntos que la otra parte probablemente estaría dispuesta a aceptar.

 4 | ## No me gusta negociar/Tiendo a ceder

 ### Reflexione

Si está involucrado en negociaciones, alguien ha decidido hacer negocios con usted. Está en una posición de negociación porque se le percibe como fiable, como alguien que soluciona los problemas adecuadamente, o porque posee algo de valor.

El acto de negociar es una exploración cuidadosa de su posición y la de la otra persona, con el objetivo de encontrar una solución intermedia mutuamente aceptable que les brinde a ambos/as los máximos beneficios. Y aunque pueda no parecer así inicialmente, la gente rara vez tiene una posición tan fundamentalmente opuesta a la suya como podrían mostrar. En una situación ideal, encontrará que la otra persona quiere lo que usted está preparado/a para negociar y que usted está preparado/a para dar lo que la otra persona quiere. Es justo de su parte negociar alguna forma de compensación por lo que cede.

 ### Reaccione

(a) Considere todos sus intereses antes de que empiecen las negociaciones. Puede tener que conceder algunos puntos, pero sea claro/a acerca de los que absolutamente no puede conceder. Si no puede negociar una solución ganadora para ambas partes, ¿cuál es el escenario menos aceptable? Saber eso le ayudará a mantenerse en sus trece.

(b) Si la otra parte ha adoptado el rol de negociador/a duro/a, encuentre formas durante el proceso de elogiarlos/as por su dureza y reconocer que son excelentes negociadores/as.

(c) Si no puede ponerse de acuerdo en todo, trabaje en los puntos que son críticos y concéntrese en ellos por ahora. Acuerde abordar los otros puntos más tarde, pero trate de sentar un precedente para una experiencia de negociación exitosa.

(d) Si ha llegado a un punto muerto, considere contratar un árbitro aceptable para ambas partes en lugar de ceder.

(e) Esté preparado para retirarse en lugar de rendirse. Éste puede no ser el mejor momento para negociar y puede haber otra forma de obtener lo que necesita. Retirarse cuando no puede ganar nada es perfectamente aceptable.

Copyright © 2009 Yolanda Lacoma & Martin Sutherland

⑤ | No he tenido experiencia en prepararme para negociaciones difíciles o de alto riesgo

Reflexione

La preparación para negociaciones complejas es de fundamental importancia. Una clara comprensión del objetivo y metas es el primer paso crítico.

Muchas negociaciones empiezan mal porque las partes involucradas no se han tomado el tiempo para definir claramente las cuestiones acerca de las cuales están en desacuerdo. Si no hay una comprensión real de las cuestiones en juego para ambas partes, el acuerdo será difícil. El tiempo que invierte en prepararse y formularse las preguntas adecuadas antes de que empiecen las negociaciones será evidente en los resultados y probablemente tendrá un impacto en su éxito.

Reaccione

(a) Considere las metas de la negociación. ¿Qué pretende de ella? ¿Qué piensa que quiere la otra persona?

(b) Considere posibles soluciones y alternativas. Si no llega a un acuerdo con la otra parte, ¿cuáles son sus alternativas? ¿Son buenas o malas? ¿Cuánto importa si no puede estar de acuerdo?¿ El hecho de no poder llegar a un acuerdo elimina futuras oportunidades? ¿Qué alternativas podría tener la otra persona?

(c) Considere las relaciones. ¿Cuál es la historia de la relación; podría o debería tener un impacto en la negociación? ¿Hay alguna cuestión oculta que podría influenciar la negociación? ¿Cómo la manejará?

(d) Considere las consecuencias de ganar o perder esta negociación. ¿Cuáles son para la otra persona?

(e) ¿Quién tiene esa clase de poder en la relación? ¿Quién controla los recursos? ¿Quién puede perder más si no se produce un acuerdo? ¿Qué poder tiene la otra persona de satisfacer sus necesidades?

(f) Nunca haga una afirmación o aseveración falsa y recolecte la mayor cantidad de información precisa posible antes de cualquier negociación.

Copyright © 2009 Yolanda Lacoma & Martin Sutherland

Comportamientos usados en exceso

Los estudios de investigación han determinado que en ocasiones las fortalezas de una persona se pueden convertir en debilidades si se utilizan en exceso.
Para encontrar el equilibrio, usted debe desarrollar los llamados estabilizadores con el objetivo de atenuar el comportamiento usado en exceso.

Estabilizadores:	Comportamiento usado en exceso
58 Digno/a De Confianza	Puede que se le perciba como una persona astuta y que deje a las personas con la sensación de que terminan en desventaja
35 Gestiona El Conflicto	
53 Estratega	
17 Juicioso/a	
30 Pensador Global	
7 Trabaja Bien En Equipo	
26 Ético/a	
28 Justo/a	
29 Establece Prioridades	
54 Toma Responsabilidad	

Instrucciones

Si se siente identificado/a con la definición de comportamiento usado en exceso, elija alguno de los estabilizadores y diríjase a los capítulos correspondientes para buscar estrategias de acción que le ayuden a desarrollarlos.

Para más instrucciones diríjase a la sección de este libro: "Cómo utilizar este libro".

Copyright © 2009 Yolanda Lacoma & Martin Sutherland

38. Gestiona El Bajo Rendimiento

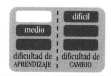

"Una onza de prevención vale una libra de cura"
Henry de Bracton

Comportamiento efectivo
Confronta el bajo rendimiento de las personas y lo corrige a tiempo

Comportamiento inefectivo
Puede que permita que el bajo rendimiento continúe durante un periodo prolongado o puede que no esté dispuesto/a a reforzar los estándares de desempeño

Comportamiento usado en exceso
Puede que se apresure a confrontar a las personas sin darles la oportunidad de explicarse o puede que no tome en cuenta las circunstancias a la hora de evaluar la situación

Instrucciones

Lea las definiciones de la izquierda. Si se siente identificado/a con la definición de comportamiento inefectivo, diríjase a la sección Estrategias de Acción de este capítulo.

Si se siente identificado/a con la definición de comportamiento usado en exceso diríjase a la sección final del capítulo.

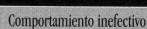

Auto Evaluación

¿verdadero?	Me siento cómodo/a dando retroalimentación correctiva cuando es necesaria
¿verdadero?	Manejo las cuestiones de bajo rendimiento de forma oportuna
¿verdadero?	Comprendo los comportamientos subyacentes relacionados con el bajo rendimiento
¿verdadero?	Puedo detectar rápidamente cuestiones de bajo rendimiento
¿verdadero?	Entreno a las personas que me reportan para mejorar su desempeño
¿verdadero?	Adapto mi estilo de retroalimentación a las necesidades de la persona a la cual me estoy dirigiendo

Notas
¿Está seguro/a de que debe desarrollar esta competencia?

"Si la respuesta a la mayoría de las afirmaciones de la parte izquierda es "verdadero", probablemente no sea necesario que usted desarrolle esta competencia."

257

Copyright © 2009 Yolanda Lacoma & Martin Sutherland

Estrategias de Acción

La mayoría de los comportamientos inefectivos tienen patrones o pensamientos emocionales ocultos. Al identificarlos, usted podrá definir las estrategias de acción específicas para mejorar este comportamiento.

(1) No sé cómo manejar eficazmente una conversación acerca de bajo rendimiento

(2) Me lleva mucho tiempo ocuparme de las señales de bajo rendimiento

(3) El bajo rendimiento no es mi problema/El/la empleado/a enfrentará las consecuencias

(4) No sé qué está causando el bajo rendimiento de un/a empleado/a

(5) Estoy incómodo/a con el nivel de emoción o conflicto que acompaña la gestión de bajo rendimiento

Instrucciones

1. Lea y seleccione uno o más de los patrones de comportamiento inefectivo descritos a la izquierda.

2. En la sección de abajo, busque el número correspondiente que le ayudará a reconsiderar este patrón y a identificar acciones prácticas y específicas de mejora.

---

1 | **No sé cómo manejar eficazmente una conversación acerca de bajo rendimiento**

Reflexione

El objetivo de tener una conversación con un/a empleado/a acerca de su bajo rendimiento es darle a la persona una oportunidad de incrementar la consciencia de sí mismo/a y ayudarle a tener éxito en la organización. Estas conversaciones pueden ser fáciles si la persona acepta la retroalimentación y reconoce que existe un problema. Pero los gerentes a menudo descubren que ésta es una de sus responsabilidades más desafiantes. Revisar los principios provistos puede ayudar a guiarle en una conversación efectiva acerca del bajo rendimiento.

Reaccione

(a) Empiece su conversación señalando algunos aspectos positivos del desempeño del empleado.

(b) Siempre trate al empleado con profesionalismo, dignidad y respeto, incluso si su desempeño tuvo un efecto negativo en usted y su equipo.

(c) Verifique el nivel de comprensión de la persona acerca de la descripción de su trabajo para asegurarse de que ambos/as tengan las mismas expectativas con respecto a su rol.

(d) Prepare sugerencias correctivas antes de reunirse con el/la empleado/a, pero permítale expresarse. Puede haber muchos factores que no conozca o que no haya considerado que afectarán la acción recomendada. La gente también debe tener la oportunidad de sentir que fueron escuchados/as.

258

Copyright © 2009 Yolanda Lacoma & Martin Sutherland

(e) La gente tiende a adoptar técnicas de resolución de problemas inadecuadas — culpar, acusar, defenderse, etc. Asegúrese de reconocer y manejar tal comportamiento, de lo contrario podría distraerle de alcanzar una solución.

(f) Aliente al empleado a sugerir soluciones para su bajo rendimiento. Es más probable que los/as empleados/as acepten y respalden la necesidad de cambio si pueden solucionar sus propios problemas.

(g) No se distraiga con otros ítems relacionados con el trabajo que también necesiten atención durante una conversación sobre desempeño; guárdelos para otra conversación. Mezclar diferentes cuestiones reduce el impacto de la conversación.

(h) Sea lo más especifico/a posible acerca de una cuestión. Evite las generalizaciones, opiniones y comparaciones y brinde evidencia que respalde su punto de vista.

(i) Enfatice las consecuencias del bajo rendimiento del empleado. Destaque el impacto que tiene su desempeño en el resto del equipo o de la organización y las consecuencias si el desempeño del/de la empleado/a no mejorara, por ejemplo, las oportunidades de crecer en la compañía se verán limitadas.

(j) Asegúrese de que la persona realmente ha comprendido el impacto del problema. Las señales de que no comprendió podrían incluir que continúe usando excusas, le acuse de ser injusto/a y así sucesivamente. Si esto sucede, redirija la conversación diciendo: "Me gustaría hablar de eso después; ahora, me gustaría concentrarme en lo que usted puede hacer". En este punto podría necesitar decirle al/a la empleado/a cuál piensa que es la mejor solución.

(k) Recuerde al/ la empleado/a que un desempeño sólido no es negociable.

② | Me lleva mucho tiempo ocuparme de las señales de bajo rendimiento

Reflexione

Los/as gerentes a menudo reconocen las cuestiones de bajo rendimiento pero no se ocupan de ellas sistemáticamente o de forma oportuna. Pueden esperar que el problema se corrija solo, o creer que el bajo rendimiento no necesita abordarse a menos que sea verdaderamente conflictivo.

Las exigencias encontradas a menudo son responsables de que el bajo rendimiento quede al final de la larga lista de prioridades del gerente. Pero abordar el bajo rendimiento nunca debe dejarse para el final. La mayoría de las cuestiones de bajo rendimiento pueden resolverse en una etapa temprana cuando el impacto para el equipo y la carrera de la persona es mínimo.

Es injusto para el equipo permitir que el bajo rendimiento de una persona continúe. También es injusto para la persona que, muy posiblemente, no esté consciente de que no cumple con las expectativas y es tomado/a desprevenido/a durante las revisiones de desempeño. Tome las medidas necesarias para ocuparse de las cuestiones de bajo rendimiento de forma rápida y efectiva.

Copyright © 2009 Yolanda Lacoma & Martin Sutherland

Reaccione

(a) Aborde el bajo rendimiento inmediatamente. No espere hasta la revisión de fin de año u otras evaluaciones formales si ve un cambio para peor o se siente preocupado/a acerca del desempeño de una persona. Incluso si el/la empleado/a tiene un buen desempeño uniforme, una breve conversación acerca de sus desafíos y de cómo usted puede ayudar pueden evitar que se deteriore su rendimiento.

(b) Trate de ver si los talentos de un/a empleado/a se ajustan a los requisitos de su trabajo. Determine las competencias requeridas para la posición y qué vacíos existen. Si es posible, use un sistema de gestión de talento como el Talent Manager™ de PeopleTree para analizar las deficiencias entre el talento de una persona, la posición y el contexto de esa posición. Le permitirá medir las deficiencias existentes y priorizar ítems de desarrollo que maximizarán el desempeño.

(c) Programe una reunión con el/la empleado/a para discutir cómo se puede mejorar su rol de una manera que le beneficie a él/ella, a su jefe y al negocio. Explique qué parte del desempeño debe mejorarse — sea específico/a y cite ejemplos. Sea claro acerca del nivel de expectativas que tiene y la necesidad de desempeñarse a este nivel de forma consistente. Identifique el respaldo y los recursos que brindará para ayudar a la persona a ser exitosa. Determine las mediciones que usará para evaluar el avance. Cuando termine su reunión, resuma la solución y exprese confianza en la capacidad del/de la empleado/a de implementarla. Finalmente, documente la reunión.

(d) Involucre al/a la empleado/a en la definición de sus propias metas de modo que cuente con el mayor respaldo.

(e) Establezca metas de mejora a corto plazo para una persona. Un período de 90 días es ideal, porque da amplia oportunidad de observar el avance y experimentar el éxito de forma regular.

(f) Decida al principio cómo la persona comunicará su avance — ¿será una vez por semana, una vez por mes? Los intervalos deben ser frecuentes pero no molestos.

(g) Evalúe si la persona estará en condiciones de mejorar su desempeño sin ayuda adicional de, por ejemplo, un mentor, otro miembro del equipo, un coach o experto técnico.

(h) Asegúrese de que la capacidad del/de la empleado/a de mejorar su desempeño no esté entorpecida por factores fuera de su control, tales como barreras políticas, burocracia o un/a cliente/a interno/a poco colaborador/a que retenga información. Sea proactivo/a en preparar el terreno para su éxito.

(i) Investigue si los problemas de bajo rendimiento se deben a cuestiones de motivación y no a una falta de habilidad. Comprender estas cuestiones y crear algunos incentivos puede ser todo lo que se necesita para gestionar el bajo rendimiento.

---

3 | ## El bajo rendimiento no es mi problema/El/la empleado/a enfrentará las consecuencias

Reflexione

Es responsabilidad de un/a gerente tomar medidas oportunas para proteger a la compañía cuando surgen cuestiones de bajo rendimiento, porque se pueden dañar considerablemente las relaciones dentro de la organización e incluso con los clientes. El bajo rendimiento también tiene un impacto negativo en la rentabilidad de la organización. Gestionar el bajo rendimiento es gestionar el retorno en la inversión y el resultado final.

Copyright © 2009 Yolanda Lacoma & Martin Sutherland

A los gerentes se les paga para mejorar el desempeño de sus empleados/as y esto podría implicar una intervención directa. Si fuera el/la entrenador/a de un equipo deportivo, esperaría que sus jugadores se desempeñaran al máximo de su capacidad. Los miembros del equipo también esperarían que usted promueva el desempeño máximo de todos los atletas. Sería injusto para el grupo si se permitiera a un/a jugador/a rendir a un nivel por debajo del estándar. A la inversa, ¿por qué una persona daría lo mejor de sí si al resto del equipo no se le exige que lo haga?

Cuando gestione el bajo rendimiento, recuerde que usted es responsable del desempeño de todo su equipo. Permitir que una falta de desempeño no sea abordada castiga a los demás. Los empleados cuentan con que usted mantendrá conversaciones honestas con todos/as los/as que las necesiten para ayudar a mejorar el resultado individual y del equipo.

En resumen, es su responsabilidad como gerente, supervisor o líder de equipo asegurarse de que todos/as se desempeñen de acuerdo con su potencial y que cumplan con las expectativas definidas para el trabajo.

Reaccione

(a) Monitoree regularmente el desempeño laboral de los/as empleados/as y los desafíos que enfrentan.

(b) Establezca una cultura de conversación abierta poniéndose a disposición de sus empleados/as — reserve un horario específico, si es posible todas las semanas, para que la gente hable con usted.

(c) Solicite información al departamento de recursos humanos acerca del costo de contratar nuevos talentos. La cifra le dará la perspectiva de si justifica invertir su tiempo para ocuparse de cuestiones de bajo rendimiento.

(d) Trate de mostrar empatía. Recuerde algún momento en que luchaba en su carrera.

(e) Visualícese como mentor más que como jefe. ¿Qué haría un buen maestro con un alumno problemático? ¿Qué tan bien puede desempeñarse en poner al/a la alumno/a de nuevo en la senda?

| **4** | ## No sé qué está causando el bajo rendimiento de un/a empleado/a |

Reflexione

La gestión de bajo rendimiento empieza con una evaluación precisa de su causa raíz. Casi todos los problemas de desempeño están basados en una falta de competencia en una de tres categorías: experiencia de trabajo, habilidades técnicas y comportamiento. Por lo tanto, las cuestiones de motivación también pueden desempeñar un rol. Use estos factores como marco para analizar las cuestiones de desempeño de una persona y apuntar eficazmente a la solución adecuada.

Copyright © 2009 Yolanda Lacoma & Martin Sutherland

Reaccione

(a) Analice si la persona tiene la experiencia necesaria para sus responsabilidades o para un proyecto. Si no, esto puede ser la causa de su bajo rendimiento. Luego puede reasignar a la persona del todo para aumentar su nivel de experiencia pero primero, manténgale en el proyecto dándole tareas con menos responsabilidad o manténgale en el proyecto trabajando en estrecha colaboración con alguien que tenga más experiencia y pueda supervisarle.

(b) ¿Qué nivel de experiencia técnica o funcional tiene el individuo? Identifique los ítems que deben mejorarse y cree un plan de desarrollo. Diseñe un plan de capacitación técnica para mejorar el conjunto de habilidades de la persona. Esto puede ser una capacitación formal o a través de mentores.

(c) Las competencias conductuales deficientes se abordan mejor a través de conversaciones de retroalimentación y entrenamiento. Un proceso de retroalimentación de 360° basado en competencias conductuales es efectivo para definir la cuestión de desempeño.

(d) La motivación es a menudo culpable de la disminución en el desempeño. Explore si la persona está satisfecha con su situación de trabajo y aborde incentivos que ayudarían a comprometer a la persona nuevamente. Un/a empleado/a puede no sentirse cómodo/a de conversar honestamente sus cuestiones con usted, por lo tanto ofrezca que puede hablar con un/a representante de recursos humanos.

(e) Los/as empleados/as pueden tener problemas personales que interfieren con su trabajo, tales como enfermedades en la familia, muerte o divorcio. Trate de brindar soluciones para ayudarles en estos tiempos difíciles y aliénteles a usar apoyo profesional disponible a través de la compañía.

(f) Use un sistema de gestión de talento como Talent Manager™ de PeopleTree para evaluar de forma precisa si un/a empleado/a es adecuado/a para una posición. ¿Está la persona en la posición equivocada dados sus intereses y habilidades? ¿Tiene la persona un problema con su gerente o con los diferentes estilos de trabajo entre los miembros del equipo? Las respuestas a estas preguntas brindarán información valiosa para determinar la raíz del bajo rendimiento.

---

5 | Estoy incómodo/a con el nivel de emoción o conflicto que acompaña la gestión de bajo rendimiento

Reflexione

Nunca es agradable gestionar el bajo rendimiento. Los supervisores que dan retroalimentación pueden poner demasiado énfasis en cómo podría reaccionar el/la empleado/a y a menudo evitan conversaciones importantes con sus subordinados/as para escapar al desborde emocional de las conversaciones de bajo rendimiento.

La crítica nunca es fácil de aceptar, incluso si es constructiva, pero es imposible desarrollarse y crecer profesionalmente sin retroalimentación. La gente que reacciona defensivamente o con demasiada emoción son los/as que más necesitan el aprendizaje para recibir y aceptar la retroalimentación. Las personas que son excesivamente emotivas cuando reciben retroalimentación se prestan al fracaso. Se les maneja con guantes de seda o se les deja en tinieblas acerca de su comportamiento o desempeño. No permita que una persona así lo manipule.

El bajo rendimiento no es una cuestión personal y no debería tratarse de esa manera. Intervenga y gestione el bajo rendimiento, incluso si deja un ego herido en el proceso.

262

Copyright © 2009 Yolanda Lacoma & Martin Sutherland

Reaccione

(a) Concéntrese en el comportamiento problemático, no en el/la empleado/a problemático/a. Está buscando una solución para un desempeño débil, no para una personalidad débil.

(b) Evite tomar desprevenida a una persona con retroalimentación — es probable que se ponga a la defensiva. Avise a la persona que quiere tener una conversación acerca de ciertos puntos y agende la misma rápidamente para evitar aumentar sus niveles de ansiedad.

(c) Permita que el/la empleado/a reaccione y no responda defensivamente — sólo agregará emoción a la situación. Compórtese de la manera que espera que ellos/as lo hagan.

(d) Comunique a la persona que comprende por qué está disgustado/a, pero que no puede llegar a una solución a menos que esté sereno/a.

(e) Anticipe que la persona tratará de desviar la conversación culpando, negando, actuando enojado/a, etc. Manténgase objetivo/a en todo momento.

(f) Si la persona no se calma a pesar de sus intentos, dígale que le dará tiempo para poner sus ideas en orden y que retomarán la reunión cuando esté listo/a para escuchar. Programe otra cita antes de despedirse.

(g) Pida a un mediador de recursos humanos que facilite la conversación si es demasiado difícil dialogar con la persona.

Copyright © 2009 Yolanda Lacoma & Martin Sutherland

Comportamientos usados en exceso

Los estudios de investigación han determinado que en ocasiones las fortalezas de una persona se pueden convertir en debilidades si se utilizan en exceso.

Para encontrar el equilibrio, usted debe desarrollar los llamados estabilizadores con el objetivo de atenuar el comportamiento usado en exceso.

Estabilizadores:	Comportamiento usado en exceso

Estabilizadores:	Comportamiento usado en exceso
4 Accesible	Puede que se apresure a confrontar a las personas sin darles la oportunidad de explicarse o puede que no tome en cuenta las circunstancias a la hora de evaluar la situación
24 Empático/a	
35 Gestiona El Conflicto	
20 Desarrolla A Otras Personas	
28 Justo/a	
22 Diplomático/a	
34 Capaz De Escuchar	
43 Motiva A Las Personas	
47 Paciente	
51 Reconoce El Talento Y El Potencial En Las Personas	

Instrucciones

Si se siente identificado/a con la definición de comportamiento usado en exceso, elija alguno de los estabilizadores y diríjase a los capítulos correspondientes para buscar estrategias de acción que le ayuden a desarrollarlos.

Para más instrucciones diríjase a la sección de este libro: "Cómo utilizar este libro".

Copyright © 2009 Yolanda Lacoma & Martin Sutherland

39. Gestiona El Tiempo

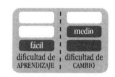

medio

fácil

dificultad de
APRENDIZAJE | dificultad de
CAMBIO

"El tiempo es lo más valioso que un hombre puede desperdiciar"

Laertius Diogenes

Comportamiento efectivo
Demuestra un alto nivel de productividad y emplea su tiempo de manera eficaz al realizar su trabajo

Comportamiento inefectivo
Puede que no utilice el tiempo de una manera productiva y que no le dé tiempo a terminar su trabajo

Instrucciones
Lea las definiciones de la izquierda. Si se siente identificado/a con la definición de comportamiento inefectivo, diríjase a la sección Estrategias de Acción de este capítulo.

Comportamiento usado en exceso
Puede que se le perciba como una persona inflexible y que no quiera comprometer su agenda para adaptarse a situaciones cambiantes. Puede que sea demasiado exigente

Si se siente identificado/a con la definición de comportamiento usado en exceso diríjase a la sección final del capítulo.

Auto Evaluación

¿verdadero?	Hago las cosas lo más rápido posible y no las dejo para más tarde
¿verdadero?	Puedo ocuparme de múltiples proyectos o tareas
¿verdadero?	Dedico la cantidad de tiempo adecuada a mis diversas prioridades
¿verdadero?	Soy realista acerca de cuánto trabajo puedo hacer
¿verdadero?	Uso herramientas de generación de agenda para hacer el mejor uso de mi tiempo
¿verdadero?	No asumo compromisos poco realistas y puedo decirlo
¿verdadero?	Trato de hacer todo lo que puedo pero no trato de hacer todo perfectamente

Notas
¿Está seguro/a de que debe desarrollar esta competencia?

"Si la respuesta a la mayoría de las afirmaciones de la parte izquierda es "verdadero", probablemente no sea necesario que usted desarrolle esta competencia."

Copyright © 2009 Yolanda Lacoma & Martin Sutherland

Estrategias de Acción

La mayoría de los comportamientos inefectivos tienen patrones o pensamientos emocionales ocultos. Al identificarlos, usted podrá definir las estrategias de acción específicas para mejorar este comportamiento.

① Demoro realizar tareas desagradables/Siempre dejo ciertas cosas hasta el último momento

② No conozco maneras de gestionar mi tiempo más eficazmente

③ Necesito asegurarme de que las cosas están bien y eso lleva tiempo/Me gusta que mi trabajo sea perfecto

④ Tiendo a actuar rápidamente/Paso más tiempo haciendo y menos tiempo planificando

⑤ Me resulta difícil decirle que no a la gente

⑥ Puedo gestionar mi tiempo; las exigencias de otras personas sobre mi tiempo causan el problema

Instrucciones

1. Lea y seleccione uno o más de los patrones de comportamiento inefectivo descritos a la izquierda.

2. En la sección de abajo, busque el número correspondiente que le ayudará a reconsiderar este patrón y a identificar acciones prácticas y específicas de mejora.

---

1 | **Demoro realizar tareas desagradables/Siempre dejo ciertas cosas hasta el último momento**

Reflexione

Usted "procrastina" cuando demora algo en lo que debería concentrarse ahora mismo, por lo general a favor de hacer algo más divertido y que se siente más cómodo/a haciendo. Las personas que dejan las cosas para más tarde suelen quedar abrumadas con su trabajo y dejar de completar tareas en lugar de abordar el problema de forma oportuna. Algunas personas incluso disfrutan la presión, especialmente la adrenalina generada por tratar de solucionar las cosas en el último momento.

¿Regularmente pospone desarrollar tareas porque se siente abrumado/a, le desagrada su posición, o porque está esperando que el estado de ánimo adecuado le inspire? La "procrastinación" puede ser un mecanismo contenedor, pero en última instancia es ineficaz y socava la productividad óptima. Las personas que "procrastinan" trabajan tantas horas como los demás, pero invierten su energía en los lugares incorrectos. Si no se aborda este comportamiento, tiende a convertirse en crónico en una carrera.

Por muy desagradable que sea iniciar una tarea en la cual está poco interesado/a ahora mismo, piense qué desagradables serán las consecuencias si el proyecto no se completa a tiempo o se hace mal por falta de tiempo.

Copyright © 2009 Yolanda Lacoma & Martin Sutherland

Reaccione

(a) Familiarícese con las señales de "procrastinación" y haga una lista de ellas. Agregue cualquier síntoma que haya advertido en sí mismo/a o en otras personas. Consulte la lista al principio y al final del día para que le sirva como recordatorio. Algunos ejemplos comunes incluyen llenar el día con tareas de baja prioridad, sentarse a empezar una tarea de alta prioridad y casi inmediatamente tomarse un descanso, hacerse una taza de café o mirar los correos electrónicos mientras deja pasar demasiado tiempo, dejar una prioridad en la lista de pendientes durante mucho tiempo sin abordarla y comprometerse a ayudar a otras personas en lugar de ocuparse de su propio trabajo.

(b) Si una tarea o proyecto es abrumador, establezca pequeños hitos que pueda lograr cada día o semana, y recompénsese.

(c) Desarrolle su lista de acción en base a actividades específicas, bien definidas, más que en base a resultados. Lento pero seguro alcanzará su meta.

(d) Pídale a alguien que se acerque y mida el trabajo que usted hace en una tarea específica. Ayuda saber que será considerado/a responsable.

(e) Calcule el costo de su tiempo para su empleador. ¿Cuánto le pagan por día o por hora? Si usted "procrastina" y no se concentra en las tareas adecuadas, no entrega valor por dinero.

(f) Concéntrese en los resultados, no en el trabajo ocupado. Controle cuánto tiempo dedica cada día a tareas poco importantes que realmente no contribuyen a su éxito. ¿Sabe cuánto tiempo pasa leyendo correo basura, hablando con colegas, haciendo café o navegando por Internet? ¿Es consciente de cuánto tiempo al día mira su correo electrónico, escribe artículos importante o hace su planificación a largo plazo?

---

2 | ## No conozco maneras de gestionar mi tiempo más eficazmente

Reflexione

Las personas que obtienen buenos resultados gestionan el tiempo de forma excelente. En cambio, las personas que gestionan el tiempo de forma deficiente nunca parecen tener suficiente.

Desarrollar sólidas técnicas de gestión de tiempo tiene numerosos beneficios. Le da mayor control de su vida. Le ayuda a manejar sus niveles de estrés y energía. Le hace más productivo. Está en mejores condiciones de mantener un equilibrio entre su vida laboral, personal y familiar. Trabaje dentro de su cronograma, no del de los demás.

La gestión de tiempo es una de las competencias menos desafiantes a desarrollar. Todos practicamos alguna forma de gestión de tiempo, pero pocas personas la abordan tan metódicamente como podrían para aprovechar plenamente sus beneficios.

Copyright © 2009 Yolanda Lacoma & Martin Sutherland

Reaccione

(a) La delegación es una técnica de gestión de tiempo comprobada. Asegúrese de delegar efectivamente en su equipo. ¿Qué tareas está desarrollando que otros podrían hacer también? Si delega mal, siempre estará presionado/a de tiempo.

(b) ¿Cómo de organizado/a es? La gente organizada crea sistemas y rutinas que le ayudan a manejar información. No desperdician tiempo buscando archivos perdidos en sus computadoras o información que definitivamente estaba en sus escritorios en alguna parte.

(c) Trate de minimizar la cantidad de veces por día en que alterna entre diferentes tipos de tareas. Eso desperdicia tiempo. Por ejemplo, lea y conteste correos electrónicos una vez en la mañana y una vez en la tarde. Realice las otras tareas entremedias.

(d) Use un calendario para programar actividades de trabajo y personales con una o dos semanas de anticipación. Le obligará a considerar y priorizar qué ocupará las próximas dos semanas y siempre estará al tanto del tiempo disponible para usted y sus actividades personales. También le dará control sobre su cronograma, en lugar de ponerlo en manos de los demás.

(e) Aproveche cualquier tecnología disponible para automatizar procesos que ocupan su tiempo innecesariamente. Por ejemplo, el software para organizar la agenda por Internet le permite manejar reuniones de forma eficiente sin enviar correos electrónicos, porque puede evaluar la disponibilidad de la gente inmediatamente.

(f) De cuando en cuando tendrá que ocuparse de cuestiones personales durante horas de trabajo. Asegúrese de limitar estas actividades y hacerlas durante el almuerzo o entrar más temprano para manejarlas.

(g) Mantenga al mínimo los correos electrónicos no relacionados con el trabajo. Pueden ir y venir y antes de darse cuenta pasó una hora sin hacer trabajo alguno.

(h) Cuánto más bajo es su nivel de energía, más fácil es perder el tiempo trabajando de forma ineficiente. Los niveles de energía de la mayoría de la gente fluctúan durante el día. Pueden estar relacionados con la cantidad de azúcar en sangre, la cantidad de tiempo desde que tomó un descanso, estrés, aburrimiento, etc. Mantenga un registro durante una semana para analizar cuándo está siendo más productivo/a. Sea consciente del tipo de actividades que programa durante momentos en que tiende a sentirse cansado/a versus enérgico/a. Si es posible, programe sus actividades en consecuencia. Por ejemplo, si está más alerta en la mañana, programe actividades que requieren mayor enfoque entonces. La mañana la rendirá más. Deje las llamadas para media tarde cuando sus niveles de energía estén más bajos.

(i) Internet es un gran recurso pero también puede desperdiciar mucho el tiempo de la gente. Tenga cuidado de no irse por tangentes cibernéticas que desperdician tiempo. Use Internet para fines relacionados con el trabajo únicamente.

(j) Asegúrese de no abusar de la cantidad de tiempo que dedica a actividades como hacer café o usar la fotocopiadora o máquina de fax.

(k) Hay muchos recursos para ayudarle a mejorar sus habilidades de gestión de tiempo. Lea libros como *Los 7 Hábitos de la Gente Altamente Efectiva* de Stephen Covey.

(l) La mayoría de las organizaciones ofrecen algún curso de gestión de tiempo. Pregunte a su departamento de recursos humanos acerca de las opciones.

(m) Pida consejos a colegas que manejen bien su tiempo.

Copyright © 2009 Yolanda Lacoma & Martin Sutherland

Reflexione

El perfeccionismo puede definirse como un intento de alcanzar metas imposiblemente altas.

Los/as perfeccionistas quedan enredados/as en una trampa — nunca piensan que su trabajo es lo suficientemente bueno y eso desperdicia tiempo. Son rígidos/as acerca de su desempeño y si no es perfecto, no es aceptable. Irónicamente, la "procrastinación", la parálisis y los cambios resultantes de estándares demasiado elevados significan que a los/as perfeccionistas a menudo les lleva demasiado tiempo completar las tareas. O esperan hasta que es demasiado tarde, luego se apuran para terminar una tarea y alcanzan resultados menos que sobresalientes.

Los/as realistas que son más relajados/as, sin embargo, pueden gestionar su tiempo y dejan suficiente espacio para cambios subsiguientes que mejorarán el producto final. Si los/as perfeccionistas someten a otras personas a los mismos estándares poco realistas, no pueden compartir o delegar el trabajo cómodamente.

Es importante ser consciente del impacto negativo que tiene el perfeccionismo en la gestión de tiempo.

Reaccione

(a) Pida ayuda o delegue. Tener colaboración en un proyecto puede ayudarle a mantenerse concentrado/a. Puede dedicar más tiempo a revisar trabajo y asegurarse de que está dentro del estándar.

(b) Considere invertir dinero en hacer uso de terceros para tareas clave.

(c) Mantenga sus expectativas bajo control. Reemplace pensamientos buenos para nada con pensamientos realistas, por ejemplo: "Puede no ser perfecto pero no tiene que serlo y terminaré a tiempo".

(d) Pida a otras personas, especialmente a su gerente, retroalimentación acerca de la calidad de su trabajo hasta el momento. Pueden ayudarle a medir si dedicó un esfuerzo desmedido a una tarea.

(e) Trate de adaptar sus expectativas a las circunstancias. Muchos factores que pueden estar fuera de su control determinarán el resultado de una tarea: la cantidad de recursos asignados, la fecha límite, la complejidad de la tarea, la experiencia previa que tuvo en proyectos similares, etc.

(f) Concéntrese en otros beneficios que obtiene de trabajar en un proyecto y no sólo en hacerlo perfectamente, como el aprendizaje involucrado, divertirse y la satisfacción de completar algo.

(g) Defina límites de tiempo estrictos para cada uno de sus proyectos. Pase a otro tema cuando se termine el tiempo y ocúpese de algo más.

(h) Aprenda cómo manejar la crítica. Los/as perfeccionistas a menudo ven la crítica como un ataque personal y responden defensivamente. Concéntrese en ser más objetivo/a acerca de la crítica y de sí mismo/a.

(i) Obtenga la ayuda de un coach profesional.

269

Copyright © 2009 Yolanda Lacoma & Martin Sutherland

Reflexione

Planificar es una de las mejores maneras de gestionar su tiempo y el de los demás.

Si tiene tendencia a actuar y valora ponerse en marcha, puede descuidar la planificación u olvidarse de ello totalmente. Por tomar un ejemplo de todos los días, un ama de casa inteligente planificará las comidas a preparar para la semana, luego hará una lista de supermercado e irá a la tienda. Un ama de casa que ignora este pequeño paso de planificación se verá forzada a volver a la tienda varias veces para comprar artículos para la cena de cada noche. Hacer lo segundo no tiene consecuencias extraordinarias, pero desperdicia tiempo que se usaría mejor en otro lugar o haciendo algo más gratificante. Aplique este ejemplo a su entorno de trabajo, donde las exigencias de tiempo son mayores y el trabajo eficiente es crítico.

Las personas concentradas en la acción son vulnerables al impulso y a menudo malinterpretan la diferencia entre tareas urgentes e importantes.

Reaccione

(a) Use más lógica y menos emoción para tomar decisiones, luego actúe.

(b) Antes de actuar, siempre cuestione si las tareas son absolutamente necesarias y si podrían delegarse o recortarse para que lleven menos tiempo.

(c) Asista a un programa de capacitación sobre gestión de tiempo que le familiarice con los principios de la planificación y el software correspondiente.

(d) Planifique un programa tentativo para la semana entrante. Siempre puede ajustarse si es necesario y le da la oportunidad de considerar sus prioridades por adelantado. Asegúrese de abordar ítems urgentes de alta prioridad así como también tareas de mantenimiento que no pueden delegarse ni evitarse.

(e) planifique tiempo para las contingencias. Cuanto más impredecible sea su trabajo, más tiempo necesitará para tales eventualidades. La interrupción constante es una realidad del trabajo de los gerentes. Los estudios demuestran que, en promedio, algunos gerentes trabajan de forma ininterrumpida durante tan poco como seis minutos por vez.

(f) Reserve tiempo para las responsabilidades por las cuales será evaluado, por ejemplo, si maneja gente, programe tiempo para entrenamiento, supervisión y planificación. Del mismo modo, debe dedicar tiempo a comunicarse con su jefe y la gente clave a su alrededor.

---

5 | Me resulta difícil decirle que no a la gente

Reflexione

La gente se aprovecha de las personas que son demasiado serviciales. Les cae en su escritorio trabajo que no deberían estar haciendo, o aceptan ayudar a otros cuando apenas pueden manejar su carga de trabajo.

Copyright © 2009 Yolanda Lacoma & Martin Sutherland

Aceptar una responsabilidad genuina es diferente de estar sobrecargado por la incapacidad de decir que no. Algunas personas no pueden negarse ante los demás porque creen que quedarán mal o muestran demasiada empatía con la situación comprometida de un colega. Si reconoce este patrón, dése mayor consideración y la empatía que les daría a los demás. Usted también tiene plazos e informar de eso a los demás es perfectamente aceptable.

Se necesita práctica para aprender a decir que no si no está acostumbrado/a a poner límites. Pero recuerde, su agenda no es menos importante que la de la otra persona y las obligaciones de otra persona no le conciernen. Ocuparse de ellas podría resultar en una mala gestión de su tiempo.

Reaccione

(a) Nunca acepte asumir más responsabilidad si tiene que ocuparse de ítems críticos que no han sido abordados.

(b) Asegúrese de saber en qué se está involucrando. La tarea puede parecer fácil, pero siempre lleva más tiempo de lo esperado.

(c) Antes de aceptar ayudar a alguien, consulte con su supervisor acerca de si es realista y factible hacerse cargo de la tarea. Si su supervisor desaprueba, le da un motivo legítimo para decir que no.

(d) Puede resultarle difícil manejar los pedidos de su supervisor. Claramente comuníquele cuando el tener trabajo adicional tendrá un impacto en otras prioridades. Por ejemplo, si su jefe quiere su ayuda en una crisis, puede tener que poner los planes en espera. Sin embargo, negocie los ítems que serán puestos en espera.

---

6 | **Puedo gestionar mi tiempo; las exigencias de otras personas sobre mi tiempo causan el problema**

Reflexione

No permita que otras personas malgasten su tiempo. Si lo hacen, usted tiene la culpa por dejarles hacerlo. La mayoría de la gente no es consciente de cómo sus pedidos invaden su tiempo, por lo tanto no asuma que lo respetarán. Siempre tendrá que fijar límites si espera gestionar bien su tiempo. Afortunadamente, hay muchas maneras de enviar el mensaje correcto a los demás y amablemente asumir el control de su tiempo.

Reaccione

(a) Mantenga cerrada la puerta de su oficina si la gente habitualmente se acerca sólo para charlar. Ábrala cuando pueda o quiera interactuar. Si la gente todavía no capta el mensaje, es perfectamente aceptable informarles amablemente que no es el mejor momento para usted. Si quieren hablar de trabajo pero no es urgente, programe un horario más tarde que funcione para ambos. Si es personal, ofrézcase a mantener la conversación mientras toman café o durante un descanso.

(b) Si está haciendo o recibiendo una llamada, sea directo acerca de mantenerla corta y concreta. Recuérdeselo a la persona si es necesario.

(c) Conteste llamadas telefónicas y correos electrónicos en los momentos que le resulte conveniente en lugar de tratar de responder inmediatamente.

271

Copyright © 2009 Yolanda Lacoma & Martin Sutherland

(d) Sea selectivo/a acerca de las reuniones a las que asiste. No asista a reuniones sólo porque le invitaron — ¿son realmente necesarias? ¿Puede alguien ir en su lugar, representarle e informarle? Es una excelente manera de ampliar la experiencia del personal.

(e) Informe a los organizadores de las reuniones que sólo puede quedarse un cierto período de tiempo y que se retirará en cuanto termine. Le ayuda a gestionar su tiempo y obliga a los demás a cumplir con el horario

Comportamientos usados en exceso

Los estudios de investigación han determinado que en ocasiones las fortalezas de una persona se pueden convertir en debilidades si se utilizan en exceso.
Para encontrar el equilibrio, usted debe desarrollar los llamados estabilizadores con el objetivo de atenuar el comportamiento usado en exceso.

Estabilizadores:	Comportamiento usado en exceso
8 Se Siente Cómodo/a Con La Incertidumbre	Puede que se le perciba como una persona inflexible y que no quiera comprometer su agenda para adaptarse a situaciones cambiantes. Puede que sea demasiado exigente
4 Accesible	
24 Empático/a	
35 Gestiona El Conflicto	
2 Adaptable	
17 Juicioso/a	
29 Establece Prioridades	
34 Capaz De Escuchar	
43 Motiva A Las Personas	
30 Pensador Global	

Instrucciones

Si se siente identificado/a con la definición de comportamiento usado en exceso, elija alguno de los estabilizadores y diríjase a los capítulos correspondientes para buscar estrategias de acción que le ayuden a desarrollarlos.

Para más instrucciones diríjase a la sección de este libro: "Cómo utilizar este libro".

272

Copyright © 2009 Yolanda Lacoma & Martin Sutherland

40. Posee Conocimiento Del Mercado

difícil

fácil

dificultad de APRENDIZAJE | dificultad de CAMBIO

"Los conocimientos eliminan la oscuridad de la ignorancia y por lo tanto ayudan incluso al hombre más ignorante a volverse culto"

Sam Veda

Comportamiento efectivo
Sabe cómo funcionan los negocios y se mantiene actualizado/a en las tendencias y cambios del mercado

Comportamiento inefectivo

Puede que no entienda cómo funcionan los negocios o puede que no se mantenga al tanto de las nuevas tendencias que se dan en el mercado o de los cambios en la forma de pensar en los negocios

Comportamiento usado en exceso

Puede que haga esfuerzos para que el negocio se adapte con demasiada frecuencia a las tendencias y cambios del mercado

Instrucciones

Lea las definiciones de la izquierda. Si se siente identificado/a con la definición de comportamiento inefectivo, diríjase a la sección Estrategias de Acción de este capítulo.

Si se siente identificado/a con la definición de comportamiento usado en exceso diríjase a la sección final del capítulo.

Auto Evaluación

¿verdadero?	Regularmente leo periódicos y literatura de mi campo de negocios
¿verdadero?	Me aseguro de asistir a eventos tales como conferencias y establezco contactos para mantenerme al corriente de nuevas ideas
¿verdadero?	Me aseguro de estar incluido/a en reuniones que pueden ayudarme a obtener una mejor comprensión de los participantes y las partes del negocio
¿verdadero?	Puedo hablar cómodamente acerca de muchos aspectos de mi negocio
¿verdadero?	Estoy informado/a de las tendencias actuales y futuras de mi negocio

Notas
¿Está seguro/a de que debe desarrollar esta competencia?

"Si la respuesta a la mayoría de las afirmaciones de la parte izquierda es "verdadero", probablemente no sea necesario que usted desarrolle esta competencia."

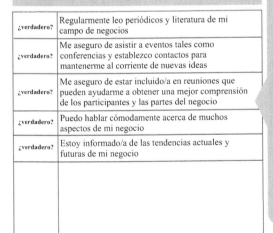

273

Copyright © 2009 Yolanda Lacoma & Martin Sutherland

Estrategias de Acción

La mayoría de los comportamientos inefectivos tienen patrones o pensamientos emocionales ocultos. Al identificarlos, usted podrá definir las estrategias de acción específicas para mejorar este comportamiento.

(1) Me he concentrado más en mi rol específico que en el negocio en general/Tengo poca exposición fuera de mi función

(2) Es más importante crear sobre lo que tengo, que mantenerme al corriente de las últimas tendencias/Me concentro en nuestras fortalezas en lugar de en nuestros competidores

(3) No tengo acceso a información del mercado

Instrucciones

1. Lea y seleccione uno o más de los patrones de comportamiento inefectivo descritos a la izquierda.

2. En la sección de abajo, busque el número correspondiente que le ayudará a reconsiderar este patrón y a identificar acciones prácticas y específicas de mejora.

---

1 | **Me he concentrado más en mi rol específico que en el negocio en general/Tengo poca exposición fuera de mi función**

Reflexione

Muchos profesionales trabajan arduamente para obtener conocimientos específicos de su profesión o área funcional, pero carecen de conocimientos acerca del entorno más amplio en el que operan.

Las habilidades y los conocimientos sólidos específicos de su profesión asegurarán que pueda manejar las charlas acerca de su especialidad, pero ¿puede defenderse cuando habla acerca de asuntos de negocios más amplios? Carecer de un enfoque lo suficientemente amplio puede dejarle con una perspectiva muy limitada.

Tener conocimiento del mercado le ayuda a comprender las prioridades en las cuales debería concentrarse, así como también el motivo por el cual la organización se ha comprometido a un camino determinado. Por ejemplo, puede no tener mucho sentido abandonar un producto en el cual su división ha estado trabajando hasta que comprende que ahora existe una mayor oportunidad de mercado, en una región de consumidores diferente que es improbable que use su producto en absoluto.

Ser conocedor del mercado también determina cuán efectivo es relacionarse tanto con clientes internos como externos, cuyas decisiones están basadas en diferentes motivaciones.

Reaccione

(a) Sea proactivo/a y demuestre interés en tareas que podrían exponerle a áreas del negocio distintas de las suyas.

274

Copyright © 2009 Yolanda Lacoma & Martin Sutherland

(b) Inscríbase en cursos después de hora o en fines de semana que aumentarán sus conocimientos acerca de diferentes aspectos del negocio. Asegúrese de estar expuesto a información perteneciente a servicio al cliente, el aspecto financiero del negocio y también marketing y ventas.

(c) Participe en iniciativas más allá de su ámbito regular, tales como proyectos de gestión de calidad total (TQM por sus siglas en inglés) y de la Organización Internacional de Estandarización (ISO por sus siglas en inglés).

(d) Lea casos de estudio de negocios y aprenda qué funcionó o fracasó en diferentes compañías. Puede encontrar esta información en la biblioteca y en Internet.

(e) Lea la memoria anual de su compañía y asegúrese de poder interpretarla. ¿Qué tendencias están afectando el crecimiento de su compañía? ¿Comprende los estados financieros? Pídale a un asesor financiero que señale los factores importantes.

(f) Familiarícese con el plan estratégico de su compañía. Converse con su jefe/a sobre los motivos del rumbo específico que ha elegido su compañía. ¿Qué impulsa al negocio? ¿Cómo se determinan las prioridades?

> **2** Es más importante crear sobre lo que tengo que, mantenerme al corriente de las últimas tendencias/Me concentro en nuestras fortalezas en lugar de en nuestros competidores

Reflexione

Perseguir las últimas tendencias puede diluir los recursos y el enfoque de una compañía. Pero las organizaciones deben manejar la delgada línea entre mantenerse al corriente de las tendencias y tornarse obsoleto. Por ejemplo, la industria automotriz de los EE.UU. mantuvo durante décadas un monopolio sobre las ventas de automóviles en el país, hasta que la crisis del petróleo de la década del 80 convirtió a los automóviles japoneses compactos y de bajo consumo de gasolina en una alternativa atractiva para el consumidor estadounidense. Aunque no hubiera sido posible predecir el aumento en los precios del petróleo, General Motors, Chrysler y Ford obviamente subestimaron el valor de la oferta de su competidor y rápidamente perdieron su participación en el mercado.

No importa cuán exitoso sea un producto o servicio, siempre es vulnerable a los cambios en el mercado y es sólo tan bueno como la debilidad del competidor.

Reaccione

(a) Conozca a sus competidores: sus productos, fortalezas y debilidades, participación en el mercado, cómo llegan a sus clientes.

(b) Considere su cartera de clientes con cuidado y a fondo. Comprenda exactamente quiénes son sus clientes: su segmento demográfico, necesidades, patrones y preferencias, así como también cómo llega su compañía a ellos/as y las tendencias que pueden afectarlos en el futuro.

(c) Compare los estados financieros de su compañía con las de otras en el mismo mercado.

(d) Piense acerca de asociaciones estratégicas que podrían permitirle aprovechar las tendencias con menos riesgo o inversión de su parte, o fortalecer su negocio en un área en la cual su competidor tiene una mayor participación en el mercado.

275

Copyright © 2009 Yolanda Lacoma & Martin Sutherland

3 | No tengo acceso a información del mercado

Reflexione

Tener conocimiento del mercado podría incrementar la confianza en sí mismo/a y su credibilidad entre otras personas, especialmente si es nuevo/a en el negocio. Si está informado/a de los cambios en el mercado y cómo funcionan los negocios, puede formular preguntas inteligentes y pertinentes, incluso con poca experiencia que le respalde.

La información del mercado está fácilmente disponible — el desafío es que el acceso a ella sea una prioridad. Como cualquier enfoque a largo plazo, intégrelo en su cronograma diario para convertirlo en una parte integrante de hacer negocios.

Reaccione

(a) Identifique uno o dos temas relevantes por mes e infórmese lo suficiente acerca de ellos como para conversar de forma inteligente. Trate de comprender las causas y consecuencias de un tema.

(b) Manténgase informado/a. Lea revistas de la industria y libros de negocios. Pida a sus colegas y jefe que le recomienden libros o sitios web para leer.

(c) Los medios proveen numerosas formas de obtener información. Mire o escuche los numerosos canales y programas de negocios disponibles en televisión o radio. Escuche noticias de negocios camino al trabajo y aproveche así el viaje. Subscríbase a diarios y revistas de negocios bien respetadas tales como *The Wall Street Journal*, *Fortune 500* y *Harvard Business Review*.

(d) Regularmente almuerce con personas de la compañía que sean expertos/as en su campo y formúleles preguntas.

(e) Conozca gente y entérese de lo que hacen. Se sorprenderá de cuánta información puede obtener de una conversación casual acerca de temas y tendencias que tienen impacto en la línea de trabajo de otras personas.

276

Copyright © 2009 Yolanda Lacoma & Martin Sutherland

Comportamientos usados en exceso

Los estudios de investigación han determinado que en ocasiones las fortalezas de una persona se pueden convertir en debilidades si se utilizan en exceso.
Para encontrar el equilibrio, usted debe desarrollar los llamados estabilizadores con el objetivo de atenuar el comportamiento usado en exceso.

Estabilizadores:	Comportamiento usado en exceso
17 Juicioso/a	Puede que haga esfuerzos para que el negocio se adapte con demasiada frecuencia a las tendencias y cambios del mercado
56 Posee Conocimientos Técnicos	
48 Planifica El Trabajo	
29 Establece Prioridades	
1 Obtiene Resultados	
31 Mejora Los Procesos	
51 Reconoce El Talento Y El Potencial En Las Personas	
15 Orientado/a Al Cliente	
48 Planifica El Trabajo	

Instrucciones

Si se siente identificado/a con la definición de comportamiento usado en exceso, elija alguno de los estabilizadores y diríjase a los capítulos correspondientes para buscar estrategias de acción que le ayuden a desarrollarlos.

Para más instrucciones diríjase a la sección de este libro: "Cómo utilizar este libro".

277

Copyright © 2009 Yolanda Lacoma & Martin Sutherland

41. Modesto/a

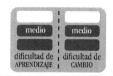
"No se preocupe cuando no sea reconocido/a, sino esfuércese para ser digno de reconocimiento"
Abraham Lincoln

Comportamiento efectivo
Reconoce la contribución de los demás, es humilde acerca de sus fortalezas y modesto/a sobre sus logros

Comportamiento inefectivo
Puede que no reconozca la contribución de los demás y que le perciban como arrogante y puede que infle sus logros y sus fortalezas

Instrucciones
Lea las definiciones de la izquierda. Si se siente identificado/a con la definición de comportamiento inefectivo, diríjase a la sección Estrategias de Acción de este capítulo.

Comportamiento usado en exceso
Puede que sea demasiado reservado/a o vergonzoso/a para liderar un proyecto o inspirar confianza

Si se siente identificado/a con la definición de comportamiento usado en exceso diríjase a la sección final del capítulo.

Auto Evaluación

¿verdadero?	Informo a los demás cuando sus aportes han tenido un impacto positivo en mi trabajo
¿verdadero?	Comparto el mérito de un esfuerzo conjunto con mis colaboradores
¿verdadero?	Aliento a otras personas a recibir el reconocimiento si es importante para ellos
¿verdadero?	Creo que el buen desempeño de mi equipo es tan importante como mi propio desempeño
¿verdadero?	Puedo sentirme bien acerca de mis logros sin que los demás los reconozcan
¿verdadero?	No exagero mis logros

Notas
¿Está seguro/a de que debe desarrollar esta competencia?

"Si la respuesta a la mayoría de las afirmaciones de la parte izquierda es "verdadero", probablemente no sea necesario que usted desarrolle esta competencia."

Copyright © 2009 Yolanda Lacoma & Martin Sutherland

Estrategias de Acción

La mayoría de los comportamientos inefectivos tienen patrones o pensamientos emocionales ocultos. Al identificarlos, usted podrá definir las estrategias de acción específicas para mejorar este comportamiento.

(1) Cuando hago la mayoría del trabajo debería recibir la mayoría del mérito

(2) Puedo o debería actuar diferente ahora que soy exitoso/a /Luciría débil si fuera un/a líder humilde

(3) Quiero promocionar mis logros/Quiero asegurarme de obtener reconocimiento

Instrucciones

1. Lea y seleccione uno o más de los patrones de comportamiento inefectivo descritos a la izquierda.

2. En la sección de abajo, busque el número correspondiente que le ayudará a reconsiderar este patrón y a identificar acciones prácticas y específicas de mejora.

---

1 | **Cuando hago la mayoría del trabajo debería recibir la mayoría del mérito**

Reflexione

¿Hay riesgo en apuntarse el mérito por su arduo trabajo? Eso depende de lo considerado/a que sea acerca de los aportes de los demás. Casi ningún logro se alcanza aisladamente y puede que sea considerado/a egoísta o narcisista si no reconoce este hecho.

Además, compartir el mérito tiene muchos beneficios. Como líder, es crítico poder motivar a la gente. Una de las formas más efectivas de hacerlo es reconocer activamente los logros de los demás, independientemente de cuánto mayor puede haber sido su aporte. Hace sentir a la gente valiosa y más confiada acerca de sí misma. La modestia requiere que usted esté tan orgulloso de los aportes de los demás como de los logros propios. Además, sepa que los elogios y el reconocimiento de la labor de los empleados por su parte son contagiosos. Cuando otras personas ven que sus colegas son reconocidos, les inspira a trabajar para recibir reconocimiento también.

Reaccione

(a) Independientemente del tamaño de sus aportes, propóngase agradecer a la gente con la cual trabajó en un proyecto (durante y después de la finalización). Haga esto formalmente en un correo electrónico o reunión grupal.

(b) Cuando el aporte de otra persona ha mejorado el trabajo realizado por usted, comuníqueselo. Admita abiertamente que su trabajo sería más difícil sin su ayuda.

Copyright © 2009 Yolanda Lacoma & Martin Sutherland

(c) Regularmente reconozca los esfuerzos de la persona que le reporta directamente a usted. Haga que esto sea una parte habitual de su gestión en reuniones y en la oficina.

(d) Los elogios hacen que los empleados y colegas se sientan apreciados/as y es una manera fácil de que la gente se sienta valorada. El elogio no tiene que estar relacionado con su trabajo específicamente. Puede ser una simple afirmación del comportamiento agradable de alguien, por ejemplo, comunicarle que usted reconoce una cualidad especial en él/ella.

(e) Concéntrese en "nosotros" y no en "mí". Aborde cada proyecto como un esfuerzo de equipo que no podría lograrse sin el aporte de mucha gente. Rara vez una sola persona está involucrada en una tarea. Promueva los esfuerzos del equipo haciendo circular mensajes de correo electrónico y memos que recapitulen el desempeño de su equipo. Reenvíe los elogios de los clientes a su supervisor.

2 | Puedo o debería actuar diferente ahora que soy exitoso/a/Luciría débil si fuera un/a líder humilde

Reflexione

Cambiar su relación con otras personas porque ha tenido éxito en el trabajo puede hacerle parecer poco auténtico/a y engreído/a. Quién es usted no se ve alterado por una nueva posición o cargo.

Los líderes que no olvidan sus orígenes continúan estando accesibles a todos y conectados con las cuestiones que han experimentado a lo largo de sus carreras. Ser humilde acerca de sus logros e incluso hablar de sus debilidades no le convierte en un/a líder débil. No se verá como falta de habilidades de liderazgo, en cambio, la gente pensará que usted es seguro/a de sí mismo/a.

Reaccione

(a) No se olvide de la gente que le apoyó durante su ascenso a la cima. Haga públicos sus nombres y aliente a otras personas a hacer lo mismo. Le permite ser modesto/a acerca del rol que desempeñó a la vez que ganar el respeto del personal que le apoyó.

(b) Aliente a la gente a tratarle de la misma manera en que lo hacían antes de volverse exitoso/a. Muestre a los ex colegas así como también a su familia y amigos que las relaciones que comparten continúan siendo importantes.

(c) Sea auténtico/a. Usted no cambió simplemente porque su posición o nivel de autoridad son diferentes. Mantenga las amistades que tenía antes de volverse exitoso/a.

(d) Resista el impulso de ser ostentoso/a, alardear o vivir por encima de sus posibilidades. Niéguese a obtener posesiones o participar en actividades que sólo tienen el propósito de llamar la atención hacia usted.

(e) Acepte los elogios de otras personas cortésmente. Muestre gratitud genuina por la admiración de su éxito, pero cambie de tema cuando la gente hable demasiado de sus logros. Gire la conversación hacia los logros y cualidades de los demás.

Copyright © 2009 Yolanda Lacoma & Martin Sutherland

Reflexione

Recientemente terminó un proyecto exitoso y quiere asegurarse de que su logro sea reconocido por sus colegas y otras personas relevantes. ¿Cómo lo hace? Con modestia y sensibilidad.

La auto-promoción es importante para ayudar a hacer avanzar la carrera de una persona. Muchas recompensas están relacionadas con el reconocimiento, incluyendo sentirse bien acerca de uno/a mismo/a. Pero mientras que sus logros pueden ser ejemplares, se arriesga a alienar a la gente si se promociona demasiado agresivamente o lo hace a costa de los demás. Quiere ser reconocido/a, pero por las razones correctas y no porque es un éxito autoproclamado. Si se desempeñó bien, la gente alrededor suyo estará bien enterada y se puede pedir el reconocimiento sin mucha jactancia por su parte.

También recuerde que diferentes normas culturales establecerán cuánta auto-promoción es aceptable. Esto puede variar en diferentes divisiones de la compañía, según los estilos de liderazgo de sus superiores, e incluso según el país. Si trabaja en ventas, por ejemplo, puede ser adecuado asegurarse de que todos/as en su división sepan que usted superó el presupuesto anual del grupo. Pero esta información podría no ser adecuada para compartir con un colega japonés que vive en una cultura que asigna valor al trabajo en equipo y la modestia.

Reaccione

(a) Pida a la gente relevante que es importante para usted que le brinde retroalimentación constante acerca de su trabajo. Algunos de nosotros requerimos más reafirmación y reconocimiento que otros. No suponga que sus colegas o superiores conocen o pueden leer sus necesidades.

(b) Trabaje en el auto-elogio. La gente no siempre estará disponible para reconocer su trabajo arduo, por lo tanto asegúrese de tener un sistema de recompensa privado que se apoye en lo que piensa de sí mismo/a, no en lo que los demás piensan de usted.

(c) Sea humilde acerca de sus fortalezas y logros. Saboree sus éxitos en privado y siga avanzando a partir de ellos. En lugar de alardear acerca de un trabajo bien hecho, use los conocimientos obtenidos de su éxito y siga adelante.

(d) Encuentre un lugar equilibrado del cual extraer su sensación de logro. Enumere las cosas de las que está orgulloso/a además de sus logros en el trabajo. Puede ser un/a excelente padre/madre, amigo/a o muy habilidoso/a en un pasatiempo, por ejemplo. No es sólo el trabajo lo que define sus logros —busque reconocimiento en otras áreas de su vida también.

(e) Asegúrese de no exagerar sus logros y su éxito para obtener mayores elogios o atención. Sea sincero/a y auténtico/a, o parecerá falso/a y su logro real se perderá en el ruido.

(f) Desarrolle una reputación de esforzarse calladamente en lograr el éxito en lugar de perseguir elogios.

(g) Asegúrese de no estar dedicando más tiempo a alardear que a hacer su trabajo. Los colegas y clientes rápidamente se sentirán frustrados/as y resentidos/as.

Copyright © 2009 Yolanda Lacoma & Martin Sutherland

(h) Una persona modesta cree en el trabajo arduo sin esperar recompensa. No espere reconocimiento por su trabajo. Tiene más probabilidades de ser elogiado/a una vez que sus colegas vean que usted es modesto/a acerca de sus logros.

(i) No haga supuestos acerca de normas culturales en su entorno de trabajo. Identifíquelas correctamente y actúe en consecuencia.

Copyright © 2009 Yolanda Lacoma & Martin Sutherland

Comportamientos usados en exceso

Los estudios de investigación han determinado que en ocasiones las fortalezas de una persona se pueden convertir en debilidades si se utilizan en exceso.

Para encontrar el equilibrio, usted debe desarrollar los llamados estabilizadores con el objetivo de atenuar el comportamiento usado en exceso.

Estabilizadores:	Comportamiento usado en exceso
1 Obtiene Resultados	Puede que sea demasiado reservado/a o vergonzoso/a para liderar un proyecto o inspirar confianza
13 Tiene Coraje	
11 Calmado/a	
12 Posee Confianza En Sí Mismo/a	
27 Experimentador	
9 Se Comunica Bien (Verbalmente)	
8 Se Siente Cómodo/a Con La Incertidumbre	
5 Concilia La Vida Personal Y Laboral	
21 Se Desarrolla A Sí Mismo/a	
49 Políticamente Hábil	

Instrucciones

Si se siente identificado/a con la definición de comportamiento usado en exceso, elija alguno de los estabilizadores y diríjase a los capítulos correspondientes para buscar estrategias de acción que le ayuden a desarrollarlos.

Para más instrucciones diríjase a la sección de este libro: "Cómo utilizar este libro".

284

Copyright © 2009 Yolanda Lacoma & Martin Sutherland

42. Gestiona El Trabajo

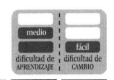

medio

fácil

dificultad de APRENDIZAJE | dificultad de CAMBIO

"La precisión de la observación es el equivalente de la precisión del pensamiento"

Wallace Stevens

Comportamiento efectivo
Establece medidas prácticas y relevantes para supervisar los procesos de trabajo

Comportamiento inefectivo
Puede que no establezca medidas para supervisar el progreso de las tareas

Instrucciones

Lea las definiciones de la izquierda. Si se siente identificado/a con la definición de comportamiento inefectivo, diríjase a la sección Estrategias de Acción de este capítulo.

Si se siente identificado/a con la definición de comportamiento usado en exceso diríjase a la sección final del capítulo.

Comportamiento usado en exceso
Puede que sea demasiado controlador y que no fomente o que apague la iniciativa de otras personas

Auto Evaluación

¿verdadero?	Defino etapas para cada objetivo significativo de un proceso
¿verdadero?	Consulto con los miembros de mi equipo sus opiniones y percepciones acerca de cómo está avanzando el flujo de trabajo
¿verdadero?	Doy retroalimentación regular a todos los miembros del equipo para que se puedan hacer ajustes a lo largo del proceso
¿verdadero?	Cuando es necesario, recalculo programaciones y redefino etapas conforme a los resultados
¿verdadero?	Creo que es tan importante supervisar el avance del trabajo como tener un plan

Notas
¿Está seguro/a de que debe desarrollar esta competencia?

"Si la respuesta a la mayoría de las afirmaciones de la parte izquierda es "verdadero", probablemente no sea necesario que usted desarrolle esta competencia."

Copyright © 2009 Yolanda Lacoma & Martin Sutherland

Estrategias de Acción

La mayoría de los comportamientos inefectivos tienen patrones o pensamientos emocionales ocultos. Al identificarlos, usted podrá definir las estrategias de acción específicas para mejorar este comportamiento.

(1) No me gusta gestionar hasta el último detalle/La gente puede gestionar su propio trabajo

(2) Tengo prioridades encontradas/La supervisión lleva tiempo que podría usar para completar otro trabajo

(3) No tengo experiencia en establecer buenas medidas de avance/Mi entorno de trabajo no valora la supervisión del trabajo

Instrucciones

1. Lea y seleccione uno o más de los patrones de comportamiento inefectivo descritos a la izquierda.

2. En la sección de abajo, busque el número correspondiente que le ayudará a reconsiderar este patrón y a identificar acciones prácticas y específicas de mejora.

---

1 | **No me gusta gestionar hasta el último detalle/ La gente puede gestionar su propio trabajo**

Reflexione

Muchos/as gerentes son reacios/as a supervisar el avance del trabajo porque creen que envía un mensaje de que no confían en las capacidades de sus subordinados. La confianza en su equipo y el plan de procesos es importante, de hecho, debería ser una de las metas del gerente.

Pero controlar el estado de un proceso no es lo mismo que gestionar hasta el último detalle. Un equipo capaz y resuelto y un plan adecuado son sólo dos componentes de un proceso exitoso. Supervisar el proceso es igual de importante y cumple una función crítica. La supervisión estratégica le permite gestionar, de forma oportuna y eficiente, cualquier modificación necesaria. Los planes están basados en supuestos, que pueden cambiar rápidamente. Cuanto antes se identifiquen y resuelvan los problemas, más probabilidades habrá de concluir el proceso con éxito. Los planes pueden verse bastante diferentes al final de un proceso de cuando fueron creados originalmente.

El exceso de confianza en un plan o la renuencia a mantenerse involucrado en el trabajo de la gente puede causar una repetición innecesaria y hacer que su equipo se sienta sin respaldo. También puede ser más desmoralizante que si hubiera estado demasiado involucrado/a.

Un gerente efectivo puede lograr el equilibrio adecuado entre otorgar autoridad a otros y permitirles que continúen con su trabajo, y establecer y participar en prácticas de supervisión efectivas.

286

Copyright © 2009 Yolanda Lacoma & Martin Sutherland

Reaccione

(a) Desarrolle un plan de comunicación para establecer un diálogo regular con su equipo acerca del estado del proceso y las modificaciones necesarias. Esto puede tomar la forma de correos electrónicos de actualización semanales, reuniones formales o conversaciones informales, legajos compartidos para documentos pertinentes, etc. La retroalimentación regular asegura que la gente tenga dirección a lo largo del camino.

(b) Busque señales menos obvias de problemas en el proceso. Por ejemplo, la gente puede estar cumpliendo los plazos pero sentir un estrés excesivo, o carecer de los recursos esenciales, lo que puede ser desmoralizante y causar agotamiento.

(c) Publique y distribuya un informe de avance, usando un diagrama de Gantt, una técnica de evaluación y revisión de gestión de proyectos (PERT por sus siglas en inglés) o el método del camino crítico (CPM por sus siglas en inglés) para definir hitos. Una representación visual le brinda a su equipo una forma rápida y medible de supervisar el avance.

(d) Asegúrese de supervisar los procesos más de cerca al principio del proyecto, hasta que se sienta cómodo/a de que todos/as comprendan sus roles y tengan una guía clara.

(e) Verifique que se alcancen los objetivos por etapa y que las tareas se ajusten al programa y al presupuesto.

(f) Asegúrese de que la gente sea honesta acerca del estado de sus tareas —pídales que le muestren el trabajo que han completado hasta el momento. La gente puede ser reacia a decirle el estado de su trabajo si están atrasados/as. Confíe en sus instintos. Puede descubrir que su equipo necesita más recursos o una mejor aclaración de las tareas.

(g) Organice una reunión informativa para conversar sobre las lecciones aprendidas para que la gente sepa cómo trabajar de forma más efectiva en el futuro. Comparta estas lecciones con otras personas de su organización también.

> ## 2 | Tengo prioridades encontradas/La supervisión lleva tiempo que podría usar para completar otro trabajo

Reflexione

Aunque lleva tiempo controlar el estado de las tareas y conversar sobre los problemas con su equipo, lleva mucho más tiempo y es potencialmente perjudicial corregir problemas identificados tarde en el proceso.

¿Cuántos ejemplos existen donde, si hubiera prestado un poco más de atención, se habría ahorrado mucho tiempo y esfuerzo? Podemos tomar muchos ejemplos de nuestras vidas diarias: esperar que el automóvil funcione sin problemas pero nunca llevarlo al servicio de mantenimiento, no asistir a las reuniones de padres y maestros y recibir una sorpresa desagradable cuando llegan los boletines, no realizar el examen médico anual sólo para necesitar costosos medicamentos más tarde.

El tema es que pocos procesos son sostenibles por su cuenta sin dedicar algo de tiempo asupervisar los esfuerzos. El tiempo invertido ahora reduce tiempo requerido más tarde.

Copyright © 2009 Yolanda Lacoma & Martin Sutherland

Reaccione

(a) Fomente un ambiente en el cual reciba informes regularmente. Comunique a la gente que es importante que le mantengan actualizado acerca de su estado sin tener que pedir la información. Por ejemplo, pida a la gente que habitualmente le envíe breves correos electrónicos informando del estado de situación.

(b) Establezca sistemas que faciliten un control rápido, utilice herramientas de gestión de proyectos compartidas para revisar rápidamente en línea el estado de los hitos y presupuestos.

(c) Si el seguimiento es difícil de manejar por su cuenta, delegue diferentes aspectos del proceso al equipo y celebre reuniones informativas regularmente.

(d) Invierta más tiempo al principio del proceso, cuando se necesita más dirección, de modo que se requiera menos de su tiempo más adelante.

(e) Limite la cantidad de tiempo que pasa con gente que le está dando una actualización de estado. No les deje divagar o hablar acerca de cuestiones irrelevantes.

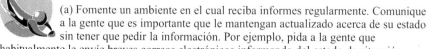

3 | **No tengo experiencia en establecer buenas medidas de avance/ Mi entorno de trabajo no valora el control del trabajo**

Reflexione

Puede no haber estado capacitado/a o tenido la oportunidad de controlar procesos. Las culturas de algunas compañías no requieren ni valoran la estructura que el controlar asigna a los procesos — esto sucede a menudo en entornos altamente creativos. Sin embargo, es ampliamente reconocido que el éxito de un proyecto depende de la calidad de su controlar.

El controlar efectivo requiere habilidades interpersonales y analíticas, que necesitan mejorarse continuamente. No implica riesgo que usted se ocupe de practicar esta competencia, incluso si, al principio, no es recibido favorablemente. Los beneficios pronto quedarán claros.

Reaccione

(a) Involúcrese en una tarea que implique planificación y ofrézcase para trabajar con su jefe u otro miembro del equipo para establecer objetivos por etapay medidas de avance.

(b) Haga investigación y evalúe las mejores prácticas para controlar procesos y su mejora.

(c) Familiarícese con herramientas disponibles para usted, como informes de avance o gráficos (Gantt, PERT o CPM). Una vez que está familiarizado/a con las opciones, preséntelas a otras personas de modo que puedan ver el valor de utilizarlas.

(d) Utilice métodos no amenazadores de control al principio, como reuniones informativas, y luego introduzca prácticas más estructuradas que la gente aceptará con mayor facilidad.

288

Copyright © 2009 Yolanda Lacoma & Martin Sutherland

(e) Encuentre una persona respetada en la organización que comparta sus lecciones acerca de control de flujos de trabajo exitosos y no exitosos con usted. Aunque no es sustituto de la experiencia personal, es útil escuchar lo que han experimentado otras personas.

(f) Documente las lecciones aprendidas de sus experiencias para su uso en el control de procesos futuros: qué debería haber pasado, que podría haberse evitado o hecho de forma diferente.

Comportamientos usados en exceso

Los estudios de investigación han determinado que en ocasiones las fortalezas de una persona se pueden convertir en debilidades si se utilizan en exceso.
Para encontrar el equilibrio, usted debe desarrollar los llamados estabilizadores con el objetivo de atenuar el comportamiento usado en exceso.

Estabilizadores:	Comportamiento usado en exceso
4 Accesible	Puede que sea demasiado controlador y que no fomente o que apague la iniciativa de otras personas
51 Reconoce El Talento Y El Potencial En Las Personas	
25 Sabe Delegar	
20 Desarrolla A Otras Personas	
34 Capaz De Escuchar	
43 Motiva A Las Personas	
7 Trabaja Bien En Equipo	
59 Unifica A Las Personas	
31 Mejora Los Procesos	
33 Inspira Un Futuro	

Instrucciones

Si se siente identificado/a con la definición de comportamiento usado en exceso, elija alguno de los estabilizadores y diríjase a los capítulos correspondientes para buscar estrategias de acción que le ayuden a desarrollarlos.

Para más instrucciones diríjase a la sección de este libro: "Cómo utilizar este libro".

289

Copyright © 2009 Yolanda Lacoma & Martin Sutherland

43. Motiva A Las Personas

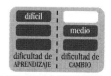

dificultad de APRENDIZAJE | dificultad de CAMBIO

"La motivación es el arte de lograr que la gente haga lo que usted quiere que hagan porque quieren hacerlo"

Dwight D. Eisenhower

Comportamiento efectivo

Da fuerza y energía a los demás y sabe qué motiva a los diferentes tipos de personas

Comportamiento inefectivo

Puede que no motive a las personas o que incluso las desmotive sin ser consciente

Comportamiento usado en exceso

Puede que se haga demasiado responsable de motivar a otras personas en vez de generar el ambiente adecuado para que las personas se motiven por sí mismas

Instrucciones

Lea las definiciones de la izquierda. Si se siente identificado/a con la definición de comportamiento inefectivo, diríjase a la sección Estrategias de Acción de este capítulo.

Si se siente identificado/a con la definición de comportamiento usado en exceso diríjase a la sección final del capítulo.

Auto Evaluación

¿verdadero?	Busco y puedo ver señales de falta de energía en la gente
¿verdadero?	Soy consciente de que todos necesitan motivación de vez en cuando
¿verdadero?	He hablado con cada una de las personas que me reportan directamente acerca de qué los motiva
¿verdadero?	Me mantengo enérgico/a y motivo a otras personas incluso cuando estoy pasando por momentos difíciles
¿verdadero?	Tengo cuidado de no hacer comentarios negativos acerca de la organización en público
¿verdadero?	Considero el impacto de mis afirmaciones sobre la moral de otras personas antes de hacerlas
¿verdadero?	Tengo planeado retener a mis empleados con mejor desempeño

Notas

¿Está seguro/a de que debe desarrollar esta competencia?

"Si la respuesta a la mayoría de las afirmaciones de la parte izquierda es "verdadero", probablemente no sea necesario que usted desarrolle esta competencia."

291

Copyright © 2009 Yolanda Lacoma & Martin Sutherland

Estrategias de Acción

La mayoría de los comportamientos inefectivos tienen patrones o pensamientos emocionales ocultos. Al identificarlos, usted podrá definir las estrategias de acción específicas para mejorar este comportamiento.

(1) Pienso que mi actitud, o personalidad, no motiva a la gente (demasiado callado/a, distante, escéptico/a, crítico/a, perfeccionista)

(2) Estoy más preocupado/a por las tareas o resultados que por la gente

(3) No comprendo qué motiva a la gente/No me doy cuenta cuando algo está mal

(4) La gente debería automotivarse/No tengo tiempo para motivar a los demás

(5) La cultura de nuestra compañía no da prioridad a motivar a otras personas

(6) No me gusta crear falsas expectativas o expectativas elevadas que son difíciles de manejar

(7) Me cuesta motivarme a mí mismo/a, y más aún a otras personas

Instrucciones

1. Lea y seleccione uno o más de los patrones de comportamiento inefectivo descritos a la izquierda.

2. En la sección de abajo, busque el número correspondiente que le ayudará a reconsiderar este patrón y a identificar acciones prácticas y específicas de mejora.

---

1 | **Pienso que mi actitud, o personalidad, no motiva a la gente (demasiado callado/a, distante, escéptico/a, crítico/a, perfeccionista)**

Reflexione

La personalidad y la actitud de los gerentes desempeñan un rol importante en cuán motivados están sus subordinados. La investigación demuestra que el principal motivo por el cual la gente deja sus trabajos es porque están insatisfechos con sus jefes. ¿Se sentiría alentado/a y estimulado/a si su jefe/a fuera altamente crítico/a sobre todo lo que hizo, o por el contrario si fuera tan distante que nunca recibió retroalimentación acerca de su trabajo?

Todos tenemos debilidades que pueden hacer que la gente se sienta poco motivada, así como también fortalezas que pueden provocar lo mismo, si son excesivas. Imagine, por ejemplo, un/a supervisor/a que es altamente creativo/a. Aunque la persona puede ser innovadora y estimulante para algunos/as, puede también ser desmoralizante para otros cuando no logren concentrarse en los detalles críticos, una planificación detallada o brindar suficiente dirección.

Sea más consciente de las posibles barreras que puede estar creando para otros. La gente rara vez es consciente del impacto negativo que su comportamiento tiene en otras personas, pero un simple cambio en sus acciones puede marcar la diferencia para la gente que está trabajando con y para usted.

Copyright © 2009 Yolanda Lacoma & Martin Sutherland

Reaccione

(a) Participe en un proceso de retroalimentación de 360° que le brinde una opinión honesta de sus colegas, clientes e incluso de su gerente acerca de su comportamiento. Recuerde que la retroalimentación no es útil a menos que esté dispuesto a aceptarla y hacer los cambios necesarios.

(b) Contrate un coach para que le ayude a señalar los aspectos de su personalidad que afectan a su capacidad de motivar a otras personas. Por ejemplo, mostrar empatía, escuchar bien, tener paciencia, otorgar autoridad a otras personas, poseer habilidades de delegación, informar a los demás y ser abierto/a.

(c) Observe a la gente en la organización que es buena motivando a otras personas. ¿Qué rasgos de personalidad le permiten hacerlo?

(d) Tenga en cuenta que su motivación proviene de un lugar diferente de la de los demás. Está basada en tipos de personalidad. A alguien puede gustarle trabajar por su cuenta y necesitar un entorno de trabajo estructurado. Otra persona sin embargo, puede disfrutar trabajando en equipo, compartiendo ideas y sentirse motivado por un entorno flexible.

---

2 | **Estoy más preocupado/a por las tareas o resultados que por la gente**

Reflexione

Si usted valora la acción y los resultados por encima de todo lo demás, deténgase y piense. Los resultados son logrados por las personas, por lo tanto tenerlas motivadas hace más probable que usted alcance sus metas. Puede pensar que las cosas suceden más rápido cuando ignora las cuestiones humanas y ése puede ser el caso a corto plazo, pero éstas no desaparecerán y sólo crecerán si no son abordadas.

Como gerente, debe encontrar un equilibrio entre obtener resultados y que las tareas se realicen de una forma sostenible que otorgue autoridad y estimule a su equipo. Lleva mucho más tiempo y energía reemplazar a una persona insatisfecha que dejó la organización que mantener el talento existente motivado mostrándose preocupado por sus vidas personales y profesionales. También considere que una persona motivada produce más resultados en menos tiempo que una persona que carece de energía y se siente desmoralizada.

Reaccione

(a) Dedique el tiempo necesario para motivar a la gente acerca de un proyecto. La gente se mantiene inspirada cuando forman una conexión con una visión mayor, más que una tarea.

(b) Equilibre su necesidad de acción con halagos por lo que se ha logrado hasta el momento.

(c) Cuando señale errores o un área que necesita mejora, siempre mencione las cosas que se hicieron correctamente también.

Copyright © 2009 Yolanda Lacoma & Martin Sutherland

(d) Acérquese a la gente periódicamente para controlar tanto el progreso como sus sentimientos y preocupaciones.

(e) Considere cuidadosamente qué resultados realmente necesitan ser perfectos, cuán agresivas tienen que ser las fechas límite y cuán realistas son sus estándares. Puede aplicar presión innecesaria en la gente con tareas que realmente requieren menos precisión o que podrían terminarse dentro de un período de tiempo más tolerante.

(f) No use un enfoque que sea igual para todos. Asegúrese de comprender los diferentes incentivos que necesitan las personas y úselos para obtener sus resultados.

3 | No comprendo qué motiva a la gente/No me doy cuenta cuando algo está mal

Reflexione

Una disminución en el desempeño a menudo es el resultado de una pérdida de motivación. Numerosos indicios acerca del nivel de motivación de una persona están presentes mucho antes de que decline su desempeño.

Un/a gerente observador/a que está bien plantado/a para leer esas señales puede intervenir de forma oportuna. Algunas personas están naturalmente dotadas para captar los indicios de aquellos/as con los/as cuales interactúan, pero si usted no lo está, deberá dedicar tiempo a desarrollar una sensibilidad extrema acerca de los motivos y emociones subyacentes de la gente.

Reaccione

(a) Busque indicios que señalen una menor motivación — comentarios negativos, retirarse del grupo, cambio drástico en el estilo de trabajo, retrasarse en el trabajo, no cumplir con las fechas límite constantemente, rango de atención inusualmente corto, irritabilidad o comportamiento conflictivo.

(b) Observe qué hace que la persona se sienta más animada. La gente tiende a estar más comprometida y entusiasmada cuando hablan acerca de tareas o trabajan en tareas que los motivan. No deje pasar la oportunidad de preguntar a la gente acerca de la experiencia, tema, etc. que le atrae. Use la retroalimentación cuando considere formas de motivarlos en el futuro.

(c) Si sospecha que algo está mal, ¡pregunte! Confíe en su intuición. Puede ser muy motivador simplemente saber que a usted le interesa lo suficiente como para darse cuenta.

(d) Escuche cuidadosamente lo que la gente dice y lo que no dice. En ocasiones, la gente que está tratando de resolver sus temas todavía no descubrió exactamente qué es lo que los hace infelices.

(e) Interpretar a la gente no es necesariamente fácil, por lo tanto empiece cuanto antes. Numerosas herramientas de evaluación pueden darle mucha información acerca de la gente, por ejemplo, el Método Birkman se concentra en las necesidades ocultas de la gente. Dichas herramientas de evaluación pueden brindar información invalorable acerca de la motivación de la gente. Pregunte a sus asesores de recursos humanos acerca de las herramientas disponibles que pueden usar.

294

Copyright © 2009 Yolanda Lacoma & Martin Sutherland

La gente debería automotivarse/No tengo tiempo para motivar a los demás

Reflexione

Piense acerca de las veces que se sintió desmotivado/a. Tal vez pudo simplemente hacer caso omiso de una mala racha o recuperarse de una decepción sin la ayuda de nadie, pero, ¿Habría sido valioso si alguien hubiera estado allí para inspirarlo/a? Volverse hábil para motivar a otras personas no requiere un compromiso excesivo por parte de un gerente. De hecho, las acciones pequeñas son de gran ayuda para transmitir a otras personas que a usted le importa y que es consciente de sus circunstancias. Es más probable que los empleados que se sienten apreciados y comprendidos dediquen un esfuerzo extra para sus gerentes y organizaciones cuando nadie está mirando.

Reaccione

(a) Sea elogioso — es la forma mas simple de motivar a la gente. Comunique a la gente el valor de su trabajo, sea generoso/a con su agradecimiento, señale abiertamente cuando alguien esté haciendo bien sus tareas. ¿Cuándo fue la última vez que expresó gratitud a la gente que supervisa?

(b) No deje que alguien luche demasiado tiempo con una tarea si obviamente necesita ayuda. Controle su progreso habitualmente, pregunte si necesitan ayuda y asegúrese de movilizar recursos para ayudar si es necesario. Pedir ayuda y no obtenerla puede ser altamente dañino para la moral.

(c) Dedique tiempo a conocer mejor a la gente que trabaja para usted. Cree oportunidades para compartir información entre sí en un entorno informal. Almuerce con ellos o asista a eventos después de las horas de trabajo donde puede ver a la gente interactuar fuera del entorno laboral.

(d) Las acciones hablan más que las palabras. Herb Keller, presidente de Southwest Airlines en EE.UU. ocasionalmente ha participado en la carga de equipaje o en recibir los pasajes en la puerta de embarque. Mostrar a sus colegas que usted realmente forma parte del equipo y sabe lo que implica su trabajo es un mensaje muy poderoso.

La cultura de nuestra compañía no da prioridad a motivar a otras personas

Reflexione

La motivación es clave para retener talento y todas las organizaciones deben asegurarse de que sus gerentes valoran y dan prioridad a las actividades que apoyan la motivación de los empleados.

Las personas pierden interés en sus trabajos por una variedad de razones organizacionales: falta de comunicación, mala calidad de vínculos sociales entre la gente de la organización, bajo nivel de inversión en su crecimiento y desarrollo, poca flexibilidad en las prácticas y políticas: tales como horas de trabajo para satisfacer las necesidades personales,

Copyright © 2009 Yolanda Lacoma & Martin Sutherland

bajo nivel de interés demostrado en sus metas y aspiraciones personales, falta de oportunidades para moverse dentro de la organización y asumir posiciones desafiantes, incapacidad de practicar habilidades nuevas sin riesgo grave, bajo nivel de visibilidad con los altos directivos y falta de trabajo significativo y recompensa o incentivos monetarios.

Sencillamente, una organización comprometida con las prácticas y políticas que dan prioridad a la motivación de su talento crea una ventaja competitiva.

Reaccione

(a) Consulte con recursos humanos y su supervisor para enterarse acerca de las prácticas y políticas relacionadas con incentivos a los empleados.

(b) Cuando la moral está baja o el entorno de trabajo ha sido especialmente difícil, brinde incentivos que alienten a la gente a alcanzar metas, objetivos o fechas límite específicas. Todo el mundo necesita un empujón a veces.

(c) Las tareas interesantes ayudan a mantener motivada a la gente. Asegúrese de que sus subordinados tengan metas realistas pero desafiantes y tareas con las cuales puedan entusiasmarse. Comprenda la naturaleza del trabajo al cual la gente dedica la mayoría de su tiempo. Rote las tareas para evitar el agotamiento. Pregunte si a una persona le gustaría trabajar en una tarea o proyecto específico. Sorprendentemente, a los empleados rara vez se les formula esa pregunta.

(d) Ayude a la gente a mantenerse entusiasmada con su trabajo informándoles acerca de la visión global y las oportunidades que tienen — no sólo hoy, sino en el futuro.

(e) Cuando sea posible, eleve el perfil de la gente entre los altos directivos comunicando sus éxitos.

(f) No suponga que la gente está contenta porque no se ha quejado. Deje que sus subordinados participen en una encuesta de motivación. Los resultados podrían ser instructivos.

(g) Cuando pueda, asegúrese de que se realicen e implementen cambios en la política a modo de reflejar la retroalimentación de tales encuestas. Si se pidió opinión pero luego no se toman acciones al respecto, los empleados se sentirán desmoralizados/as.

(h) Asegúrese de tener planes para retener a sus empleados/as de mejor desempeño y a aquellos/as con elevado potencial.

---

6 | No me gusta crear falsas expectativas o expectativas elevadas que son difíciles de manejar

Reflexione

Algunos gerentes prefieren un enfoque conservador para motivar a otras personas — quieren manejar las expectativas y no hacer promesas, en caso de que no puedan cumplirlas. Tal vez usted minimiza la posibilidad del éxito de un proyecto, o advierte que una exigencia no será aprobada.

Aunque este enfoque puede estar basado en buenas intenciones, puede exceder el delicado equilibrio entre fijar expectativas realistas para la gente y quitarle su motivación. Permitir e incluso alentar que la gente apunte a más, incluso si no lo alcanza, es mejor que crear expectativas tan bajas que desalientan a la gente de alcanzar sus metas.

Copyright © 2009 Yolanda Lacoma & Martin Sutherland

La responsabilidad de un gerente no es prometer el cielo, pero uno puede prometer ayudar a tocarlo, de la forma en que uno pueda y cuando uno pueda. El hábito de señalar todos los motivos del fracaso seguramente destruirá cualquier motivación que tenga la gente.

Reaccione

(a) Siempre empiece con una respuesta positiva a la petición de una persona y actúe de forma alentadora, incluso si tiene dudas.

(b) Cuando converse las metas de una persona, exponga tanto los obstáculos para el éxito como los motivos por los cuales la meta puede alcanzarse.

(c) Aborde cada situación como si fuera nueva. Previamente, otras personas pueden no haber tenido éxito, pero eso no significa que la persona frente a usted no lo logrará.

(d) No suponga que las cosas tienen que permanecer como están. Hable con las personas adecuadas acerca de las opciones y exponga los argumentos a favor de la persona que está defendiendo.

(e) Pídale que le dé un plan de cómo espera alcanzar la meta antes de juzgar si puede tener éxito o no.

(f) Si su equipo trabajó con diligencia en un proyecto y el resultado no fue tan bueno como se esperaba, no se detenga innecesariamente en los resultados. Aliente al equipo a aplicar lo que aprendieron al próximo proyecto.

| 7 | Me cuesta motivarme a mí mismo/a, y más aún a otras personas |

Reflexione

Una habilidad invalorable de los líderes efectivos es su capacidad de mantener la motivación entre los empleados. Pero es prácticamente imposible hacerlo si perdió el interés y le falta motivación.

Si su nivel de energía es crónicamente bajo y sus perspectivas generalmente desoladoras, puede estar seguro/a de que la gente que usted supervisa empezará a sentir lo mismo. Piense lo diferente que se siente cuando está con alguien que está lleno/a de energía, que es positivo/a y entusiasta acerca de su trabajo. Uno puede esperar que los propios niveles de motivación varíen de cuando en cuando, pero si un bajo nivel se ha convertido en un estado crónico, debe ser abordado. Ignorarlo tendrá consecuencias negativas para usted, su equipo, sus subordinados y, si está en una posición de liderazgo, para la organización.

Reaccione

(a) Considere cuidadosamente qué podría estar afectando a su panorama positivo, no sólo en el trabajo sino también en su vida personal.

(b) Haga una lista e identifique los aspectos de su trabajo o de su vida que puede cambiar inmediatamente, en el corto y en el largo plazo.

297

Copyright © 2009 Yolanda Lacoma & Martin Sutherland

(c) Cree un plan de acción para abordar estos cambios. Por ejemplo, si está descontento con su calendario de trabajo, márquelo como un ítem de corto plazo que podría abordarse trabajando desde casa dos días por semana. La infelicidad con su posición es un ítem a largo plazo que puede abordar desarrollando habilidades para otra posición en la organización.

(d) Lea literatura inspiradora. Pida a sus colegas que le recomienden libros motivadores.

(e) No descargue sus frustraciones frente a sus subordinados y sea consciente de la charla negativa. No estarán en condiciones de cambiar la situación y se arriesga a desmoralizarlos. En cambio, hable acerca de sus quejas con la persona adecuada — su jefe, un representante de recursos humanos, su coach.

(f) Incluso cuando no está motivado acerca de su situación, igualmente puede ser positivo/a y alentador/a acerca de los demás.

(g) Considere ver a un asesor si su negatividad es crónica o se vuelve conflictiva en el trabajo.

(h) En ocasiones, puede tener que fingir sentirse motivado por un rato hasta que realmente se sienta así.

Copyright © 2009 Yolanda Lacoma & Martin Sutherland

Comportamientos usados en exceso

Los estudios de investigación han determinado que en ocasiones las fortalezas de una persona se pueden convertir en debilidades si se utilizan en exceso.

Para encontrar el equilibrio, usted debe desarrollar los llamados estabilizadores con el objetivo de atenuar el comportamiento usado en exceso.

Estabilizadores:	Comportamiento usado en exceso
13 Tiene Coraje	Puede que se haga demasiado responsable de motivar a otras personas en vez de generar el ambiente adecuado para que las personas se motiven por sí mismas
35 Gestiona El Conflicto	
38 Gestiona El Bajo Rendimiento	
25 Sabe Delegar	
20 Desarrolla A Otras Personas	
23 Dirige A Las Personas	
42 Gestiona El Trabajo	
37 Buen Negociador/a	
29 Establece Prioridades	
48 Planifica El Trabajo	

Instrucciones

Si se siente identificado/a con la definición de comportamiento usado en exceso, elija alguno de los estabilizadores y diríjase a los capítulos correspondientes para buscar estrategias de acción que le ayuden a desarrollarlos.

Para más instrucciones diríjase a la sección de este libro: "Cómo utilizar este libro".

Copyright © 2009 Yolanda Lacoma & Martin Sutherland

44. Tiene Facilidad Para Establecer Relaciones

medio | medio
dificultad de APRENDIZAJE | dificultad de CAMBIO

"Llámelo un clan, llámelo una red, llámelo una tribu, llámelo una familia: como sea que lo llame, quienquiera que sea, necesita una"

Jane Howard

Comportamiento efectivo

Establece y maneja activamente contactos importantes dentro y fuera de la organización

Comportamiento inefectivo

Puede que tenga un grupo limitado de contactos/relaciones y que no invierta tiempo en establecer relaciones con individuos o grupos de influencia que podrían ayudar en el negocio

Comportamiento usado en exceso

Puede que dependa demasiado de las relaciones y "networks" de gente para llevar a cabo su trabajo

Instrucciones

Lea las definiciones de la izquierda. Si se siente identificado/a con la definición de comportamiento inefectivo, diríjase a la sección Estrategias de Acción de este capítulo.

Si se siente identificado/a con la definición de comportamiento usado en exceso diríjase a la sección final del capítulo.

Auto Evaluación

¿verdadero?	Dedico tiempo a conocer a las personas que toman las decisiones en la organización
¿verdadero?	Me mantengo en contacto regular con las personas clave
¿verdadero?	Tengo contactos fuera de la organización que son influyentes
¿verdadero?	Trato de conocer a la mayor cantidad de gente posible durante los eventos
¿verdadero?	Activamente busco oportunidades para hacer asociaciones
¿verdadero?	Aprovecho las herramientas para establecer contactos disponibles en la comunidad de internet

Notas

¿Está seguro/a de que debe desarrollar esta competencia?

"Si la respuesta a la mayoría de las afirmaciones de la parte izquierda es "verdadero", probablemente no sea necesario que usted desarrolle esta competencia."

Copyright © 2009 Yolanda Lacoma & Martin Sutherland

Estrategias de Acción

La mayoría de los comportamientos inefectivos tienen patrones o pensamientos emocionales ocultos. Al identificarlos, usted podrá definir las estrategias de acción específicas para mejorar este comportamiento.

① No me gusta pedirle favores a la gente o molestarlos

② No tengo tiempo para establecer contactos/No pienso que se relacione con mi trabajo

③ No sé con quién establecer contactos/No puedo identificar asociaciones

Instrucciones

1. Lea y seleccione uno o más de los patrones de comportamiento inefectivo descritos a la izquierda.

2. En la sección de abajo, busque el número correspondiente que le ayudará a reconsiderar este patrón y a identificar acciones prácticas y específicas de mejora.

---

1 | ### No me gusta pedirle favores a la gente o molestarlos

Reflexione

Un concepto común equivocado es que establecer contactos es pedir favores. La gente que es buena estableciendo contactos siempre está tratando de expandir su círculo, independientemente de si necesitan ayuda específica o no. Y cuando surge la necesidad de ayuda, están en condiciones de explotar los excelentes recursos que han estado nutriendo mucho más allá de la presentación inicial. La mayoría de la gente está feliz de estar en condiciones de ayudar a los demás. Recuerde también que estableciendo contactos puede estar en condiciones de ayudar a otras personas ya sea ahora o en el futuro.

Reaccione

(a) Prepare una lista de algunas personas a las que le gustaría conocer y piense acerca de lo que estaría en condiciones de ofrecerles. Comuníquese con ellos para ofrecer su ayuda.

(b) Establezca contactos con los amigos cercanos y la familia primero. Puede sentirse más cómodo/a haciendo esto en primer lugar con gente que conoce.

(c) Concéntrese en su meta. No estaría pidiendo ayuda si no fuera importante para usted. Comparta su propósito con la persona y hágalos entusiasmarse con su causa.

Copyright © 2009 Yolanda Lacoma & Martin Sutherland

Reflexione

Dedicarse sólo a pasar tiempo con la gente es algo que a menudo figura abajo en la lista de prioridades de una persona, especialmente si cree que el establecimiento de contactos es para el equipo de ventas, no para usted. El establecimiento de contactos le permite crear relaciones con gente clave que toma decisiones o controla recursos. Tener al menos una persona influyente con la cual haya construido una relación sólida puede influir positivamente en el avance de su carrera o de sus metas.

La mayoría de la gente considera que establecer contactos es una actividad que consume mucho tiempo, pero no es necesariamente así. Hay muchas formas de aumentar sus oportunidades de establecer contactos sin interrumpir demasiado su cronograma de trabajo. Una inversión de su tiempo hoy puede generar rendimientos considerables, tanto tangibles como intangibles, en el futuro.

Reaccione

(a) Utilice su horario de almuerzo para establecer contactos. La gente pierde excelentes oportunidades de hablar con los demás porque están casados con sus escritorios. Todos tienen que comer y es mejor hacerlo donde tenga la oportunidad de encontrarse con otras personas.

(b) Asegúrese de tratar de hablar con la mayor cantidad de gente posible durante reuniones sociales o eventos. Tendemos a acercarnos a aquellas personas que ya conocemos. Tiene tiempo suficiente para hablar con sus colegas y amigos, por lo tanto en cambio diríjase a personas que nunca conoció.

(c) Comprométase a conocer una persona nueva por mes en su organización. Familiarícese con su función o rol en la compañía.

(d) Asista a asociaciones profesionales que le permitan conocer a otras personas de su industria.

(e) Aproveche las herramientas para establecer contactos basadas en Internet tales como LinkedIn o incluso Facebook.

Reflexione

Dedicar tiempo a mantenerse bien conectado le dará acceso a información, asistencia y guía que está fácilmente disponible dentro y fuera de su organización.

No existe un guión perfecto en lo que se refiere a establecer contactos. A menudo usted no sabe que existe una asociación potencial hasta que empieza a hablar con alguien. Incluso si no tiene un así llamado plan maestro, no deje que esto le impida tratar de conectarse con la gente. Una persona hábil para establecer contactos siempre lo está haciendo, incluso cuando no se da cuenta.

303

Copyright © 2009 Yolanda Lacoma & Martin Sutherland

Reaccione

(a) Hable con colegas de confianza o con las personas relevantes acerca de la estructura de su compañía y trate de obtener un conocimiento de primera mano acerca de las percepciones que tiene la gente de aquellos que usted identifica como importantes.

(b) Cree una lista de personas tanto dentro como fuera de su organización que considera que es importante conocer. Piense acerca de la gente en la compañía con influencia acerca de cómo y por qué se toman las decisiones. ¿Quién, a su vez, tiene influencia en ellos? Identifique formas de ponerse en contacto con ellos, o si es adecuado, con gente cercana a ellos. Fíjese como meta recorrer toda su lista en un período determinado.

(c) Seleccione unas pocas asociaciones profesionales claves en las cuales inscribirse que le darán acceso a expertos y personas influyentes en su campo.

(d) Dedique tiempo a conocer las habilidades y capacidades de la gente — ¿Quién sabe qué? Averigüe quiénes son los expertos en diversos campos en su compañía. Sabrá a quien llamar acerca de diferentes temas y puede pedir ayuda, si fuera necesario. Un experto puede ahorrarle mucho tiempo identificando el núcleo del problema y ofreciendo soluciones que han funcionado bien previamente.

(e) Identifique personas en su compañía con recursos que puedan compartir cuando usted necesita ayuda con más gente o restricciones de tiempo. Habiendo hecho el esfuerzo de establecer buenas relaciones con las personas, estará en una mejor posición de pedir un favor cuando lo necesite.

(f) Las asociaciones estratégicas son una forma efectiva de obtener ventaja a través de recursos. Establecer contactos le permite conocer a quién más podría considerar usted que se beneficiaría con sus recursos, ahora o en el futuro. Esté atento/a a dónde podrían existir esas asociaciones.

(g) No pase por alto su círculo interno de colegas, familiares y amigos.

Copyright © 2009 Yolanda Lacoma & Martin Sutherland

Comportamientos usados en exceso

Los estudios de investigación han determinado que en ocasiones las fortalezas de una persona se pueden convertir en debilidades si se utilizan en exceso.

Para encontrar el equilibrio, usted debe desarrollar los llamados estabilizadores con el objetivo de atenuar el comportamiento usado en exceso.

Estabilizadores:	Comportamiento usado en exceso

40 Posee Conocimiento Del Mercado	Puede que dependa demasiado de las relaciones y "networks" de gente para llevar a cabo su trabajo
12 Posee Confianza En Sí Mismo/a	
17 Juicioso/a	
55 Toma Iniciativa	
56 Posee Conocimientos Técnicos	
50 Resuelve Problemas	
48 Planifica El Trabajo	
1 Obtiene Resultados	
54 Toma Responsabilidad	
57 Experto/a En Tecnología	

Instrucciones

Si se siente identificado/a con la definición de comportamiento usado en exceso, elija alguno de los estabilizadores y diríjase a los capítulos correspondientes para buscar estrategias de acción que le ayuden a desarrollarlos.

Para más instrucciones diríjase a la sección de este libro: "Cómo utilizar este libro".

305

Copyright © 2009 Yolanda Lacoma & Martin Sutherland

45. Comparte Información Personal

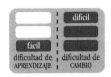

dificil

fácil

dificultad de APRENDIZAJE | dificultad de CAMBIO

"No deberíamos tener tanto miedo, porque a la mayoría de la gente realmente le gusta este contacto; que usted muestre que es vulnerable les hace sentirse libres de ser vulnerables"

Liv Ulman

Comportamiento efectivo

Comparte la cantidad apropiada de informacion personal con los demás para permitir que le conozcan

Comportamiento inefectivo

Puede que se le perciba como una persona cerrada a los demás o que no esté dispuesto/a a compartir información personal

Comportamiento usado en exceso

Puede que comparta demasiada información personal o información inapropiada y que haga sentirse incómodas a las demás personas

Instrucciones

Lea las definiciones de la izquierda. Si se siente identificado/a con la definición de comportamiento inefectivo, diríjase a la sección Estrategias de Acción de este capítulo.

Si se siente identificado/a con la definición de comportamiento usado en exceso diríjase a la sección final del capítulo.

Auto Evaluación

¿verdadero?	Me siento cómodo/a compartiendo información personal en el lugar de trabajo
¿verdadero?	Pienso en la persona con la cual estoy hablando cuando soy abierto acerca de la información personal
¿verdadero?	Dedico tiempo a interactuar socialmente con la gente del trabajo
¿verdadero?	Mis colegas y yo tenemos conversaciones abiertas acerca de nuestras vidas personales
¿verdadero?	Aliento a las personas a ser abiertas conmigo

Notas

¿Está seguro/a de que debe desarrollar esta competencia?

"Si la respuesta a la mayoría de las afirmaciones de la parte izquierda es "verdadero", probablemente no sea necesario que usted desarrolle esta competencia."

307

Copyright © 2009 Yolanda Lacoma & Martin Sutherland

Estrategias de Acción

La mayoría de los comportamientos inefectivos tienen patrones o pensamientos emocionales ocultos. Al identificarlos, usted podrá definir las estrategias de acción específicas para mejorar este comportamiento.

① Expondré mis debilidades/Los demás pensarán mal de mí

② Las cuestiones personales deben permanecer en casa

③ Soy una persona reservada/No me siento cómodo/a compartiendo detalles privados con la gente

④ En el pasado, la gente no se mostró receptiva a mi apertura

Instrucciones

1. Lea y seleccione uno o más de los patrones de comportamiento inefectivo descritos a la izquierda.

2. En la sección de abajo, busque el número correspondiente que le ayudará a reconsiderar este patrón y a identificar acciones prácticas y específicas de mejora.

---

① Expondré mis debilidades/Los demás pensarán mal de mí

Reflexione

Ya sea que comparta información personal o no, la gente tendrá sus opiniones y supuestos acerca de usted. ¿Por qué no asegurarse de que estén basadas en la realidad?

Su apertura permite a los demás comprenderle mejor y brinda una impresión más realista acerca de quién es usted. Imagine, por ejemplo, un gerente que está constantemente ocupado y estresado. Un subordinado puede llegar a la conclusión de que el gerente es distante o desinteresado. Siendo abierto, el gerente está en condiciones de compartir cómo se siente y ayudar al subordinado a comprender que no es distante, sino que simplemente está ocupado. Al saber que el estrés está afectando la vida del subordinado, el supervisor, a su vez, está en mejor posición de delegar trabajo y ayudar al gerente. La apertura no expone debilidad, brinda intuición.

Se requiere más confianza y coraje para compartir las vulnerabilidades que para ocultarlas. Compartir sus vulnerabilidades alienta a los demás a ser abiertos/as con usted así como también brinda un espacio seguro a la gente en el cual pueden ser ellos/as mismas/as y confiar en usted. Ser abierto/a envía un mensaje reconfortante, saludable para los demás acerca de que las debilidades son parte de la condición humana.

Copyright © 2009 Yolanda Lacoma & Martin Sutherland

Reaccione

(a) Usar el humor es una forma segura de ser abierto/a y sin poder hablar de las debilidades. La gente por lo general participará con sus propias historias.

(b) Concéntrese en compartir las cosas positivas de su vida en lugar de las negativas.

(c) Use su apertura para ayudar a los demás a aprender. Comparta su intuición personal acerca de las decisiones buenas y menos positivas que ha tomado en su carrera.

(d) Piense acerca de la gente que es abierta con usted. ¿La respeta menos por eso?

② | Las cuestiones personales deben permanecer en casa

Reflexione

Algunas personas no ven el valor de la apertura en el lugar de trabajo y pueden creer que es contraproducente. Pero realmente hay muchos beneficios. La gente que es abierta tiende a ser percibida como más accesible, lo que es un elemento importante de una buena gestión y liderazgo. Su apertura hace que la gente se sienta más cómoda en compartir sentimientos y preocupaciones acerca de sus experiencias de trabajo. Siendo abierto/a con los demás está en condiciones de hacer conexiones con la gente y, si tiene suerte, incluso hacer amigos en el proceso.

La apertura también sienta las bases para la lealtad y confianza. Considere estos beneficios la próxima vez que dude si hay espacio para la apertura en el lugar de trabajo.

Reaccione

(a) Tome un descanso o dos cada día simplemente para charlar con la gente y decirles algo no relacionado con el trabajo. Póngase como meta hacer sentir cómodos/as a los demás. Formule preguntas personales o comparta una historia personal o una sonrisa.

(b) Programe tiempo en su calendario para asistir a eventos, funciones, almuerzos, etc. para compartir un tiempo personal con la gente.

(c) Use su apertura para ayudar a los demás a aprender en el lugar de trabajo. Comparta su intuición acerca de las decisiones buenas y menos positivas que ha tomado en su carrera.

309

Copyright © 2009 Yolanda Lacoma & Martin Sutherland

3 | Soy una persona reservada/No me siento cómodo/a compartiendo detalles privados con la gente

Reflexione

Todas las personas tienen derecho a tener una vida privada, pero ser abierto/a no significa que debe revelar sus secretos más personales y guardados. Simplemente compartir información informal acerca de sus intereses, por ejemplo, ayuda a humanizarlo/a y brinda algo de intuición acerca de quién es usted. Hay muchas cosas "seguras" que la gente puede conocer acerca de usted y que no son de naturaleza privada. Si usted protege su privacidad demasiado celosamente, puede dar la impresión de ser frío/a o desinteresado/a.

La gente admira y respeta a los líderes carismáticos con los cuales pueden conectarse y que sienten que están dispuestos a "dejarlos entrar". Esto es difícil de lograr sin un grado de apertura.

Reaccione

(a) Si usted está incómodo con la apertura, empiece compartiendo información acerca de temas neutros tales como sus pasatiempos.

(b) ¿Qué le gustaría saber acerca de otras personas? Si inicia la conversación y permite que la otra persona comparta primero, puede sentirse menos cauteloso/a.

(c) Trate de compartir algo acerca de sí mismo/a con alguna persona en el trabajo una vez por semana.

(d) ¿Cómo de abierto/a es usted en su vida privada? Pida opinión a su pareja. A menudo es más fácil practicar el ser más abierto/a con su familia primero y luego con sus colegas.

4 | En el pasado, la gente no se mostró receptiva a mi apertura

Reflexione

Si no tuvo la experiencia más positiva con su apertura, no suponga que fue su culpa y renuncie a ello. Si la gente no está acostumbrada a que usted actúe de esa manera, pueden verse sorprendidos al principio. La mayoría de la gente recibe con agrado que los demás sean abiertos con ellos, pero hay algunas personas que simplemente no están interesadas en escuchar.

Si encuentra que su apertura a menudo no es bienvenida, examine cómo y qué tipo de información está compartiendo y asegúrese de mejorar como parte de su plan de desarrollo personal.

Reaccione

(a) Empiece tratando de entablar conversación con la otra persona con preguntas casuales, por ejemplo, "¿Qué tal le pareció ese restaurante donde fuimos a almorzar todos?" o "¿Sale a comer a menudo?" Si la persona es receptiva, continúe la conversación.

Copyright © 2009 Yolanda Lacoma & Martin Sutherland

(b) Asegúrese de no estar compartiendo información que puede poner incómoda a la persona. Observe la reacción a lo que dijo. ¿Hay un cambio en un tono de voz? ¿Inmediatamente se queda callado/a o cambia su comportamiento o el tema?

(c) Observe a un colega respetado que sea querido/a por todos y con quien la gente se abra fácilmente. ¿Qué tipo de información comparte esa persona?

(d) Pregunte a un colega de confianza si sus comentarios son adecuados.

(e) Sea consciente del tiempo de la gente y sus agendas ocupadas. Puede ser que quieran escuchar, pero tal vez no por tanto tiempo.

(f) Nunca comparta información acerca de sí mismo/a que siente que luego puede lamentar. La apertura no es una confesión.

(g) A menos que sea un colega de confianza, no comparta información acerca de sí mismo/a que quiere que la gente mantenga confidencial. Les da una responsabilidad injusta proteger lo que les contó. También es probable que los ponga incómodos/as.

(h) La comunicación no verbal es clave cuando se comparte información. Asegúrese de ser sincero acerca de compartir una historia y de dar esa impresión. Haga contacto visual directo, no conteste el teléfono durante la conversación, etc.

Copyright © 2009 Yolanda Lacoma & Martin Sutherland

Comportamientos usados en exceso

Los estudios de investigación han determinado que en ocasiones las fortalezas de una persona se pueden convertir en debilidades si se utilizan en exceso.

Para encontrar el equilibrio, usted debe desarrollar los llamados estabilizadores con el objetivo de atenuar el comportamiento usado en exceso.

Estabilizadores:	Comportamiento usado en exceso
29 Establece Prioridades	Puede que comparta demasiada información personal o información inapropiada y que haga sentirse incómodas a las demás personas
39 Gestiona El Tiempo	
32 Informa A Otras Personas	
58 Digno/a De Confianza	
2 Adaptable	
49 Políticamente Hábil	
52 Consciente De Sí Mismo/a	
1 Obtiene Resultados	
17 Juicioso/a	
22 Diplomático/a	

Instrucciones

Si se siente identificado/a con la definición de comportamiento usado en exceso, elija alguno de los estabilizadores y diríjase a los capítulos correspondientes para buscar estrategias de acción que le ayuden a desarrollarlos.

Para más instrucciones diríjase a la sección de este libro: "Cómo utilizar este libro".

Copyright © 2009 Yolanda Lacoma & Martin Sutherland

46. Abierto/a De Mente

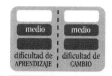

medio | medio
dificultad de APRENDIZAJE | dificultad de CAMBIO

"Las mentes son como paracaídas — sólo funcionan cuando están abiertas"
Thomas "Tommy" R Dewar

Comportamiento efectivo
Está abierto/a a ideas o conceptos diferentes y a veces contradictorios y está abierto al cambio

Comportamiento inefectivo
Puede parecer inflexible y no estar dispuesto/a a considerar nuevas alternativas, nuevas ideas o perspectivas diferentes

Comportamiento usado en exceso
Puede que se le perciba como una persona que siempre está de acuerdo con todo y que no tenga opiniones propias para defender

Instrucciones
Lea las definiciones de la izquierda. Si se siente identificado/a con la definición de comportamiento inefectivo, diríjase a la sección Estrategias de Acción de este capítulo.

Si se siente identificado/a con la definición de comportamiento usado en exceso diríjase a la sección final del capítulo.

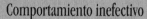

Auto Evaluación

¿verdadero?	No me siento incómodo acerca de ideas nuevas o diferentes
¿verdadero?	Soy receptivo/a a las opiniones de los demás
¿verdadero?	Valoro la importancia de las visiones y creencias que difieren de las mías
¿verdadero?	Estoy abierto/a a nuevas experiencias
¿verdadero?	Creo que hay más de una manera de lograr la mayoría de las cosas
¿verdadero?	Previamente he cambiado mi visión acerca de una sólida creencia personal después de haber estado expuesto/a a una perspectiva diferente
¿verdadero?	Pienso que pocas situaciones son simplemente blanco o negro

Notas
¿Está seguro/a de que debe desarrollar esta competencia?

"Si la respuesta a la mayoría de las afirmaciones de la parte izquierda es "verdadero", probablemente no sea necesario que usted desarrolle esta competencia."

313

Copyright © 2009 Yolanda Lacoma & Martin Sutherland

Estrategias de Acción

La mayoría de los comportamientos inefectivos tienen patrones o pensamientos emocionales ocultos. Al identificarlos, usted podrá definir las estrategias de acción específicas para mejorar este comportamiento.

① Ser flexible me quita autoridad/La flexibilidad puede percibirse como una debilidad

② Pienso que es importante atenerme a mis creencias/Algunas cosas son simplemente blanco y negro

③ Tengo baja tolerancia hacia la gente o las experiencias con las cuales no puedo relacionarme

④ Sé que estoy en lo correcto porque comprendo mejor el tema/Tengo más experiencia que los demás

Instrucciones

1. Lea y seleccione uno o más de los patrones de comportamiento inefectivo descritos a la izquierda.

2. En la sección de abajo, busque el número correspondiente que le ayudará a reconsiderar este patrón y a identificar acciones prácticas y específicas de mejora.

---

1 | **Ser flexible me quita autoridad/La flexibilidad puede percibirse como una debilidad**

Reflexione

Cuando le ofrecen alternativas para su consideración, trátelas como oportunidades en lugar de amenazas.

Si siente que su inteligencia está siendo cuestionada o la gente está siendo irrespetuosa, ponerse a la defensiva será su respuesta natural. Y si sus ideas no son desafiadas lo suficiente, puede ser porque usted ha creado una cultura de "sí señor" en la cual la gente se ha vuelto condicionada a valorar la autoridad por encima de la creatividad y el pensamiento independiente. Esto no motivará a los empleados, sino que reprimirá su producción.

Una cultura abierta, en la cual los individuos se sienten cómodos para expresar sus opiniones y compartir sus perspectivas sin castigo, es fundamental para crecer en el lugar de trabajo. Como gerente, es su responsabilidad nutrir y utilizar los talentos de los demás y eso empieza siendo abierto/a de mente. Recuerde, le puede llevar algo de tiempo a la gente confiar en que no serán castigados por expresar sus ideas.

Reaccione

(a) Cuando se sienta desafiado/a o puesto/a a prueba por alguien, respire profundo y reconozca sus sentimientos, ya sea ponerse a la defensiva, estar enojado/a, cohibido/a o irritado/a. Reconocer sus emociones le permite abordar sus sentimientos, en lugar de arremeter contra la otra persona.

314

Copyright © 2009 Yolanda Lacoma & Martin Sutherland

(b) Independientemente de sus sentimientos, recuerde que su meta es encontrar soluciones, no tener razón.

(c) Imagine cómo se sentiría si quisiera compartir sus opiniones y su jefe/a no fuera receptivo/a.

(d) Pregúntele a la gente qué piensan antes de dar sus recomendaciones.

(e) Si sospecha que estableció una cultura de "sí señor", pregunte a colegas de confianza si realmente parece muy autoritario/a.

(f) Establezca y fomente una cultura de apertura de mente — pida la opinión de los demás de forma regular, tanto informalmente como en reuniones; asigne a la gente el rol de abogado del diablo; brinde incentivos a aquellos que desafían el status quo; sea coherente, colaborador/a y paciente con aquellos que aprenden de usted.

(g) La gente necesitará ver evidencia de que usted es genuinamente abierto/a de mente. Esto significa no sólo alabar de boca para afuera, sino efectivamente actuar en relación con las ideas generadas por los demás.

(h) Sea generoso/o y dé crédito a las buenas sugerencias de los demás, incluso si son diferentes de las suyas.

---

2 | **Pienso que es importante atenerme a mis creencias/ Algunas cosas son simplemente blanco y negro**

Reflexione

Para algunas personas, es prácticamente imposible soltar sistemas de creencias o valores bien arraigados que han desarrollado a lo largo de sus vidas.

En algunos casos, esto puede ser algo bueno, pero ciertamente no si esas creencias o valores son improductivos o incompatibles con su entorno de trabajo. Imagine, por ejemplo, los gerentes que tienen la profunda creencia de que sólo los empleados con títulos avanzados están calificados para llegar a puestos directivos. Sería difícil para ellos reconocer personas talentosas dentro de la compañía que estén igual de calificadas debido a su experiencia.

Grandes avances en nuestra historia han sido posibles únicamente a través de un cambio en creencias sostenidas previamente — la democracia, los derechos civiles, el movimiento feminista. Valores nuevos mueven el péndulo en la otra dirección de modo que las nuevas industrias y sistemas puedan evolucionar, por ejemplo, el movimiento de energía verde, con su energía solar, los biocombustibles y los vehículos eléctricos, está impulsado por un cambio en los valores. Soltar algo en lo cual ha invertido energía, sea física, psicológica o emocional, puede ser difícil, especialmente si está vinculado con una sensación de identidad. Es importante ser consciente de sus valores y redefinirlos cuando no son beneficiosos para usted o para los demás.

Reaccione

(a) Esté abierto a la retroalimentación, ideas y formas de pensar de los demás.
(b) Reserve su juicio hasta que pueda evaluar plenamente el valor de una propuesta.

Copyright © 2009 Yolanda Lacoma & Martin Sutherland

(c) Formule preguntas exploratorias en lugar de arremeter de forma defensiva. Sinceramente trate de comprender la posición de la otra persona. Use lenguaje inclusivo, por ejemplo, "Veamos cómo podemos mejorar esta idea juntos", "¿Puede decirme más?" y "Ésta ha sido mi creencia, ¿por lo tanto cómo justifico un cambio?"

(d) ¿Tiene reputación de ser terco/a? Pregunte a los colegas si las creencias a las que se aferra no están sirviendo al equipo o a la organización. Asegúrese de no ponerse a la defensiva cuando los demás le dicen la verdad.

(e) Haga investigación acerca de la evolución de diversos productos y compañías, desde su idea original hasta lo que son ahora. ¿Qué cambios en los sistemas de creencias o culturas permitieron su avance?

(f) Compare cómo sus creencias o valores actuales difieren de aquellos que sostenía cuando era más joven. Es probable que descubra que algunos han cambiado, incluso si no se dio cuenta en el momento.

3 | Tengo baja tolerancia hacia la gente o las experiencias con las cuales no puedo relacionarme

Reflexione

Hay muchas formas de mejorar sus niveles de comodidad o tolerancia hacia la diversidad. Ser consciente de cómo son las cosas para otras personas le permite trabajar con ellas de forma más efectiva.

Piense en las vastas diferencias entre las generaciones, por ejemplo. Incluso si no estuvo en el lugar de otra persona, puede ser abierto/a acerca de las diferencias entre sus generaciones y el valor que cada una aporta al lugar de trabajo. La diversidad existe de muchas maneras en las compañías: la perspectiva del equipo de ventas versus los ingenieros, los gerentes versus los subordinados, los hombres versus las mujeres. También existe dentro de diversos contextos y tipos de negocios — mercados emergentes versus existentes, carteras de clientes de un idioma versus de múltiples idiomas, productos de alta tecnología versus de baja tecnología, unidades de negocios que recién empiezan versus las bien establecidas, compañías que no cotizan en bolsa versus las que sí cotizan.

Puede resultarle beneficioso operar de forma cómoda en diversos contextos y entre diversos grupos de gente. Las oportunidades le llegan a aquellas personas que pueden adaptarse e incluso florecer en situaciones poco familiares.

Reaccione

(a) Sumérjase en cosas diferentes. Pruebe comidas de culturas poco conocidas. Visite galerías de arte con exposiciones que normalmente no querría ver — cambie escultura por fotografía, cerámica por arte abstracto y así sucesivamente. Escuche nuevos tipos de música — clásica en lugar de bluegrass, jazz en lugar de rap, country en lugar de new age. Mire películas de géneros que normalmente ignora — documentales, películas extranjeras con subtítulos, animación, suspenso.

(b) Comprométase a aprender algo nuevo acerca de una cultura o estilo de vida diferente al suyo cada mes. Trate de experimentarlo de primera mano.

(c) Tome clases en una universidad pública, asista a seminarios por Internet, escuche transmisiones por Internet o lea artículos y libros sobre diversos temas poco familiares, por ejemplo, nutrición, cultura pop, arte, historia, danza swing, el cuidado y conservación del planeta, buceo, mecánica del automotor, cocina, idiomas extranjeros, jardinería, astronomía, entrenamiento en primeros auxilios y más.

316

Copyright © 2009 Yolanda Lacoma & Martin Sutherland

(d) Pida ser asignado a posiciones que le permitan trabajar con gente de diferentes orígenes o en mercados completamente diferentes. Busque similitudes entre su experiencia y la de ellos. Existen diferencias, pero también hay temas en común que unen.

4 | Sé que estoy en lo correcto porque comprendo mejor el tema/Tengo más experiencia que los demás

Reflexione

¿Obtuvo los conocimientos y experiencia que posee porque pudo abordar su carrera educativa y profesional con algún grado de apertura mental? Nunca hay un punto en el cual usted tiene experiencia suficiente para saber más que las otras personas, o sabe demasiado como para aprender, incluso si es un experto en el campo. ¡Simplemente piense cómo los niños dicen cosas que le hacen detenerse y pensar!

Su experiencia puede abrir muchas puertas para usted, pero no estará utilizando sus oportunidades al máximo si pasa por esas puertas con la mente cerrada. Si se siente cómodo/a con lo que sabe, relájese y deje que los demás le enseñen algo nuevo.

Reaccione

(a) Aproveche los diversos orígenes y puntos de vista de otras personas cuando planee o improvise procesos o resuelve un problema. Considere retroalimentación de varias fuentes, por ejemplo, el personal de la línea, clientes internos y externos, etc.

(b) Establezca una iniciativa de intercambio de tareas durante la cual usted y otros líderes de su grupo de trabajo desempeñen las tareas de los demás durante un día o varias horas como mínimo. Elija un trabajo poco familiar o uno que le brinde una mejor comprensión de las necesidades de los demás. Elija el trabajo de alguno de sus subordinados, por ejemplo. Comparta las lecciones aprendidas y modifique sus percepciones y procesos en consecuencia.

(c) No inicie una conversación con la meta de demostrar su argumento. En cambio, escuche para recibir información que podría mejorar o tal vez incluso derrotar sus ideas.

(d) Escuche primero, hable después.

(e) Use grupos especializados o los así llamados "equipos tigre" para desafiar sus ideas y recomendar cambios.

Copyright © 2009 Yolanda Lacoma & Martin Sutherland

Comportamientos usados en exceso

Los estudios de investigación han determinado que en ocasiones las fortalezas de una persona se pueden convertir en debilidades si se utilizan en exceso.
Para encontrar el equilibrio, usted debe desarrollar los llamados estabilizadores con el objetivo de atenuar el comportamiento usado en exceso.

Estabilizadores:	Comportamiento usado en exceso
13 Tiene Coraje	Puede que se le perciba como una persona que siempre está de acuerdo con todo y que no tenga opiniones propias para defender
35 Gestiona El Conflicto	
17 Juicioso/a	
58 Digno/a De Confianza	
12 Posee Confianza En Sí Mismo/a	
37 Buen Negociador/a	
56 Posee Conocimientos Técnicos	
29 Establece Prioridades	
50 Resuelve Problemas	
1 Obtiene Resultados	

Instrucciones

Si se siente identificado/a con la definición de comportamiento usado en exceso, elija alguno de los estabilizadores y diríjase a los capítulos correspondientes para buscar estrategias de acción que le ayuden a desarrollarlos.

Para más instrucciones diríjase a la sección de este libro: "Cómo utilizar este libro".

318

Copyright © 2009 Yolanda Lacoma & Martin Sutherland

47. Paciente

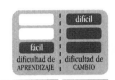

dificil

fácil

dificultad de APRENDIZAJE | dificultad de CAMBIO

"Adopte el ritmo de la naturaleza: su secreto es la paciencia"

Ralph Waldo Emerson

Comportamiento efectivo

Es paciente con los demás y sabe cuándo debe ir más despacio para que todo el mundo entienda

Comportamiento inefectivo

Puede que deje atrás a las personas y que se impaciente debido a los procesos o al tiempo que toma a los demás entender las instrucciones o conceptos

Comportamiento usado en exceso

Puede que espere demasiado para actuar. Puede que ponga los frenos incluso cuando las demás personas están listas para actuar. Puede que asuma que las personas necesitan más tiempo del que realmente necesitan para sentirse cómodos. Puede que le falte el sentido de la urgencia

Instrucciones

Lea las definiciones de la izquierda. Si se siente identificado/a con la definición de comportamiento inefectivo, diríjase a la sección Estrategias de Acción de este capítulo.

Si se siente identificado/a con la definición de comportamiento usado en exceso diríjase a la sección final del capítulo.

Auto Evaluación

¿verdadero?	Soy paciente cuando a los demás les lleva más tiempo que a mí captar un concepto
¿verdadero?	Aliento a la gente que necesita ponerse al día o busco maneras de ayudarles
¿verdadero?	Trato a la gente con respeto, incluso cuando estoy estresado/a
¿verdadero?	Puedo ajustar mis expectativas cuando las cosas no resultan como lo planeado
¿verdadero?	Hago las cosas bien, incluso si lleva más tiempo de esa manera
¿verdadero?	Me concentro en lo positivo cuando los procesos llevan más tiempo de lo esperado
¿verdadero?	Puedo dominar mi impulso de actuar cuando la oportunidad no es correcta

Notas

¿Está seguro/a de que debe desarrollar esta competencia?

"Si la respuesta a la mayoría de las afirmaciones de la parte izquierda es "verdadero", probablemente no sea necesario que usted desarrolle esta competencia."

319

Copyright © 2009 Yolanda Lacoma & Martin Sutherland

Estrategias de Acción

La mayoría de los comportamientos inefectivos tienen patrones o pensamientos emocionales ocultos. Al identificarlos, usted podrá definir las estrategias de acción específicas para mejorar este comportamiento.

(1) Tengo elevadas expectativas de mí mismo/a y de los demás/Me esfuerzo por los resultados

(2) Soy impaciente con ciertas personas

(3) Me pongo impaciente con situaciones fuera de mi control/Me gusta tener el control

(4) Lo puedo hacer más rápido y mejor

(5) Me pongo impaciente con el proceso/Tiendo a actuar de forma impulsiva

(6) Considero que la gente paciente es indecisa o que carece del coraje para actuar

Instrucciones

1. Lea y seleccione uno o más de los patrones de comportamiento inefectivo descritos a la izquierda.

2. En la sección de abajo, busque el número correspondiente que le ayudará a reconsiderar este patrón y a identificar acciones prácticas y específicas de mejora.

---

1 | **Tengo elevadas expectativas de mí mismo/a y de los demás/Me esfuerzo por los resultados**

Reflexione

Si su motivación es optimizar el desempeño y obtener resultados a toda costa, le resultará difícil mantenerse paciente consigo mismo/a y con los demás cuando las cosas no se muevan tan rápidamente como usted quisiera.

Recuerde, mantener los estándares altos es importante pero bastante diferente de fijar expectativas poco realistas. Sus subordinados necesitan ser desafiados/as, pero si las exigencias son poco realistas, se arriesga a que se desmoralicen, frustren y estresen, lo que no conduce a una máxima productividad. También se arriesga a ponerse impaciente con ellos/as.

La capacidad de la gente de producir resultados varía en gran medida y depende de su conjunto de habilidades, experiencia y personalidad. No se puede esperar que alguien con menos experiencia o nuevo/a en una posición, por ejemplo, cumpla con sus estándares óptimos inmediatamente. La gente aprenderá mejor con un/a guía paciente que en condiciones de estrés. Contemple la visión global: ¿está midiendo el éxito únicamente por los resultados finales? Considere todas las otras, tal vez menos tangibles, medidas de éxito que la paciencia brinda, tales como haber actuado como mentor, el desarrollo de nuevas habilidades y experiencias, el descubrimiento de nuevas ideas así como también la creación de alianzas y amistades sólidas.

320

Copyright © 2009 Yolanda Lacoma & Martin Sutherland

Reaccione

(a) Enfréntese a la realidad. ¿Sobreestimó lo que una persona o incluso usted puede hacer? ¿Qué puede esperar razonablemente que una persona sepa y esté en condiciones de producir en base a su experiencia? ¿Es esta persona el recurso correcto a emplear en este proyecto dado su conjunto de habilidades? De no ser así, realmente puede estar fuera de su control si no pueden tener éxito.

(b) Sea claro/a acerca de sus expectativas y al brindar dirección. No deje nada abierto a una interpretación errónea. La gente a menudo escucha información de forma selectiva y dos personas pueden interpretar la misma conversación de forma totalmente diferente. Haga una nota de sus expectativas y revíselas con el equipo para asegurarse de que todos estén de acuerdo. Agregue detalles como líneas de tiempo, hitos, objetivos, etc.

(c) Aliente firmemente a la gente a expresar sus objeciones por adelantado, si es que tienen alguna. A menudo, a los gerentes no se les cuestiona sus metas poco realistas, lo que lleva a desilusión o frustración cuando éstas no se alcanzan.

(d) Controle habitualmente cuán alto fijó el estándar. ¿Está esperando que nunca se cometan errores? ¿Son sus fechas límite poco realistas o sus horizontes temporales innecesariamente cortos? ¿Es excesivamente competitivo/a con sus colegas? ¿Están los miembros del equipo poco motivados/as? ¿Está permitiendo que los subordinados tengan tiempo para aprender? ¿Están continuamente tratando de irse a otros departamentos? ¿Están obligados a trabajar hasta tarde y durante los fines de semana regularmente? Pregunte si no sabe, porque estos son todos indicios de que sus expectativas podrían ser poco realistas.

(e) Busque señales de que la gente necesita tiempo para recargarse y permítales tomarse ese descanso. Puede retrasar el proceso a corto plazo, pero a largo plazo evitará que los buenos talentos muestren agotamiento.

(f) ¿Se pone impaciente cuando compara el desempeño de diferentes personas? ¡No lo haga! Las personas no son iguales y se desempeñarán diferente en contextos diferentes. Ponerse impaciente con alguien porque les falta algo en comparación con otros es injusto y poco productivo. Más bien trate de explotar, en un sentido positivo, las fortalezas de la gente y desarrollar sus debilidades para que se conviertan en fortalezas. Lo último requiere paciencia pero dará sus frutos tanto para usted como para su colega a largo plazo.

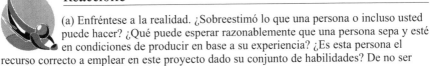

2 | Soy impaciente con ciertas personas

Reflexione

Por lo general usted es un alma paciente, excepto con una o dos personas en particular que parecen hacerle enojar.

En nuestras vidas privadas, podría tratarse de un familiar, un/a amigo/a de un/a amigo/a, un miembro de su gimnasio. La situación es común en el lugar de trabajo también. Pero aquí, no puede seleccionar o elegir o ignorar a sus colegas, y el estrés del trabajo puede intensificar pequeñas cuestiones y hacerlas explotar.

La prueba de la verdadera paciencia viene cuando, enfrentado/a a condiciones o personas difíciles, continúa actuando de forma justa y cortés. Recuerde, sólo se necesita un incidente de falta de respeto, alimentado por una paciencia decreciente, para comprometer de forma permanente su relación con un/a colega.

Copyright © 2009 Yolanda Lacoma & Martin Sutherland

Reaccione

(a) Trate de aislar exactamente qué rasgo de esa persona provoca su impaciencia. ¿Tiene un impacto en el trabajo de la persona? Puede ser algo intrascendente como el tono de voz, el comportamiento, la forma en que se viste, un hábito irritante. Si éste es el caso, trate de pasar por alto o aceptar sus idiosincrasias, especialmente si no tienen relevancia para su trabajo.

(b) Si su impaciencia se deriva de algo que afecta su trabajo, tal como un abuso de confianza o estilos de trabajo irreconciliables, inicie una conversación honesta con la persona. Estas conversaciones no son fáciles, pero ignorar sus inquietudes no las hará desaparecer. Es probable que interfieran en su desempeño y nivel de comodidad en el trabajo. Asegúrese de aclarar que está teniendo la conversación porque quiere mejorar su relación de trabajo. Haga lo que pueda para comprender la posición de la otra persona. Si es necesario, pida a un mediador del departamento de recursos humanos que facilite la conversación, especialmente si el tema tiene una carga emocional.

(c) Busque los rasgos positivos en la gente — todos/as tienen algunos. ¿Qué talentos aporta una persona a la mesa? Antes de interactuar con alguien que es difícil, prepárese teniendo presente esos talentos.

(d) Trate de comprender la motivación detrás de los actos de la gente o la manera determinada en que han actuado en el pasado. Por ejemplo, alguien puede parecer maleducado/a pero de hecho simplemente puede no estar cómodo/a en ciertas circunstancias en general.

(e) ¿Está siendo irrespetuoso/a? Una falta de paciencia genera falta de respeto. Asegúrese de no tratar a alguien que le desagrade de forma diferente a otras personas, por ejemplo, interrumpiendo innecesariamente, levantando la voz o descartando su opinión de forma grosera.

---

3 | **Me pongo impaciente con situaciones fuera de mi control/Me gusta tener el control**

Reflexione

Ocasionalmente, nuestra paciencia es puesta a prueba más allá de nuestro control. Simplemente piense en el tráfico en horas pico, o la frustración de los dispositivos de alta tecnología que dejan de funcionar cuando tiene que cumplir con un plazo.

Puede no estar en condiciones de controlar los inconvenientes de la vida, pero puede controlar su reacción hacia ellos. Estos contratiempos en diferentes situaciones deben manejarse con profesionalismo paciente, de lo contrario entorpecerán su trabajo y pondrán a prueba su cordura más de lo necesario. En un día cualquiera, una serie de cosas pueden tomar un giro inesperado. Si es propenso/a a reaccionar de forma exagerada ante situaciones sobre las cuales tiene control limitado, usted es probablemente una persona muy estresada y no el colega más simpático.

Aprenda a anticipar y manejar lo inesperado y, realmente, sea agradecido/a por las cosas que están resultando bien.

Reaccione

(a) ¡Relájese! Trate de aliviar el estrés con técnicas de relajación tales como respiración profunda y automotivación. Hay muchos libros disponibles para aprender acerca de técnicas de relajación.

322

Copyright © 2009 Yolanda Lacoma & Martin Sutherland

(b) Haga uso de su humor. Las circunstancias estresantes a menudo son divertidas después del hecho, pero no en el momento. Trate de encontrar el humor allí y reírse — alivia el estrés.

(c) Reconozca cuando esté perdiendo la paciencia y pida a un colega de confianza con influencia tranquilizadora que le ayude a reconcentrarse.

(d) Concentre su energía en soluciones al problema en lugar de permitir que aumenten las frustraciones e impaciencia.

(e) No siempre se pueden aplicar soluciones rápidas. Relájese y deje fluir las cosas, si es necesario.

(f) Trate de ser flexible y espontáneo/a. Sea en el trabajo o en su vida privada, siga la corriente cuando hay un cambio de planes. Cuanto más cómodo/a esté con el cambio de planes a último momento, más paciencia desarrollará para cuando las cosas estén fuera de su control.

4 | Lo puedo hacer más rápido y mejor

Reflexione

No tener la paciencia para delegar o compartir el trabajo con otras personas porque cree que puede hacerlo más rápido y mejor es ineficiente. A corto plazo puede desarrollar las tareas más rápido, pero a largo plazo, su capacidad de transmitir conocimientos y mejorar la capacidad de la gente será limitada, y podría ser considerado/a arrogante y controlador/a. Si puede hacer la tarea de forma más efectiva o no, no es necesariamente una prioridad — dar a los demás la oportunidad de probar su valía sí lo es, porque eso es lo que hacen los/las líderes y podría producir un mayor valor a largo plazo para la organización.

La paciencia requiere un espacio en el cual la gente tenga suficiente lugar para manejarse en sus términos, e incluso cometer errores. En lugar de ceder a su impulso de controlar, trate pacientemente de desarrollar un equipo que pueda producir trabajo de calidad colectivamente.

Reaccione

(a) Delegue lo que pueda, incluso si puede hacerlo más rápido usted mismo/a. Cree una lista detallada de tareas o proyectos que otras personas puedan hacer y comprométase a dejarlas que lo hagan.

(b) Cuando delegue, permita que la gente tenga suficiente espacio y tiempo para trabajar en los problemas, tareas o respuestas antes de intervenir, incluso si tenía la respuesta antes. Les dará la oportunidad de considerar el problema y, potencialmente, podrían ofrecer un camino que usted no había considerado.

(c) Si es un/a experto/a en su campo, use todas las oportunidades de ser maestro/a o mentor/a. Identifique a aquellas personas que tienen dificultades y entrénelas cuando sea posible. Cuando su impaciencia crezca, pregúntese lo que haría un buen maestro.

Copyright © 2009 Yolanda Lacoma & Martin Sutherland

(d) En lugar de ocuparse de todos los detalles, asuma nuevas responsabilidades que mejorarán su capacidad de monitorear procesos y mantener a las otras personas en la senda.

(e) No suponga que su experiencia en hacer algo es la única o mejor manera de abordar una tarea. A otra persona puede llevarle más tiempo pero en cambio obtener resultados más precisos o tomar un enfoque más creativo. Aliente formas innovadoras de pensar y nuevas metodologías.

5 | Me pongo impaciente con el proceso/Tiendo a actuar de forma impulsiva

Reflexione

Algunas personas son propensas a tomar decisiones rápidas e impulsivas porque valoran el resultado más que su calidad o se dan por vencidos/as demasiado pronto antes de comprender el valor detrás del proceso. Un ritmo rápido lleva a la acción, pero a veces no es adecuado ni da frutos.

Las mejores decisiones a menudo son el resultado de un proceso complejo que implica numerosos participantes, una cuidadosa revisión y tiempo. Comprenda cuándo el mejor curso de acción requiere paciencia y respeto por el proceso. Saber cómo equilibrar las necesidades de actuar versus la paciencia es una habilidad crítica que adquieren los buenos líderes.

Reaccione

(a) Calcule el riesgo. ¿Cuáles son las consecuencias de tomar la acción equivocada demasiado rápido? Si tendrá consecuencias serias e irreparables, permítase más tiempo para considerar sus opciones y obtener opiniones de los demás.

(b) Si siente la necesidad de actuar, hágalo separando el problema en partes más pequeñas y tomando decisiones en una menor escala. Satisfará su necesidad de acción pero lo hará de una forma manejable.

(c) Arme un equipo para tomar la decisión — no la tome por su cuenta. Asegúrese de que el equipo esté bien representado con una combinación de gente con estilos variados, incluyendo pensadores analíticos. Asegúrese de que la atmósfera permita una discusión abierta y que una persona no tenga todo el poder en la toma de decisiones. Trate de lograr consenso.

6 | Considero que la gente paciente es indecisa o que carece del coraje para actuar

Reflexione

La historia está llena de ejemplos de grandes líderes que lograron algo porque eligieron la perseverancia en lugar de la acción impulsiva, tales como Mahatma Gandhi y Martin Luther King Jr.

324

Copyright © 2009 Yolanda Lacoma & Martin Sutherland

A menudo requiere más coraje practicar moderación que actuar, por lo tanto tenga cuidado de no confundir paciencia con falta de coraje. Algunas personas requieren más tiempo para sopesar las posibilidades y merecen la oportunidad de sentirse cómodos/as con sus decisiones, incluso si usted ya ha sacado sus conclusiones.

Reaccione

(a) Lea acerca de grandes líderes que provocaron cambios con perseverancia y paciencia.

(b) Respalde a las personas que piden más tiempo para considerar una propuesta o decisión.

(c) Elija sus batallas: no todas las situaciones requieren acción inmediata, por lo tanto practique la paciencia cuando la urgencia es únicamente autoimpuesta.

Copyright © 2009 Yolanda Lacoma & Martin Sutherland

Comportamientos usados en exceso

Los estudios de investigación han determinado que en ocasiones las fortalezas de una persona se pueden convertir en debilidades si se utilizan en exceso.

Para encontrar el equilibrio, usted debe desarrollar los llamados estabilizadores con el objetivo de atenuar el comportamiento usado en exceso.

Estabilizadores:	Comportamiento usado en exceso
55 Toma Iniciativa	Puede que espere demasiado para actuar. Puede que ponga los frenos incluso cuando las demás personas están listas para actuar. Puede que asuma que las personas necesitan más tiempo del que realmente necesitan para sentirse cómodos. Puede que le falte el sentido de la urgencia
8 Se Siente Cómodo/a Con La Incertidumbre	
13 Tiene Coraje	
35 Gestiona El Conflicto	
38 Gestiona El Bajo Rendimiento	
16 Decisivo/a	
27 Experimentador	
1 Obtiene Resultados	
54 Toma Responsabilidad	
39 Gestiona El Tiempo	

Instrucciones

Si se siente identificado/a con la definición de comportamiento usado en exceso, elija alguno de los estabilizadores y diríjase a los capítulos correspondientes para buscar estrategias de acción que le ayuden a desarrollarlos.

Para más instrucciones diríjase a la sección de este libro: "Cómo utilizar este libro".

Copyright © 2009 Yolanda Lacoma & Martin Sutherland

48. Planifica El Trabajo

medio
fácil
dificultad de APRENDIZAJE | dificultad de CAMBIO

"Al prepararme para la batalla, siempre he descubierto que los planes son inútiles pero que la planificación es indispensable"

Dwight D. Eisenhower

Comportamiento efectivo
Identifica el alcance del proyecto, estableciendo fases y acciones claras para llegar a los objetivos definidos

Comportamiento inefectivo
Puede que no establezca objetivos claros o las fases del proyecto y puede que los demás perciban que no está preparado/a

Instrucciones
Lea las definiciones de la izquierda. Si se siente identificado/a con la definición de comportamiento inefectivo, diríjase a la sección Estrategias de Acción de este capítulo.

Comportamiento usado en exceso
Puede que pase demasiado tiempo planificando y no mucho tiempo actuando. Puede que tenga problemas para adaptarse o responder cuando cambian las circunstancias

Si se siente identificado/a con la definición de comportamiento usado en exceso diríjase a la sección final del capítulo.

Auto Evaluación

¿verdadero?	Evalúo la cantidad de tiempo y recursos que necesito para los procesos
¿verdadero?	Me aseguro de que los recursos que necesito estén disponibles
¿verdadero?	Identifico los hitos del proceso
¿verdadero?	Documento los planes del proceso en términos de etapas, calendario, requisitos de recursos y estándares de calidad
¿verdadero?	Anticipo los riesgos y peligros del proceso para crear planes de contingencia
¿verdadero?	Comparo los resultados reales con los pronosticados para evaluar el desempeño del proceso y registrar las lecciones aprendidas

Notas
¿Está seguro/a de que debe desarrollar esta competencia?

"Si la respuesta a la mayoría de las afirmaciones de la parte izquierda es "verdadero", probablemente no sea necesario que usted desarrolle esta competencia."

327

Copyright © 2009 Yolanda Lacoma & Martin Sutherland

Estrategias de Acción

La mayoría de los comportamientos inefectivos tienen patrones o pensamientos emocionales ocultos. Al identificarlos, usted podrá definir las estrategias de acción específicas para mejorar este comportamiento.

(1) No tengo tiempo de planificar adecuadamente/No soy una persona orientada a los detalles

(2) Sé cuál es el plan en mi cabeza — Sólo que no lo documento

(3) No sé qué considerar cuando planifico/No estoy familiarizado/a con las técnicas de planificación

(4) Mi cultura de trabajo asigna un mayor valor a la acción que a la planificación/Mi organización no invertirá en procesos de planificación

Instrucciones

1. Lea y seleccione uno o más de los patrones de comportamiento inefectivo descritos a la izquierda.

2. En la sección de abajo, busque el número correspondiente que le ayudará a reconsiderar este patrón y a identificar acciones prácticas y específicas de mejora.

---

1 | No tengo tiempo de planificar adecuadamente/ No soy una persona orientada a los detalles

Reflexione

Muchos gerentes son hábiles en generar ideas innovadoras y promoverlas con los interesados relevantes, pero no consideran ni participan en los detalles necesarios para preparar una iniciativa. La falta de tiempo para planificar es un desafío difícil afrontado por la mayoría de los gerentes, así como también por otras personas que tienden a ser más creativas. A los/as pensadores/as globales, les puede resultar difícil encontrar la motivación para examinar los detalles.

Pero la planificación es una responsabilidad esencial de los gerentes. Los planes buenos ahorran tiempo optimizando recursos e identificando riesgos potenciales de modo que uno pueda prever las contingencias. La planificación también elimina trabajo innecesario y redundancias que tienen un impacto en sus empleados. "El diablo está en los detalles" ciertamente se aplica al arte de la planificación. Incluso las mejores ideas pueden fracasar debido a omisiones críticas en los detalles.

Reaccione

(a) Puede no tener tiempo para diseñar un plan completo en detalle, pero no tiene que hacerlo de esa manera. Delegue diferentes porciones y luego use su tiempo para combinar la información. La clave es abordar los detalles. Además de ahorrarle tiempo, la participación de los miembros del equipo puede crear un mayor respaldo para el plan.

328

Copyright © 2009 Yolanda Lacoma & Martin Sutherland

(b) No reinvente la rueda cuando planifica. Familiarícese con las herramientas de planificación a su disposición que le brindan un modelo para abordar los detalles. También mire proyectos similares que hayan sido lanzados en la compañía.

(c) Maneje el alcance del plan de forma creciente. Prepárese en detalle para una o dos partes críticas del proceso y concentre sus esfuerzos de planificación en estas actividades primero. Cree el plan para las porciones restantes más adelante.

(d) Asegúrese de que haya algunas personas orientadas a los detalles en su equipo que formularán las preguntas adecuadas y le ayudarán a mantenerse concentrado/a.

(e) Asegúrese de tener un plan de negocios a corto plazo y a largo plazo. Tener un plan le obligará a considerar los detalles cuidadosamente.

---

2 | Sé cuál es el plan en mi cabeza — Sólo que no lo documento

Reflexione

Puede conocer exactamente el curso de acción, pero ¿lo conoce su equipo? Un plan documentado permite a los demás ver claramente el alcance del proceso, los principales requisitos y etapas de la tarea, lo que mitiga la confusión y el trabajo redundante. Sin un plan documentado, su equipo puede considerarle como que no está concentrado/a ni preparado/a o que es excesivamente confiado/a. Un guión bien documentado brinda a los miembros del equipo una fuente de referencia cuando surgen las preguntas.

Si su plan existe principalmente en su cabeza, usted se presta como la única fuente de información, lo que creará exigencias innecesarias en su tiempo, atención y energía.

Reaccione

(a) Al comienzo de cada proyecto, reserve tiempo para documentar su plan, incluso si es un borrador que posiblemente cambie a medida que evoluciona el proyecto.

(b) La documentación puede ser tan básica como un hoja de papel manuscrita, sin embargo un plan documentado en formato electrónico como un procesador de texto, planillas o software de gestión de proyectos es fácil de modificar y acceder a través de correo electrónico, carpetas compartidas, etc.

(c) Durante el intercambio de ideas y desarrollo inicial de su plan, pida a alguna persona que tome notas y registre detalles que luego puedan transcribirse.

(d) Siempre envíe correspondencia de seguimiento después de una reunión inicial para resumir el rol y las responsabilidades de cada miembro del equipo y los primeros ítems de acción. La documentación en la etapa inicial de un proceso es crítica para brindar claridad.

(e) Asegúrese de enviar correspondencia escrita detallando cualquier cambio en los planes a todas las partes involucradas. Hacerlo asegura que todos tengan instrucciones por escrito y que nadie quede sin informar inadvertidamente.

Copyright © 2009 Yolanda Lacoma & Martin Sutherland

Reflexione

Incluso los mejores planificadores/as pueden beneficiarse de tomar lecciones o adoptar nuevas prácticas de aquellos que han tenido éxito antes que ellos/as.

No existe un método de planificación universal; cada proyecto y sus circunstancias son diferentes. Conozca sus opciones e integre algunas mejores prácticas en su plan.

Reaccione

(a) Desarrolle varios métodos de planificación investigando mejores prácticas.

(b) Pida opiniones sobre el plan al inicio del proceso, no después de que haya sido formalizado o se hayan comprometido recursos.

(c) Identifique personas clave en el proceso que tengan interés en el éxito del plan e invítelos/as a formar parte de su equipo de planificación.

(d) Defina la meta del proceso y luego prepare una lista de todas las tareas que deben completarse, seguidas de quién debería completar cada tarea.

(e) Identifique tareas que pueden desempeñarse simultáneamente, y aquellas que no pueden empezarse hasta que se hayan completado una o más tareas.

(f) Determine los recursos requeridos, por ejemplo, tiempo del personal, fondos, equipamiento, materiales, software y espacio, así como la persona que puede autorizar el uso de cada recurso en el proceso. ¿Puede obtener todos los recursos necesarios, incluyendo el tiempo de cada miembro del personal? ¿Están estas personas y demás recursos disponibles en los intervalos requeridos por el plan?

(g) Identifique los riesgos, por ejemplo, cuellos de botella, proyectos en conflicto, cuestiones de programación y recursos escasos y planifique para las contingencias.

(h) Determine etapas y defina cómo medirá el éxito del proceso.

(i) Evalúe sus resultados reales frente a sus metas, por ejemplo, cumplir el calendario y el presupuesto, controles de calidad, asignación de recursos, etc.

(j) Converse, documente y comparta las lecciones aprendidas con su equipo y otras personas que podrían beneficiarse. Las experiencias suyas y de su equipo pueden ayudar a ahorrar tiempo de planificación, mejorar las estimaciones de los recursos y hacer predicciones más precisas de los riesgos potenciales futuros de su organización.

(k) Celebre los logros con su equipo y brinde elogios si corresponde.

(l) Encuentre una persona en la organización que respete y que comparta lecciones de experiencias de trabajo y de planificación exitosas y no exitosas. Es invalorable escuchar lo que han experimentado los demás.

Copyright © 2009 Yolanda Lacoma & Martin Sutherland

4 | Mi cultura de trabajo asigna un mayor valor a la acción que a la planificación/Mi organización no invertirá en procesos de planificación

Reflexione

Algunos entornos de trabajo son más reactivos que proactivos. La acción rápida y la toma de decisiones es imperativa para la mayoría de los negocios, pero también lo es el pensamiento y el buen criterio, que tienden a aumentar la probabilidad de que se tomen decisiones de calidad.

La planificación requiere paciencia y un entorno de urgencia puede crear presión para apurar las cosas sólo para obtener un resultado. Las compañías líderes en la industria citan innumerables historias de éxito que estuvieron basadas en planificación de procesos, así como también fracasos debido a la falta de planes. Es mejor tener un resultado positivo que llevó más tiempo lograr que un resultado negativo infructuoso que fue rápido y fácil de alcanzar.

Reaccione

(a) Si está en una posición de liderazgo, recompense y aliente a las personas con buenas habilidades de planificación.

(b) Invertir tiempo en planificación marcará el ejemplo y enviará un fuerte mensaje a los demás de que es algo valorado en la organización.

(c) Apoye la capacitación en gestión de proyectos para sus empleados.

(d) Converse con su jefe y otros miembros del equipo sobre los beneficios logrados por haber planificado adecuadamente.

(e) Hable con su jefe acerca de su necesidad de un plan. Todas las personas tienen estilos de trabajo diferentes y algunos gerentes asumirán que usted se siente cómodo/a de operar sin un plan si no dice nada al respecto.

(f) Sea persistente en las conversaciones y reuniones acerca de los detalles que deben considerarse. Preséntelos de forma que constituyan un buen caso de negocios. Incluso si son pasados por alto, habrá usado su intuición para brindar información valiosa.

(g) Lleve un registro de las lecciones aprendidas a lo largo del proceso y pídale a su equipo que haga lo mismo. Esta práctica puede comunicarse durante una reunión inicial o a través de correo electrónico y respaldarse con recordatorios por correo electrónico a su equipo.

(h) Formalice sesiones informativas, si es posible, y comparta las lecciones aprendidas con otras personas en la compañía para que sean consideradas antes de que otros sigan adelante con sus proyectos. Compare las metas de su plan contra los resultados reales, por ejemplo, presupuesto, calendario, objetivos por etapa, asignación de recursos, calidad, etc.

Copyright © 2009 Yolanda Lacoma & Martin Sutherland

Comportamientos usados en exceso

Los estudios de investigación han determinado que en ocasiones las fortalezas de una persona se pueden convertir en debilidades si se utilizan en exceso.

Para encontrar el equilibrio, usted debe desarrollar los llamados estabilizadores con el objetivo de atenuar el comportamiento usado en exceso.

Estabilizadores:	Comportamiento usado en exceso
8 Se Siente Cómodo/a Con La Incertidumbre	Puede que pase demasiado tiempo planificando y no mucho tiempo actuando. Puede que tenga problemas para adaptarse o responder cuando cambian las circunstancias
2 Adaptable	
55 Toma Iniciativa	
39 Gestiona El Tiempo	
12 Posee Confianza En Sí Mismo/a	
50 Resuelve Problemas	
27 Experimentador	
46 Abierto/a De Mente	
29 Establece Prioridades	
53 Estratega	

Instrucciones

Si se siente identificado/a con la definición de comportamiento usado en exceso, elija alguno de los estabilizadores y diríjase a los capítulos correspondientes para buscar estrategias de acción que le ayuden a desarrollarlos.

Para más instrucciones diríjase a la sección de este libro: "Cómo utilizar este libro".

332

Copyright © 2009 Yolanda Lacoma & Martin Sutherland

49. Políticamente Hábil

dificil

medio

dificultad de APRENDIZAJE | dificultad de CAMBIO

"Pienso que una visión más moderna de cómo la gente es promovida en la mayoría de las organizaciones refleja una realidad más amplia: Es lo que sabe, a quién conoce y quién le conoce"

Joan Lloyd

Comportamiento efectivo
Entiende cómo funciona la política de una corporación y sabe manejar la dinámica del poder en el ambiente corporativo

Comportamiento inefectivo
Puede que no sea consciente del papel que juegan las influencias personales en el trabajo o puede que no esté dispuesto/a a involucrarse en las políticas de la organización

Instrucciones
Lea las definiciones de la izquierda. Si se siente identificado/a con la definición de comportamiento inefectivo, diríjase a la sección Estrategias de Acción de este capítulo.

Si se siente identificado/a con la definición de comportamiento usado en exceso diríjase a la sección final del capítulo.

Comportamiento usado en exceso
Puede que se preocupe demasiado por las políticas de la organización y que esté demasiado interesado/a en su propia agenda

Auto Evaluación

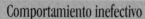

¿verdadero?	Sé quiénes son las personas influyentes obvias y menos obvias en mi organización
¿verdadero?	Adapto mis tácticas en base a una situación o persona determinada
¿verdadero?	Puedo prever quién podría oponerse cuando presento una propuesta
¿verdadero?	Comprendo la dinámica entre los altos directivos
¿verdadero?	Rara vez, o nunca, creo problemas para otras personas por lo que digo
¿verdadero?	Sé qué información compartir con quién
¿verdadero?	Dejo que los demás defiendan su posición sin interrumpirlos

Notas
¿Está seguro/a de que debe desarrollar esta competencia?

"Si la respuesta a la mayoría de las afirmaciones de la parte izquierda es "verdadero", probablemente no sea necesario que usted desarrolle esta competencia."

333

Copyright © 2009 Yolanda Lacoma & Martin Sutherland

Estrategias de Acción

La mayoría de los comportamientos inefectivos tienen patrones o pensamientos emocionales ocultos. Al identificarlos, usted podrá definir las estrategias de acción específicas para mejorar este comportamiento.

(1) La política en las organizaciones es turbia/No quiero participar en eso

(2) No sé a quién influenciar o cómo hacerlo

(3) Mi trabajo arduo debería ser suficiente para llevar a cabo mis tareas

Instrucciones

1. Lea y seleccione uno o más de los patrones de comportamiento inefectivo descritos a la izquierda.

2. En la sección de abajo, busque el número correspondiente que le ayudará a reconsiderar este patrón y a identificar acciones prácticas y específicas de mejora.

---

1 | **La política en las organizaciones es turbia/ No quiero participar en eso**

Reflexione

La palabra "política" tiene una connotación negativa para algunas personas. Evoca imágenes de deshonestidad, corrupción y pasar por alto procedimientos establecidos.

Por supuesto hay personas que usan la política para manipular situaciones en su beneficio, por ejemplo, para excusar un mal desempeño. Pero intrínsecamente, la política no es algo malo. Comprender el telón de fondo político de su organización le permite, de muchas maneras, mejorar la productividad. Una comprensión aguda de la cultura y las relaciones en la organización le brinda una ventaja cuando defiende ideas y busca recursos. También asegura que la gente clave sea reconocida y recompensada por su desempeño. Cuando la resistencia política es limitada, se necesita menos energía para presentar su propuesta

Reaccione

(a) Observe qué permite a un líder respetado en su organización usar la política para presentar una propuesta. Puede ayudar a disipar un estereotipo que usted tenga acerca de la naturaleza de hacer política.

(b) Lea acerca de líderes políticamente hábiles, tales como Mahatma Gandhi y Nelson Mandela, que son ampliamente respetados y superaron obstáculos tremendos manejando de alguna manera la política de sus tiempos. Le brindará una perspectiva diferente de la política.

334

Copyright © 2009 Yolanda Lacoma & Martin Sutherland

(c) Manténgase genuino/a y sincero/a. Si sus acciones están guiadas por lo que es mejor para la organización, más que por lo que es mejor para usted, se sentirá más cómodo/a.

(d) Comprenda claramente por qué es necesario poner la política en práctica para la meta que está tratando de alcanzar. Recopile una lista de maneras en las cuales las personas "adecuadas" pueden ayudarle a alcanzar su meta de forma más efectiva. ¿Tiene sentido hacerlo por su cuenta? ¿Cree lo suficiente en su posición como para defenderla? ¿Qué ética o valores realmente tiene que violar para alcanzar su meta?

(e) A veces, por ser escépticos, deshumanizamos a las personas con poder político. Asista a eventos de la organización que le den la oportunidad de hablar con las personas clave a cargo de la toma de decisiones a un nivel más personal. Encuentre sus intereses comunes, pasiones y humanidad. Encontrará mucha gente respetable y honesta como usted.

2 | No sé a quién influenciar o cómo hacerlo

Reflexione

La gente políticamente astuta sabe a quién deberían influenciar y cómo los demás pueden ayudarlos/as a maximizar dicha influencia. La gente influyente está por todos lados, pero algunos son más visibles que otros. Por lo tanto, dedicar tiempo y esfuerzo a comprender la política de una organización es importante pero saber quien es quien es sólo un paso.

El buen manejo de la política tiene otras consideraciones, tales como elegir el momento adecuado y evaluar una situación correctamente. El esfuerzo que dedica a desarrollar esta habilidad se verá reflejado en sus habilidades de gestión y liderazgo.

Reaccione

(a) Encuentre a un colega de confianza o mentor dentro de su organización con quien pueda conversar acerca de la política interna de la misma. Aprenda a comprender quién tiene el poder, para tomar decisiones en diferentes áreas, tanto en la teoría como en la realidad.

(b) Familiarícese con el organigrama de la compañía y sus posiciones críticas. Póngase como meta presentarse cómo mínimo una vez a todas las personas en posiciones clave.

(c) Maximice sus oportunidades de establecer contactos. Asista a recepciones, eventos y conferencias de la compañía para establecer relaciones con la mayor cantidad de gente posible, no sólo en su compañía sino también en su campo.

(d) Esté preparado/a para comunicar brevemente la forma en que su trabajo, proyecto o idea puede marcar la diferencia. Usted a menudo no tiene la oportunidad de conversar sobre sus ideas extensamente, por lo tanto un discurso bien transmitido y convincente es importante.

(e) Haga aliados con la gente relevante. Manténgales informados/as de los obstáculos que encuentra, incluyendo la resistencia de la gente o los departamentos. Juntos pueden desarrollar una estrategia para superar estos obstáculos y compartir la tarea de influenciar a otras personas.

335

Copyright © 2009 Yolanda Lacoma & Martin Sutherland

(f) Trate de desarrollar coaliciones para una máxima influencia. El poder a menudo radica en los números y algunas cuestiones necesitan una coalición para presentar una propuesta.

(g) ¿Hay grupos específicos con los cuales tiene problemas políticamente la mayor parte del tiempo? Busque prejuicios determinados que pudiera albergar. Pueden pensar que son invisibles, pero la gente rápidamente capta las sutilezas en el comportamiento o el lenguaje que les torna defensivos/as y resistentes a su influencia.

(h) La elección del momento puede marcar toda la diferencia cuando se necesita obtener respaldo. A veces simplemente no es el momento correcto para continuar presionando. Sea sensible acerca de los momentos en que necesita dejar de insistir para dejar la puerta abierta para más adelante. Enumere las condiciones que hacen que éste no sea el momento adecuado para presentar su propuesta.

(i) A menudo, no es que se haya comunicado con la gente equivocada, sino que su presentación no fue bien recibida. Las habilidades de comunicación o interpersonales deficientes son una forma segura de perder influencia. Una evaluación de 360° es efectiva para obtener retroalimentación acerca de sus fortalezas y debilidades, así como también sobre las cuestiones que puede trabajar con un coach.

(j) Lea acerca de gente común tal como Erin Brockovich que, con poca experiencia política, fue capaz de navegar a través de políticas complejas y ejercer una gran influencia.

---

3 | Mi trabajo arduo debería ser suficiente para llevar a cabo mis tareas

Reflexione

Algunos líderes hacen todo lo correcto en sus roles, sin embargo tienen poco impacto en una organización. Puede tener un desempeño sobresaliente, pero cuando llega el momento de ejercer influencia, necesitará haber establecido su credibilidad y que la gente sepa quién es. De lo contrario, puede resultarle difícil hacer que los demás le escuchen.

La visibilidad y la credibilidad desempeñan un gran rol en la política. No suponga que su trabajo arduo necesariamente le ayudará a conseguir eso. Una pequeña autopromoción puede llevarlo muy lejos.

Reaccione

(a) Reenvíe correos electrónicos de halagos de clientes u otros miembros del equipo a la gente relevante.

(b) Mantenga una lista de logros importantes para su referencia durante evaluaciones de desempeño. La persona que hace su evaluación puede no recordar todos sus logros a lo largo del año.

(c) Pida a expertos y colegas respetados sus opiniones profesionales y consejo acerca de un proyecto. Le brinda la oportunidad de conocer gente influyente y hacer visible su trabajo.

(d) Involúcrese en proyectos más allá de su ámbito inmediato que le expongan a las personas que toman las decisiones. Por ejemplo, ofrézcase como voluntario/a para un equipo de trabajo o comité.

336

Copyright © 2009 Yolanda Lacoma & Martin Sutherland

(e) Si, al principio, se siente incómodo con promocionar sus talentos, hable acerca de los logros de su equipo. Destacará sus logros en forma indirecta.

(f) Invite a las personas clave que toman las decisiones de otras divisiones o grupos para que agreguen valor a sus reuniones y se familiaricen con sus proyectos.

(g) Sus logros pueden hablar por sí mismos en el presente, pero un líder anterior de su organización puede no haber tenido la misma experiencia con usted. No pase por alto relaciones anteriores que puedan requerir una atención extra o incluso reparación.

Copyright © 2009 Yolanda Lacoma & Martin Sutherland

Comportamientos usados en exceso

Los estudios de investigación han determinado que en ocasiones las fortalezas de una persona se pueden convertir en debilidades si se utilizan en exceso.

Para encontrar el equilibrio, usted debe desarrollar los llamados estabilizadores con el objetivo de atenuar el comportamiento usado en exceso.

Estabilizadores:	Comportamiento usado en exceso
56 Posee Conocimientos Técnicos	Puede que se preocupe demasiado por las políticas de la organización y que esté demasiado interesado/a en su propia agenda
35 Gestiona El Conflicto	
17 Juicioso/a	
26 Ético/a	
32 Informa A Otras Personas	
58 Digno/a De Confianza	
13 Tiene Coraje	
50 Resuelve Problemas	
1 Obtiene Resultados	
54 Toma Responsabilidad	

Instrucciones

Si se siente identificado/a con la definición de comportamiento usado en exceso, elija alguno de los estabilizadores y diríjase a los capítulos correspondientes para buscar estrategias de acción que le ayuden a desarrollarlos.

Para más instrucciones diríjase a la sección de este libro: "Cómo utilizar este libro".

Copyright © 2009 Yolanda Lacoma & Martin Sutherland

50. Resuelve Problemas

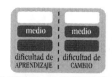

medio | medio

dificultad de APRENDIZAJE | dificultad de CAMBIO

"No podemos solucionar problemas usando el mismo tipo de pensamiento que usamos cuando los creamos"

Albert Einstein

Comportamiento efectivo
Resuelve problemas difíciles utilizando una combinación de intuición y pensamiento analítico

Comportamiento inefectivo

Puede que no siga un proceso riguroso de resolución de problemas o que solamente cuente con una o dos formas de enfocar un problema y que dependa excesivamente de sus experiencias pasadas para buscar soluciones

Comportamiento usado en exceso

Puede que analice demasiado las cosas y que todo lo perciba como un problema a resolver. Puede que no entienda el impacto del comportamiento irracional o emocional de las personas

Instrucciones

Lea las definiciones de la izquierda. Si se siente identificado/a con la definición de comportamiento inefectivo, diríjase a la sección Estrategias de Acción de este capítulo.

Si se siente identificado/a con la definición de comportamiento usado en exceso diríjase a la sección final del capítulo.

Auto Evaluación

¿verdadero?	Estoy abierto/a a opiniones o retroalimentación de los demás cuando trato de resolver un problema
¿verdadero?	Rara vez tengo que abordar el mismo problema dos veces
¿verdadero?	Considero múltiples soluciones para un problema antes de emprender la acción
¿verdadero?	Puedo identificar problemas o desafíos que otros no ven
¿verdadero?	Comprendo la naturaleza de un problema rápidamente, incluso con poca información
¿verdadero?	Uso la lógica y confío en mi intuición cuando soluciono problemas
¿verdadero?	Abordo los problemas de forma objetiva y mantengo mis sentimientos personales separados

Notas
¿Está seguro/a de que debe desarrollar esta competencia?

"Si la respuesta a la mayoría de las afirmaciones de la parte izquierda es "verdadero", probablemente no sea necesario que usted desarrolle esta competencia."

339

Copyright © 2009 Yolanda Lacoma & Martin Sutherland

Estrategias de Acción

La mayoría de los comportamientos inefectivos tienen patrones o pensamientos emocionales ocultos. Al identificarlos, usted podrá definir las estrategias de acción específicas para mejorar este comportamiento.

① Mis técnicas de resolución de problemas son limitadas/Tiendo a usar enfoques conocidos

② Tiendo a hacer lo primero que me viene a la mente/ Me pongo impaciente con los procesos

③ Necesito muchos datos cuando resuelvo problemas/Le asigno más valor a pensar que a hacer/No actúo de forma intuitiva

④ Tiendo a verme influenciado/a por las agendas de los demás/No considero un problema de forma independiente y objetiva

Instrucciones

1. Lea y seleccione uno o más de los patrones de comportamiento inefectivo descritos a la izquierda.

2. En la sección de abajo, busque el número correspondiente que le ayudará a reconsiderar este patrón y a identificar acciones prácticas y específicas de mejora.

---

1 | **Mis técnicas de resolución de problemas son limitadas/Tiendo a usar enfoques conocidos**

Reflexione

Cada persona tiene métodos preferidos o un estilo determinado en su enfoque para solucionar un problema. Su enfoque puede haber funcionado para usted hasta el momento, pero ¿por qué no expandir su caja de herramientas? Múltiples opciones aumentan la cantidad de ángulos desde los cuales se puede ver un problema y le permiten adaptarse a las exigencias.

Ser flexible y abierto/a de mente crea el estado de ánimo óptimo para la resolución de problemas. Confiar únicamente en los enfoques que ha usado en el pasado limita su creatividad y las oportunidades de pensar de forma innovadora. Tenga cuidado, también, de no adoptar una actitud de "ya pasé por eso" en la resolución de problemas. Ningún problema o cuestión es exactamente igual.

Reaccione

(a) Hay numerosos enfoques para tener en su caja de herramientas de resolución de problemas, por ejemplo, el análisis SWOT (fortalezas, debilidades, oportunidades, amenazas); la proyección de flujo de fondos (poner a prueba la viabilidad de un proyecto); el análisis de riesgo; el análisis de punto de venta único; el producto de mapeo MindJet (comprender cómo interactúan diferentes factores con el uso de diagramas) y la preparación de diagramas de flujo.

340

Copyright © 2009 Yolanda Lacoma & Martin Sutherland

(b) Pregunte a sus colegas acerca de sus propias técnicas de resolución de problemas, así como también a la gente que no se dedica a su disciplina. El departamento de marketing, por ejemplo, puede tener formas instructivas de abordar una sesión de intercambio de ideas que usted puede aprovechar en su campo también.

(c) Deje que otras personas en su equipo tomen la delantera. Observe sus formas de abordar un problema. ¿Qué métodos podría adoptar? ¿Qué no está funcionando para ellos?

(d) Contacte con su departamento de recursos humanos acerca de cursos disponibles en su compañía para ampliar sus técnicas de resolución de problemas.

(e) Defina los factores que hacen que esta situación o problema sea diferente de uno similar que usted haya tenido. Sólo porque parecen similares no significa que la solución es la misma.

(f) Considere los recursos disponibles para abordar el problema. Puede tener una solución perfecta o una que fue exitosa previamente, pero su tiempo o recursos actualmente pueden ser insuficientes para emplearla nuevamente. Una solución alternativa sería un mejor enfoque.

(g) Asegúrese de incluir gente altamente creativa en su equipo. Son efectivos/as para introducir posibilidades novedosas.

(h) No suponga que conoce la respuesta porque tuvo una experiencia similar en el pasado. Es tan importante ser consciente de lo que no sabe como hacer uso de lo que sí sabe. Sea consciente de hacer generalizaciones sobre la base de experiencias anteriores.

(i) Cuando transmita información como hechos, asegúrese de que sean efectivamente hechos y no opinión. Encuentre expertos con los cuales pueda conversar sobre el problema para verificar sus supuestos.

2 | Tiendo a hacer lo primero que me viene a la mente/ Me pongo impaciente con los procesos

Reflexione

Puede ser demasiado impaciente o rápido/a para sacar conclusiones cuando usted soluciona un problema. Y aunque puede lograr resultados rápidos haciéndolo, se arriesga a pasar por alto datos importantes a su disposición. Es probable que trate de realizar las tareas lo más rápido posible, lo que podría reducir la calidad de sus decisiones. Muchos problemas son más complejos de lo que parecen en apariencia — requieren análisis y opiniones de múltiples fuentes.

La resolución de problemas requiere acción, pero intente que usted y sus colegas tengan el tiempo suficiente para considerar y manejar el proceso de encontrar respuestas. Obtener resultados es diferente de solucionar un problema.

Reaccione

(a) Asegúrese de tener tiempo suficiente para considerar y analizar los supuestos existentes acerca de una cuestión. Una premisa incorrecta desviará la resolución del problema en la dirección equivocada desde el principio.

(b) Asegúrese de definir el problema de forma adecuada. Diferencie entre el problema y sus síntomas.

Copyright © 2009 Yolanda Lacoma & Martin Sutherland

(c) Considere el proceso como parte del problema y las restricciones sobre el mismo y trabaje para eliminarlas.

(d) Reconozca cuando un enfoque de equipo sea mejor que hacerlo solo/a. Puede llevar más tiempo de esta manera, pero podría ser un enfoque inteligente que produce mejores resultados.

(e) No se apresure con problemas con consecuencias importantes o que podrían tener un gran impacto en su negocio. Programe tiempo suficiente para considerar estos problemas y hágalo cuando y donde tenga las menores distracciones.

(f) Divida el problema en componentes y delegue las tareas en consecuencia. De esta forma, puede concentrar su atención en las partes donde su opinión es más valiosa.

(g) La gente piensa y trabaja a diferentes velocidades. Algunos querrán o necesitarán más tiempo que otros para considerar las posibilidades y encontrar soluciones. Respete y apoye el tiempo que necesitan las personas para contribuir al proceso.

③ | Necesito muchos datos cuando resuelvo problemas/Le asigno más valor a pensar que a hacer/No actúo de forma intuitiva

Reflexione

Los así llamados acumuladores compulsivos son bien conocidos, ¿pero escuchó hablar de los acumuladores compulsivos de información?

Hay personas que asignan un valor excesivo a los datos y su recolección, en lugar de tomar acción. A menudo desperdician energía innecesaria en recolectar información y evidencia, o en encontrar precedentes para usar como modelos de acción o para validar sus soluciones. Recuerde, no siempre tendrá el tiempo o los recursos necesarios para explorar un problema en su totalidad.

Los gerentes y líderes efectivos demuestran, una y otra vez, que la resolución de problemas puede hacerse de forma efectiva con información limitada, haciendo uso de la experiencia pasada y una saludable confianza en la intuición. Solamente la información relevante puede ayudarle a protegerse del riesgo.

Reaccione

(a) Fije una fecha límite específica para tomar una decisión. Darse una fecha tope le ayudará a evitar demoras prolongadas para tomar una decisión. Comprométase con esa fecha fijando un día para conversar su decisión con sus superiores. Si está trabajando con un equipo, fije un día en el cual todos revisarán la información que han reunido y empezarán a abordar el problema.

(b) Programe reuniones ocasionales con su supervisor para conversar sobre la información que ha recolectado y si la misma se concentra en sus prioridades.

(c) ¿Tiende a pensar demasiado y complicar las cosas? Use a sus colegas como cajas de resonancia para obtener perspectiva. Busque oportunidades para combinar o abreviar procesos.

(d) Después de completar un proyecto, dedique tiempo a considerar la información que fue importante — e irrelevante. ¿Podría haber concentrado su tiempo y energía en una mejor dirección? Una reflexión como ésta es importante para procesar la efectividad de sus técnicas de resolución de problemas.

342

Copyright © 2009 Yolanda Lacoma & Martin Sutherland

(e) Póngase en contacto con su intuición y aprenda a confiar en ella. Olvide su intelecto y lógica en algún punto y pregúntese qué le dice su intuición. Practique trabajando en temas con información limitada y pocas consecuencias y luego pase a decisiones más importantes.

4 | Tiendo a verme influenciado/a por las agendas de los demás/No considero un problema de forma independiente y objetiva

Reflexione

La gente a veces omite usar la lógica cuando soluciona un problema debido a sus prejuicios específicos.

Si dos colegas no se aprecian entre sí, por ejemplo, pueden decidir trabajar en un problema de forma independiente, incluso cuando sus esfuerzos colectivos producirían un mejor resultado. Otras personas se ven influenciadas por figuras de autoridad o colegas y preferirían seguir el status quo en lugar de considerar un problema de forma independiente. Y cuando hay diferentes participantes involucrados, la gente puede sentir la necesidad de defender su territorio hasta el punto de insistir en un curso de acción irracional.

La resolución de problemas es siempre una combinación de lo subjetivo y lo objetivo. Asegúrese de abordar el problema con un estado de ánimo lógico y lo suficientemente objetivo.

Reaccione

(a) En una escala de 1 a 10, califique el nivel de dedicación y sensibilidad con el cual ha tratado el problema. Es difícil mantener la mente abierta cuando uno/a se siente emotivo/a acerca de un tema. Si su calificación es alta, diga a sus colegas que el tema le interesa profundamente y pregunte si piensan que usted está reaccionando de forma exagerada a sus sugerencias. Simplemente ser consciente de su nivel de inversión emocional le ayudará a manejar sus reacciones.

(b) Identifique sus botones rojos — todos tenemos temas o comentarios que tocan nuestros puntos más sensibles. Considere cuidadosamente por qué está tan sensible. Hable con un mentor o coach para obtener una perspectiva realista acerca de sus pensamientos y una guía de cómo abordar algunos de estos sentimientos.

(c) Manténgase sereno/a cuando sus puntos sensibles son tocados durante una conversación. No responda inmediatamente. En cambio, cuente hasta 10, luego formule una pregunta que intente aclarar el tema. Dar a la otra persona una oportunidad de explicar y tal vez reformular lo que dijeron le dará tiempo para considerar el comentario y sentirse más sereno/a.

(d) Sea honesto/a acerca de sus motivos. ¿Está abordando el problema de forma ética o está actuando en interés propio?

(e) Deje que cada miembro del equipo, incluyendo usted, contemple un problema de forma individual antes de reunirse para compartir ideas. Eso permitirá el pensamiento independiente e impedirá que la mentalidad de acumulación compulsiva invada su proceso de resolución de problemas.

343

Copyright © 2009 Yolanda Lacoma & Martin Sutherland

(f) Si sabe que es extremadamente sensible o que no puede mantenerse objetivo/a, retírese. Pida a otra persona que maneje el problema y que le informe qué sucedió. Alternativamente, elija sólo los elementos que puede manejar objetivamente. Compartir el peso de una cuestión puede darle la distancia necesaria para abordar un problema con mayor imparcialidad.

Comportamientos usados en exceso

Los estudios de investigación han determinado que en ocasiones las fortalezas de una persona se pueden convertir en debilidades si se utilizan en exceso.
Para encontrar el equilibrio, usted debe desarrollar los llamados estabilizadores con el objetivo de atenuar el comportamiento usado en exceso.

Estabilizadores:	Comportamiento usado en exceso
55 Toma Iniciativa	Puede que analice demasiado las cosas y que todo lo perciba como un problema a resolver. Puede que no entienda el impacto del comportamiento irracional o emocional de las personas
24 Empático/a	
8 Se Siente Cómodo/a Con La Incertidumbre	
2 Adaptable	
7 Trabaja Bien En Equipo	
43 Motiva A Las Personas	
22 Diplomático/a	
17 Juicioso/a	
4 Accesible	
34 Capaz De Escuchar	

Instrucciones

Si se siente identificado/a con la definición de comportamiento usado en exceso, elija alguno de los estabilizadores y diríjase a los capítulos correspondientes para buscar estrategias de acción que le ayuden a desarrollarlos.

Para más instrucciones diríjase a la sección de este libro: "Cómo utilizar este libro".

Copyright © 2009 Yolanda Lacoma & Martin Sutherland

51. Reconoce El Talento Y El Potencial En Las Personas

> "La mediocridad no conoce nada superior a sí misma, pero el talento instantáneamente reconoce al genio"
>
> Arthur Conan Doyle

Comportamiento efectivo

Identifica rápidamente las fortalezas y debilidades de las personas sin necesidad de interactuar con ellas durante un largo periodo de tiempo

Comportamiento inefectivo

Puede que necesite interactuar demasiado tiempo con las personas para reconocer las fortalezas y debilidades en ellas

Comportamiento usado en exceso

Puede que quede desconcertado por el comportamiento imprecedible de las personas bajo ciertas circunstancias

Instrucciones

Lea las definiciones de la izquierda. Si se siente identificado/a con la definición de comportamiento inefectivo, diríjase a la sección Estrategias de Acción de este capítulo.

Si se siente identificado/a con la definición de comportamiento usado en exceso diríjase a la sección final del capítulo.

Auto Evaluación

¿verdadero?	Doy a la gente la oportunidad de asumir posiciones incluso si no están experimentados
¿verdadero?	Busco oportunidades de poner a prueba los talentos de la gente
¿verdadero?	Tengo éxito en elegir buenos empleados
¿verdadero?	Uso herramientas tales como retroalimentación de 360° para comprender mejor el talento en mi grupo
¿verdadero?	Tengo conocimientos acerca de las mejores prácticas para realizar entrevistas y contratar personal
¿verdadero?	Sé quién está listo para una promoción
¿verdadero?	Por lo general puedo obtener una lectura precisa de la gente en un corto tiempo
¿verdadero?	Uso toda la información disponible para hacer juicios acerca de la gente
¿verdadero?	Hago evaluaciones acerca los demás independientemente de las presiones organizacionales

Notas

¿Está seguro/a de que debe desarrollar esta competencia?

"Si la respuesta a la mayoría de las afirmaciones de la parte izquierda es "verdadero", probablemente no sea necesario que usted desarrolle esta competencia."

345

Copyright © 2009 Yolanda Lacoma & Martin Sutherland

Estrategias de Acción

La mayoría de los comportamientos inefectivos tienen patrones o pensamientos emocionales ocultos. Al identificarlos, usted podrá definir las estrategias de acción específicas para mejorar este comportamiento.

① Cuando evalúo o contrato talentos, busco gente que se adecue a un molde específico/Confío en mi corazonada

② Baso mis evaluaciones de la gente en su desempeño pasado y actual

③ Mis evaluaciones a veces tienen prejuicios debido a la presión organizacional

④ No soy realmente una persona sociable y no puedo interpretar bien a las otras personas

⑤ Es difícil para mí cambiar mi opinión o percepción acerca de alguien una vez que hice un juicio

Instrucciones

1. Lea y seleccione uno o más de los patrones de comportamiento inefectivo descritos a la izquierda.

2. En la sección de abajo, busque el número correspondiente que le ayudará a reconsiderar este patrón y a identificar acciones prácticas y específicas de mejora.

---

1 | **Cuando evalúo o contrato talentos, busco gente que se adecue a un molde específico/Confío en mi corazonada**

Reflexione

¿Tiene prejuicios acerca del tipo de persona que quiere contratar o asignar a un trabajo? Tal vez tuvo experiencia con un cierto tipo de persona que ha funcionado bien o viceversa.

Tenga cuidado de no interpretar el talento demasiado estrictamente o aplicar un enfoque muy estructurado. Es normal buscar a gente que sea similar a usted cuando evalúe talento, o seguir su corazonada cuando elija al mejor candidato, pero éste es un enfoque tendencioso. El desempeño está sujeto a numerosos factores que influyen, incluyendo la combinación de competencias conductuales, experiencias de trabajo y habilidades técnicas de una persona. Adicionalmente, el éxito de la gente está influenciado por el contexto específico de sus trabajos, por ejemplo, cómo combinan con sus jefes, equipos, la cultura de las compañías y los tipos de posiciones. En su libro, *The Leadership Pipeline*; Ram Charan, Stephen Drotter y James Noel exponen el impacto del nivel organizacional en el éxito de una persona.

Considerar la mayor cantidad de variables posibles cuando evalúa el talento mejora su capacidad de reconocer el potencial, reducir el prejuicio y tomar mejores decisiones de contratación.

346

Copyright © 2009 Yolanda Lacoma & Martin Sutherland

Reaccione

(a) Consulte con el departamento de recursos humanos para asegurarse de que las competencias conductuales, las habilidades técnicas y la experiencia necesaria para el trabajo hayan sido definidas con claridad y precisión.

(b) Amplíe su perspectiva de cómo se ajustará una persona a una posición considerando cómo se desempeñará dentro de su contexto.

(c) Examine los resultados de evaluaciones tales como la retroalimentación de 360°, que puede brindar información nueva acerca de la gente. Le ofrecerá una comprensión de las fortalezas y debilidades de la persona. Hable con el departamento de recursos humanos acerca de las herramientas que puede utilizar.

(d) La investigación muestra que las entrevistas conductuales son las más efectivas. Aprenda acerca de este método de entrevistar y hable con alguien del departamento de Recursos Humanos si aún no se utiliza en su compañía. Lea acerca de las habilidades efectivas para entrevistar.

(e) Asegúrese de que su equipo esté equilibrado reclutando gente con talentos diversos.

(f) Participe en el proceso de contratación mismo. Le ayudará a obtener valiosa experiencia en agudizar su intuición acerca de la gente y comprender cómo formular preguntas efectivas que revelen fortalezas y debilidades.

(g) Asegúrese de que se apliquen rigurosos procesos, técnicas y estructuras estandarizadas durante la contratación.

---

② | Baso mis evaluaciones de la gente en su desempeño pasado y actual

Reflexione

El desempeño actual es definitivamente un buen lugar para empezar cuando se evalúa a alguien y en ausencia de otras observaciones a menudo es el único indicador que puede usar. Pero el desempeño únicamente no brinda una visión completa. Como gerente, es importante comprender también el potencial de la gente y considerar otros conjuntos de habilidades que la persona no ha tenido la oportunidad de demostrar.

Alguien que es nuevo en la posición puede luchar mientras aprende nuevas habilidades y se adapta a los nuevos desafíos de una posición, y puede necesitar tiempo para demostrar su valía. A veces se pasa por alto o no se invierte en buen talento si los gerentes no están dispuestos a mirar más allá de las puntuaciones de desempeño, o poner a prueba a sus subordinados de formas nuevas.

Reaccione

(a) Brinde a las personas que son nuevas en sus posiciones tiempo suficiente para adaptarse dentro de su nuevo contexto antes de hacer juicios.

(b) Descubra el conocimiento de otras personas acerca de un empleado mediante una retroalimentación de 360° u otras herramientas de evaluación de múltiples fuentes. Es especialmente útil si alguien está recién contratado/a o fue recientemente asignado a usted.

347

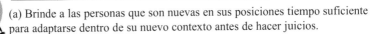

Copyright © 2009 Yolanda Lacoma & Martin Sutherland

(c) Hable con el departamento de recursos humanos o un consultor de PeopleTree Group acerca de la Matriz de 9 Celdas, que ayuda a predecir el desempeño. Este proceso brinda indicios acerca de cómo es probable que se desempeñe la gente en una organización.

(d) Aliente a los subordinados a ser honestos/as con usted. La gente a quienes se les da la oportunidad y un entorno seguro para hacerlo, compartirán información que puede ayudarle a comprender mejor sus intereses y fortalezas. Pregunte acerca de proyectos en los que han trabajado previamente y por qué fueron exitosos o no. Consulte acerca de experiencias y habilidades que puedan tener que usted no conoce. Formule preguntas abiertas acerca de lo que encuentran más desafiante o gratificante.

(e) Una forma efectiva de conocer las fortalezas y debilidades de alguien es asignarles posiciones que le resulten desafiantes en una variedad de áreas. Rote a la gente entre diferentes posiciones hasta que comprenda sus talentos y defectos. Evite usar repetidamente a la misma persona para llevar a cabo un conjunto determinado de tareas.

(f) Recolecte retroalimentación de otros gerentes con los cuales el empleado haya trabajado en el pasado. ¿Cuál es su perspectiva de las fortalezas y debilidades de la persona? Puede darle alguna idea del desempeño de la persona en contextos diferentes.

③ | Mis evaluaciones a veces tienen prejuicios debido a la presión organizacional

Reflexione

En ocasiones, se puede esperar que los gerentes evalúen a alguien en base a las opiniones de otras personas, que pueden no creer que sean precisas. Por ejemplo, una persona que ha avanzado en la compañía podría ser un/a favorito/a entre un cierto círculo debido a sus sólidos contactos, pero podría carecer de las habilidades o experiencia necesaria. Dar a esa persona una evaluación menos que sobresaliente podría no ser bien aceptado, impopular o incluso molestar al CEO. Alternativamente, los gerentes pueden sentirse amenazados por una estrella en ascenso y verse tentados/as a evaluar a esa persona menos favorablemente. Las evaluaciones nunca se producen en un vacío y a menudo están relacionadas con presión, sea aparente o real.

Sin embargo, juzgar el talento de alguien de forma imprecisa es dañino tanto para la persona como para la organización a largo plazo. Las evaluaciones precisas establecen el desarrollo que necesita una persona para hacer el mejor aporte ahora y en el futuro. También aseguran que se asignen los mejores recursos a los proyectos y que el equipo sea tratado de forma equitativa. Y permite que una organización planee su sucesión de liderazgo en base al talento, no al favoritismo.

Requerirá algo de coraje desafiar las presiones que pueden estar involucradas, pero su honestidad y sincero interés en el bienestar de la organización son las principales razones para mantenerse firme.

Reaccione

(a) Aliente una cultura abierta en la cual la gente se sienta cómoda de ser honesta durante las evaluaciones.

Copyright © 2009 Yolanda Lacoma & Martin Sutherland

(b) Recompense la consciencia de sí mismo/a y los esfuerzos de desarrollo en aquellas personas que supervisa de modo que sean más comunicativos/as acerca de sus defectos y que estén dispuestos/as a trabajar en ellos.

(c) Mantenga registros precisos del desempeño y comportamiento de una persona de modo que pueda respaldar una evaluación impopular con hechos, más que con opinión.

(d) Consulte con su gerente o departamento de recursos humanos para obtener respaldo y asesoramiento si está preocupado/a acerca de una evaluación determinada que tiene que realizar.

(e) Asegúrese de haber establecido metas y objetivos claros para sus subordinados. Podrá usarlos como referencia para conversar si han sido alcanzados.

4 | No soy realmente una persona sociable y no puedo interpretar bien a las otras personas

Reflexione

Vale la pena el esfuerzo de interactuar de forma significativa con sus colegas. De lo contrario, se arriesga a ser visto/a como inaccesible o distante y eso le hace difícil observar y tener una buena sensación acerca de las personas que lo rodean.

Interpretar bien a los demás requiere convertirse en un/a estudioso/a del comportamiento de la gente, lo que no es realmente posible si se mantiene distante.

Reaccione

(a) No se quede en su escritorio o en la oficina todo el día. Dedique tiempo a lo largo de su día de trabajo, incluso si es sólo unos pocos minutos, a interactuar individualmente con sus subordinados o colegas.

(b) Aproveche las reuniones y encuentros con el personal para observar cómo se comporta la gente. Advierta las diferencias en cómo las personas interactúan en un grupo versus solos/as.

(c) Cuestione su comprensión de sus colegas o las personas que supervisa. Trate de describir el rol que juega cada persona en su vida laboral, por ejemplo, coordinador/a, seguidor/a, líder. Escriba exactamente lo que sabe acerca de cada persona. Seis meses después, revise la descripción para ver si difiere, considerando que les ha observado más. ¿Advirtió algo que confirmó su opinión o cambió su percepción?

(d) Cuando sea posible, pase tiempo con colegas en entornos informales y sociales. La gente a menudo es cautelosa en el trabajo, lo que hace difícil llegar a conocerlos.

(e) Ofrézcase como voluntario/a para trabajar en un proyecto de equipo que le permita interactuar con otras personas regularmente.

(f) Almuerce con colegas. Levántese de su escritorio.

(g) Conviértase en un observador activo de la gente — haga algo de "avistamiento de personas". Los humanos tienen matices que las evaluaciones no pueden detectar. Pase suficiente tiempo con colegas para poder percibir las sutilezas que les hacen únicos/as. De ser posible, dedique tiempo a conocerlos fuera del trabajo. Tomen café o asistan a eventos de la compañía juntos, por ejemplo.

349

Copyright © 2009 Yolanda Lacoma & Martin Sutherland

5 | Es difícil para mí cambiar mi opinión o percepción acerca de alguien una vez que hice un juicio

Reflexione

Tenga cuidado de no dejar que las primeras impresiones o una observación limitada influyan en su evaluación de una persona de forma permanente. Etiquetar a la gente puede afectar a su carrera de forma negativa durante un largo tiempo e ignorar los cambios que podrían haber hecho.

La gente puede comportarse de forma muy diferente dependiendo del contexto y las circunstancias. Por ejemplo, las personas introvertidas pueden dar la impresión de ser distantes si no son sociables durante las reuniones, pero simplemente pueden sentirse incómodos/as en ese entorno. O puede haber conocido a un/a colega por primera vez en un día en que estaba particularmente estresado/a y menos amigable como resultado de ello. El punto es, hasta que conozca a la persona lo suficientemente bien o haya observado su comportamiento en diferentes contextos, es aconsejable no hacer supuestos que lleven a etiquetas.

La asignación de estereotipos hace uso de poca información acerca de una persona real y de los modelos generales, simplistas de cómo usted percibe a la gente. Contener el juicio puede ser difícil, pero vale la pena. Siempre mire más allá de las primeras impresiones.

Reaccione

(a) Dé una oportunidad a la gente. Reúnase con ellos/as varias veces antes de juzgar.

(b) Mida su impresión de alguien preguntando a los demás lo que piensan. Se verá sorprendido de escuchar opiniones bastante diferentes.

(c) Dedique tiempo a conocer a la gente que le cuesta más entender. ¿Qué hace que le resulten un desafío especialmente difícil? Si no hablan mucho, por ejemplo, invítelos a un ambiente donde se sientan más cómodos/as para expresarse, digamos un almuerzo o un partido de golf.

(d) Realice un ejercicio para comparar a la gente que conoce bien ahora con su primera impresión de ellos/as. ¿Qué es diferente? ¿Qué sabe acerca de ellos/as ahora, que no observó al principio? ¿Les interpretó bien la primera vez? ¿Si no es así, por qué no?

(e) Exprese por escrito cómo le interpretaría otra persona. Pregunte a los colegas su primera impresión de usted y cómo cambió.

(f) Si le resulta difícil descartar una primera impresión de alguien, haga una lista de todos los atributos positivos que tiene esa persona, tales como habilidades y experiencias que aportan a su equipo.

Copyright © 2009 Yolanda Lacoma & Martin Sutherland

Comportamientos usados en exceso

Los estudios de investigación han determinado que en ocasiones las fortalezas de una persona se pueden convertir en debilidades si se utilizan en exceso.
Para encontrar el equilibrio, usted debe desarrollar los llamados estabilizadores con el objetivo de atenuar el comportamiento usado en exceso.

Estabilizadores:	Comportamiento usado en exceso
23 Dirige A Las Personas	Puede que quede desconcertado por el comportamiento imprecedible de las personas bajo ciertas circunstancias
8 Se Siente Cómodo/a Con La Incertidumbre	
34 Capaz De Escuchar	
17 Juicioso/a	
18 Orientado/a Al Detalle	
24 Empático/a	
59 Unifica A Las Personas	
20 Desarrolla A Otras Personas	
46 Abierto/a De Mente	
49 Políticamente Hábil	

Instrucciones

Si se siente identificado/a con la definición de comportamiento usado en exceso, elija alguno de los estabilizadores y diríjase a los capítulos correspondientes para buscar estrategias de acción que le ayuden a desarrollarlos.

Para más instrucciones diríjase a la sección de este libro: "Cómo utilizar este libro".

Copyright © 2009 Yolanda Lacoma & Martin Sutherland

52. Consciente De Sí Mismo/a

medio | medio
dificultad de APRENDIZAJE | dificultad de CAMBIO

"Lo necesario para cambiar a una persona es cambiar su consciencia de sí mismo/a"

Abraham Maslow

Comportamiento efectivo

Está abierto al "feedback" y es consciente de sus fortalezas y de sus debilidades

Comportamiento inefectivo

Puede que evite o que reaccione mal al "feedback" y puede que no sea consciente de sus fortalezas y de sus debilidades

Comportamiento usado en exceso

Puede que sea demasiado crítico/a consigo mismo/a e introspectivo/a hasta el punto que le impacte negativamente a su autoestima

Instrucciones

Lea las definiciones de la izquierda. Si se siente identificado/a con la definición de comportamiento inefectivo, diríjase a la sección Estrategias de Acción de este capítulo.

Si se siente identificado/a con la definición de comportamiento usado en exceso diríjase a la sección final del capítulo.

Auto Evaluación

¿verdadero?	Sé cuáles son mis mejores cualidades y mis debilidades
¿verdadero?	Habitualmente pido retroalimentación
¿verdadero?	No me pongo a la defensiva cuando recibo crítica constructiva
¿verdadero?	Habitualmente me cuestiono mis motivos, valores y opiniones
¿verdadero?	Leo literatura sobre comportamiento humano y psicología

Notas

¿Está seguro/a de que debe desarrollar esta competencia?

"Si la respuesta a la mayoría de las afirmaciones de la parte izquierda es "verdadero", probablemente no sea necesario que usted desarrolle esta competencia."

353

Copyright © 2009 Yolanda Lacoma & Martin Sutherland

Estrategias de Acción

La mayoría de los comportamientos inefectivos tienen patrones o pensamientos emocionales ocultos. Al identificarlos, usted podrá definir las estrategias de acción específicas para mejorar este comportamiento.

(1) A menudo me pongo a la defensiva cuando recibo retroalimentación

(2) No soy una persona del tipo sensible o susceptible

(3) Ya me conozco lo suficiente

(4) No me preocupa la opinión de los demás acerca de mí

Instrucciones

1. Lea y seleccione uno o más de los patrones de comportamiento inefectivo descritos a la izquierda.

2. En la sección de abajo, busque el número correspondiente que le ayudará a reconsiderar este patrón y a identificar acciones prácticas y específicas de mejora.

---

1 | **A menudo me pongo a la defensiva cuando recibo retroalimentación**

Reflexione

Es difícil conocerse a sí mismo/a si uno/a se cierra a las opiniones de los demás acerca de su comportamiento o trabajo. La investigación muestra que la auto-percepción es la evaluación menos precisa. Como tal, nos conviene mantenernos abiertos a las observaciones de los demás acerca de nosotros y no asignar demasiado valor a nuestras propias conclusiones. Sólo piense cuánto más podría aprender sobre sí mismo/a si todos le dieran la retroalimentación adecuada. Cierto, no toda la retroalimentación es 100% válida o correcta y parte de la misma será inútil. Sin embargo, siempre hay algo de verdad acerca de lo que los demás tienen que decir.

Reaccione

(a) Participe en una evaluación de retroalimentación de 360°. Es la forma más efectiva de obtener resultados colectivos de sus colegas. La metodología de 360° de PeopleTree usa un método de clasificación forzado que reduce el prejuicio del calificador y evalúa sus fortalezas y debilidades relativas.

(b) Si encuentra que se está poniendo a la defensiva u hostil cuando recibe retroalimentación, puede verse tentado/a a dar una respuesta con carga emocional. Practique técnicas de manejo de estrés tales como respiración profunda. Dedique tiempo a dejar que la retroalimentación sea asimilada y repítala en su mente varias veces, cada vez seguida de las palabras "consciente de sí mismo/a". Esto le da un momento para conscientemente calmar la ira u hostilidad y le ayuda a poner todo en perspectiva.

354

Copyright © 2009 Yolanda Lacoma & Martin Sutherland

(c) No quede atrapado/a en tratar de defenderse. Informe a la persona que tomará en consideración sus sugerencias o retroalimentación. Si no se siente demasiado emotivo/a, pida ejemplos concretos para poder considerar mejor lo que le dijeron.

(d) Sea accesible. La gente evita dar retroalimentación a aquellos que tienen poco tiempo para ellos o que no escuchan. Usted muestra claramente que está abierto a la retroalimentación a través de su lenguaje corporal y expresiones faciales, y porque la alienta, por supuesto.

(e) No toda la retroalimentación es 100% precisa, pero, si presta atención, siempre hay algo revelador acerca de sí mismo/a o de la otra persona. No estará en condiciones de detectar estos matices si se pone a la defensiva. Incluso si no está de acuerdo con la retroalimentación, se está dando por algún motivo. ¿Cuál cree que sea el motivo? ¿Qué puede aprender acerca de sí mismo/a y de la otra persona?

(f) Si más de una persona le está dando la misma retroalimentación, hay posibilidades de que sea bastante cierta. Sería sabio por su parte que prestara atención.

2 | No soy una persona del tipo sensible o susceptible

Reflexione

Nutrir la consciencia de sí mismo/a a menudo es difícil porque la gente no está interesada en quiénes son realmente o no quieren parecer vulnerables frente a los demás.

El entorno laboral típico le asigna mayor importancia a las así llamadas habilidades técnicas y menos a las habilidades interpersonales. Pero la investigación demuestra que los líderes efectivos deben tener ambas — y mantener un equilibrio saludable entre ellas. Se han hecho muchos trabajos sobre la importancia de la inteligencia emocional, que está arraigada en nuestra capacidad de ser profundamente sensibles a los motivos y necesidades subyacentes de los demás, así como también a los propios.

A menos que esté en condiciones de examinar y comprender su propio comportamiento, será difícil comprender y manejar el de los demás. Sepa que la consciencia de sí mismo/a es una competencia legítima, que tiene un enorme impacto en el éxito de su carrera.

Reaccione

(a) La meditación describe un estado de atención concentrada en un objeto de pensamiento o consciencia. Por lo general implica volcar la atención hacia adentro a un único punto de referencia. Es una buena técnica para alcanzar nuestros motivos y emociones internas. Elija entre las numerosas técnicas de meditación disponibles y agréguelas a su rutina diaria.

(b) Identifique a alguien en la compañía que sea exitoso/a y querido/a. ¿Qué habilidades interpersonales le atribuiría a esa persona? Úselo/a como modelo para su comportamiento.

(c) Conscientemente trate de ser más abierto/a con la gente. Puede ser incómodo y difícil al principio, pero sentirse lo suficientemente cómodo/a como para compartir información personal le ayuda a practicar la comunicación de sus sentimientos.

Copyright © 2009 Yolanda Lacoma & Martin Sutherland

d) Póngase en el lugar de la otra persona cuando se le presenten situaciones problemáticas. ¿Cómo se sentiría en la misma posición? ¿Cómo le gustaría que le trataran?

③ | Ya me conozco lo suficiente

Reflexione

Si considera que conoce sus mecanismos internos completamente, es una señal bastante fiable de que tiene mucho que aprender. La mente humana y nuestras emociones son infinitamente complejas. Lo que sabe acerca de sí mismo/a puede haberle resultado de gran utilidad hasta el momento, pero las fortalezas pueden tornarse en debilidades y descarrilar nuestras carreras si uno/a no se examina de forma continua y objetiva. La consciencia de sí mismo/a es un viaje interminable y debe considerarse una práctica continua. La necesidad de mejorar y comprendernos mejor nunca termina.

Reaccione

(a) Desafíe sus valores. Lea acerca de las prácticas, religiones o filosofías con las cuales no está familiarizado/a y vea si encuentra más valores admirables.

(b) Si es reacio/a a descubrirse, trate de descubrir el mundo. Expóngase a gente, experiencias y pasatiempos completamente diferentes. Aprenderá mucho acerca de sí mismo/a en el proceso.

(c) Cree una biblioteca de consciencia de sí mismo/a y programe tiempo por lo menos una vez por semana para auto-desarrollo en una variedad de áreas. Hay una gran cantidad de lecturas interesantes disponibles.

(d) Hay numerosas evaluaciones psicológicas disponibles para evaluar efectivamente a la gente desde diversos ángulos. Intente un ángulo diferente. Pida una recomendación al departamento de recursos humanos.

(e) El autoanálisis es clave. Siempre formúlese preguntas: ¿Por qué tomó esa decisión? ¿Por qué se está sintiendo realmente de una forma determinada? ¿Cuáles habrían sido las consecuencias de una elección diferente? No se obsesione, simplemente pregunte.

(f) La meditación es una forma comprobada y efectiva de alcanzar motivos y emociones internas. Las técnicas de meditación incluyen ejercicios de respiración y mantra así como también yoga. Investigue las opciones y haga meditación como parte de su ritual diario.

(g) Comparta lo que sabe o piensa acerca de sí mismo/a con otras personas. Compare su auto-evaluación con la retroalimentación recibida de ellos/as y encuentre sus puntos ciegos y fortalezas ocultas.

Copyright © 2009 Yolanda Lacoma & Martin Sutherland

Reflexione

Tenga cuidado que la confianza en sí mismo/a no se convierta en arrogancia. Ser consciente de las opiniones de los demás puede darle una retroalimentación invalorable para mejorar su relación con los colegas; de hecho, mejorará sus habilidades gerenciales en general.

Los estudios muestran que la auto-percepción es la evaluación menos precisa, por lo tanto estar abierto/a a las opiniones de los demás significa que puede encontrar áreas que requieren mejora e identificar fortalezas a partir de las cuales puede seguir avanzando. Muchas carreras fracasan por comportamientos que empiezan como fortalezas pero luego se convierten en debilidades.

La preocupación acerca de las opiniones de los demás tiene muchos beneficios y envía un mensaje de que usted está dispuesto/a a mejorar de cualquier forma necesaria. Recuerde, también, que la gente será más receptiva a su retroalimentación si fue respetuoso/a con las opiniones de ellos acerca de usted.

Reaccione

(a) Acostúmbrese a mantenerse en contacto con su comportamiento pidiendo retroalimentación a las demás personas cuando sea adecuado. Pregunte: ¿Qué estoy haciendo bien? ¿Qué puedo mejorar? ¿Qué necesito cambiar?

(b) Participe en un proceso de evaluación de 360° formal. Es una excelente manera de medir cómo la gente le percibe realmente.

(c) Contrate un coach que pueda ayudarle a interpretar los resultados y comprender los beneficios de modificar su comportamiento.

Copyright © 2009 Yolanda Lacoma & Martin Sutherland

Comportamientos usados en exceso

Los estudios de investigación han determinado que en ocasiones las fortalezas de una persona se pueden convertir en debilidades si se utilizan en exceso.

Para encontrar el equilibrio, usted debe desarrollar los llamados estabilizadores con el objetivo de atenuar el comportamiento usado en exceso.

Estabilizadores:	Comportamiento usado en exceso
1 Obtiene Resultados	Puede que sea demasiado crítico/a consigo mismo/a e introspectivo/a hasta el punto que le impacte negativamente a su autoestima
13 Tiene Coraje	
11 Calmado/a	
12 Posee Confianza En Sí Mismo/a	
8 Se Siente Cómodo/a Con La Incertidumbre	
9 Se Comunica Bien (Verbalmente)	
27 Experimentador	
5 Concilia La Vida Personal Y Laboral	
49 Políticamente Hábil	
21 Se Desarrolla A Sí Mismo/a	

Instrucciones

Si se siente identificado/a con la definición de comportamiento usado en exceso, elija alguno de los estabilizadores y diríjase a los capítulos correspondientes para buscar estrategias de acción que le ayuden a desarrollarlos.

Para más instrucciones diríjase a la sección de este libro: "Cómo utilizar este libro".

Copyright © 2009 Yolanda Lacoma & Martin Sutherland

53. Estratega

dificil | medio
dificultad de | dificultad de
APRENDIZAJE | CAMBIO

> "Cuando está preparado/a, está más seguro/a. Cuando tiene una estrategia, está más cómodo/a"
> Fred Couples

Comportamiento efectivo
Puede visualizar posibles escenarios futuros dando sentido a la información obtenida de diversas fuentes

Comportamiento inefectivo
Puede que no sea capaz de crear escenarios futuros creíbles basados en información existente o puede que tenga un enfoque más táctico o a corto plazo

Instrucciones
Lea las definiciones de la izquierda. Si se siente identificado/a con la definición de comportamiento inefectivo, diríjase a la sección Estrategias de Acción de este capítulo.

Si se siente identificado/a con la definición de comportamiento usado en exceso diríjase a la sección final del capítulo.

Comportamiento usado en exceso
Puede que se enfoque demasiado en el futuro y que aparezca desconectado/a de las realidades existentes

Auto Evaluación

¿verdadero?	Me mantengo informado/a acerca de las tendencias que afectan a mi negocio
¿verdadero?	Tengo experiencia en iniciativas estratégicas
¿verdadero?	Considero el impacto a largo plazo incluso cuando sigo un enfoque táctico a corto plazo
¿verdadero?	Considero cómo se interrelacionan las cosas
¿verdadero?	A menudo concibo posibilidades y escenarios para el futuro
¿verdadero?	Estoy expuesto a personas que se dedican al pensamiento estratégico
¿verdadero?	Soy curioso/a acerca de temas fuera de mi área de experiencia

Notas
¿Está seguro/a de que debe desarrollar esta competencia?

"Si la respuesta a la mayoría de las afirmaciones de la parte izquierda es "verdadero", probablemente no sea necesario que usted desarrolle esta competencia."

359

Copyright © 2009 Yolanda Lacoma & Martin Sutherland

Estrategias de Acción

La mayoría de los comportamientos inefectivos tienen patrones o pensamientos emocionales ocultos. Al identificarlos, usted podrá definir las estrategias de acción específicas para mejorar este comportamiento.

① Tiendo a concentrarme en beneficios o necesidades inmediatas que requieren soluciones rápidas/Tengo que ocuparme de los problemas de hoy

② Uno no puede predecir el futuro/No creo que el planeamiento estratégico sea útil

③ Me concentro en el aquí y ahora/Soy práctico/a y no tengo tendencia a teorizar

④ No me involucro en pensamiento estratégico porque mi enfoque es profundamente técnico

⑤ No he tenido oportunidad de hacer planeamiento estratégico a largo plazo/No estoy familiarizado/a con modelos y técnicas de planeamiento estratégico

Instrucciones

1. Lea y seleccione uno o más de los patrones de comportamiento inefectivo descritos a la izquierda.

2. En la sección de abajo, busque el número correspondiente que le ayudará a reconsiderar este patrón y a identificar acciones prácticas y específicas de mejora.

---

① Tiendo a concentrarme en beneficios o necesidades inmediatas que requieren soluciones rápidas/Tengo que ocuparme de los problemas de hoy

Reflexione

Puede ser un/a pensador/a estratégico/a, pero si siempre está apagando incendios, eso afectará a su rendimiento como estratega. No deje que los problemas de hoy le distraigan de concentrarse en alcanzar sus metas estratégicas.

Puede obtener una sensación de logro cuando resuelve las crisis de esta semana o encontrar recompensa en mantener ambas manos en el tablero operativo, pero esto puede ser agotador — y, ¿realmente debería estar conduciendo el barco cuando se supone que debe planear su curso?

La mayoría de las organizaciones apuntan a un éxito sustentable, que requiere pensar en maneras de lograrlo a largo plazo. El valor que usted agrega a las iniciativas estratégicas es mayor que su aporte en cuestiones tácticas, por lo tanto asegúrese de que su valor esté debidamente explotado. Ver horizontes a largo plazo es crítico para las organizaciones y las personas; es probablemente uno de los conceptos más importantes en la teoría de las organizaciones.

A pesar de que las organizaciones reconocen la necesidad del enfoque estratégico, el gerente promedio rara vez lidera en formas que contribuyen al éxito a largo plazo de la compañía.

Copyright © 2009 Yolanda Lacoma & Martin Sutherland

Reaccione

(a) Aprenda a delegar efectivamente: verifique con cuidado exactamente qué le puede pasar a otras personas para disminuir las distracciones en su concentración en la estrategia y "entréguelo".

(b) Desarrolle equipos sólidos y efectivos con autoridad para actuar. Debe confiar en ellos para tomar decisiones y deben estar en condiciones de ayudarle a manejar el negocio de forma efectiva.

(c) Asegúrese de asignar el mismo tiempo a asuntos tácticos, a reuniones y a conversaciones estratégicas.

(d) Asegúrese de haber incluido metas estratégicas tanto en sus planes de trabajo como en el de los colegas o personal relevante.

(e) Debe tener una visión bien definida para usted y su equipo que haya sido claramente explicada a todos. ¿A dónde se dirige en uno, cinco o diez años? Si no considera esta pregunta regularmente, fácilmente volverá al aquí y ahora únicamente.

(f) Comprenda su propio horizonte temporal: ¿está trabajando en proyectos con un horizonte de un año, cinco o diez años? También debería conocer el horizonte temporal de su supervisor y su jefe.

(g) Implemente un plan de negocios o estratégico que responda en detalle dónde está ahora, hacia dónde va y cómo llegará allí.

(h) Revise su posición estratégica regularmente. Use un plan de SWOT, que significa fortalezas, debilidades, oportunidades y amenazas. Estos cuatro componentes son necesarios para evaluar la posición estratégica suya y de la compañía: usted necesita explotar las fortalezas, mejorar las debilidades, capitalizar las oportunidades e identificar las amenazas.

---

2 | Uno no puede predecir el futuro/No creo que el planeamiento estratégico sea útil

Reflexione

Los/as futuristas de negocios tales como Faith Popcorn y John Naisbett se dedican a la predicción de tendencias futuras, y han tenido tanto éxito que sus libros han influido en muchas personas, incluyendo líderes de negocios.

En los negocios se toman decisiones críticas en base a proyecciones acerca del futuro, por muy precisas que puedan ser. Ya sea un plan de negocios a tres años o a veinte años, los datos están basados en pronósticos — ingresos, costos operativos, datos demográficos proyectados, etc. Haga lo que haga, el futuro tiene un impacto en su negocio hoy. Tenemos suficiente información disponible, ya sea que provenga de datos históricos, experiencia, encuestas o tecnología, para permitir a la gente trabajar con supuestos razonables acerca del futuro. Si quieren sobrevivir, las compañías deben tomar decisiones bien fundadas acerca de cómo posicionarse estratégicamente hoy, en base a predicciones acerca de mañana.

Aunque es imposible predecir el futuro, es igual de difícil para un negocio prosperar sin tomar decisiones bien fundadas acerca del futuro y hacer previsiones para ajustes a lo largo del camino. Ser incapaz de definir exactamente los acontecimientos en el futuro no puede excusar una falta de pensamiento o planes estratégicos.

Copyright © 2009 Yolanda Lacoma & Martin Sutherland

Reaccione

(a) Conozca la ventaja competitiva que ayuda a mantener su éxito. Debe reconocer qué es lo que le hace sobresalir sobre sus competidores y luego crear una ventaja que se mantenga competitiva a lo largo del tiempo. ¿Qué hace mejor? ¿Qué le hace único/a? ¿Qué puede su organización hacer mejor que cualquier otra ahora y a largo plazo?

(b) Mantenga sesiones de previsión regularmente y converse sólo acerca del futuro. Intercambie ideas con su equipo para identificar los principales factores que influirán en su negocio en los próximos cinco a diez años. ¿Cuáles son los escenarios posibles? ¿Cómo se verá el mercado en cinco o diez años?

(c) Revise planes de negocios y resultados de proyectos anteriores. ¿Cuáles supuestos acerca del futuro eran defectuosos y por qué? ¿Está haciendo los mismos supuestos ahora? ¿Qué datos se consultaron y resultaron útiles o engañosos?

(d) Los/as consultores pueden brindar opiniones invaluables. Busque seminarios disponibles o considere contratar a un/a consultor/a para que trabaje con usted o su equipo.

(e) Existen muchos libros disponibles acerca de tendencias futuras y su influencia. Dosfuentes de consulta populares entre los empresarios son *Faith Popcorn* y John Naisbett.

> ③ | **Me concentro en el aquí y ahora/Soy práctico/a y no tengo tendencia a teorizar**

Reflexione

De cuando en cuando, todos necesitamos el metafórico viaje al futuro para considerar cómo será nuestro mundo entonces. El pensamiento estratégico exige que sea creativo/a también, e incluso poco práctico/a en alguna medida. Si su pensamiento está basado sólo en cómo están las cosas o cómo funcionan ahora, se limita al hoy y sus parámetros. La gente que puede visualizar escenarios futuros siempre considera el aquí y ahora. Se sienten cómodos/as especulando y de hecho se sienten atraídos/as y motivados/as por propuestas que pueden asustar a otra personas, o que generalmente se descartan.

Los/as pensadores/as estratégicos/as exploran ideas que no se ajustan y pueden incluso desafiar las visiones actuales. Su trabajo definitivamente se beneficiará si, de cuando en cuando, se permite imaginar lo imposible.

Reaccione

(a) Permítase seguir sus presentimientos e intuición sin editar sus pensamientos o juzgarse.

(b) Encuentre gente creativa con quien compartir ideas novedosas y sentirse seguro/a de hacerlo.

(c) Sea más travieso/a. Asegúrese de tener actividades y personas fuera del trabajo que le permitan reírse y relajarse.

(d) Haga algo completamente poco práctico, simplemente porque puede. Considere las consecuencias después. ¿Fueron tan malas como esperaba?

362

Copyright © 2009 Yolanda Lacoma & Martin Sutherland

e) Juegue a abogado del diablo consigo mismo. Desafíese con preguntas tales como "¿Por qué tiene que ser así?" y "¿Por qué no intentar a su manera?"

(4) No me involucro en pensamiento estratégico porque mi enfoque es profundamente técnico

Reflexione

Incluso los/as especialistas que deciden renunciar a un camino ejecutivo o de dirección deben mantenerse estratégicos/as en su pensamiento. Comprender las tendencias que tendrán un impacto en la tecnología actual le permite mantenerse innovador/a en su campo de experiencia.

El/la director/a de un departamento de ingeniería, por ejemplo, debe pensar de forma estratégica acerca del impacto que tendrá el retiro de los ingenieros mayores debido a la dificultad de encontrar ingenieros jóvenes para reemplazarlos. Anticipar un déficit permite al jefe del departamento mitigar este riesgo respaldando programas de mentores, estrategias de reclutamiento creativas o incluso el patrocinio corporativo de un programa universitario local. Kodak estaba en el negocio de vender película fotográfica, pero la llegada de las cámaras digitales y la capacidad de bajar las fotografías ha tornado esta tecnología casi obsoleta.

Independientemente de cuán técnicas o específicas de una disciplina sean sus responsabilidades, pensar de forma estratégica desempeña un rol importante en mantenerle al corriente de las tendencias y le brinda una perspectiva muy valiosa.

Reaccione

(a) Sea consciente de lo que sucede en el resto del mundo. Lea revistas y artículos nuevos de otras profesiones también.

(b) Considere cómo el cambio en el clima político puede afectar la política gubernamental relacionada con su campo.

(c) Haga uso de oportunidades de rotación que puedan exponerle a otras funciones de negocios.

(d) Tómese tiempo para alejarse de su escritorio y hablar con gente en otros departamentos acerca de su trabajo y los posibles cambios que podrían afectarles.

(e) Asista a reuniones interdepartamentales cuando sea posible.

(f) Siempre busque conexiones inusuales entre su trabajo y lo que hace la gente en otros campos.

(g) Aproveche conferencias que le expondrán a nuevas tendencias y colegas en su campo.

Copyright © 2009 Yolanda Lacoma & Martin Sutherland

5 | No he tenido oportunidad de hacer planeamiento estratégico a largo plazo/No estoy familiarizado/a con modelos y técnicas de planeamiento estratégico

Reflexione

Durante largos períodos de tiempo en su carrera, puede encontrarse concentrándose en trabajo táctico más que en cuestiones estratégicas. Para el contribuyente individual al nivel de gerente de gerentes, el enfoque es típicamente a corto plazo y operativo. Puede ser difícil hacer la transición de pensar de forma táctica a trabajar en proyectos con enfoque a largo plazo, digamos, cinco a veinte años.

El pensamiento estratégico es vital a medida que avanza en su carrera para manejar funciones o negocios. Pero nunca es demasiado pronto para pensar de forma estratégica y demostrar su capacidad como pensador/a estratégico/a, ya sea que su posición actual lo requiera o no. Estará haciendo una inversión clave en su carrera si trabaja en esta competencia.

Reaccione

(a) Siempre formule preguntas: ¿por qué la alta dirección tomó una decisión, cuál sería la consecuencia futura si eligiera una táctica diferente hoy, qué supuestos se hacen acerca del futuro que rigen la naturaleza de su trabajo hoy?

(b) Considere formas de ver las cosas desde la perspectiva de otras personas. Imagínese que usted es el cliente, su proveedor o el competidor.

(c) Pregunte a su supervisor si puede asistir a reuniones o participar en llamadas de planeamiento estratégico para tener exposición a las cuestiones conversadas y consideradas.

(d) Pida la oportunidad de participar en proyectos multifuncionales. Las iniciativas y el planeamiento estratégicos siempre involucran múltiples departamentos o áreas de negocios.

(e) Pregunte al departamento de recursos humanos acerca de cursos o capacitación en técnicas de planeamiento estratégico a las cuales podría asistir.

(f) Lea libros o casos de negocios que implican estrategia.

(g) Manténgase al corriente de tendencias y nuevos desarrollos que se relacionan con su campo, la política gubernamental, los competidores y los clientes.

Copyright © 2009 Yolanda Lacoma & Martin Sutherland

Comportamientos usados en exceso

Los estudios de investigación han determinado que en ocasiones las fortalezas de una persona se pueden convertir en debilidades si se utilizan en exceso.

Para encontrar el equilibrio, usted debe desarrollar los llamados estabilizadores con el objetivo de atenuar el comportamiento usado en exceso.

Estabilizadores:	Comportamiento usado en exceso
40 Posee Conocimiento Del Mercado	Puede que se enfoque demasiado en el futuro y que aparezca desconectado/a de las realidades existentes
15 Orientado/a Al Cliente	
17 Juicioso/a	
56 Posee Conocimientos Técnicos	
50 Resuelve Problemas	
19 Perseverante	
18 Orientado/a Al Detalle	
48 Planifica El Trabajo	
29 Establece Prioridades	
1 Obtiene Resultados	

Instrucciones

Si se siente identificado/a con la definición de comportamiento usado en exceso, elija alguno de los estabilizadores y diríjase a los capítulos correspondientes para buscar estrategias de acción que le ayuden a desarrollarlos.

Para más instrucciones diríjase a la sección de este libro: "Cómo utilizar este libro".

365

Copyright © 2009 Yolanda Lacoma & Martin Sutherland

54. Toma Responsabilidad

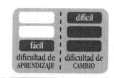

dificil

fácil

dificultad de APRENDIZAJE | dificultad de CAMBIO

"Aquél que es bueno para poner excusas rara vez es bueno para nada más"

Benjamin Franklin

Comportamiento efectivo

Se hace responsable de todas las áreas que están a su cargo incluso de aquellas que son más controversiales y difíciles

Comportamiento inefectivo

Puede que evite tomar responsabilidad de algunas áreas o incluso que ponga excusas para justificar sus bajos resultados

Comportamiento usado en exceso

Puede que se responsabilice demasiado de los fracasos y que no tenga en cuenta la importancia de otros factores

Instrucciones

Lea las definiciones de la izquierda. Si se siente identificado/a con la definición de comportamiento inefectivo, diríjase a la sección Estrategias de Acción de este capítulo.

Si se siente identificado/a con la definición de comportamiento usado en exceso diríjase a la sección final del capítulo.

Auto Evaluación

¿verdadero?	No me pongo a la defensiva o me disgusto cuando me llaman la atención acerca de mis errores
¿verdadero?	Admito cuando cometo un error, sin que me pregunten
¿verdadero?	No pongo excusas por un mal desempeño
¿verdadero?	Brindo soluciones a mis errores
¿verdadero?	Comparto la responsabilidad cuando mi equipo cometió un error
¿verdadero?	Cumplo mis promesas
¿verdadero?	Inmediatamente me enfrento a las personas que eluden la responsabilidad
¿verdadero?	No culpo a factores externos de mis circunstancias o problemas

Notas

¿Está seguro/a de que debe desarrollar esta competencia?

"Si la respuesta a la mayoría de las afirmaciones de la parte izquierda es "verdadero", probablemente no sea necesario que usted desarrolle esta competencia."

Copyright © 2009 Yolanda Lacoma & Martin Sutherland

Estrategias de Acción

La mayoría de los comportamientos inefectivos tienen patrones o pensamientos emocionales ocultos. Al identificarlos, usted podrá definir las estrategias de acción específicas para mejorar este comportamiento.

(1) Demasiadas cosas están fuera de mi control

(2) Me resulta difícil responsabilizarme de las decisiones difíciles o aquellas que pueden hacerme quedar mal

(3) Hay pocas o casi ninguna consecuencia por la falta de responsabilidad en mi organización

(4) Soy muy indulgente conmigo mismo/a y con mis errores

(5) Aceptar la responsabilidad puede limitar mi carrera o tener consecuencias negativas

Instrucciones

1. Lea y seleccione uno o más de los patrones de comportamiento inefectivo descritos a la izquierda.

2. En la sección de abajo, busque el número correspondiente que le ayudará a reconsiderar este patrón y a identificar acciones prácticas y específicas de mejora.

---

1 | Demasiadas cosas están fuera de mi control

Reflexione

Cuando buscan motivos por los cuales las cosas no funcionaron, algunas personas tienden a concentrarse en los factores fuera de su control. La investigación demuestra que los hombres tienen más probabilidades de culpar a los factores externos (la culpa es de los demás), mientras que es más probable que las mujeres culpen a los factores internos (es su propia culpa).

Excusas típicas que uno escucha cuando alguien no quiere hacerse responsable son "No sabía", "No estaba allí", "No tengo tiempo", "No es mi trabajo", "Simplemente soy así", "Nadie me dijo", "Realmente no le hace daño a nadie" o "Sólo estoy cumpliendo órdenes".

Piense cuidadosamente antes de mirar más allá de sí mismo/a para buscar explicaciones, porque a menudo significa buscar excusas o a alguien a quien culpar.

Reaccione

(a) Sea enérgico/a y asuma el control. Pida lo que necesita para hacer su trabajo en lugar de asumir que todo sucederá automáticamente. Cuanto más proactivo/a sea, es menos probable que tenga motivos para culpar a los demás. Cuando sea necesario, enfréntese a las situaciones y a la gente con un estilo enérgico que sea directo y sincero, sin ser amenazador o excesivamente agresivo. Pida lo que necesite para hacer su trabajo de forma efectiva, como información, ayuda y respaldo. Además, no tema decir que no.

Copyright © 2009 Yolanda Lacoma & Martin Sutherland

(b) Haga una lista de los obstáculos externos a los que podría enfrentarse durante la tarea que tiene por delante y planee cómo abordarlos.

(c) Diferencie entre excusas y explicaciones y asegúrese de usar las últimas. Una explicación aclara la situación sin culpa o justificación. Su meta debería ser señalar maneras de mejorar en el futuro, nada más.

(d) Concentre su atención en producir resultados. Cree soluciones para los obstáculos, no excusas para evitarlos. Aborde los obstáculos inesperados creativamente.

(e) Evite acusar a alguien cuando las cosas se ponen difíciles. ¿Qué se ganará realmente dedicando tiempo y energía a encontrar que alguien o algo es culpable? Reagrúpense, como debería hacer un equipo, y concéntrense nuevamente en las soluciones al problema. Cree dos columnas: en una indique las formas en las que las demás personas pueden mejorar en el futuro para no repetir los mismos errores, y en la otra columna indique cómo usted puede hacer lo mismo.

(f) No se concentre en el origen del problema. No importa dónde se originó un problema, o si lo creó o heredó. La pregunta crucial para hacerse es: "¿Qué puedo hacer al respecto?"

(g) Sea consciente del lenguaje que usa. Si se escucha expresando algo como "Nadie me dijo", "Sólo estoy cumpliendo órdenes" o "El error no podría haberse evitado", asegúrese de cuestionar la honestidad y validez de estos comentarios.

2 | Me resulta difícil responsabilizarme de las decisiones difíciles o aquellas que pueden hacerme quedar mal

Reflexione

Una mayor responsabilidad implica tener que tomar decisiones más difíciles que llevan mayores consecuencias, lo que implica estar más vigilado/a por otras personas. Por lo tanto, a medida que avanza en su carrera, asegúrese de adoptar un enfoque sano hacia la defensa de sus acciones, haciéndose responsable de las malas decisiones y actuando independientemente de las consecuencias.

Evite la indecisión — cuanto más difícil sea la decisión, más tentador puede resultar alejarse de la responsabilidad y evitar las consecuencias. Como modelo para aquellos/as que supervisa, no puede esperar que ellos se responsabilicen si usted mismo/a no lo practica. Ser responsable es clave para ganarse respeto, confianza y promoción en su carrera.

Y recuerde, nadie se siente cómodo/a admitiendo errores, especialmente las personas con alto desempeño. Sin embargo, independientemente de la naturaleza de su error, su impacto será menos profundo sobre los demás que su incapacidad de hacerse responsable cuando corresponda. La gente tiende a ser más comprensiva con el mal desempeño que con la falta de integridad.

Reaccione

(a) Si es excesivamente sensible a la crítica, pida retroalimentación cuando haya desarrollado bien una función. Es más fácil aceptar la crítica constructiva cuando usted se siente bien con sus logros. Esto le preparará para ser más abierto/a a la retroalimentación cuando no se haya desempeñado tan bien. Recuerde que siempre, siempre, hay espacio para la mejora.

Copyright © 2009 Yolanda Lacoma & Martin Sutherland

(b) Comprenda la razón por la cual se le considera responsable. No es un castigo o amonestación a usted como persona. Se le considera responsable porque mejoró sus habilidades o porque la gente confiaba en usted. Si reconoce sus debilidades, creará oportunidades para aprender acerca de la gestión de procesos, la resolución de problemas y la toma de decisiones de calidad.

(c) Un poco de humildad puede llevarle muy lejos. Admita su error y asegure a su jefe o compañeros/as de trabajo que aprenderá de sus errores. La gente se siente más inclinada a mostrar solidaridad con su situación cuando usted demuestra humildad genuina.

(d) Ponerse a la defensiva, enojarse o sentirse inseguro/a puede ser su primera reacción, pero no mejorará la situación. Por el contrario, podría alejarle de los demás y hacerle más difícil aceptar sugerencias constructivas. Sea consciente de su reacción emocional y dese tiempo para calmarse antes de responder.

(e) No responsabilizarse por sus errores desvía la responsabilidad hacia otra persona. Considere el impacto en sus colegas o miembros del equipo si usted es deshonesto/a acerca del papel que desempeñó.

(f) No pase las decisiones difíciles a otras personas porque no quiera tomarlas. Si es necesario, obtenga opiniones para tomar la mejor decisión, pero luego tómela y siga adelante.

3 | Hay pocas o casi ninguna consecuencia por la falta de responsabilidad en mi organización

Reflexione

La cantidad de estructuras y procedimientos de supervisión en las organizaciones difiere ampliamente. Algunos empleados tienen pocos controles internos que cumplir, mientras que los trabajos de otras personas están regidos por ellos. Algunos entornos incluso pueden alentar escurrir el bulto, aunque sea sin querer.

La verdadera prueba de responsabilidad es actuar responsablemente aunque haya presión para hacerlo o no. La responsabilidad significa actuar de acuerdo con lo que sea que mejore el desempeño y promueva las metas y visión de la compañía. Significa no sólo hacer su trabajo lo suficientemente bien como para arreglárselas o quedar bien. Como individuo y líder en su organización, debe tener la capacidad de aplicar una definición más amplia a la responsabilidad y practicarla sin tener que ser vigilado/a.

Reaccione

(a) Cuestione si su comportamiento y opinión están contribuyendo positivamente a los objetivos de la organización. De no ser así, asuma la responsabilidad de hacer mejoras. Por ejemplo, examine cuánto tiempo dedica a cuestiones personales o a hablar con los colegas acerca de temas no relacionados con el trabajo.

(b) Examine los procedimientos y controles vigentes para asegurar la responsabilidad. Si la organización carece de tales medidas, establezca un grupo de trabajo para abordar los estándares mínimos que necesitan definirse, cumplirse y monitorearse.

(c) Establezca una cultura de responsabilidad dentro de su grupo demostrando humildad y admitiendo sus errores. Asuma la responsabilidad de las malas decisiones y, para demostrar que ha considerado el asunto, informe a los demás de cómo actuará diferente la próxima vez. Asegúrese de que haya consecuencias por una falta de responsabilidad, pero que éstas sean justas y administradas de forma equitativa.

370

Copyright © 2009 Yolanda Lacoma & Martin Sutherland

4 | Soy muy indulgente conmigo mismo/a y con mis errores

Reflexione

Algunas personas viven de acuerdo con sus propias reglas de responsabilidad. Las personas en posiciones de poder, por ejemplo, pueden creer que sus estándares de responsabilidad son diferentes a los de los demás.

Excusar sus acciones debido a la posición que ocupa es peligroso. A menudo conduce al abuso de autoridad en las compañías y ha hecho caer a poderosos empresarios. Los/as líderes deben ser especialmente cautelosos/as porque son modelos de la responsabilidad en sus organizaciones. No pueden tener actitudes indiferentes hacia la responsabilidad o dictar sus propias reglas. La responsabilidad debe ser estándar para todas las posiciones y en todos los niveles.

Reaccione

(a) Una vez que llegó a un acuerdo con alguien, asegúrese de respetarlo. No importa si es algo pequeño, tal como un documento que prometió leer con atención, o algo importante, como una fusión con la que estuvo de acuerdo. Asegúrese de que se pueda confiar en su palabra o la gente perderá el respeto por usted.

(b) Si no puede cumplir con los plazos comprometidos, sea proactivo/a y avise a los demás por adelantado. No espere a que ellos/as le pregunten qué está pasando — es injusto y desmoralizante.

(c) No haga esperar a las personas por su respuesta a los pedidos que realizaron. Esto envía un mensaje de que sus necesidades no son tan importantes para usted.

(d) Es razonable que su carga de trabajo esté demasiado completa. Sea realista acerca de lo que puede y no puede hacer. No haga promesas que no puede cumplir. Es mejor ser honesto/a desde el principio acerca de cuándo podrá desarrollar las tareas.

5 | Aceptar la responsabilidad puede limitar mi carrera o tener consecuencias negativas

Reflexione

Asumir responsabilidad por un error grave puede efectivamente tener serias consecuencias, incluso el despido. En algunos casos, las personas son señaladas injustamente como el "chivo expiatorio" y obligadas a dejar una organización. En tales casos, no debe aceptar la culpa por acciones que no realizó. Si irse es su única opción, acepte que será en su beneficio no formar parte de tal organización.

Sin embargo, con una dirección y liderazgo sólidos, las consecuencias de aceptar la responsabilidad por lo general no son tan graves como uno podría imaginar. En cambio, las secuelas de no ser responsable generan un problema y pueden limitar o descarrilar su carrera a largo plazo.

Ser responsable y responder por los errores le permite identificar sus áreas de debilidad y las oportunidades de mejora. Más importante aún, hacerlo le ganará la confianza y el respeto de sus colegas y miembros del equipo, lo que no justifica arriesgar por nada del mundo.

371

Copyright © 2009 Yolanda Lacoma & Martin Sutherland

Reaccione

(a) Cuando se produce un error, hable con su superior inmediatamente. Sea honesto/a acerca de lo que sucedió y exprese su preocupación por las consecuencias potenciales. Puede sentirse aliviado/a de escuchar que no son tan malas como pensaba, y si no, al menos sabrá donde está parado/a.

(b) Ofrezca soluciones o las opciones disponibles para abordar o corregir el error. Esto demuestra una voluntad de aprender y salir adelante.

(c) Si la cultura de la compañía es tal que los errores son imperdonables, tal vez quiera considerar trabajar en otro lugar. Es difícil, si no absolutamente imposible, desarrollarse y aprender cuando no hay espacio para errores.

Comportamientos usados en exceso

Los estudios de investigación han determinado que en ocasiones las fortalezas de una persona se pueden convertir en debilidades si se utilizan en exceso.
Para encontrar el equilibrio, usted debe desarrollar los llamados estabilizadores con el objetivo de atenuar el comportamiento usado en exceso.

Estabilizadores:	Comportamiento usado en exceso
4 Accesible	Puede que se responsabilice demasiado de los fracasos y que no tenga en cuenta la importancia de otros factores
60 Tiene Una Buena Relación Con Su Jefe	
8 Se Siente Cómodo/a Con La Incertidumbre	
15 Orientado/a Al Cliente	
49 Políticamente Hábil	
25 Sabe Delegar	
59 Unifica A Las Personas	
51 Reconoce El Talento Y El Potencial En Las Personas	
40 Posee Conocimiento Del Mercado	
12 Posee Confianza En Sí Mismo/a	

Instrucciones

Si se siente identificado/a con la definición de comportamiento usado en exceso, elija alguno de los estabilizadores y diríjase a los capítulos correspondientes para buscar estrategias de acción que le ayuden a desarrollarlos.

Para más instrucciones diríjase a la sección de este libro: "Cómo utilizar este libro".

372

Copyright © 2009 Yolanda Lacoma & Martin Sutherland

55. Toma Iniciativa

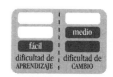

dificultad de APRENDIZAJE | dificultad de CAMBIO

"Sin iniciativa, los líderes son simplemente trabajadores en posiciones de liderazgo"

Bo Bennet

Comportamiento efectivo

Tiene iniciativa y demuestra una actitud positiva para llevar a cabo las tareas

Comportamiento inefectivo

Puede que solamente esté dispuesto/a a hacer aquello que se le encargue y que tenga miedo a actuar por sí mismo/a o a arriesgarse

Instrucciones

Lea las definiciones de la izquierda. Si se siente identificado/a con la definición de comportamiento inefectivo, diríjase a la sección Estrategias de Acción de este capítulo.

Comportamiento usado en exceso

Puede que se le perciba como una persona que siempre está lista para actuar y que posee la energía pero le falta la dirección para actuar sobre las prioridades claras. Puede que tenga problemas para seguir instrucciones

Si se siente identificado/a con la definición de comportamiento usado en exceso diríjase a la sección final del capítulo.

Auto Evaluación

¿verdadero?	Estoy entusiasmado/a con mi trabajo
¿verdadero?	Soy proactivo/a acerca de asumir tareas que aumentarán mis habilidades y ampliarán mis experiencias
¿verdadero?	No espero que me digan qué trabajo hacer
¿verdadero?	Tomo la iniciativa incluso si la decisión es arriesgada

Notas

¿Está seguro/a de que debe desarrollar esta competencia?

"Si la respuesta a la mayoría de las afirmaciones de la parte izquierda es "verdadero", probablemente no sea necesario que usted desarrolle esta competencia."

373

Copyright © 2009 Yolanda Lacoma & Martin Sutherland

Estrategias de Acción

La mayoría de los comportamientos inefectivos tienen patrones o pensamientos emocionales ocultos. Al identificarlos, usted podrá definir las estrategias de acción específicas para mejorar este comportamiento.

(1) No tengo confianza en que puedo hacer el trabajo/No soy la persona adecuada para la tarea

(2) No me gusta tomar la iniciativa cuando implica demasiado riesgo

(3) No soy muy entusiasta acerca del trabajo/Carezco de energía

(4) No siento que la iniciativa sea reconocida o alentada

(5) Sólo tomaré la iniciativa si me recompensan

(6) No soy quien toma las decisiones/Espero que me digan qué hacer

(7) No conozco o no estoy capacitado/a acerca de los recursos disponibles

Instrucciones

1. Lea y seleccione uno o más de los patrones de comportamiento inefectivo descritos a la izquierda.

2. En la sección de abajo, busque el número correspondiente que le ayudará a reconsiderar este patrón y a identificar acciones prácticas y específicas de mejora.

---

1 | No tengo confianza en que puedo hacer el trabajo/
No soy la persona adecuada para la tarea

Reflexione

Muchas personas se abstienen de tomar la iniciativa porque carecen de confianza en sí mismos/as o no confían en su capacidad. Si cree que una amplia experiencia o unos complejos conocimientos técnicos deberían respaldar cada iniciativa que toma, está limitando en gran medida el número de tareas en que alguna vez estará involucrado/a. Es más, tomar la iniciativa exactamente porque usted no es un/a experto/a es una gran estrategia para el desarrollo.

Las organizaciones valoran a la gente que está dispuesta a aprender y en condiciones de adaptarse a nuevas exigencias independientemente de su experiencia previa. Tomar la iniciativa le dará la oportunidad de trabajar con personas nuevas y desarrollar diferentes habilidades y ciertamente beneficiará su evaluación de desempeño — para todo vale la pena el esfuerzo.

Las personas que se sienten cómodas tomando la iniciativa y que permiten que se pongan a prueba sus fortalezas y debilidades, se convierten en contribuyentes clave para sus equipos y organizaciones.

Copyright © 2009 Yolanda Lacoma & Martin Sutherland

Reaccione

(a) ¿Está asumiendo su falta de habilidades necesarias antes de realmente saber qué implica una posición? Si carece de confianza en sus habilidades, es probable que haga juicios rápidos no necesariamente basados en los hechos. Hable con las personas relevantes acerca de lo que realmente se necesita. Asegúrese de que sus expectativas acerca de sí mismo/a se comparen con las que su supervisor tiene de usted. Si por lo general es muy duro/a consigo mismo/a, probablemente está sobreestimando lo que necesita para ponerse en movimiento.

(b) Si su conjunto de habilidades es insuficiente para la tarea en cuestión, tome la iniciativa reclutando a alguna otra persona para que trabaje con usted. Puede aprender de esta persona y aportar sus fortalezas al mismo tiempo. Use un colega adecuado y con conocimientos como tabla de resonancia para las ideas.

(c) Ofrézcase como voluntario/a para tareas que desafiarán y extenderán su capacidad. Enumere las cosas que se siente menos cómodo/a haciendo. Resuelva llevar a cabo como mínimo una tarea por mes que le ayudará a desarrollar un área débil.

(d) Formule un plan de desarrollo individual con su supervisor o coach para abordar áreas en las que particularmente le falta confianza. ¿Por qué esperar para abordar una debilidad cuando puede tener una estrategia de desarrollo constante diseñada para mejorarla?

(e) Recuerde otros tiempos cuando era temeroso/a de abordar un desafío. ¿Cuál fue el resultado? ¿Desbarató su nivel de habilidad el proyecto?

(f) Si no sabe dónde empezar, tome la iniciativa siendo ingenioso/a. Averigüe quién puede ayudarle con tareas determinadas; investigue el trabajo realizado en proyectos similares y los materiales de referencia disponibles para estar totalmente informado/a. En lugar de dedicar tiempo a algo sin obtener resultados, empiece a formular las preguntas correctas.

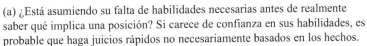

② No me gusta tomar la iniciativa cuando implica demasiado riesgo

Reflexoine

Diferentes personas pueden tolerar diferentes grados de riesgo, real o percibido. Cuanto más baja es su tolerancia, menos probabilidades tendrán de mostrar iniciativa. Las personas con tolerancia al riesgo considerarán cierta decisión como una oportunidad, pero aquellos/as reacios/as al riesgo considerarán la misma decisión con miedo.

Ninguna de las partes tiene mejores hechos para respaldar sus percepciones; simplemente ven al mundo a través de lentes diferentes. La experiencia de la gente acerca de la vida y el trabajo está regida por sus pensamientos predominantes habituales. Esté preparado/a para considerar al riesgo como una oportunidad y tomar la iniciativa si desea avanzar en la organización.

Copyright © 2009 Yolanda Lacoma & Martin Sutherland

Reaccione

(a) Sopese la probabilidad del completo fracaso de la situación o decisión y el grado de daño si se materializara el peor escenario. La realidad tiende a ser menos severa que la percepción. Hable con un colega de confianza o mentor que pueda actuar de tabla de resonancia para sus preocupaciones. Pueden ayudarle a brindar perspectiva. ¿Piensan que la situación es tan arriesgada como usted?

(b) Siéntase cómodo/a tomando decisiones sin los datos completos Practique confiar en su intuición. En su libro Blink, Malcom Gladwell defiende el poder de usar la intuición en la toma de decisiones. Empiece con pequeñas decisiones y avance hasta aquellas con mayores consecuencias.

(c) Acostúmbrese a tomar decisiones independientemente de la sabiduría convencional o el nivel de respaldo con que cuenta. Tomar la iniciativa a veces significará preparar el terreno por su cuenta.

(d) Trabaje junto con alguien que sea más tolerante al riesgo y pueda ayudarle a tomar la iniciativa en proyectos fuera de su zona de comodidad.

(e) Identifique por adelantado los riesgos asociados con su trabajo, negocio, proyecto, etc. Tener un plan para manejar el riesgo, si se convirtiera en un problema, le dará una mayor sensación de control.

(f) Haga reflexiones una vez terminados los proyectos, por su cuenta y con su equipo. Revise sus supuestos incorrectos. ¿Qué le preocupó más? ¿Cuál fue la consecuencia de haber hecho esas cosas o haber dejado de hacerlas? ¿Qué podría hacer diferente la próxima vez? ¿Estuvieron justificadas sus preocupaciones?

---

③ | No soy muy entusiasta acerca del trabajo/Carezco de energía

Reflexione

Cuanto más responsabilidad, más energía se necesita para mantener todo bajo control. Experimentar cualquier semana de trabajo implica largas horas, apagar muchos incendios y enfrentar plazos constantes. Incluso los entornos menos ajetreados pueden ser difíciles. Si esto le resulta conocido, comprenda la importancia de encontrar la energía y el entusiasmo para mantenerse comprometido/a con su trabajo a pesar de las presiones diarias. Si su actitud hacia el trabajo es que todo es un problema o un gran esfuerzo, tiene menos probabilidades de estar dispuesto/a a tomar la iniciativa más allá de lo necesario para hacer el trabajo.

Las personas con altos niveles de energía muestran entusiasmo hacia todos los aspectos de sus trabajos y tienden a adquirir energía tomando la iniciativa. Los líderes exitosos no sólo aportan energía a la tarea en curso, sino que crean las condiciones para que los demás se entusiasmen acerca de tomar la iniciativa independientemente de cuán desmoralizante sea la tarea.

Reaccione

(a) Finja hasta que lo crea. Hable acerca de la tarea como si estuviera verdaderamente entusiasmado/a. Identifique todos los resultados posibles que pueden obtenerse emprendiendo acciones. Arremánguese y hágalo. La recompensa por el arduo trabajo está a una iniciativa de distancia.

376

Copyright © 2009 Yolanda Lacoma & Martin Sutherland

(b) El ejercicio regular ayuda a aliviar el estrés, crea resistencia física y mental y eleva los niveles de energía. Incluya el ejercicio como una de sus herramientas para crear más energía en su vida y en su trabajo.

(c) Asegúrese de equilibrar su vida con las cosas que le traen felicidad. Si no se está recargando fuera del trabajo, su energía se verá debilitada y su desempeño carecerá de brillo.

(d) Ayude a los demás a entusiasmarse incluso si usted no lo está. Trate de no sonar aburrido/a o quejarse en el lugar de trabajo. Aliente discusiones optimistas acerca del futuro. Pida a la gente que comparta su visión y esperanza por el futuro de ellos/as o de la organización. Integre esto como parte ritual de sus reuniones. Asegúrese de no entorpecer el progreso de los demás por, por ejemplo, no hacer el trabajo con el cual ellos/as habían contado.

(e) Observe cómo lo hacen los demás. Identifique personas que sean energizantes y generen entusiasmo acerca del trabajo. Pase tiempo con ellos/as y aproveche su energía.

(f) Si era enérgico/a antes pero perdió su entusiasmo, examine qué cambió acerca de su situación. ¿Es el trabajo o algo mayor? Hable con un mentor o coach que pueda ayudarle a examinar los factores que lo llevaron a su estado de ánimo, y los cambios que podría hacer.

(g) ¿Se sentiría más enérgico/a si tuviera responsabilidades diferentes? Explore si su posición es adecuada y, si no lo es, cuál sí sería. Considere nuevas posiciones que empezarán un nuevo capítulo en su carrera y le ayudarán a explotar la nueva energía.

(h) Si su nivel de energía es crónicamente bajo y le resulta difícil tomar la iniciativa en todo, incluyendo las cuestiones personales, considere consultar a un asesor profesional o buscar asesoramiento médico.

---

(4) | **No siento que la iniciativa sea reconocida o alentada**

Reflexione

Las culturas de las organizaciones variarán en el nivel de iniciativa que se alienta activamente a sus empleados. Puede encontrarse en una que desaliente diseñar su propia dirección; tal vez incluso es autoritaria. Pero a menos que se le prohíba estrictamente tomar la iniciativa, es para su beneficio ser proactivo/a. Es la mejor manera de desarrollar sus habilidades y demostrar su capacidad. No pierda su determinación cuando los demás no le delegan adecuadamente o no pueden ver la oportunidad que usted ve. Es probable que alguien en la organización eventualmente advierta su iniciativa. Y si no lo hacen, al menos habrá obtenido experiencia y habilidades adicionales para la próxima oportunidad de trabajo.

Reaccione

(a) No espere que le digan qué hacer o que se produzca una crisis para forzar una cuestión. Busque tareas que queden incompletas o proyectos que podrían beneficiarse de su participación.

377

Copyright © 2009 Yolanda Lacoma & Martin Sutherland

(b) Hable con su supervisor acerca de sus expectativas. Su supervisor puede sentirse amenazado o tal vez no es consciente de qué le desalienta a tomar la iniciativa. Trate de descubrir los motivos en lugar de hacer supuestos. Usted puede estar desconcentrado/a y el supervisor puede necesitar que usted actúe proactivamente en otras áreas. Dé ejemplos de cuestiones concretas en lugar de generalizaciones.

(c) Comparta el mérito con otras personas cuando pueda de modo que nadie se sienta amenazado/a por el hecho de que usted tome la iniciativa por su cuenta.

(d) Si se siente totalmente incapaz de tomar la iniciativa en su posición, considere una reasignación donde sus esfuerzos serán bien reconocidos.

5 | Sólo tomaré la iniciativa si me recompensan

Reflexione

Puede estar inseguro/a de hacerse cargo si no puede ver una recompensa garantizada o directa por sus esfuerzos.

Todos los días en el trabajo nos enfrentamos con la opción de marcar una diferencia, y cuando estamos ante esa encrucijada una recompensa instantánea puede no ser obvia. Pero sea consciente de la recompensa a largo plazo de sus acciones. Se puede obtener una experiencia y confianza en sí mismo/a invalorables por elegir asumir desafíos. Cada vez que elija tomar la iniciativa, puede ganar confianza — de sus colegas, de la organización y, más importante aún, en sí mismo/a.

Reaccione

(a) No asuma que no tendrá éxito. Si carece de recursos, hable con la gente relevante acerca de ponerlos a su disposición. Si es lo suficientemente convincente, obtendrá el respaldo que necesita.

(b) Si no puede hacerlo por su cuenta, movilice a otras personas para que se interesen y compartan el proyecto con usted.

(c) Busque inspiración desde adentro más que desde afuera. Otras personas pueden no estar motivados/as para brindar dirección, por lo tanto sea quien sobresale. La cuestión puede no ser una prioridad para los demás, pero puede ver el impacto que tendrá, por lo tanto manténgase resuelto/a y fuerte.

(d) Defienda los beneficios de seguir el curso de acción que está sugiriendo. Sus esfuerzos pueden no recibir la apreciación que quería, pero al menos hizo lo mejor que pudo. Tal vez su plan de acción será implementado cuando el momento sea mejor.

Copyright © 2009 Yolanda Lacoma & Martin Sutherland

Reflexione

Las organizaciones dependen de gente que esté dispuesta y en condiciones de hacerse cargo de las situaciones. Esperar directivas de su supervisor todo el tiempo alentará a que el mismo se ocupe de todos los detalles y dificultará sus oportunidades de hacer un impacto y demostrar su valía. Sus éxitos le permitirán ganar autoridad y demostrar que tiene las habilidades para ser un/a líder. Piense en ser autoritario/a como una oportunidad de solucionar los problemas de la organización y alcanzar las metas de la misma, no sólo las propias.

Reaccione

(a) No asuma que no puede tomar ciertas decisiones. Averigüe cuál es su nivel de autoridad y dentro de qué parámetros necesita trabajar.

(b) Sea proactivo/a. Si tiene ideas acerca de abordar un problema, consulte a las personas relevantes y explique cómo propone hacerlo.

(c) Hágase cargo de la situación primero, luego deténgase en puntos de control a lo largo del camino para asegurarse de que está avanzando en la dirección correcta.

7 | No conozco o no estoy capacitado/a acerca de los recursos disponibles

Reflexione

No es poco común que los empleados pasen por alto los recursos disponibles para alcanzar sus metas rápidamente y completar lo que pueden parecer como tareas improbables. Sea ingenioso/a y tome la iniciativa para encontrar estas oportunidades de recursos, incluso con una mínima guía.

Reaccione

(a) Pase tiempo familiarizándose con los tipos de herramientas en las que puede confiar para hacer su trabajo. La mayoría de las organizaciones han hecho considerables inversiones en recursos como software, revistas de la industria y material de referencia. Reserve algo de tiempo después del trabajo o durante los fines de semana, si es necesario, para repasar su material de referencia.

(b) Pregunte a sus colegas qué solían lograr en trabajos similares. Conversaciones como ésta le exponen a recursos que pueden estar disponibles pero que usted no conocía o nunca pensó en utilizar.

(c) Si no tiene los recursos que necesita a su disposición, arroje la red más lejos. Mire más allá de su grupo o división o incluso su compañía para encontrar lo recursos necesarios.

Copyright © 2009 Yolanda Lacoma & Martin Sutherland

(d) Averigüe acerca de la capacitación disponible de su departamento de recursos humanos y programe tiempo para asistir.

(e) Sugiera reuniones informales, en el almuerzo tal vez, donde usted y sus colegas puedan compartir sus conocimientos y capacitar a otras personas informalmente.

(f) Inmediatamente informe a sus colegas si no puede aprovechar un recurso o ni siquiera usarlo. No hay que tener vergüenza de no saber, pero, ¡debería darle vergüenza no preguntar!

Comportamientos usados en exceso

Los estudios de investigación han determinado que en ocasiones las fortalezas de una persona se pueden convertir en debilidades si se utilizan en exceso.

Para encontrar el equilibrio, usted debe desarrollar los llamados estabilizadores con el objetivo de atenuar el comportamiento usado en exceso.

Estabilizadores:	Comportamiento usado en exceso
32 Informa A Otras Personas	Puede que se le perciba como una persona que siempre está lista para actuar y que posee la energía pero le falta la dirección para actuar sobre las prioridades claras. Puede que tenga problemas para seguir instrucciones
34 Capaz De Escuchar	
18 Orientado/a Al Detalle	
47 Paciente	
19 Perseverante	
53 Estratega	
48 Planifica El Trabajo	
29 Establece Prioridades	
50 Resuelve Problemas	
60 Tiene Una Buena Relación Con Su Jefe	

Instrucciones

Si se siente identificado/a con la definición de comportamiento usado en exceso, elija alguno de los estabilizadores y diríjase a los capítulos correspondientes para buscar estrategias de acción que le ayuden a desarrollarlos.

Para más instrucciones diríjase a la sección de este libro: "Cómo utilizar este libro".

Copyright © 2009 Yolanda Lacoma & Martin Sutherland

56. Posee Conocimientos Técnicos

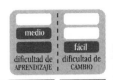

medio
fácil
dificultad de APRENDIZAJE | dificultad de CAMBIO

"Ah, dominio... que sentimiento profundamente satisfactorio cuando uno finalmente tiene bajo control un nuevo conjunto de habilidades... y luego ve la luz bajo la nueva puerta que esas habilidades pueden abrir, incluso mientras se cierra otra puerta"

Gail Sheehy

Comportamiento efectivo
Posee el conocimiento técnico y funcional para llevar a cabo su trabajo

Comportamiento inefectivo
Puede que le falte el conocimiento y las habilidades técnicas y funcionales críticas para hacer su trabajo

Comportamiento usado en exceso
Puede que dependa demasiado de sus propias habilidades técnicas para hacer su trabajo y que no vea la importancia de desarrollar a otras personas o otras competencias de procesos o personales

Instrucciones
Lea las definiciones de la izquierda. Si se siente identificado/a con la definición de comportamiento inefectivo, diríjase a la sección Estrategias de Acción de este capítulo.

Si se siente identificado/a con la definición de comportamiento usado en exceso diríjase a la sección final del capítulo.

Auto Evaluación

¿verdadero?	Tengo los conocimientos funcionales requeridos para hacer mi trabajo
¿verdadero?	Tengo las habilidades técnicas necesarias para hacer mi trabajo
¿verdadero?	Actualizo mis habilidades cuando es necesario
¿verdadero?	Habitualmente utilizo oportunidades de capacitación y entrenamiento relevantes
¿verdadero?	Leo ampliamente sobre temas relacionados con mi trabajo para aumentar mis conocimientos
¿verdadero?	Tengo un mentor o coach que guía mi aprendizaje y la mejora continua de mi experiencia

Notas
¿Está seguro/a de que debe desarrollar esta competencia?

"Si la respuesta a la mayoría de las afirmaciones de la parte izquierda es "verdadero", probablemente no sea necesario que usted desarrolle esta competencia."

381

Copyright © 2009 Yolanda Lacoma & Martin Sutherland

Estrategias de Acción

La mayoría de los comportamientos inefectivos tienen patrones o pensamientos emocionales ocultos. Al identificarlos, usted podrá definir las estrategias de acción específicas para mejorar este comportamiento.

(1) Mis habilidades técnicas son demasiado limitadas/Puedo necesitar ampliar mi base de conocimientos

(2) No he tenido tiempo suficiente para desarrollar destreza en habilidades técnicas

(3) No estoy muy interesado/a en convertirme en un/a experto/a técnico/a

(4) Me las arreglo con sólidas habilidades interpersonales/Las habilidades técnicas no son tan importantes

(5) Mi entorno es restrictivo y no valora las habilidades técnicas

Instrucciones

1. Lea y seleccione uno o más de los patrones de comportamiento inefectivo descritos a la izquierda.

2. En la sección de abajo, busque el número correspondiente que le ayudará a reconsiderar este patrón y a identificar acciones prácticas y específicas de mejora.

---

1 | **Mis habilidades técnicas son demasiado limitadas/ Puedo necesitar ampliar mi base de conocimientos**

Reflexione

Puede que ya posea habilidades técnicas pero que no haya capitalizado las oportunidades de acrecentarlas y mejorarlas. No deje de desarrollar su potencial. Puede no haber tenido la oportunidad, los recursos financieros o el tiempo para promover su educación, pero nunca es demasiado tarde para aumentar sus conocimientos técnicos. Mejorar sus habilidades técnicas puede representar una enorme inversión, pero los resultados serán advertidos por sus colegas, gerentes y clientes. Le posicionará para solucionar problemas técnicos cada vez más complejos. También agregará valor resolviendo los problemas rápidamente y ahorrando tiempo y ya no tendrá que pedir a los demás que hagan el trabajo por usted.

Reaccione

(a) Decida en qué campo le gustaría convertirse en un/a experto/a técnico/a. Tome su decisión en base a la demanda del mercado por habilidades específicas, requisitos del trabajo actuales o futuros, sus fortalezas y debilidades personales, etc.

(b) Edúquese, sea formal o informalmente. Si cuenta con el tiempo o el dinero para asistir a la universidad, hágalo.

Copyright © 2009 Yolanda Lacoma & Martin Sutherland

(c) Emprenda tanta capacitación como le sea posible. Mejorará su CV así como también sus habilidades, conocimientos y experiencia. Preste atención a las clases por Internet, aprendizaje a distancia y demás oportunidades de capacitación disponibles a través de su organización o en otros lugares.

(d) Una de las formas más accesibles de mejorar sus habilidades técnicas es leyendo libros. Visite sitios de libros como www.amazon.com, busque un libro sobre el tema que desea aprender y consulte las críticas y calificaciones.

(e) Lea seminarios por Internet. Son accesibles, actualizados y sin cargo. Por lo general ofrecen referencias adicionales, comentarios de los usuarios y demostraciones interactivas.

(f) Subscríbase a revistas técnicas impresas o por Internet.

2 | No he tenido tiempo suficiente para desarrollar destreza en habilidades técnicas

Reflexione

Lleva tiempo desarrollar habilidades funcionales o técnicas y la curva de aprendizaje puede ser tremendamente lenta, ¡especialmente cuando necesita los conocimientos hoy!

Su carrera podría requerir ser reasignado/a o rotado/a numerosas veces a través de varios ámbitos de negocios, tipos de mercados, departamentos e incluso contextos, tales como posiciones internacionales versus locales. En cada coyuntura, probablemente tendrá que mejorar ciertas habilidades. Eventualmente obtendrá la destreza necesaria a través de la experiencia, pero puede acelerar el proceso tomando ciertas medidas proactivas. Sea paciente consigo mismo/a y desarrolle un sistema de apoyo que le ayude a tener éxito.

Reaccione

(a) Identifique capacitación y cursos disponibles a través de su organización que puedan ayudarlo a obtener conocimientos en áreas específicas.

(b) Pida a su supervisor y colegas que le recomienden literatura para ayudarle a actualizarse.

(c) Busque un coach o mentor experimentado en su campo de especialización y siga sus instrucciones. Tener un mentor o coach es crítico para convertirse en un experto técnico, porque hay numerosos matices y detalles específicos para diferentes carreras que no se pueden aprender en una clase

(d) Pase tiempo en compañía de gurúes técnicos. Si los observa y se relaciona con ellos/as, es probable que pueda contagiarse de algunos de sus conocimientos.

(e) Aborde sus tareas — en definitiva, la capacitación práctica le dará experiencia que los libros de texto no pueden enseñarle.

Copyright © 2009 Yolanda Lacoma & Martin Sutherland

3 | No estoy muy interesado/a en convertirme en un/a experto/a técnico/a

Reflexione

Incluso en los niveles básicos de una organización, es imperioso tener las habilidades técnicas necesarias para desempeñar su trabajo. Aunque no tenga interés en convertirse en un/a experto/a, contar con habilidades técnicas y funcionales le coloca en una posición en la cual puede manejar mejor a los demás, comprender problemas y brindar soluciones. Pocas personas llegan a la cima de una organización sin un conocimiento profundo de cómo funciona el negocio. Pueden no ser expertos/as funcionales en todas las áreas del negocio, pero tienen suficientes conocimientos técnicos en las áreas clave para conocer el negocio al dedillo.

Acumular experiencias técnicas debería ser un proceso constante y permanente en la carrera de cualquier persona. Las habilidades deben actualizarse continuamente y tiene que mantenerse al corriente de los cambios y desarrollos en su campo funcional o técnico.

Reaccione

(a) Comente sus ambiciones de carrera y opciones de desarrollo con su supervisor, y muestre su voluntad de aprender nuevas habilidades para maximizar su desempeño.

(b) Identifique los conocimientos funcionales o técnicos que necesita para manejar a los demás. Asigne prioridad a obtener mejores conocimientos en estas áreas.

(c) Explote sus experiencias para obtener oportunidades de aprendizaje técnico. Siempre busque posiciones que podrían desarrollar algunas de las habilidades técnicas que necesita.

(d) Si disfruta al aprender en grupos, busque cursos de extensión universitaria y otras ofertas de clases, talleres o conferencias en su área. La oportunidad de interactuar con gente de variados orígenes es una ventaja clave del aprendizaje en clase.

4 | Me las arreglo con sólidas habilidades interpersonales/ Las habilidades técnicas no son tan importantes

Reflexione

En años recientes, se ha puesto mucho énfasis en la inteligencia emocional y las así llamadas habilidades interpersonales en el lugar de trabajo. Esto de alguna manera ha eclipsado la necesidad de habilidades técnicas actualizadas y relevantes. La competencia tanto en habilidades conductuales como en destreza técnica es crítica para un/a gerente y líder efectivo/a. De hecho, las habilidades funcionales o técnicas deficientes se encuentran entre un puñado de competencias que son las que tienen más probabilidades de entorpecer o limitar carreras.

Afortunadamente, el desarrollo de habilidades técnicas está al alcance de muchas organizaciones y por lo general éstas tienen los recursos disponibles ya sea para capacitación formal o exposición a través de tareas. La clave es reconocer que las habilidades interpersonales no son suficientes para hacer negocios. La gente necesita confiar y estar seguro de que usted comprende el tema técnica y funcionalmente también.

384

Copyright © 2009 Yolanda Lacoma & Martin Sutherland

Reaccione

(a) Identifique los conocimientos operativos y técnicos que necesita obtener para manejar su negocio de forma adecuada. Priorice obtener conocimientos en las áreas que tendrán el mayor impacto en su capacidad de hacer negocios ahora.

(b) Con un coach o gerente, formule un plan de desarrollo con acciones específicas que apunten a mejorar sus conocimientos funcionales y experiencia requerida.

(c) Mejore su visión para los negocios suscribiéndose a publicaciones relevantes en su campo. Úselas para mantenerse informado/a de las tendencias y aumentar sus conocimientos generales.

(d) Explote su naturaleza social — asista a conferencias y reuniones de asociaciones que le brinden nuevas visiones y perspectivas.

(e) Pida a sus colegas que compartan literatura o artículos que encuentren y que consideren informativos.

(f) Considere su motivación, en otras palabras, cuánto desea crecer en áreas desafiantes y alcanzar metas.

---

⑤ | Mi entorno es restrictivo y no valora las habilidades técnicas

Reflexione

Independientemente de qué recompensa o alienta su entorno, los/as expertos/as deben estar dispuestos a presentar, vender, educar o comercializar sus conocimientos y experiencia a otras personas, incluyendo al público. Existen varias maneras de promocionar su experiencia, dependiendo de su presupuesto, personalidad y profesión.

Reaccione

(a) Use blogs, boletines, libros, libros electrónicos, revistas, artículos, cualesquiera recursos para presentarse al mundo.

(b) Inscríbase como orador o presentador en conferencias o reuniones de asociaciones.

(c) Si su agenda lo permite, considere una posición de docencia de tiempo parcial en una universidad local.

(d) Ofrézcase como voluntario/a para actuar como mentor o capacitar a otras personas en su organización y así establecerse como un/a experto/a internamente.

Copyright © 2009 Yolanda Lacoma & Martin Sutherland

Comportamientos usados en exceso

Los estudios de investigación han determinado que en ocasiones las fortalezas de una persona se pueden convertir en debilidades si se utilizan en exceso.

Para encontrar el equilibrio, usted debe desarrollar los llamados estabilizadores con el objetivo de atenuar el comportamiento usado en exceso.

Estabilizadores:	Comportamiento usado en exceso
17 Juicioso/a	Puede que dependa demasiado de sus propias habilidades técnicas para hacer su trabajo y que no vea la importancia de desarrollar a otras personas o otras competencias de procesos o personales
29 Establece Prioridades	
40 Posee Conocimiento Del Mercado	
15 Orientado/a Al Cliente	
36 Gestiona Las Ideas De Otras Personas	
48 Planifica El Trabajo	
31 Mejora Los Procesos	
50 Resuelve Problemas	
30 Pensador Global	
1 Obtiene Resultados	

Instrucciones

Si se siente identificado/a con la definición de comportamiento usado en exceso, elija alguno de los estabilizadores y diríjase a los capítulos correspondientes para buscar estrategias de acción que le ayuden a desarrollarlos.

Para más instrucciones diríjase a la sección de este libro: "Cómo utilizar este libro".

Copyright © 2009 Yolanda Lacoma & Martin Sutherland

57. Experto/a En Tecnología

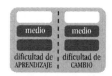

"La tecnología, como el arte, es un ejercicio elevado de la imaginación humana"

Daniel Bell

Comportamiento efectivo

Capta rápidamente el funcionamiento de las tecnologías y encuentra oportunidades para integrarlas en su trabajo

Comportamiento inefectivo

Puede que se sienta intimidado/a por la tecnología y que tenga problemas para entender cómo utilizarla de manera efectiva

Comportamiento usado en exceso

Puede que se vuelque demasiado en la tecnología a la hora de resolver un problema. Puede que se distraiga fácilmente con nuevos desarrollos aunque sin importancia

Instrucciones

Lea las definiciones de la izquierda. Si se siente identificado/a con la definición de comportamiento inefectivo, diríjase a la sección Estrategias de Acción de este capítulo.

Si se siente identificado/a con la definición de comportamiento usado en exceso diríjase a la sección final del capítulo.

Auto Evaluación

¿verdadero?	Comprendo la importancia de la tecnología en todos los negocios
¿verdadero?	Encuentro maneras de integrar la tecnología en los procesos existentes
¿verdadero?	Me mantengo al corriente de las nuevas tecnologías que podrían beneficiar mi negocio
¿verdadero?	Pienso que la tecnología no reemplaza el elemento humano de un negocio sino que lo complementa
¿verdadero?	Veo a la tecnología como una forma de mejorar la productividad

Notas
¿Está seguro/a de que debe desarrollar esta competencia?

"Si la respuesta a la mayoría de las afirmaciones de la parte izquierda es "verdadero", probablemente no sea necesario que usted desarrolle esta competencia."

Copyright © 2009 Yolanda Lacoma & Martin Sutherland

Estrategias de Acción

La mayoría de los comportamientos inefectivos tienen patrones o pensamientos emocionales ocultos. Al identificarlos, usted podrá definir las estrategias de acción específicas para mejorar este comportamiento.

(1) Encuentro la tecnología intimidante o demasiado complicada de usar

(2) La organización no es propensa a usar nueva tecnología

(3) Introducir tecnología causa más problemas que los que soluciona

(4) La tecnología es para la gente del departamento técnico/Prefiero los viejos tiempos

(5) Hasta el momento, no he tenido que usar la tecnología extensamente para tener éxito en el trabajo/ La tecnología no es tan importante en mi trabajo

Instrucciones

1. Lea y seleccione uno o más de los patrones de comportamiento inefectivo descritos a la izquierda.

2. En la sección de abajo, busque el número correspondiente que le ayudará a reconsiderar este patrón y a identificar acciones prácticas y específicas de mejora.

---

1 | **Encuentro la tecnología intimidante o demasiado complicada de usar**

Reflexione

Es normal resistirse o temer aquello que no comprendemos. Los estudios psicológicos han demostrado que tendemos a temer lo que no podemos controlar. Esto a menudo incluye la tecnología, aunque los procesos automatizados están diseñados para trabajar de forma más fiable y segura que los humanos. Los accidentes de aviación, por ejemplo, son causados predominantemente por errores humanos y no por falla técnica.

Hay tanta tecnología en el mercado que uno puede sentirse perdido sólo de examinar lo que está disponible. Pero antes de darse por vencido o hacer un juicio acerca de si adoptar nuevas tecnologías, asegúrese de que su resistencia esté bien fundada y no basada en el temor o en una falta de comprensión.

Reaccione

(a) Antes de adoptar una nueva tecnología, haga una investigación profunda de la herramienta. Pregunte a alguien que la haya probado y la aplique con éxito. Le ayudará a obtener confianza acerca de sus beneficios.

(b) Pregunte a colegas que sean tecnológicamente sabios acerca de su experiencia con una tecnología así como sus pros y contras.

Copyright © 2009 Yolanda Lacoma & Martin Sutherland

(c) Continúe obteniendo conocimientos y confianza en diferentes áreas tecnológicas y aprovéchelos. Las pequeñas victorias le ayudan a obtener la confianza necesaria y, a medida que lo hace, su temor se reduce y eventualmente desaparece.

(d) No se abrume con todas las características disponibles. La tecnología como navegación por Internet tiende a abrir muchas posibilidades tangenciales. Concéntrese en los aspectos que le ayudarán a lograr lo que quiere. Es la mejor manera de que el aprendizaje resulte pragmático y poco complicado.

(e) Pídale a alguien que conozca la tecnología bien que demuestre cómo se usa. Use recursos del departamento técnico si están disponibles.

(f) Divida la información acerca de la tecnología en pequeñas partes — un concepto importante para aprender cualquier disciplina nueva. Por ejemplo, es imposible aprender un idioma nuevo de repente, pero si aprende progresivamente, palabra por palabra y frase por frase, gradualmente obtendrá una comprensión completa del idioma. Con la tecnología es lo mismo. Piense en la tecnología como simplemente otro tema para dominar.

(g) Póngase la meta de capacitarse en usar uno o dos pequeños artículos de tecnología, por ejemplo, un organizador electrónico, un nuevo teléfono celular o software para organizar su agenda. Aprenda cómo usar una nueva característica cada semana.

② | La organización no es propensa a usar nueva tecnología

Reflexione

Introducir nueva tecnología en una organización que no le da prioridad siempre es un desafío. Las nuevas tecnologías, sean pequeñas o grandes, pueden alterar los modelos de trabajo, las relaciones sociales e incluso los empleos existentes, especialmente cuando la gente es reemplazada con nueva tecnología destinada a aumentar las eficiencias en las operaciones de la compañía. La gente que teme una pérdida de algún tipo se resistirá a los cambios tecnológicos. Esto puede llevar a obstáculos innecesarios o incluso a no poder implementar nueva tecnología.

Independientemente de cuán efectiva o bien diseñada sea la solución de tecnología, puede fracasar si no se consideran cuidadosamente cuestiones de gestión de cambio. Esté preparado/a para trastornos a corto plazo antes de que se implemente el cambio con éxito.

Puede llevar un tiempo antes de que la nueva tecnología visiblemente genere una mayor productividad o satisfacción de los empleados con los cambios.

Reaccione

(a) Evalúe el impacto del cambio tecnológico en los empleados. La lista de verificación debe considerar qué posiciones es probable que se beneficien, quién estaría en desventaja con el cambio, qué compensación habrá para ellos/as y si hay un presupuesto para dicha compensación.

(b) Tendrá que desarrollar una estrategia para comunicar el cambio a los empleados. Debería incluir cómo funcionará la tecnología, por qué se está adoptando y cómo se brindará capacitación y soporte.

Copyright © 2009 Yolanda Lacoma & Martin Sutherland

(c) Identifique a la gente que desempeñará roles críticos si el cambio tecnológico es aceptado. Asegúrese de involucrarlos/as en el proceso de cambio.

(d) Sea paciente. Recuerde, la gente se adapta a la tecnología a un ritmo diferente y la ansiedad entre los empleados causará resistencia a su aceptación y uso productivo.

(e) Compense de forma justa a aquellos/as empleados/as que han estado en desventaja. Los/as promotores/as del cambio tecnológico a menudo aducen que todos ganan con la implementación de nueva tecnología. Pero, en realidad, se producen pérdidas que van desde el descenso en la categoría hasta el despido. Preste atención a las necesidades emocionales y financieras de aquellas personas que pierden sus trabajos o cuya posición desciende debido al cambio tecnológico. Es una inversión crítica en la organización y envía el mensaje correcto a los/as demás empleados/as.

3 | Introducir tecnología causa más problemas que los que soluciona

Reflexione

Es improbable que innovaciones tecnológicas tengan éxito si no están respaldadas e integradas con los procesos de negocios existentes. No es poco común en las organizaciones que se inviertan grandes sumas de dinero en la última tecnología sin dar suficiente consideración a cómo afecta a la tecnología existente, a los sistemas y procesos y viceversa. Aquí es donde se originan muchos dolores de cabeza. Muchas innovaciones tecnológicas han sido dejadas de lado por los mismos empleados a los cuales estaban destinadas a ayudar debido a una falta de soporte al usuario o de integración con el resto del negocio.

Proteja su inversión en tecnología asegurándose de que no duplique la tecnología existente, que esté bien respaldada por la estructura organizacional y que usted haya considerado cómo generar la capacidad entre sus usuarios.

Reaccione

(a) Asegúrese de tener los/as defensores/as adecuados/as para abogar por la tecnología y crear aceptación antes de su implementación. Los/as gerentes a nivel ejecutivo son los/as patrocinadores/as más efectivos/as.

(b) Desarrolle una estrategia de comunicación clara. Debería incluir cómo funcionará la tecnología, por qué se está adoptando y cómo se brindará capacitación y soporte. Determine si la comunicación debería ser formal, como un anuncio del CEO, o informal, como una conversación en reuniones de la dirección. Considere opciones de posicionamiento de marca que vinculan la identidad de la compañía con la tecnología.

(c) Prepare el presupuesto e invierta los recursos adecuados en capacitación de calidad. Generar capacidad entre los usuarios es crítico para la exitosa aplicación de la tecnología. También considere cursos de repaso y capacitación periódicos.

(d) Cuidadosamente investigue proveedores de software que puedan ayudarle a diseñar una variedad de aplicaciones en una unidad cohesiva, ayudándole así a alinear más estrechamente los sistemas y procesos.

(e) Si necesita hacer crecer su negocio, podría considerar una aplicación — SAP — que permite acceso a los datos, procesos de negocios y proveedores en tiempo real.

390

Copyright © 2009 Yolanda Lacoma & Martin Sutherland

Reflexione

Puede resultarle difícil ver cómo el mundo de la tecnología se conecta con el suyo. Para algunas personas la tecnología es casi antinatural y la miran con cautela y desconfianza — es una amenaza a los valores tradicionales y la vida simple. Tales personas odian a los técnicos que juguetean con la tecnología y los culpan de todos los cambios innecesarios. Pero la tecnología no es diferente a la música, la filosofía o cualquier otro producto del intelecto humano. Tiene efectos positivos y negativos en la gente, y no va a desaparecer tampoco. Por lo tanto, tiene sentido aceptar la tecnología como una parte natural de la actividad humana moderna y una extensión valiosa de nuestra capacidad.

Aunque su trabajo diario puede no involucrar la tecnología en la forma en que lo hace para alguien en el departamento técnico, su vida invariablemente ha sido afectada por la tecnología moderna. Es importante que lo reconozca. Le hará más curioso/a acerca de los cambios tecnológicos, lo que ayudará a mejorar su actitud hacia obtener experiencia en la tecnología.

Reaccione

(a) Considere los cambios positivos que ha experimentado en su vida y que fueron producidos por los avances tecnológicos. Estamos rodeados de ejemplos de cómo la tecnología ha beneficiado a la humanidad: calefacción y refrigeración controlada termostáticamente, contestadores telefónicos, líneas de montaje automatizadas, conocimiento del universo, avances médicos y mucho más.

(b) Reflexione sobre los resultados positivos que experimentó con el uso de la tecnología, como ahorro de tiempo, creación de nuevas oportunidades de negocios, la capacidad de mantenerse en contacto con amigos y familiares.

(c) Haga una lista de las tecnologías que aprecia más y sin las cuales no podría vivir. Nos quejamos de la tecnología cuando no funciona, pero su estilo de vida se vería altamente alterado sin ella. ¿Realmente querría volver a no tener teléfonos celulares o correo electrónico, sin automatización, avances médicos deficientes, etc.?

(d) Si no puede librarse de su actitud adversa hacia la tecnología y su posición exige que lo haga, considere si debería conseguir otro trabajo.

Reflexoine

Incluso si tuvo éxito hasta el momento con un uso limitado de la tecnología o sin ella, su productividad y la calidad de su producción se verían muy mejoradas si se vuelve más experto/a en tecnología.

Copyright © 2009 Yolanda Lacoma & Martin Sutherland

La tecnología existe para reducir ineficiencias, por lo tanto, ¿por qué no explorar la posibilidad de trabajar de forma más inteligente? Una vez que los beneficios de la nueva tecnología se comprenden mejor, usted podrá implementar cambios tecnológicos más fácilmente y con un mayor índice de éxito.

Sea consciente, también, de que los/a jóvenes que se están integrando a la fuerza laboral están cada vez más capacitados en el uso de la tecnología. Su capacidad como gerente para relacionarse con los nuevos talentos se verá muy mejorada si tiene experiencia en tecnología también.

Reaccione

(a) Haga una lista de cómo se beneficiaría la organización si todos los empleados fueran capaces de utilizar la tecnología existente en toda su extensión.

(b) Enumere cómo su falta de apoyo al cambio tecnológico le perjudicaría. Luego imagine que hizo el cambio y perjudicaría pasaron cinco años. ¿Qué beneficios puede obtener personalmente de la nueva tecnología?

(c) Si no puede encontrar el obvio valor agregado de la nueva tecnología, haga la inversión necesaria para obtener información clara acerca del rendimiento sobre la inversión que puede esperar.

(d) Trate de automatizar un proceso y familiarizarse con esa herramienta. Una vez que los beneficios están claros y usted se siente más cómodo/a con la tecnología, explore sus otras características disponibles en las cuales tal vez pueda invertir más.

Copyright © 2009 Yolanda Lacoma & Martin Sutherland

Comportamientos usados en exceso

Los estudios de investigación han determinado que en ocasiones las fortalezas de una persona se pueden convertir en debilidades si se utilizan en exceso.

Para encontrar el equilibrio, usted debe desarrollar los llamados estabilizadores con el objetivo de atenuar el comportamiento usado en exceso.

Estabilizadores:	Comportamiento usado en exceso
17 Juicioso/a	Puede que se vuelque demasiado en la tecnología a la hora de resolver un problema. Puede que se distraiga fácilmente con nuevos desarrollos aunque sin importancia
29 Establece Prioridades	
40 Posee Conocimiento Del Mercado	
15 Orientado/a Al Cliente	
36 Gestiona Las Ideas De Otras Personas	
48 Planifica El Trabajo	
31 Mejora Los Procesos	
50 Resuelve Problemas	
30 Pensador Global	
1 Obtiene Resultados	

Instrucciones

Si se siente identificado/a con la definición de comportamiento usado en exceso, elija alguno de los estabilizadores y diríjase a los capítulos correspondientes para buscar estrategias de acción que le ayuden a desarrollarlos.

Para más instrucciones diríjase a la sección de este libro: "Cómo utilizar este libro".

Copyright © 2009 Yolanda Lacoma & Martin Sutherland

58. Digno/a De Confianza

dificultad de APRENDIZAJE | dificultad de CAMBIO

"Pocos placeres pueden igualar la mera presencia de una persona en la cual confiamos totalmente"

George MacDonald

Comportamiento efectivo
Se puede confiar en él/ella. Se puede contar con él/ella para cumplir promesas y mantener confidencias

Comportamiento inefectivo
Puede que las personas no confíen en él/ella

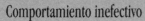

Comportamiento usado en exceso
Puede que llegue demasiado lejos para mantener una promesa. Puede que mantenga ciertas confidencias incluso a sabiendas de que el hacerlo pueda tener un impacto negativo en otras personas

Instrucciones

Lea las definiciones de la izquierda. Si se siente identificado/a con la definición de comportamiento inefectivo, diríjase a la sección Estrategias de Acción de este capítulo.

Si se siente identificado/a con la definición de comportamiento usado en exceso diríjase a la sección final del capítulo.

Auto Evaluación

¿verdadero?	La gente se siente cómoda compartiendo información conmigo
¿verdadero?	Se puede contar conmigo en cuanto a que voy hacer lo que me comprometí
¿verdadero?	Soy honesto/a con la gente acerca de mis intenciones
¿verdadero?	Soy coherente sobre cómo actúo con diferentes personas
¿verdadero?	Soy rápido/a para admitir cuando las cosas son mi culpa

Notas
¿Está seguro/a de que debe desarrollar esta competencia?

"Si la respuesta a la mayoría de las afirmaciones de la parte izquierda es "verdadero", probablemente no sea necesario que usted desarrolle esta competencia."

395

Copyright © 2009 Yolanda Lacoma & Martin Sutherland

Estrategias de Acción

La mayoría de los comportamientos inefectivos tienen patrones o pensamientos emocionales ocultos. Al identificarlos, usted podrá definir las estrategias de acción específicas para mejorar este comportamiento.

① Mis propios intereses siempre van primero

② En ocasiones comparto las cosas que debería guardarme

③ Tiendo a decirle a la gente lo que quiere escuchar

④ Me extralimito en mis compromisos/A menudo no puedo cumplir mis promesas

⑤ Tiendo a no ser sincero/a acerca de mí mismo/a o de mi aporte

Instrucciones

1. Lea y seleccione uno o más de los patrones de comportamiento inefectivo descritos a la izquierda.

2. En la sección de abajo, busque el número correspondiente que le ayudará a reconsiderar este patrón y a identificar acciones prácticas y específicas de mejora.

---

1 | **Mis propios intereses siempre van primero**

Reflexione

Las relaciones sustentables se construyen sobre la satisfacción de intereses mutuos. Concentrarse únicamente en los intereses propios puede parecer preferible a corto plazo, pero la gente se volverá reacia a hacer negocios con usted si, al final, sus intereses no son satisfechos. Trabajar hacia resultados mutuamente beneficiosos genera confianza y le resultará útil a largo plazo.

Reaccione

(a) Escriba los motivos por los cuales los intereses de la otra parte deberían considerarse. ¿Sus acciones justifican los beneficios a corto plazo? ¿Cuáles son los beneficios a largo plazo de un enfoque mutuamente beneficioso?

(b) Considere formas creativas de lograr el mismo resultado a través de medios más justos.

(c) Pregúntese si haría lo mismo por alguien que personalmente le importa. Los mismos estándares deberían ser aplicables en un entorno profesional.

(d) ¿Sus acciones son para el mejor beneficio de la organización?

(e) ¿Qué ramificaciones políticas negativas podrían tener sus acciones?

396

Copyright © 2009 Yolanda Lacoma & Martin Sutherland

2 | En ocasiones comparto las cosas que debería guardarme

Reflexione

Hacer mal uso de la información podría ser muy dañino en el lugar de trabajo. Es un privilegio ser considerado/a digno/a de contar con información confidencial, ya sea esta información trascendente o no. Respete el hecho de que alguien esté dispuesto a confiar en usted.

Las opiniones personales negativas acerca de los demás también deben considerarse confidenciales. Hablar a espaldas de alguien alienta el parloteo / cotilleo improductivo y atrae participantes innecesarios hacia temas que se manejan mejor profesionalmente entre usted y la otra parte.

Reaccione

(a) Si tiene un problema con alguien, resuélvalo hablando directamente con esa persona.

(b) No trate de calificar la información que recibió. No depende de usted decidir si realmente la misma debe mantenerse confidencial. Si le pidieron que mantenga la confidencialidad, hágalo.

(c) Resista la tentación de compartir información confidencial como una forma de vincularse con los demás. Sólo perdería porque estaría comprometiendo su relación con la persona que confió en usted. Trate de vincularse con los demás por cosas positivas que tienen en común, tales como pasatiempos y experiencias de trabajo.

3 | Tiendo a decirle a la gente lo que quiere escuchar

Reflexione

Puede ser extremadamente sensible a la confrontación o preferir mantenerse en las buenas con los demás.

Decirle siempre a la gente lo que quiere escuchar es engañoso y puede causar mayor daño a largo plazo. La gente le respetará más por ser franco/a, decir lo que piensa y asumir la responsabilidad, si es necesario. Si está preocupado/a acerca de ahorrarle a alguien las noticias difíciles, recuerde que las noticias tendrán que ser comunicadas en algún momento — si no por usted entonces por otra persona. Las personas apreciarán que asuma la responsabilidad y se preocupe lo suficientemente por ellos como para ser honesto/a.

397

Copyright © 2009 Yolanda Lacoma & Martin Sutherland

Reaccione

(a) En lugar de suponer lo que la gente quiere escuchar, concéntrese en lo que realmente necesita escuchar. Use esto como guía al decidir qué información quiere retener.

(b) La honestidad se combina bien con una dosis de diplomacia. En el lugar de trabajo, es importante ser capaz de manejar conversaciones sensibles, especialmente porque las partes a menudo tienen mucho en juego. Prepare sus habilidades diplomáticas para tener más éxito en comunicar información difícil.

(c) ¿Tiene menos probabilidades de ser escrupuloso con ciertas personas? Por ejemplo, ¿tiene dudas de ser completamente honesto/a con su superior, un/a cliente/a determinado/a o un/a colega cercano/a? Identificar estas personas le brindará indicios sobre sus motivos. Pídale a un coach que le ayude a mejorar su sinceridad y franqueza con estas personas.

4 | **Me extralimito en mis compromisos/A menudo no puedo cumplir mis promesas**

Reflexione

Saber que se puede contar con que usted cumplirá con sus compromisos es fundamental para generar confianza entre su equipo y colegas. No sólo es su desempeño lo que está en juego, sino que cuando no puede cumplir sus promesas también tiene un impacto negativo en el desempeño de los demás. Deberán hacerse ajustes para cubrir las brechas en su desempeño. Si la gente pierde la confianza en su criterio, pronto observará que se le presentan menos oportunidades. Recuerde, las buenas intenciones no pueden justificar su fracaso en cumplir las obligaciones.

Reaccione

(a) Sea realista y honesto/a acerca de lo que puede hacer y cuánto puede comprometerse. Explique su situación o compromisos a las personas involucradas y bríndeles otras opciones si no quiere hacer una promesa de cumplimiento. Tal vez puede asumir un compromiso más pequeño que pueda cumplir y que servirá como su aporte.

(b) Sea organizado/a y conozca su carga de trabajo. En ocasiones la gente se compromete demasiado porque ignoran su verdadera carga de trabajo. Mantenga un calendario preciso con cronogramas para otros proyectos en curso y revíselo cuidadosamente antes de comprometerse. Comparta su calendario con los demás para que sean conscientes de su carga de trabajo y justifique por qué no puede comprometerse en este momento.

(c) Comprométase, pero con la condición de que se eliminen los obstáculos en su camino. Por ejemplo, tal vez otro proyecto puede moverse o se puede designar un colega para que le ayude.

(d) Aprenda a decir que no. Realmente está bien hacerlo. Siempre y cuando pueda aportar razones, tiene derecho a decir que no.

(e) Asegúrese de comprender totalmente el alcance de un proyecto y los recursos disponibles antes de comprometerse a una fecha límite.

Copyright © 2009 Yolanda Lacoma & Martin Sutherland

Tiendo a no ser sincero/a acerca de mí mismo/a o de mi aporte

Reflexione

Algún grado de auto-promoción es importante en el lugar de trabajo. Sin promoción, el alcance total del aporte de una persona puede pasar inadvertido. Sin embargo, la auto-promoción honesta no incluye asumir el mérito por el trabajo de otra persona. Este tipo de comportamiento puede no ser confrontado al principio, pero eventualmente crea resentimiento y desconfianza. Sus logros reales podrían ser pasados por alto si la gente perdió la confianza en usted.

Reaccione

(a) Promueva su aporte únicamente si participó en la mayoría del trabajo.

(b) Si sólo participó tangencialmente, elogie los logros de los demás sin incluirse en los honores.

(c) Admita sus errores. Será percibido/a como honesto/a y abierto/a a la mejora.

(d) Cuando acepte el mérito por el trabajo realizado, asegúrese de incluir los esfuerzos de su equipo y todas las personas involucradas. El éxito de pocos proyectos está basado en el aporte de una sola persona.

(e) ¿Está su información basada en hechos y verdades, o en su interpretación de la verdad? Tenga cuidado cuando camina sobre esa línea fina. ¿Está en condiciones de respaldar sus afirmaciones con evidencia?

Copyright © 2009 Yolanda Lacoma & Martin Sutherland

Comportamientos usados en exceso

Los estudios de investigación han determinado que en ocasiones las fortalezas de una persona se pueden convertir en debilidades si se utilizan en exceso.
Para encontrar el equilibrio, usted debe desarrollar los llamados estabilizadores con el objetivo de atenuar el comportamiento usado en exceso.

Estabilizadores:	Comportamiento usado en exceso
8 Se Siente Cómodo/a Con La Incertidumbre	Puede que llegue demasiado lejos para mantener una promesa. Puede que mantenga ciertas confidencias incluso a sabiendas de que el hacerlo pueda tener un impacto negativo en otras personas
2 Adaptable	
13 Tiene Coraje	
35 Gestiona El Conflicto	
28 Justo/a	
17 Juicioso/a	
32 Informa A Otras Personas	
46 Abierto/a De Mente	
30 Pensador Global	
49 Políticamente Hábil	

Instrucciones

Si se siente identificado/a con la definición de comportamiento usado en exceso, elija alguno de los estabilizadores y diríjase a los capítulos correspondientes para buscar estrategias de acción que le ayuden a desarrollarlos.

Para más instrucciones diríjase a la sección de este libro: "Cómo utilizar este libro".

Copyright © 2009 Yolanda Lacoma & Martin Sutherland

59. Unifica A Las Personas

difícil

medio

dificultad de APRENDIZAJE | dificultad de CAMBIO

"Un hombre puede dar en el clavo, otro cometer un error, pero no preste atención a estas distinciones. Sólo de la alianza de uno, trabajando con y a través de los demás, nacen las grandes cosas"

Antoine de Saint-Exupery

Comportamiento efectivo

Reconoce el valor del trabajo en conjunto y es capaz de formar un equipo de gente para trabajar en un proyecto común

Comportamiento inefectivo

Puede que prefiera trabajar solo/a y que le cueste unirse a las personas para crear equipos de trabajo con objetivos comunes

Comportamiento usado en exceso

Puede que sea una persona demasiado orientada al equipo y que no reconozca el esfuerzo y la contribución individual. Puede que trate de unificar a personas que no forman equipos naturales

Instrucciones

Lea las definiciones de la izquierda. Si se siente identificado/a con la definición de comportamiento inefectivo, diríjase a la sección Estrategias de Acción de este capítulo.

Si se siente identificado/a con la definición de comportamiento usado en exceso diríjase a la sección final del capítulo.

Auto Evaluación

¿verdadero?	Habitualmente asigno proyectos a equipos, no sólo a personas
¿verdadero?	Claramente defino las metas del equipo e inspiro una sensación de propósito común
¿verdadero?	Tengo una buena comprensión de los diferentes estilos de trabajo de los miembros del equipo
¿verdadero?	Busco un equilibrio de habilidades en mi equipo
¿verdadero?	Claramente defino el aporte que hará cada miembro del equipo
¿verdadero?	Regularmente reúno al equipo para conversar sobre el avance
¿verdadero?	Hago frente a las personas que están siendo conflictivas para el equipo
¿verdadero?	Recompenso el esfuerzo del equipo, no sólo el de los individuos

Notas

¿Está seguro/a de que debe desarrollar esta competencia?

"Si la respuesta a la mayoría de las afirmaciones de la parte izquierda es "verdadero", probablemente no sea necesario que usted desarrolle esta competencia."

401

Copyright © 2009 Yolanda Lacoma & Martin Sutherland

Estrategias de Acción

La mayoría de los comportamientos inefectivos tienen patrones o pensamientos emocionales ocultos. Al identificarlos, usted podrá definir las estrategias de acción específicas para mejorar este comportamiento.

① Pienso que la gente se vuelve más hábil trabajando por su cuenta

② No dedico tiempo a promocionar la estrategia o propósito del equipo

③ Supongo que las personas pueden trabajar bien juntas

④ No tuve la oportunidad de manejar un equipo/Sólo tengo que manejarme a mí mismo/a

Instrucciones

1. Lea y seleccione uno o más de los patrones de comportamiento inefectivo descritos a la izquierda.

2. En la sección de abajo, busque el número correspondiente que le ayudará a reconsiderar este patrón y a identificar acciones prácticas y específicas de mejora.

---

1 | **Pienso que la gente se vuelve más hábil trabajando por su cuenta**

Reflexione

Muchas tareas deben ser realizadas por personas, pero la mayoría de las iniciativas pueden beneficiarse, de una u otra manera, de un enfoque de equipo. Trabajar en equipo combina talento y recursos y produce soluciones más innovadoras. Es ideal para trabajar con sistemas o productos complejos. Para muchas personas, trabajar en equipo es muy motivador y crea una sensación de camaradería y pertenencia. Una variedad de factores hace exitoso a un equipo, incluyendo el nivel de confianza, la capacidad del equipo de tomar la iniciativa y su conjunto de habilidades.

Muchas de las prácticas empleadas para manejar a las personas también se aplican a los equipos. En ambos casos deben fijarse metas, brindarse indicaciones y monitorearse procesos. El rol del líder del equipo es probablemente el más crítico para el éxito de la colaboración.

Reaccione

(a) Establezca una cultura que valore la participación del equipo. Comparta los logros del equipo con sus subordinados y los altos directivos para obtener reconocimiento por sus esfuerzos. Es una forma efectiva de recompensar a la gente por su trabajo colectivo.

402

Copyright © 2009 Yolanda Lacoma & Martin Sutherland

(b) Recompense y celebre las metas del equipo alcanzadas, no solamente las metas individuales.

(c) Considere cuidadosamente el alcance del proyecto y si su calidad se beneficiaría del trabajo en equipo o de la participación de una persona.

(d) Encuentre formas de optimizar la participación de la gente creando equipos con conjuntos de habilidades diversas para abordar los proyectos.

(e) Claramente defina el rol de cada participante del equipo. Esto significa destacar y promover lo que cada miembro aporta al equipo.

(f) En sus reuniones de equipo iniciales, establezca el procedimiento necesario que debe seguir cada persona: cómo se comunicarán, el proceso de toma de decisiones, detalles acerca de cómo se hará el trabajo y formas de resolver los conflictos.

② | No dedico tiempo a promocionar la estrategia o propósito del equipo

Reflexione

La investigación del *Center for Creative Leadership* muestra que una falta de claridad acerca del propósito de un equipo es la causa principal de sus problemas y fracaso. Las metas desafiantes, alcanzables y bien definidas fijan un curso para el equipo y establecen cohesión. Los gerentes cometen el error común de reunir bien los recursos pero no brindar un enfoque o meta bien definida. El compromiso con la estrategia unifica a la gente, por lo tanto asegúrese de brindar un propósito claro para los esfuerzos del equipo y una visión de hacia dónde los está llevando su trabajo. Cuanto mejor sea dirigiendo a su equipo, más éxito tendrá en unificarlos y hacerlos trabajar juntos. Pero recuerde, requiere una atención y gestión constante.

Reaccione

(a) Asegúrese de crear y mantener una declaración de misión bien definida y relevante.

(b) Permita que los miembros del equipo participen lo más posible en crear su visión y metas. Aumentará su sentido de propiedad del proyecto.

(c) Cree hitos y medidas de éxito concretas para ayudar a los miembros del equipo a mantenerse motivados a lo largo del camino. Vincule las mediciones con las metas alcanzadas, por ejemplo, el número de nuevos clientes obtenidos.

(d) Cree una sensación de camaradería celebrando los logros del equipo.

(e) Periódicamente, dedique tiempo para comunicarle a las personas exactamente qué rol desempeñan en el éxito del equipo así como también en la meta definitiva y qué significa esa meta para la compañía.

Copyright © 2009 Yolanda Lacoma & Martin Sutherland

Reflexione

La mayoría de los proyectos complejos requieren trabajo en equipo. Invariablemente, cada miembro del equipo traerá habilidades y estilos de trabajo diversos a un proyecto. Es arriesgado suponer que un equipo automáticamente trabajará de forma colaboradora y unida. La dinámica interpersonal y los estilos de trabajo individuales son clave para que un equipo puede alcanzar sus metas, sin embargo, los gerentes a menudo pasan por alto la importancia de su compatibilidad. Cada equipo representará una variedad de métodos y enfoques de trabajo.

La investigación de PeopleTree Group ha identificado y definido numerosos estilos comunes, por ejemplo, el posicionador político, el pensador global, el generador de ideas y el motivador de personas. Cuanto más diverso sea el equipo, mayor será la combinación de habilidades disponibles. Pero un equipo diverso también tiene mayores posibilidades de no maximizar su potencial, porque las cuestiones y estilos interpersonales podrían crear incompatibilidad y entorpecer su éxito. Sea consciente de la conformación de su equipo más allá de sus habilidades obvias — maximizará su éxito.

Reaccione

(a) Reúna a todos los miembros del equipo para una reunión inicial cara a cara. Es importante establecer la identidad del equipo, generar confianza entre sus miembros y crear una sensación de unidad.

(b) Evalúe a su equipo para detectar diferentes estilos y facilite un taller guiado para ayudar a que los miembros se entiendan mejor entre sí. El método Birkman® es una herramienta efectiva para evaluar cómo las necesidades individuales afectan la dinámica de un equipo. Los informes sobre estilos de equipos y análisis de talento individual de PeopleTree Group, disponibles a través de un/a consultor/a en www.peopletreegroup.com, pueden brindar a los gerentes percepciones clave acerca de las personas de su equipo.

(c) Pregunte a su departamento de recursos humanos acerca de ejercicios de creación de equipos a los cuales su equipo pueda asistir.

(d) Ayude a la gente a crear la conexión vital entre el avance en la carrera y trabajar bien con otras personas. Las habilidades interpersonales efectivas son críticas para el avance en cualquier organización. Aprenda a desarrollarlas y enséñele a su equipo.

(e) Asegúrese de intervenir rápidamente cuando un miembro del equipo está siendo conflictivo/a. Hable con la persona en privado para evaluar los desafíos que está experimentando. Se puede necesitar un mediador externo si surge un intenso conflicto entre miembros del equipo. Los malentendidos deben abordarse antes de que tomen un significado mayor del que deberían.

(f) No suponga que los problemas del equipo pueden resolverse de inmediato — puede tener que abordar las cuestiones nuevamente. Esté siempre consciente de las necesidades del grupo.

Copyright © 2009 Yolanda Lacoma & Martin Sutherland

No tuve la oportunidad de manejar un equipo/ Sólo tengo que manejarme a mí mismo/a

(4)

Reflexione

Sea que su posición formalmente requiere el manejo de otras personas o no, un miembro de un equipo siempre tiene oportunidades de unificar a los demás en la búsqueda de una meta común. En lugar de concentrarse sólo en su trabajo, amplíe su perspectiva y preste atención a los esfuerzos del equipo.

Aunque puede que no haya tenido la oportunidad de manejar un equipo hasta el momento, puede esperar que su rol, a medida que avanza en su carrera, probablemente implique manejar a otras personas en algún momento. En su libro, *The Leadership Pipeline*, los autores Ram Charan, Stephen Drotter y James Noel muestran la progresión de competencias necesarias a medida que las personas avanzan en sus organizaciones. No es de sorprenderse que las competencias necesarias para manejarse a sí mismo/a son bastante diferentes de las necesarias para manejar a otras personas. Ser consciente de estas competencias y desarrollarlas lo antes posible permitirán una transición más fluida y exitosa hacia cualquier rol que pueda enfrentar.

Reaccione

(a) Si su posición no incluye manejar a un equipo, trate de adoptar el rol de motivador/a en su grupo de trabajo. Ayude a sus colegas a mantenerse concentrados en el avance y en el aspecto positivo de las cosas cuando el ánimo está bajo.

(b) Si no están programadas, trate de organizar reuniones de equipo periódicas para revisar el estado del trabajo. Ofrézcase a facilitar la reunión y posiblemente la conversación.

(c) Hable con su jefe/a acerca de las oportunidades de tomar un rol de liderazgo en un proyecto de equipo.

(d) Incorpórese a comisiones especiales, en el trabajo o en forma privada, que le expongan a la dinámica de grupo.

(e) Familiarícese con las competencias requeridas para manejar otras personas. Hable con un/a consultor/a de PeopleTree Group acerca del proceso de evaluación de 360° y el análisis de talentos individuales de la compañía que brindan una visión profunda de las áreas a desarrollar.

(f) Lea *The Leadership Pipeline* de Charan, Drotter y Noel.

405

Copyright © 2009 Yolanda Lacoma & Martin Sutherland

Comportamientos usados en exceso

Los estudios de investigación han determinado que en ocasiones las fortalezas de una persona se pueden convertir en debilidades si se utilizan en exceso.

Para encontrar el equilibrio, usted debe desarrollar los llamados estabilizadores con el objetivo de atenuar el comportamiento usado en exceso.

Estabilizadores:	Comportamiento usado en exceso
13 Tiene Coraje	Puede que sea una persona demasiado orientada al equipo y que no reconozca el esfuerzo y la contribución individual. Puede que trate de unificar a personas que no forman equipos naturales
35 Gestiona El Conflicto	
38 Gestiona El Bajo Rendimiento	
25 Sabe Delegar	
20 Desarrolla A Otras Personas	
23 Dirige A Las Personas	
43 Motiva A Las Personas	
51 Reconoce El Talento Y El Potencial En Las Personas	
28 Justo/a	
2 Adaptable	

Instrucciones

Si se siente identificado/a con la definición de comportamiento usado en exceso, elija alguno de los estabilizadores y diríjase a los capítulos correspondientes para buscar estrategias de acción que le ayuden a desarrollarlos.

Para más instrucciones diríjase a la sección de este libro: "Cómo utilizar este libro".

Copyright © 2009 Yolanda Lacoma & Martin Sutherland

60. Tiene Una Buena Relación Con Su Jefe

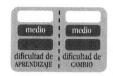

medio | medio
dificultad de APRENDIZAJE | dificultad de CAMBIO

"Llevarse bien con los hombres no es lo verdaderamente importante. El conocimiento vital es cómo llevarse bien con un hombre"

Phyllis Mc Ginley

Comportamiento efectivo
Tiene una buena relación de trabajo con la persona a la que reporta

Comportamiento inefectivo
Puede que tenga una relación mala o difícil con la persona a la que reporta

Instrucciones
Lea las definiciones de la izquierda. Si se siente identificado/a con la definición de comportamiento inefectivo, diríjase a la sección Estrategias de Acción de este capítulo.

Comportamiento usado en exceso
Puede que dependa demasiado del apoyo de su jefe para llevar a cabo su trabajo. Puede que trate a toda costa de agradar a su jefe

Si se siente identificado/a con la definición de comportamiento usado en exceso diríjase a la sección final del capítulo.

Auto Evaluación

¿verdadero?	Informo a mi jefe/a acerca del estado de mi trabajo
¿verdadero?	Soy honesto/a con mi jefe/a acerca de los problemas
¿verdadero?	No me pongo a la defensiva cuando mi jefe/a me da retroalimentación negativa
¿verdadero?	Trato a mi jefe/a con respeto
¿verdadero?	Puedo ponerme en el lugar de mi jefe/a

Notas
¿Está seguro/a de que debe desarrollar esta competencia?

"Si la respuesta a la mayoría de las afirmaciones de la parte izquierda es "verdadero", probablemente no sea necesario que usted desarrolle esta competencia."

407

Copyright © 2009 Yolanda Lacoma & Martin Sutherland

Estrategias de Acción

La mayoría de los comportamientos inefectivos tienen patrones o pensamientos emocionales ocultos. Al identificarlos, usted podrá definir las estrategias de acción específicas para mejorar este comportamiento.

① La competencia técnica de mi jefe/a no me genera respeto

② Mi estilo de trabajo y el de mi jefe/a son muy diferentes/A veces nuestros estilos chocan

③ Mi jefe/a es una persona difícil/Estoy intimidado/a por mi jefe/a

Instrucciones

1. Lea y seleccione uno o más de los patrones de comportamiento inefectivo descritos a la izquierda.

2. En la sección de abajo, busque el número correspondiente que le ayudará a reconsiderar este patrón y a identificar acciones prácticas y específicas de mejora.

---

1 | **La competencia técnica de mi jefe/a no me genera respeto**

Reflexione

El conflicto entre usted y su jefe/a podría provenir de una falta de respeto por las capacidades del otro. Es crítico aprender a respetar las fortalezas de una persona así como también trabajar con sus debilidades.

La falta de respeto da origen a comportamientos dañinos como hablar a espaldas de su jefe/a y trabajar contra él/ella en lugar de con él/ella. Si piensa que la persona carece de las extensas habilidades técnicas que usted tiene y espera que un jefe/a las tenga también, debe darse cuenta de que diferentes niveles requieren diferentes habilidades. Por ejemplo, en un jefe/a una cierta profundidad de conocimientos técnicos no es tan importante como ser capaz de manejar bien los procesos o los equipos. Las personas que están en la senda ejecutiva a menudo sacrifican profundidad de conocimientos técnicos por amplitud de experiencia en múltiples áreas funcionales o disciplinas. Además, el conjunto de talentos de una persona a veces es mayor que sus conocimientos técnicos, por lo tanto sea cauteloso/a en usar lo último como su medida de competencia.

La investigación muestra que alrededor del 50% del desempeño está vinculado con competencias conductuales, no habilidades técnicas y niveles de experiencia. Incluso en compañías de alta tecnología es común ver que hasta un cuarto de las posiciones directivas están ocupadas por personas sin título técnico.

Copyright © 2009 Yolanda Lacoma & Martin Sutherland

Reaccione

(a) Juzgue a su jefe/a por el desempeño general, no por la profundidad de sus conocimientos técnicos.

(b) Sea realista acerca de comparar a su jefe/a con otras personas. Usted puede haber trabajado arduamente en especializarse en un área y desarrollado experiencia en ella, o previamente haber tenido un jefe/a que era un experto técnico, pero puede no ser necesario ahora para su jefe/a hacer ese trabajo bien.

(c) En lugar de criticar o juzgar, encuentre maneras de usar sus conocimientos técnicos para que su jefe/a y el equipo sean más exitosos.

(d) Comparta literatura o experiencias que ha encontrado útiles para ampliar sus conocimientos técnicos con su jefe/a.

(e) Pida a su jefe/a que identifique a expertos técnicos en la compañía de quienes usted y su equipo puedan obtener una guía si él o ella no pueden responder sus preguntas.

(f) Mejore su propia experiencia técnica para no tener que depender de su jefe/a.

(g) Aprenda lo más posible de las fortalezas de su jefe/a en lugar de concentrarse en las debilidades.

---

② Mi estilo de trabajo y el de mi jefe/a son muy diferentes/A veces nuestros estilos chocan

Reflexione

Su jefe/a puede tener un estilo de trabajo con el cual usted está en desacuerdo, o le puede resultar difícil adaptarse al mismo. Por ejemplo, su jefe/a puede ser una persona que quiere ocuparse de todos los detalles mientras que usted necesita mucho espacio para seguir su propio curso. Su jefe/a puede brindar pocas indicaciones mientras que usted trabaja mejor con un plan definido.

Los estilos de trabajo varían mucho y los estilos que chocan pueden causar fricción, no sólo entre colegas sino también entre jefes/as y la gente que manejan. Esperar que su jefe/a sea capaz de leer sus necesidades no es la manera de manejar estas diferencias. Sin comunicación honesta las situaciones por lo general empeoran.

En su carrera, probablemente sea asignado a muchos gerentes diferentes, cada uno con su propio estilo. Use el desafío como una oportunidad de aprender de diferentes estilos, no lo vea como un impedimento o una amenaza. Recuerde, también, que el estilo de trabajo de una persona no define a la persona entera. Su jefe/a puede ser excesivamente detallista y analítico/a cuando maneja un proyecto pero relajado/a e informal cuando escucha sus problemas. Es importante tener una visión equilibrada de una persona para mantener buenas relaciones.

Copyright © 2009 Yolanda Lacoma & Martin Sutherland

Reaccione

(a) Mantenga una conversación honesta con su jefe/a acerca de su estilo de trabajo preferido y la guía que necesita para lograr el mejor desempeño. Este tipo de retroalimentación ayudará a su jefe/a a comprender el enfoque con el cual usted se siente más cómodo. Sea lo más específico/a posible y cite ejemplos de cuándo el estilo de su jefe/a hizo las cosas desafiantes para usted. El objetivo es comprender la mejor manera de trabajar juntos.

(b) Refuerce el comportamiento comunicando a su jefe/a lo que él/ella está haciendo bien. Agradezca a su jefe/a por darle espacio para llevar a cabo un proyecto o, en cambio, por dedicar tiempo a ayudarle a estructurar una tarea de la forma adecuada.

(c) Pregunte a su jefe/a qué se requiere de usted. ¿Qué puede cambiar usted acerca de su estilo de trabajo para mejorar su relación? Por ejemplo, si su jefe/a está constantemente ocupándose de todos los detalles, tal vez es porque tiene la necesidad de estar informado y usted no está brindando información suficiente.

(d) Sugiera a su jefe/a que su grupo o equipo participe en evaluaciones que investiguen más a fondo los diferentes estilos de trabajo representados en el grupo. Evaluaciones tales como el método Birkman y los Estilos de Equipo de PeopleTree Team exploran las diferencias entre las personas y los grupos.

(e) Dedique tiempo a conocer mejor a la persona detrás del estilo de trabajo. De ser posible, trate de compartir tiempo en un entorno social — almuercen juntos o asistan a un evento social donde tenga la oportunidad de conversar con su jefe/a.

3 | **Mi jefe/a es una persona difícil/Estoy intimidado/a por mi jefe/a**

Reflexione

Algunos jefes/as dan la impresión de ser arrogantes, son intimidantes o simplemente difíciles de tratar debido a su personalidad. Pueden ser crónicamente desagradables o necesitar ser manejados/as con un cuidado especial. Una situación como ésta nunca es agradable, especialmente porque un jefe/a tiene la ventaja de la autoridad. Sin embargo es para su beneficio trabajar las distintas maneras de manejar la relación en lugar de evitarla o ponerse a la defensiva. Ninguna de estas respuestas es propicia para una relación de trabajo productiva.

Obviamente hacemos supuestos acerca de la gente en base a su comportamiento, pero estos supuestos pueden resultar equivocados una vez que tenemos la oportunidad de conocerles mejor o que hemos trabajado estrechamente con ellos/as. Tenga en cuenta, también, que la gente a menudo reacciona a circunstancias que no tienen absolutamente ninguna relación con usted. Por ejemplo, el estrés extremo puede sacar lo peor en la gente y la mayoría de los gerentes están sometidos a una considerable cantidad de estrés cada día.

Pero algunos caracteres son simplemente difíciles. Si éste es el caso con su jefe/a, es problema de él/ella, no suyo — no permita que afecte negativamente a su carrera.

Copyright © 2009 Yolanda Lacoma & Martin Sutherland

Usted puede no estar en condiciones de desarrollar una relación estrecha, por lo tanto concentre su atención en desempeñarse bien a pesar de este desafío y no tome de forma personal la falta de conciencia de sí mismo/a de su jefe/a.

Reaccione

(a) Concéntrese en aspectos de su jefe/a que respeta — tenacidad, nivel de visión para los negocios, capacidad de tomar decisiones. No considere sólo el comportamiento de su jefe/a, sino también sus logros.

(b) Observe el contexto o las situaciones que le hacen más difícil trabajar con su jefe/a. ¿Sucede siempre, o sólo en ciertas circunstancias? Si es lo último, ¿qué puede hacer para ayudar a su jefe/a en esas oportunidades?

(c) Prepárese emocionalmente para los altibajos que están asociados con una personalidad difícil. Es difícil trabajar con una persona cuyos estados de ánimo son irregulares, por lo tanto asegúrese de no tomarse un mal humor de forma personal.

(d) Sea lo más abierto/a posible con su jefe/a. Él puede no ser consciente del impacto de su comportamiento y sin retroalimentación es improbable que cambie.

(e) Familiarícese con el lenguaje de las competencias conductuales. Le ayudará a definir y comunicar qué elementos del comportamiento de una persona la torna difícil, por ejemplo, alguien no es abierto/a, no escucha, no es accesible, paciente o justo/a.

(f) Dedique tiempo a conocer a su jefe/a en entornos sociales. Asista a eventos donde pueda interactuar u organice un almuerzo con su jefe/a, si es posible. Puede llegar a conocer a una persona muy diferente.

(g) Mantenga informado a su jefe/a. A menudo, no compartimos información con la gente que no respetamos. Mantener bien informado a su jefe/a asegura que las líneas de comunicación se mantengan abiertas y alienta el diálogo entre ambos/as.

(h) Las relaciones son una calle de doble sentido — ¿pensó en qué podría estar aportando usted a la situación? Sea honesto/a consigo mismo/a. Puede tener poco control sobre el comportamiento de su jefe/a, pero tiene control sobre el suyo. Anote las cosas que usted podría estar haciendo que dificultan la relación. ¿Es demasiado competitivo/a? ¿Se pone a la defensiva cuando su jefe/a le da retroalimentación negativa? ¿Guarda rencor acerca de algo que sucedió en el pasado? ¿Habla a espaldas de su jefe/a?

(i) Maneje sus expectativas. No le tiene que gustar todo sobre su jefe/a. ¿Está comparando a su jefe/a con alguien más con quien trabajó en el pasado? ¿Espera que su jefe/a se comporte de una manera determinada todo el tiempo?

(j) Aunque una sólida relación con su jefe/a es ideal, una persona a veces simplemente no está dispuesta a cambiar. Concéntrese en construir una buena relación a través de su desempeño y no de su relación. Lo mejor que puede hacer es concentrarse en desarrollar sus habilidades para prepararse para una nueva posición.

(k) Si la relación con su jefe/a es verbal o mentalmente abusiva, hable confidencialmente con su representante de recursos humanos acerca de sus opciones.

(l) Gestione sus expectativas. No le tiene que agradar todo sobre su jefe. Lo/la está comparando con alguien más?

411

Copyright © 2009 Yolanda Lacoma & Martin Sutherland

Comportamientos usados en exceso

Los estudios de investigación han determinado que en ocasiones las fortalezas de una persona se pueden convertir en debilidades si se utilizan en exceso.

Para encontrar el equilibrio, usted debe desarrollar los llamados estabilizadores con el objetivo de atenuar el comportamiento usado en exceso.

Estabilizadores:	Comportamiento usado en exceso
7 Trabaja Bien En Equipo	Puede que dependa demasiado del apoyo de su jefe para llevar a cabo su trabajo. Puede que trate a toda costa de agradar a su jefe
49 Políticamente Hábil	
13 Tiene Coraje	
44 Tiene Facilidad Para Establecer Relaciones	
2 Adaptable	
56 Posee Conocimientos Técnicos	
1 Obtiene Resultados	
26 Ético/a	
12 Posee Confianza En Sí Mismo/a	
58 Digno/a De Confianza	

Instrucciones

Si se siente identificado/a con la definición de comportamiento usado en exceso, elija alguno de los estabilizadores y diríjase a los capítulos correspondientes para buscar estrategias de acción que le ayuden a desarrollarlos.

Para más instrucciones diríjase a la sección de este libro: "Cómo utilizar este libro".

412

Copyright © 2009 Yolanda Lacoma & Martin Sutherland

74670206R00239

Made in the USA
Middletown, DE
29 May 2018